21世纪高等学校国际经济与贸易系列规划教材

# 海关通关实务

刘 迅 主编

ZHEJIANG UNIVERSITY PRESS
浙江大学出版社

**图书在版编目（CIP）数据**

海关通关实务 / 刘迅主编. —杭州：浙江大学出版社，2017.10(2023.8 重印)
ISBN 978-7-308-17168-7

Ⅰ.①海… Ⅱ.①刘… Ⅲ.①海关手续—基本知识—中国 Ⅳ.①F752.52

中国版本图书馆 CIP 数据核字(2017)第 176136 号

**海关通关实务**
刘　迅　主编

**责任编辑**　曾　熙
**责任校对**　杨利军　沈炜玲　汪　潇
**封面设计**　春天书装
**出版发行**　浙江大学出版社
（杭州市天目山路 148 号　邮政编码 310007）
（网址：http://www.zjupress.com）
**排　　版**　杭州青翊图文设计有限公司
**印　　刷**　广东虎彩云印刷有限公司绍兴分公司
**开　　本**　787mm×1092mm　1/16
**印　　张**　17.75
**字　　数**　410 千
**版 印 次**　2017 年 10 月第 1 版　2023 年 8 月第 4 次印刷
**书　　号**　ISBN 978-7-308-17168-7
**定　　价**　38.00 元

# 前 言

海关通关实务是我国高校国际经贸专业必修的一门专业基础课，也是外经贸从业人员进修提高必需的课程。为了加速国际经贸实用型紧缺人才的培养，适应国际市场竞争的迫切需要，我们新编了这本突出实用性的教材。

党的二十大报告指出："推进高水平对外开放"，"稳步扩大规则、规制、管理、标准等制度型开放"，"加快建设贸易强国"，"推动共建"一带一路"高质量发展"，"维护多元稳定的国际经济格局和经贸关系"。本书从实践和法律的角度，分析研究了海关通关适用的有关法律与惯例，以及国际商品交换过程的各种实际运作，总结了国内外实践经验，吸收了国际上一些行之有效的习惯做法，旨在帮助从事报关业务的人员，既能正确贯彻我国报关的方针政策和经营意图，确保最佳经济效益，又能按国际规范办事。

本书的写作有以下两个特点：第一，以海关通关过程中监管和征税两个主要的环节为切入点来介绍海关的主要职能和任务。海关的职能有监管、征税、查缉走私和海关统计四个传统职能。其中，海关监管和征税是与报关单位关系最密切的两个职能，是通关涉及业务量最多的两个环节。第二，大量总结图表。书中有很多表格对容易混淆的知识点进行了总结和对比，通俗易懂、系统全面、科学精练、实践性强、可操作性好，使读者能较轻松地掌握该书的基本内容。本书既可作为全国高等本科和职业院校国际贸易、国际商务、商贸英语和跨境电子商务等经贸类专业的基础教材，又可作为各类成人教育、外经贸企业培训从业人员的通用教材和参考读物，并且可供学生和社会企业经营人员自学使用。

本书作者为长期从事海关通关实务和报检实务教学的一线教师，并长期兼职担任外贸公司国际商务业务主管，积累了大量的实战经验。由于受编者水平和时间的限制，书中不足之处在所难免，敬请专家、同仁和广大读者向我们提出宝贵的意见和建议。

编者

2023 年 8 月

# 前言

# 目　　录

# 第一章　进出口通关概述

## 学习目标

了解货物通关过程中涉及的主体海关和报关单位相关的知识；重点掌握海关的职能和主要的权力，报关单位的类型尤其是报关企业审批过程；了解货运监管概念和对货物、物品和运输工具的监管规定，以及海关监管的对象、区域和时间；重点掌握海关对企业的分类管理规定以及违法行为的定性与处罚。

## 海关案例

2011 年 3 月 7 日，深圳某贸易公司以一般贸易方式向烟台海关申报出口一批棉制毛毯，目的国为日本。现场关员在对该票货物进行风险分析时，认为其存在较大的侵权风险，遂对该票货物下达了布控指令，要求进行查验。海关人员打开集装箱后发现，在门口堆放着的几个纸箱中确实都是棉制旅行毯，似乎并没有什么异常。但查验人员并没有掉以轻心，根据以往的经验，“猫腻”往往隐藏在货柜深处。海关人员耐心地将门口的几个纸箱一一搬出，这时货柜中的几个大箱子引起了查验人员的注意，它们与门口摆放的纸箱明显不同！这里面会不会有什么问题呢？带着疑问，查验人员打开了箱子，结果发现一整箱都是印制着“LV”商标的皮包。于是海关人员对货柜进行了彻底清查，结果发现了 89 个纸箱，共计 28084 件箱包皮具等货物，根据商标权利人提供的商品报价，这批货物的价值高达 7.4 亿元人民币。涉嫌侵犯路易威登、香奈儿、古驰、爱马仕等 11 项在海关总署备案的商标的专用权。

2016 年 5 月 5 日，某贸易公司向烟台海关申报出口一批休闲鞋、女包和钱包，出口目的地为韩国。海关关员对货物进行查验时，发现该批货物及其标牌上印有明显的香奈儿、路易威登、耐克、普拉达、古驰等文字及品牌图案标志，由于出口方无法提供相关授权证明，海关与商标权利人取得了联系。经权利人确认，上述货物均为侵权产品，共计 1513 件。上述侵权货物已被海关依法扣留。

# 第一节　通关的概念与主体

企业从事进出口活动时必然会遇到进出口货物通关的问题。通关，在《关于简化和协调海关业务制度的国际公约》（即《京都公约》）中定义为“系指完成必需的海关手续以使货物出口、为境内使用而进口或置于另一种海关制度下”。我们现在涉及的通关对象不仅限于货物，还包括物品和进出境的运输工具。

在进出境活动中，我们经常使用报关这一概念。通关与报关既有联系又有区别。两者都是对相运输工具、货物、物品的进出境而言的，但报关是从海关管理相对人的角度，仅指进出口收发货人、进出境运输工具负责人、进出境物品的所有人或者他们的代理人向海关办理货物、物品或运输工具进出境手续及相关海关事务的过程。而通关不仅包括海关管理相对人向海关办理有关手续，还包括海关对进出境运输工具、货物、物品依法进行审核、查验、征收税费、核准其进出境的管理过程。

在货物进出境过程中，有时还需要办理报检。报检与报关不同，指的是按照国家有关法律、法规的规定，向进出口检验、检疫部门办理进出口商品检验，卫生检疫，动、植物检疫和其他检验、检疫手续。一般而言，报检手续要先于报关手续办理。

通关的概念强调的是一个过程的两个方面。在这个过程中主要涉及两个方面的主体，其一是作为管理者的海关，其二是作为被管理者的报关单位。

## 一、海关

### （一）概念

《中华人民共和国海关法》第 2 条规定：“中华人民共和国海关是国家的进出关境监督管理机关。”通俗地说，海关是国家设在关境上依法对进出境货物、物品和运输工具进出境进行监督管理的国家行政机关。海关是国家主权的象征。从 1949 年 10 月 25 日中国设立海关总署统一管理全国海关以来，中国海关就担负起维护国家主权和利益，加强海关监督管理，促进对外经济贸易和科技文化交流，保障社会主义现代化建设的重任。中国海关管理体制经过多次变更与调整，形成以海关总署为最高领导机构，直属海关与隶属海关依法独立行使职权的垂直领导体制。

### （二）性质

海关的性质可以从以下三个方面来理解。

1. 海关是国家行政机关

我国的国家机关包括享有立法权的立法机关、享有司法权的司法机关和享有行政管理权的行政机关。海关是国家的行政机关之一，从属于国家行政管理体制，是我国最高国家行政机关——国务院的直属机构。海关对内对外代表国家依法独立行使行政管理权。海关对外维护国家的主权和利益，对内体现国家、全社会的整体利益，而不是代表某个地方或者某个部门的局部利益。

2.海关是国家进出境监督管理机关

海关履行国家行政制度的监督职能，是国家宏观管理的一个重要组成部分。海关依照有关法律、行政法规并运用法律赋予的权力，制定具体的行政规章和行政措施，对特定领域的活动开展监督管理，以保证其按国家的法律规范进行。海关实施监督管理的范围是进出关境的活动。海关进行监督管理的对象是所有进出关境的运输工具、货物、物品。

关境是世界各国(地区)海关通用的概念，指适用于同一海关法或实行同一关税制度的领域。在一般情况下，关境的范围等于国境，但对关税同盟，其成员之间货物进出关境不征收关税，只对来自和运往非同盟成员的货物在进出共同关境时征收关税，因而对于每个成员来说，其关境大于国境，如欧盟。若在国内设立自由港、自由贸易区等特定区域，因进出这些特定区域的货物都是免税的，因而该国的关境小于国境。关境是《中华人民共和国海关法》的空间效力范围，也是海关执法地域范围。我国新修订的《中华人民共和国海关法》为强化海关缉私职能，把海关执法地域延伸至领水和领空。

3.海关是一个行政执法部门

海关运用法律赋予的权力，对在特定范围内的社会经济活动进行监督管理，并对违法行为依法实施行政处罚，以确保这些社会经济活动按照国家的法律规范进行。海关执法的依据是《中华人民共和国海关法》和其他有关法律、行政法规。《中华人民共和国海关法》是管理海关事务的基本法律规范，于1987年1月22日由第六届全国人民代表大会常务委员会第十九次会议通过，同年7月1日起实施。为了适应形势发展的需要，2000年7月8日第九届全国人民代表大会常务委员会第十六次会议审议通过了《全国人民代表大会常务委员会关于修改〈中华人民共和国海关法〉的决定》，对《中华人民共和国海关法》进行了较大的修改。修订后的《中华人民共和国海关法》于2001年1月1日起实施。其他有关法律是指由全国人民代表大会常务委员会制定的与海关监督管理相关的法律规范，主要包括《中华人民共和国宪法》《中华人民共和国进出口商品检验法》《中华人民共和国固体废物污染环境防治法》等。行政法规是指由国务院制定的法律规范，包括专门用于海关执法的行政法规和其他与海关管理相关的行政法规，主要包括《中华人民共和国进出口关税条例》《中华人民共和国海关行政处罚实施条例》《中华人民共和国海关稽查条例》和《中华人民共和国知识产权海关保护条例》等。

海关事务属于中央立法事权，立法者为全国人大及其常委会以及国家最高权力机关的执行机关——国务院，除此以外，海关总署可以根据法律和国务院的法规、决定、命令制定规章，作为执法依据的补充。省、自治区、直辖市人民代表大会和人民政府不得制定海关法律规范，其制定的地方法规、地方规章也不是海关执法的依据。

### (三)任务

《中华人民共和国海关法》明确规定海关有四项基本任务，即监督进出境的运输工具、货物、行李物品、邮递物品和其他物品(以下简称监管)，征收关税和其他税费(以下简称征税),查缉走私和编制海关统计。

1.监管

海关监管不是海关监督管理的简称,海关监督管理是海关全部行政执法活动的统称,而海关监管则是指海关运用国家赋予的权力,通过一系列管理制度与管理程序,依法对进出境运输工具、货物、物品及与上述内容相关人员的进出境活动所实施的一种行政管理。海关监管是一项国家职能,其目的在于保证一切进出境活动符合国家政策和法律的规范,维护国家的主权和利益。根据监管对象的不同,海关监管分为货物监管、物品监管和运输工具监管三大体系,每个体系都有一整套规范的管理程序与方法。

监管是海关最基本的任务,是四项任务的基础,海关的其他任务都是在监管工作的基础上进行的。除了通过审单、查验、放行等方式对进出境运输工具、货物、物品的进出境活动实施监管外,海关还要执行或监督执行国家其他对外贸易管理制度的实施,如进出口许可制度,外汇管理制度,进出口商品检验、检疫制度,文物管理制度等,从而在政治、经济、文化道德、公众健康等方面维护国家利益。

2.征税

代表国家征收关税和其他税、费是海关的另一项重要任务。"关税"是指由海关代表国家,按照《中华人民共和国海关法》和进出口税则,对准许进出口的货物、进出境物品征收的一种税。"其他税、费"指海关在货物进出境环节,按照关税征收程序征收的有关国内税、费,目前主要有增值税、消费税、船舶吨税等。关税的征收主体是国家,《中华人民共和国海关法》明确将征收关税的权力授予海关,由海关代表国家行使征收关税职能。因此,未经法律授权,其他任何单位和个人均不得行使征收关税的权力。海关税收是国家财政的重要来源,是海关执法整体状况的综合反映,也是国家宏观经济调控的重要工具。2015年全国关税总收入15094亿元。海关征税工作的基本法律依据是《中华人民共和国海关法》《中华人民共和国进出口关税条例》。海关通过执行国家制定的关税政策,对进出口货物、进出境物品征收关税,起到保护国内工农业生产、调整产业结构、组织财政收入和调节进出口贸易活动的作用。几年来,为了进一步适应我国改革开放和加入世界贸易组织的需要,促进对外经济贸易的快速发展,鼓励我国企业参与国际竞争,国务院关税税则委员会曾几次对税率做出重大调整,使我国关税的平均税率进一步降低,目前已接近世界发展中国家的平均关税水平。我国的综合关税水平已经由2001年入世时的15.4%降到2015年的9.8%。2015年实施进口暂定税率的商品共计749项,平均税率为4.4%,相对于最惠国税率,优惠幅度为60%。

3.查缉走私

查缉走私是海关为保证顺利完成监管和征税等任务而采取的保障措施。查缉走私是指海关运用法律赋予的权力,在海关监管场所和海关附近的沿海沿边规定地区,为发现、制止、打击、综合治理走私活动而进行的一种调查和惩处活动。

走私是指进出境活动的当事人或相关人违反《中华人民共和国海关法》及有关法律、行政法规,逃避海关监管,偷逃应纳税款,逃避国家有关进出境的禁止性条款规定或者未经海关许可并且未缴应纳税款、交验有关许可证件,擅自将保税货物、特定减免税货物以及其他海关监管货物、物品、进境的境外运输工具在境内销售的行为。它以逃避监管、偷逃关税、牟取暴利为目的，扰乱经济秩序，冲击民族工业，腐蚀干部群众，毒化社会风气，引发违法犯罪，对国家危害性极大，必须予以严厉打击。

《中华人民共和国海关法》规定："国家实行联合缉私、统一处理、综合治理的缉私体制。海关负责组织、协调、管理查缉走私工作。"从法律上明确了海关打击走私的主导地位和与有关部门的执法协调关系。海关是打击走私的主管机关，查缉走私是海关的一项重要任务。海关通过查缉走私，制止和打击一切非法进出境货物、物品的行为，维护国家进出口贸易的正常秩序，保障社会主义现代化建设的顺利进行，维护国家关税政策的有效实施，保证国家关税和其他税、费的依法征收，保证海关职能作用的发挥。为了严厉打击走私犯罪活动，根据党中央、国务院的决定，我国组建了海关缉私警察队伍，专司打击走私犯罪，负责对走私犯罪案件的侦查、拘留、执行逮捕和预审工作。

根据我国的缉私体制，除了海关以外，公安、工商、税务、烟草专卖等部门也有查缉走私的权力，但这些部门查获的走私案件，必须按照法律规定，由海关统一处理。各部门查获的不构成走私罪的案件，一律交海关作行政处罚；各执法部门查获的走私罪嫌疑案件，一律移送海关缉私警察组成的侦查走私犯罪公安机构、地方公安机关并依据案件管辖分工和法定程序办理；各部门查获的走私货物、物品和价款，一律交海关依法处理，海关按照国家有关规定，足额及时上缴国库。

打击走私是海关开展综合治税的重要组成部分。海关积极开展以打击价格瞒骗为重点的区域性和行业性反走私斗争，有效震慑了不法分子，维护了正常的进出口贸易秩序，为税收征管创造了良好的执法环境。2002 年以来，海关一方面严格履行入世承诺，全面实行《海关估价协议》，以进口货物的实际成交价格确定完税价格，另一方面严厉打击利用两套单证等进行价格瞒骗走私。2016 年上半年，全国海关共查获走私犯罪案件 1489 起，其中查获涉税走私犯罪案件 766 起，案值 255 亿元；查获非涉税走私犯罪案件 723 起；查获行政违法案件 4 万起，案值 193 亿元，涉税 12 亿元。

4.编制海关统计

海关统计是以实际进出口货物作为统计和分析的对象，通过搜集、整理、加工处理进出口货物报关单或经海关核准的其他申报单证，对进出口货物的品种、数(重)量、价格、国别(地区)、经营单位、境外目的地、境内货源地、贸易方式、运输方式、关别等项目分别进行统计和综合分析，全面、准确地反映对外贸易的运行态势，及时提供统计信息和咨询，实施有效的统计监督，开展国际贸易统计的交流与合作，促进对外贸易的发展。调查得到的数据只是原始资料，只有经过科学的加工整理，才能为统计分析提供一个可靠的基础。统计整理是统计的中间环节，它在统计调查与分析之间起承上启下的作用。统计整理是根据统计工作的要求，对统计调查资料进行分类、汇总、综合，使调查资料系统化、条理化，从而反映中国对外经贸交流的总体特征。在统计整理中，经常使用统计分组、分配数列、统计图表等方法来对统计数据进行整理。

自 2006 年 3 月 1 日起实施的《中华人民共和国海关统计条例》规定，对于凡能引起我国境内物质资源储备增加或减少的进出口货物，均列入海关统计。进出境物品如果超过自用、合理数量的，也要列入海关统计。对于部分不列入海关统计的货物和物品，则根据我国对外贸易管理和海关管理的需要，实施单项统计。目前不列入海关统计的货物主要有过境、转运和通运货物，暂时进出口货物和租赁期不满一年的租赁进出口货物等。

海关统计是国家进出口货物贸易统计，是国民经济统计的组成部分，是国家制定对外贸易政策、进行宏观经济调控、实施海关严密高效管理的重要依据，是研究我国对外经济发展和国际(区域间)经济贸易关系的重要资料。进出口货物的当事人应当如实申报，如果依法应当申报的项目未申报或者申报不实影响海关统计准确性的，海关应当责令当事人予以更正，需要予以行政处罚的，依照《中华人民共和国海关行政处罚实施条例》的规定予以处罚。

1992年1月1日，国家海关总署以国际通用的《商品名称及编码协调制度》为基础，编制了《中华人民共和国海关统计商品目录》，把税则与统计目录的归类编码统一起来，规范了进出口商品的命名和归类，使海关统计进一步向国际惯例靠拢，适应了我国对外开放和建立社会主义市场经济体制的需要。

海关的四项基本任务是统一的有机联系的整体。海关通过监管进出境运输工具、货物、物品的合法进出，保证国家有关进出口政策、法律、行政法规的贯彻实施，是海关四项基本任务的基础。征税工作所需的数据、资料等是在海关监管的基础上获取的，征税与监管有着十分密切的关系。缉私工作则是监管、征税两项基本任务的延伸，监管、征税工作中发现的逃避监管和偷漏关税的行为，必须运用法律手段制止和打击，确保前两项工作的有效进行。编制海关统计是在监管、征税工作的基础上完成的，它为国家宏观经济调控提供了准确、及时的信息，同时又对监管、征税等业务环节的工作质量起到检验把关的作用。

除了这四项基本任务以外，近几年国家通过有关法律、行政法规赋予了海关一些新的职责，比如知识产权海关保护、海关对反倾销及反补贴的调查以及反恐等职责，履行这些新的职责也是海关的任务。

### (四)权力

《中华人民共和国海关法》在规定了海关基本任务的同时，为了保证任务的完成，赋予海关许多具体权力。海关权力，是指《中华人民共和国海关法》和其他法律、行政法规赋予海关的对进出境运输工具、货物、物品的监督管理权。海关权力属于行政权，其行使受一定范围和条件的限制，并应当接受执法监督。

根据《中华人民共和国海关法》及有关法律、行政法规，海关的权力主要包括许可审批权、税费征收及减免权、行政处罚权、行政立法权、行政复议权和行政强制权。下面重点介绍一下海关的行政强制权。行政强制权是海关保证其行政管理职能得到履行的基本权力，主要包括以下内容。

1. 检查权

海关有权检查进出境运输工具；检查有走私嫌疑的运输工具和有藏匿走私货物、物品嫌疑的场所；检查走私嫌疑人的身体。海关对进出境运输工具的检查不受海关监管区域的限制；对走私嫌疑人身体的检查，应在海关监管区和海关附近沿海沿边规定地区内进行；对于有走私嫌疑的运输工具和有藏匿走私货物、物品嫌疑的场所，在海关监管区和海关附近沿海沿边规定地区内，海关人员可直接检查，超出这个范围，在调查走私案件时，须经直属海关关长或者其授权的隶属海关关长批准，才能进行检查，但不能检查公民住处。具体如表 1－1 所示。

**表 1－1　行使检查权的规范**

<table>
<tr><th>检查对象</th><th>区域范围</th><th>授权限制</th></tr>
<tr><td rowspan="2">进出境运输工具</td><td>“两区”内</td><td rowspan="2">海关有关部门可直接行使</td></tr>
<tr><td>“两区”外</td></tr>
<tr><td rowspan="3">有走私嫌疑的运输工具、有藏匿走私嫌疑货物、物品的场所</td><td>“两区”内</td><td>海关有关部门可直接行使</td></tr>
<tr><td rowspan="2">“两区”外</td><td>A：不能对公民住所实施检查</td></tr>
<tr><td>B：须经直属海关关长或者授权的隶属海关关长批准方可由海关有关部门行使</td></tr>
<tr><td>走私嫌疑人</td><td>“两区”内</td><td>海关有关部门可直接行使</td></tr>
</table>

注：“两区”指海关监管区和海关附近沿海沿边规定地区

2016 年 8 月 29 日，深圳文锦渡海关对一辆从文锦渡口岸申报出口鲜甜瓜的出境车辆进行检查发现，该车厢中部藏匿了用纸箱和白色泡沫箱封装好的香烟，经过清点，共有藏匿走私的中南海、双喜、万宝路、长红、羊城等 26 个品牌香烟 7670 条，共计 153.4 万支。该批香烟部分可能涉及假冒侵权问题，将由海关法规部门核实后将案件移交海关缉私部门做进一步处理。我国香港地区对香烟征收重税，香烟价格较内地更高，在出入境方面，香港对入境免税携带的香烟更有限带 19 支（不足 1 包）的严格限制，因此本地需求量巨大，有不法分子为了赚取境内外差价，不惜铤而走险，走私香烟出境。

2. 查验权

海关有权查验进出境货物、物品。

3. 查阅、复制权

此项权力包括查阅进出境人员的证件，查阅并复制与进出境运输工具、货物、物品有关的合同、发票、账册、单据、记录、文件、业务函电、录音录像制品和其他有关资料。

4. 查问权

海关有权对违反《中华人民共和国海关法》或者其他有关法律、行政法规的嫌疑人进行查问，调查其违法行为。

5. 查询权

海关在调查走私案件时，经直属海关关长或者其授权的隶属海关关长批准，可以查询案件涉嫌单位和涉嫌人员在金融机构、邮政企业的存款、汇款。

6. 扣留权

海关对违反《中华人民共和国海关法》或者其他有关法律、行政法规的进出境运输工具、货物和物品以及与之有关的合同、发票、账册、单据、记录、文件、业务函电、录音录像制品和其他资料，可以扣留；在海关监管区和海关附近沿海沿边规定地区，对有走私嫌疑的运输工具、货物、物品和走私犯罪嫌疑人，经直属海关关长或者其授权的隶属海关关长批准，可以扣留；对走私犯罪嫌疑人，扣留时间不得超过24小时，在特殊情况下可以延长至48小时；在海关监管区和海关附近沿海沿边规定地区以外，对其中有证据证明有走私嫌疑的运输工具、货物、物品，可以扣留。海关对查获的走私罪案件，应扣留走私罪嫌疑人，移送走私犯罪侦查机构。具体如表1－2所示。

**表1－2　行使扣留权的规范**

<table>
<tr><th>扣留对象</th><th>区域范围</th><th>实施条件</th><th>授权限制</th></tr>
<tr><td rowspan="2">合同、发票等资料</td><td>“两区”内</td><td rowspan="2">与违反《中华人民共和国海关法》或者其他有关法律、行政法规的进出境运输工具、货物、物品有牵连的</td><td rowspan="2">海关有关部门可直接行使</td></tr>
<tr><td>“两区”外</td></tr>
<tr><td rowspan="2">有走私嫌疑的进出境运输工具、货物、物品</td><td>“两区”内</td><td>与违反《中华人民共和国海关法》或者其他有关法律、行政法规有牵连的</td><td>经直属海关关长或者授权的隶属海关关长批准行使</td></tr>
<tr><td>“两区”外</td><td>在实施检查时其中有证据证明有走私嫌疑的</td><td>海关有关部门可直接行使</td></tr>
<tr><td>走私犯罪嫌疑人</td><td>“两区”内</td><td>A. 有走私罪嫌疑<br>B. 扣留时间不超过24小时，在特殊情况下可延长至48小时</td><td>经直属海关关长或者授权的隶属海关关长批准行使</td></tr>
</table>

7. 滞报、滞纳金征收权

海关对超过规定期限报关货物征收滞报金；对于逾期缴纳进出口税费的，征收滞纳金。

8. 提取货样、提取货物变卖、先行变卖权

根据《中华人民共和国海关法》的规定，海关查验货物认为必要时，可以径行提取货样；进口货物超过3个月未向海关申报，海关可以依法变卖处理；进口货物收货人或其所有人声明放弃货物的，海关有权提取依法变卖处理；海关依法扣留的货物、物品不宜长期保留的，经直属海关关长或其授权的隶属海关关长批准，可以先行依法变卖等。

9. 关税强制征收权

进出口货物的纳税义务人、担保人超过规定期限未缴纳税款的，经直属海关关长或者其授权的隶属海关关长批准，海关可以书面通知其开户银行或者其他金融机构从其存款内扣缴税款；将应税货物依法变卖，以变卖所得抵缴税款；扣留并依法变卖其价值相当于应纳税款的货物或者其他财产，以变卖所得抵缴税款。

10. 关税保全权

根据《中华人民共和国海关法》的规定，当事人逾期不履行海关处罚决定又不申请复议或者向人民法院提起诉讼的，海关可以将其保证金抵缴，或者将其被扣留的货物、物品、运输工具依法变卖抵缴税款。

11.连续追缉权

进出境运输工具或者个人违抗海关监管逃逸的，海关可以连续追至海关监管区和海关附近沿海沿边规定地区以外，将其带回处理。这里所称的逃逸，既包括进出境运输工具或者个人违抗海关监管，自海关监管区和海关附近沿海沿边规定地区向内(陆地)一侧逃逸，也包括向外(海域)一侧逃逸。海关追缉时需保持连续状态。

12.稽查权

自进出口货物放行之日起3年内或者在保税货物、减免税进口货物的海关监管期限内及其后的3年内，海关可以对与进出口货物直接有关的企业、单位的会计账簿、会计凭证、报关单证以及其他有关资料和有关进出口货物实施稽查。根据《中华人民共和国海关稽查条例》规定，海关进行稽查时，可以行使下列职权：询问被稽查人的法定代表人、主要负责人和其他有关人员与进出口活动有关的情况和问题；检查被稽查人的生产经营场所；查询被稽查人在商业银行或者其他金融机构的存款账户；封存有可能被转移、隐匿、篡改、毁弃的账簿，单证等有关资料；封存被稽查人有违法嫌疑的进出口货物等。

《中华人民共和国海关法》授予海关的具体权力还有许多，在此仅就上述主要内容简单介绍。

## 二、报关单位

报关单位，是指依法在海关注册登记的报关企业和进出口货物收发货人。《中华人民共和国海关法》第十一条规定："进出口货物收发货人、报关企业办理报关手续，必须依法经海关注册登记。报关人员必须依法取得报关从业资格。未依法经海关注册登记的企业和未依法取得报关从业资格的人员，不得从事报关业务。"依法向海关注册登记是法人、其他组织或者个人成为报关单位的法定要求。

海关批准企业办理报关注册登记即企业取得报关权，报关权与外贸管理部门授予企业经营进出口业务的经营权不同。有报关权的企业不一定具有进出口经营权，企业有进出口经营权不代表其享有报关权。我国海关对报关企业和进出口收发货人的报关注册登记是有区别的，不同报关单位的相关权利也不同。

### (一)报关单位的类型

1.进出口货物收发货人

进出口货物收发货人是指依法直接进口或者出口货物的中华人民共和国关境内的法人、其他组织或者个人。

一般而言，进出口货物收发货人是指依法向国务院对外贸易主管部门或者其委托的机构办理备案登记的对外贸易经营者。对于一些未取得对外贸易经营者备案登记但按照国家有关规定需要从事非贸易性进出口活动的单位，如境外企业、新闻、经贸机构、文化团体等依法在中国境内设立的常驻代表机构，少量物品和货样进出境的单位，国家机关、学校、科研院所等组织机构，临时接受捐赠、礼品、国际援助的单位，国际船舶代理企业等，在进出口货物时，海关也视其为进出口货物收发货人。进出口货物收发货人经向海关注册登记后，只能为本单位的进出口货物报关。

2. 报关企业

报关企业，是指按照规定经海关准予注册登记，接受进出口收发货人的委托，以进出口收发货人的名义或者以自己的名义，向海关办理代理报关业务，从事报关服务的境内企业法人。

进出口货物报关是一项专业性很强的工作。有些进出口货物收发货人由于经济、时间和地点等方面的原因不能或者不愿意自行办理报关手续，在实践中产生委托报关的需要。报关企业正是为进出口货物收发货人提供报关服务的企业。目前，我国从事报关服务的报关企业主要有两种类型：一类是经营国际(地区间)货物运输代理、国际(地区间)运输工具代理等业务，兼营进出口货物报关代理报关业务的国际(地区间)货物运输代理公司等；另一类是主营代理报关业务的报关公司或报关行。具体如表 1－3 所示。

**表 1－3 报关单位的类别、业务内容和报关范围**

| 报关类别 | 报关单位 | 业务内容 | 报关范围 |
|---|---|---|---|
| 自理报关单位 | 进出口货物收发货人 | 进出口业务 | 办理自营进出口货物的报关 |
| 代理报关单位 | 专业报关企业 | 报关纳税业务 | 受各类收发货人的委托办理报关手续 |
| | 代理报关企业 | 国际(地区间)货代或国际(地区间)船代业务 | 在本企业承揽的货物范围内代理报关手续 |

## (二)报关单位的注册登记

报关单位的注册登记是指进出口货物收发货人、报关企业依法向海关提交规定的注册登记申请材料，经注册地海关依法对申请注册登记的材料进行审核，准予其办理报关业务的过程。

由于进出口货物收发货人和报关企业的性质不同，海关对他们规定了不同的报关注册登记条件。对于进出口货物的收发货人，海关实行备案制，其办理登记手续和条件比报关企业简单。凡是依照《中华人民共和国对外贸易法》经对外贸易主管部门备案登记、有权从事对外贸易经营活动的境内法人，其他组织和个人(个体工商户)，均可直接向海关办理注册登记。而对于报关企业，海关则要求其必须按规定的设立条件并取得海关报关注册登记许可。

1. 进出口货物收发货人注册登记

进出口货物收发货人应当按照规定到所在地海关办理报关单位注册登记手续。进出口货物收发货人在海关办理注册登记后可以在中华人民共和国关境内各个口岸地或者海关监管业务集中的地点办理本企业的报关业务。

进出口货物收发货人申请办理注册登记，应当提交下列文件材料：企业法人营业执照副本复印件(个人独资、合伙企业或者个体工商户提交营业执照)；对外贸易经营者登记备案表复印件(法律、行政法规或者商务部规定不需要备案登记的除外);企业章程复印件(非企业法人免提交);税务登记证书副本复印件;银行开户证明复印件;组织机构代码证书副本复印件;《报关单位情况登记表》《报关单位管理人员情况登记表》;其他与注册登记有关的文件材料。

注册地海关依法对申请注册登记的材料是否齐全、是否符合法定形式进行核对。申请材料齐全、符合法定形式的申请人由注册地海关核发《中华人民共和国海关进出口货物收发货人报关注册登记证书》,报关单位凭此办理报关业务。《中华人民共和国海关进出口货物收发货人报关注册登记证书》有效期限为3年。进出口货物收发货人应当在有效期届满前30日到注册地海关办理换证手续。逾期未到海关办理换证手续的,《中华人民共和国海关进出口货物收发货人报关注册登记证书》自动失效。进出口货物收发货人换证应当向注册地海关递交下列资料:企业法人营业执照副本复印件(个人独资、合伙企业或者个体工商户提交营业执照);对外贸易经营者登记备案表复印件(法律、行政法规或者商务部规定不需要备案登记的除外);《中华人民共和国外商投资企业批准证书》《中华人民共和国台、港、澳、侨投资企业批准证书》复印件(限境外商人投资企业提交);《报关单位情况登记表》;《报关员情况登记表》(无报关员的免提交);《报关单位管理人员情况登记表》。材料齐全、符合法定形式的报关单位由注册地海关换发《中华人民共和国海关进出口货物收发货人报关注册登记证书》。

境外企业、新闻、经贸机构、文化团体等依法在我境内设立的常驻代表机构;少量货样进出境的单位;国家机关、学校、科研院所等组织机构;临时接受捐赠、礼品、国际(地区间)援助的单位;国际(地区间)船舶代理企业等虽然没有取得对外贸易经营者备案登记表,但是按照国家有关规定需要从事非贸易性进出口活动的单位,可以在申报进出口前向拟进出境口岸地或者海关监管业务集中地海关办理临时注册登记手续。办理临时注册登记,应当持本单位出具的委托证明或者授权证明及非贸易性活动证明材料。对临时注册登记单位,海关不予核发注册登记证书,仅出具临时报关单位注册登记证明。临时注册登记有效期最长为七日,法律、行政法规、海关规章另有规定的除外。已经办理报关注册登记的进出口货物收发货人,海关不予办理临时注册登记手续。

2. 报关企业注册登记

报关服务是一项专业性、技术性很强的工作,是进出口贸易中重要的中介服务环节。报关企业作为提供报关服务的企业应该要有一定的经营规模、相当数量的报关专业人员和有经验的管理人员,并具备健全的组织机构和财务管理制度,同时应对报关服务市场有一定的了解。为此,海关对报关企业规定了具体的设立条件。报关企业注册登记应依法获得报关企业注册登记许可。

报关企业注册登记许可应当具备的条件包括:(1)具备境内企业法人资格条件;(2)法定代表人无走私记录;(3)无因走私违法行为被海关撤销注册登记许可记录;(4)有符合从事报关服务所必需的固定经营场所和设施;(5)海关监管所需要的其他条件。

申请时应提交以下材料。

报关企业注册登记许可的程序主要有四个步骤:首先,报关企业注册登记许可申请。申请报关企业注册登记许可的申请人应当到所在地直属海关对外公布受理申请的场所向海关提出申请。在提出申请时应提交如下材料：(1)《报关企业注册登记许可申请书》；(2)《报关单位情况登记表》；(3)企业法人营业执照副本复印件以及组织机构代码证书副本复印件(若提交了载有18位统一社会信用代码的企业法人营业执照，可不提交企业组织机构代码证书副本复印件)；(4)报关服务营业场所所有权证明或者使用权证明；(5)其他与申请注册登记许可相关的材料。以上提交复印件的，应当同时向海关交验原件。申请人可以委托代理人提出注册登记许可申请。申请人委托代理人代为提出申请的，应当出具授权委托书。其次，海关对申请人提出的申请，海关应当根据不同的情况分别做出处理：申请人不具备报关企业注册登记许可申请资格的，应当做出不予受理的决定；申请材料不齐全或者不符合法定形式的，应当当场或者在签收申请材料后5日内一次告知申请人需要补正的全部内容，逾期不告知的，自收到申请材料之日起即为受理；申请材料仅存在文字性、技术性或者装订等可以当场更正的错误的，应当允许申请人当场更正，并且由申请人对更正内容予以签章确认；申请材料齐全、符合法定形式，或者申请人按照海关的要求提交全部补正申请材料的，应当受理报关企业注册登记许可申请，并做出受理决定。再次，所在地海关受理申请后，应当根据法定条件和程序进行全面审查，并于受理注册登记许可申请之日起20日内审查完毕，将审查意见和全部申请材料报送直属海关。直属海关应当自收到所在地海关报送的审查意见之日起20日内做出决定。直属海关授权隶属海关办理注册登记许可的，隶属海关应当自受理或者收到所在地海关报送的审查意见之日起20个工作日内做出决定。最后，申请人的申请符合法定条件的，海关应当依法做出准予注册登记许可的书面决定，同时核发《中华人民共和国海关报关单位注册登记证书》，并通知申请人。申请人的申请不符合法定条件的，海关应当依法做出不准予注册登记许可的书面决定，并且告知申请人享有依法申请行政复议或者提起行政诉讼的权利。办理时限为：直属海关审批的，自出具受理单起40个工作日内；授权隶属海关审批的，自出具受理单起20个工作日内。

报关企业如需要在注册登记许可区域以外从事报关服务的，应当依法设立分支机构，并且向拟注册登记地海关递交报关企业分支机构注册登记许可申请。报关企业跨关区设立的分支机构拟取得注册登记许可的，应当具备下列条件：符合境内企业法人分支机构设立条件；报关员人数不少于3名；有符合从事报关服务所必需的固定经营场所和设施；分支机构负责人应当具有5年以上从事对外贸易工作经验或者报关工作经验；报关业务负责人、报关员无走私记录。海关比照报关企业注册登记许可程序规定做出是否准予跨关区分支机构注册登记许可的决定。报关企业可以在取得注册登记许可的直属海关关区内各口岸地或者海关监管业务集中地从事报关服务。报关企业及其跨关区分支机构注册登记许可期限均为2年。被许可人需要延续注册登记许可有效期的，应当办理注册登记许可延续手续。报关企业未办理注册登记许可延续手续或者海关未准予注册登记许可延续的，自丧失注册登记许可之日起，其跨关区分支机构注册登记许可自动终止。具体如表1-4所示。

表 1-4 注册登记许可和登记的有效期

| 报关单位类别 | 报关注册登记许可 | 报关注册登记 |
|---|---|---|
| 进出口货物收发货人 | 无须 | 所在地海关(长期有效) |
| 报关企业 | 向所在地海关申请,由直属海关决定 | 所在地海关(有效期 2 年) |
| | 报关企业跨关区分支机构向拟注册海关办理 | 分支机构所在地海关 |
| 无经营权单位拟从事非贸易性进出口活动 | 无须 | 拟进出境口岸(有效期 1 年) |

## (三)报关单位的法律责任

报关单位在办理报关业务时,应该遵守国家有关法律、行政法规和海关的各项规定,并对所申报货物、物品的品名、规格、价格、数量等的真实性、合法性负责,承担相应的法律责任。

报关单位法律责任,是指报关单位违反海关法律规范所应承担的法律后果,并由海关及有关司法机关对其违法行为依法予以追究,实施法律制裁。《中华人民共和国海关法》《中华人民共和国海关行政处罚实施条例》和有关海关行政规章等都对报关单位的法律责任进行了规定。《中华人民共和国刑法》关于走私犯罪的规定,《中华人民共和国行政处罚法》关于行政处罚的原则、程序、实效、管辖等规定,不予、从轻或者减轻处罚以及执行等规定,也都适用于对报关单位法律责任的追究。具体如表 1-5 所示。

表 1-5 报关单位违反海关监管规定的行为及其处罚

| 违规行为 | | 处罚 |
|---|---|---|
| 1. 报关单位在办理报关业务过程中,进出口货物的品名、税则号列、数量、规格、价格、贸易方式、原产地、启运地、运抵地、最终目的地或其他应申报而未申报或申报不实的,如果: | A. 影响海关统计准确性的<br>B. 影响海关监管秩序的<br>C. 影响国家许可证件管理的<br>D. 影响国家税款征收的<br>E. 影响国家外汇、出口退税管理的 | A. 警告或 1000~10000 元的罚款<br>B. 警告或 1000~30000 元的罚款<br>C. 货物价值 5%~30%的罚款<br>D. 漏缴税款的 30%~200%的罚款<br>E. 申报价格 10%~50%的罚款 |
| 2. 报关企业有 | A. 拖欠税款或不履行纳税义务 | 责令整改+给予警告+暂停 6 个月的报关业务 |
| | B. 报关企业出让本身名义供他人办理进出口货物纳税报关事宜的 | |
| | C. 有需要暂停其报关业务的其他违法行为 | |

续表

| 违规行为 | | 处罚 |
|---|---|---|
| 3.报关企业 | A.构成走私犯罪或1年里有2次以上走私行为 | 海关可以撤销其注册登记 |
| | B.所属报关员1年里有3人次以上被海关暂停执业 | |
| | C.暂停业务被恢复后的1年里再次发生B所规定的情形 | |
| | D.有需要撤销注册登记的其他违法行为 | |
| 4.报关企业非法代理他人报关或超范围报关 | | 责令整改＋5万元以下罚款＋暂停6个月的报关业务；情节严重可撤销其报关注册登记 |
| 5.报关企业(包括进出口货物收发货人)向海关工作人员行贿 | | 撤销其注册报关登记＋10万元以下罚款；构成犯罪的依法追究刑事责任，并不得重新注册 |
| 6.提供虚假资料骗取注册登记的 | | 撤销其注册报关登记＋30万以下罚款 |
| 7.报关企业 | A.取得变更登记注册许可或海关注册登记的内容发生变更而未按规定办理变更 | 警告＋1000～5000元的罚款 |
| | B.未向海关备案而擅自变更或启用“报关专用章” | |
| | C.所属报关员离职未向海关报告并办理相关手续 | |
| 8.未经海关注册登记而从事报关业务 | | 取缔＋没收所得＋10万以下罚款 |

### (四)报关单位分类管理

为了鼓励企业守法自律，提高海关管理效能，保障进出口贸易的安全与便利，根据《中华人民共和国海关法》及其他有关法律、行政法规的规定，海关总署制定了《中华人民共和国海关对企业实施分类管理办法》，该办法已于2008年1月4日经海关总署署务会议审议通过，自2008年4月1日起施行。海关总署管理的直属海关主管关长牵头负责，成立企业分类管理委员会，负责处理企业分类管理工作中出现的重大问题，日常实施工作由分管企业注册登记管理的部门统一归口负责，其职责范围包括受理企业申请，并对企业报送的有关文件和资料进行审核；提出适用AA类、A类、D类管理的企业名单，经本关企业分类管理委员会审核后报海关总署；审定适用B类或C类管理的企业名单，组织本关区的实施工作；归口协调各职能部门的相关工作，汇总反馈的意见，维护本关区的企业数据库；与外经贸、经贸委、税务、工商、外汇管理等有关部门建立联系制度，互通情况，共享信息。海关根据企业遵守法律、行政法规、海关规章、相关廉政规定和经营管理状况，以及海关监管、统计记录等，设置AA、A、B、C、D五个管理类别，对有关企业进行评估、分类，并对企业的管理类别予以公开。海关总署按照守法便利原则，对适用不同管理类别的企业，制订相应的差别管理措施，其中AA类和A类企业适用相应的通关便利措施，B类企业适用常规管理措施，C类和D类企业适用严密监管措施。海关总署对企业分类管理工作进行指导、监督；直属海关负责审定、调整本关区企业适用的管理类别。企业主要分为进出口收发货人和报关企业两类，本教材主要以进出口收发人为例对分类管理进行介绍，在海关登记的加工企业，按照进出口货物收发货人实施分类管理。警告以及罚款额在人民币10000元以下的违反海关监管规定的行为，不作为企业分类管理评定记录。

《中华人民共和国海关企业信用管理暂行办法》已于2014年9月4日经海关总署署务会议审议通过，现予公布，自2014年12月1日起施行。海关根据企业信用状况将企业认定为认证企业、一般信用企业和失信企业，按照诚信守法便利、失信违法惩戒原则，分别适用相应的管理措施。五个管理类别分别为：AA类企业为高级认证企业，A类企业为一般认证企业，B类企业为一般信用企业，C类、D类企业为重新认定为一般信用企业或失信企业。

## 拓展资料

在WCO制定的《全球贸易安全与便利标准框架》（以下简称《框架》）中经认证的经营者AEO(Authorized Economic Operator)被定义为："以任何一种方式参与货物国际（区域间）流通，并被海关当局认定符合世界海关组织或相应供应链安全标准的一方，包括生产商、进口商、出口商、报关行、承运商、理货人、中间商、口岸和机场、货站经营者、综合经营者、仓储业经营者和分销商。"《框架》包括了4个核心元素、2个支柱、17项标准和关于这17项标准的技术性条款。四个核心元素是：(1)要求提前递交进出口及转运货物的电子信息；(2)采用一致的风险管理手段；(3)应进口国（地区）的合理要求，出口国（地区）海关对出口的高风险集装箱和货物进行查验；(4)要求海关要向满足该标准的商界提供相应的便利。基于这四项要素，《框架》提出了保障供应链安全的两大支柱，即海关与海关之间的合作安排和海关与商界之间的伙伴关系。第一个支柱即海关与海关之间的合作安排，包括了11项标准，涉及供应链管理、查验权力和查验技术、风险管理和布控、电子信息交换、绩效和安全评估以及工作人员的廉政等海关监管工作的各个方面。这些标准还将鼓励海关和其他政府部门之间的合作，帮助政府实施统一的边境管理和控制，并通过采取必要措施，使政府能够扩大海关在这个领域的权限和职责。第二个支柱即海关与商界的合作，包括6项标准，企业应执行以海关设定的安全标准为参数的自我评估程序、供应链经营者本身应采取的安全措施、授权认证的取得、新技术的采用、与海关的合作与交流以及获取贸易便利的条件等。中国海关依法开展与其他国家或者地区海关的 AEO 互认,并给予互认 AEO 企业相应通关便利措施。

企业有下列情形之一的,海关认定为失信企业:(1)有走私犯罪或者走私行为的;(2)非报关企业 1 年内违反海关监管规定行为次数超过上年度报关单、进出境备案清单等相关单证总票数千分之一且被海关行政处罚金额超过 10 万元的违规行为 2 次以上的,或者被海关行政处罚金额累计超过 100 万元的;报关企业 1 年内违反海关监管规定行为次数超过上年度报关单、进出境备案清单总票数万分之五的,或者被海关行政处罚金额累计超过 10 万元的;(3)拖欠应缴税款、应缴罚没款项的;(4)上一季度报关差错率高于同期全国平均报关差错率 1 倍以上的;(5)经过实地查看,确认企业登记的信息失实且无法与企业取得联系的;(6)被海关依法暂停从事报关业务的;(7)涉嫌走私、违反海关监管规定,拒不配合海关进行调查的;(8)假借海关或者其他企业名义获取不当利益的;(9)弄虚作假、伪造企业信用信息的;(10)其他海关认定为失信企业的情形。企业有下列情形之一的,海关认定为一般信用企业:(1)首次注册登记的企业;(2)认证企业不再符合本办法第九条规定条件,且未发生本办法第十条所列情形的;(3)适用失信企业管理满 1 年,且未再发生本办法第十条规定情形的。

**第十三条**

海关应当自收到企业书面认证申请之日起 90 日内做出认证结论。特殊情形下,海关认证时限可以延长 30 日。

企业有下列情形之一的,海关应当终止认证:

(1)发生涉嫌走私或者违反海关监管规定的行为被海关立案侦查或者调查的;

(2)主动撤回认证申请的;

(3)其他应当终止认证的情形。

海关对企业信用状况的认定结果实施动态调整。

海关对高级认证企业应当每 3 年重新认证一次,对一般认证企业不定期重新认证。未通过认证的企业,不再适用认证企业管理,1 年内不得再次申请成为认证企业;未通过高级认证但符合一般认证企业标准的,适用一般认证企业管理。

适用失信企业管理满 1 年,且未再发生本办法第十条规定情形的,海关应当将其调整为一般信用企业管理。

失信企业被调整为一般信用企业满 1 年的,可以向海关申请成为认证企业。

一般认证企业适用下列管理原则和措施:

(1)较低进出口货物查验率;

(2)简化进出口货物单证审核;

(3)优先办理进出口货物通关手续;

(4)海关总署规定的其他管理原则和措施。

高级认证企业除适用一般认证企业管理原则和措施外,还适用下列管理措施:

(1)在确定进出口货物的商品归类、海关估价、原产地或者办结其他海关手续前先行办理验放手续;

(2)海关为企业设立协调员;

(3)对从事加工贸易的企业,不实行银行保证金台账制度;

(4)AEO互认国家或者地区海关提供的通关便利措施。

失信企业适用海关下列管理原则和措施:

(1)较高进出口货物查验率;

(2)进出口货物单证重点审核;

(3)加工贸易等环节实施重点监管;

(4)海关总署规定的其他管理原则和措施。

高级认证企业适用的管理措施优于一般认证企业。

因企业信用状况认定结果不一致导致适用的管理措施相抵触的,海关按照就低原则实施管理。

认证企业涉嫌走私被立案侦查或者调查的,海关暂停适用相应管理措施,按照一般信用企业进行管理。

企业名称或者海关注册编码发生变更的,海关对企业信用状况的认定结果和管理措施继续适用。

企业有下列情形之一的,按照以下原则做出调整:

(1)企业发生存续分立,分立后的存续企业承继分立前企业的主要权利义务的,适用海关对分立前企业的信用状况认定结果和管理措施,其余的分立企业视为首次注册企业;

(2)企业发生解散分立,分立企业视为首次注册企业;

(3)企业发生吸收合并,合并企业适用海关对合并后存续企业的信用状况认定结果和管理措施;

(4)企业发生新设合并,合并企业视为首次注册企业。

**附则**

作为企业信用状况认定依据的走私犯罪,以刑事判决书生效时间为准进行认定。

作为企业信用状况认定依据的走私行为、违反海关监管规定行为,以海关行政处罚决定书做出时间为准进行认定。

因此,进行AEO论证有其必要性,如表1-6所示。

**表1-6 AEO认证必要性分析:企业享受差别化待遇**

| 优惠待遇 | AEO高级认证企业 | AEO一般认证企业 | 一般信用企业 | 失信企业 |
|---|---|---|---|---|
| 海关信用监管状况 | 超优惠便利管理(3年内定期核查) | 便利化管理 | | |
| (不定期核查) | 常态管理 | 严密监管 | | |
| 商业环境和社会地位 | 提升企业综合竞争力金招牌 | 有利于供应链准入和商业合作伙伴 | 普通资质企业 | 联合惩戒生存艰难 |
| 进出口查验率 | 最低查验率(不高于0.9%) | 较低查验率(不高于3%) | 3%~10% | 不低于50% |

续表

| 优惠待遇 | AEO高级认证企业 | AEO一般认证企业 | 一般信用企业 | 失信企业 |
|---|---|---|---|---|
| 海关布控率 | 最低布控率<br>(不高于0.2%) | 生产型0.2%～0.4%<br>非生产型0.4%～0.6% | 0.6%～1% | |
| 海关客户协调员窗口 | 设立 | 不设立 | 不设立 | 不设立 |
| 进口汇总征税便利支持 | 享受 | 享受 | 不享受 | 不享受 |
| 国际AEO互认国家(地区)通关便利化 | 享受 | 暂无 | 不享受 | 不享受 |

# 第二节 报关员

由于进出口的报关手续比较复杂，办理人员需要熟悉法律、税务、外贸、商品知识，精通海关法律、法规、规章和掌握办理海关手续的技能，为此，我国海关规定进出口货物的报关业务应有经海关批准的专业人员代表进出口货物收发货人或者报关企业向海关办理。自2014年开始，报关水平测试取代报关员资格考试。报关水平测试是中国报关协会对参试人员的报关基础知识及报关业务技能水平进行的综合评价与定量分析。

## 一、报关员的概念

报关员，是指依法在海关注册登记，向海关办理进出口货物报关业务的人员。报关员从事的报关业务主要包括：如实申报进出口货物的商品编码、实际成交价格、原产地及相应优惠贸易协定代码等，并办理填制报关单、提交报关单证等与申报有关的事宜；申请办理缴纳税费和退税、补税事宜；申请办理加工贸易合同备案、变更和核销及保税监管等事宜；申请办理进出口货物减税、免税等事宜；办理进出口货物的查验、结关等事宜；应当由报关单位办理的其他报关事宜。进出口货物收发货人应当通过本单位所属的报关员办理报关业务，或者委托海关准予注册登记的报关企业，由报关企业所属的报关员代为办理报关业务。报关员是联系海关与报关单位之间的桥梁，其报关行为在海关的工作中起着重要的作用。报关员业务水平的高低和报关质量的好坏不仅影响着正常的通关速度，也影响着海关的工作效率。

## 二、报关水平测试

随着我国对外贸易的飞速发展，社会对报关员的需求日益增长，报关作为向社会提供专门化服务的职业已经引起社会的极大关注。报关职业要求报关人员必须具备一定的学识水平和实际业务能力，必须熟悉与货物进出口有关的法律、对外贸易和商品知识，必须精通海关法律、法规、规章并具备办理报关业务的技能。报关水平测试，是中国报关协会对参试人员报关基础知识及报关业务技能水平进行的综合评价与定量分析。

报关水平测试依据《报关服务作业规范》《报关服务质量要求》等行业标准，按照《报关水平测试大纲》要求，设置测试标准和测试要素并对参试者颁发“报关水平测试成绩分析报告书”。中国报关协会公告(中报协 2014 年 18 号)规定自 2014 年 11 月，每年举行年度报关水平测试。为企业选人，用人和职业院校后备人才培养工作提供客观、量化的标准，加强报关行业自律，提升报关从业人员职业素养，提高报关质量。中国报关协会成立报关水平测试工作委员会(以下简称委员会)，对测试工作进行决策、指导。委员会由中国报关协会、海关总署有关司局、部分地方报关协会、企业会员单位代表组成；委员会主任由中国报关协会主管会长担任。

### (一)测试内容

报关水平测试分为下列两个科目。

(1)报关基础知识，主要测试对外贸易及对外贸易管理、海关及海关管理、报关及报关管理等知识，总分 100 分，测试时长 60 分钟。

(2)报关业务技能，分为进出境报关、保税加工报备报核、进出口商品归类、报关单填制、进出口税费核算五个模块，总分 200 分，测试时长 120 分钟。

### (二)测试费用与退费规则

首次参试者须同时参加两科测试，测试费共计 200 元。网上报名结束后的两周内，已缴费考生因故无法参加测试的，可申请退费，因此产生的手续费由考生负担。逾期不再退费。

### (三)测试证书

考生报名时自愿决定是否申领“报关水平测试证书”。选择申领证书者，须缴纳证书制作费 60 元。申领证书的考生再次参加测试的，可以只参加单科测试。未申领证书的考生再次参加测试的，视同首次参加测试。“报关水平测试证书”包括以下内容。

(1)各科目及模块的测试分数。

(2)考生分数在全国考生中的水平区间。

(3)成绩分析报告。

(4)职业发展建议。

为了促进考生就业，中国报关协会拟创建报关人才资源库，搭建求职与招聘的平台。

取得证书者可纳入中国报关协会报关人才资源库。“报关水平测试证书”由办公室统一印制，各地方报关协会、考试点颁发。内容包括：测试分数、成绩评价与分析、职业发展指导建议等。“报关水平测试证书”是参试人员基础知识和职业技能水平的证明，可作为企业选人用人、职业院校学生职业能力水平评价和社会中介机构向企业推荐报关从业人员的基本依据之一。“报关水平测试证书”有效期3年。

（四）测试方式与应试规则

测试采用闭卷计算机化测试方式进行，分为上、下两场，第一场60分钟，第二场120分钟。考生凭本人有效身份证件和准考证参加测试。考生应试时，应当通过计算机测试界面选择或者输入答案并提交试卷。测试前一个月，考生可登录中国报关协会官网，观看测试界面演示视频，熟悉机考答题操作。为保证考生应试需要，允许考生携带工具书（中国海关出版社出版的2014年版《进出口商品编码查询手册》）入场，书中不得有除印刷内容以外的任何文字或者标记。考生不得携带以下物品进入考场：手机和任何其他无线通信、无线网络设备；任何具有文字、图像或者影音信息存储、采集、读取、播放、传输功能的电子产品；书刊、笔记、纸张；计算器。其他应试要求详见考试现场张贴的《报关水平测试应试规则》，准考证上亦印有考生应试注意事项，考生应当认真阅读、知悉。

（五）报名条件

1. 报名参加测试的人员应当符合下列条件

(1)具有中华人民共和国国籍，包括持有有效“港澳居民来往内地通行证”的港澳居民和“台湾居民来往大陆通行证”的台湾居民。

(2)年满18周岁，具有完全民事行为能力。

(3)高中毕业或同等学力及以上，包括应届毕业生。

2. 有下列情形之一的，不得报名参加测试，已经办理报名手续的，报名无效

(1)因刑事犯罪受过处罚的。

(2)因在报关活动中向海关工作人员行贿，被海关依法处理的。

由于上述原因报名无效的，报名费用不予退还。

（六）考区设置

测试以直属海关关区为基础设置考区。考生不限户籍、居住、学习及工作所在地，可以在全国范围内自主选择考区报考。

（七）报名方式

测试采用网上报名形式，分为个人报名和集体报名两种方式。报名网址：chinacba. org/ccba。

### （八）复习与辅导

考生应按照《2014 年报关水平测试大纲》的要求进行复习、备考。报关水平测试教材编写委员会根据《2014 年报关水平测试大纲》，组织编写了一套三本的报关水平测试教材如下所示。

(1)《报关基础知识》。

(2)《报关业务技能》。

(3)《进出口商品编码查询手册》。

上述三本教材由中国海关出版社出版发行，每本定价 60 元。考生可在网上报名时同步购买。集体报名的考生也可通过考培中心、报名点购买。中国报关协会不组织任何形式的考前培训。考前培训服务由各考培中心提供，是否参加培训，凭考生自愿。

## 三、报关员的权利和义务

取得报关员资格证书的报关人员，代表所属企业向海关办理报关业务。报关员应当在一个报关单位执业。报关企业及其跨关区分支机构的报关员，应当在所在报关企业或者跨关区分支机构的报关服务的口岸地或者海关监管业务集中的地点执业。进出口货物收发货人的报关员，可以在中华人民共和国关境内的各口岸地或者海关监管业务集中的地点执业。

### （一）报关员的权利

报关员主要有以下权利。

(1)根据海关规定，代表所属报关单位办理进出口货物报关纳税等海关事务。

(2)有权拒绝办理所属企业交办的单证不真实、手续不齐全的报关业务。

(3)根据海关法及有关规定，对海关的行政处罚决定不服的，有权向海关申请复议，或者向人民法院起诉。

(4)有权根据国家法律法规对海关工作进行监督，并有权对海关工作人员的违法、违纪行为进行检举揭发和控告。

(5)有权举报报关活动中的违规走私行为。

### （二）报关员的义务

报关员主要有以下义务。

(1)遵守国家有关法律、法规和海关规章。

(2)熟悉所申报货物的基本情况，提供齐全、正确、有效的单证，准确、清楚地填制进(出)口货物报关单，并按有关规定办理进出口货物的报关手续。

(3)海关查验进出口货物时，应按要求到场，负责搬移货物、开拆和重封货物的包装。

(4)负责在规定的时间内办理缴纳所申报进出口货物的各项税费的手续、海关罚款手续和销案手续。

(5)配合海关对走私违规案件的调查。

(6)协助本企业完整保存各种原始报关单证、票据、函电等资料。

(7)参加海关召集的有关报关业务会议或培训。

(8)承担海关规定报关员办理的与报关业务有关的工作。

## 四、报关员的法律责任

报关员在报关活动中,违反《中华人民共和国海关法》和相关法律、行政法规的,由海关给予相应的行政处罚,构成犯罪的,追究其刑事责任。

报关员非法代理他人报关或者超出其业务范围进行报关活动的,由海关责令改正,处以罚款,暂停其执业;情节严重的,取消其报关从业资格。

报关员向海关工作人员行贿的,由海关取消其报关从业资格,并处以罚款;构成犯罪的,依法追究刑事责任,并不得重新取得报关从业资格证书。

报关员有下列情形之一的,海关予以警告,责令其改正,并可以处人民币 2000 元以下罚款:故意制造海关与报关单位、委托人之间的矛盾和纠纷;假借海关名义,以明示或者暗示的方式向委托人索要委托合同约定以外的酬金或者其他财物、虚假报销;同时在 2 个或者 2 个以上报关单位执业;私自接受委托办理报关业务,或者私自收取委托人酬金及其他财物;将《报关员证》转借或者转让他人,允许他人持本人《报关员证》执业;涂改《报关员证》;报关员姓名、身份证件号码等身份资料和所在报关单位名称、海关编码发生变更的,未按照规定向海关办理变更手续的;其他利用执业之便谋取不正当利益的行为。

报关员违反《中华人民共和国海关报关员执业管理办法》,构成走私或者违反海关监管规定行为的,由海关依照《中华人民共和国海关法》和《中华人民共和国海关行政处罚实施条例》的有关规定予以处理;构成犯罪的,依法追究刑事责任。

### 拓展资料

青岛某船务公司报关员小安在从事报关业务中遇到这样一件事情。一家公司从韩国进口了一种人造纤维纱线,报关时,海关要求验货,开箱后发现不是人造纤维纱线,而是一种关税比人造纤维纱线高出很多的氨纶丝。海关认为是小安所在公司与外商串通想逃税。经进一步调查发现是韩国商人有意隐瞒,以逃避巨额关税。请问在这个案例中小安作为报关员有没有责任?

解析:在此案例中,虽然是韩国商人有意隐瞒,但作为报关员的小安在进行代理的时候并未认真审核其货物的品名及税则号是否真实,韩国公司使用不符合该商品的品名低关税报关,以逃避原本应缴的高额关税。

报关员的海关法律责任中有这么一条:“报关员因工作疏忽或在代理报关业务中因对委托人所提供的真实性未进行合理审查,致使发生进出口货物的品名、税则号列、数量、规格、价格、贸易方式、原产地、起运地、运抵地、最终目的地或其他应当申报的项目未申报或申报不实的,海关可以暂停其 6 个月以内报关执业。”

# 第三节　进出口海关监管作业程序

## 一、概述

海关监管，是指中国海关依据《中华人民共和国海关法》和有关法律、法规，对进出境货物、物品和运输工具实施监督管理。货管指进出境货物监管，是海关监管的重要组成部分。货管作业程序是控制海关货管工作有序开展的重要工具，也是海关各项业务制度的具体落实。货管作业程序是海关对进出境货物实施监管所必须遵守的一系列前后相连的工作步骤，可分为备案、减免税审批、审单、查验、放行、核查、核销、转关、担保等监管环节。在实际工作中，这几个环节已发展成为基本作业制度，其中，审单、查验、放行是货管的基本程序，构成海关监管制度的核心。海关主要承担四项基本任务：征税、监管、查私和统计。征税工作的本质是通过对进出境商品收取关税，利用关税这个经济杠杆来调整一国的生产和流通。监管的本质与关税截然不同。监管业务并不涉及“钱”，而是涉及“证”，实际上是国家对进出境货物、物品和运输工具实施的一种强制性的行政管理措施。通过对进出境货物、物品和运输工具在进出境时加以验证，确定其进出境的合法性。查私工作是针对非法进出境的状况进行追查和追究法律责任。统计工作则是对进出境的状况进行科学记录。海关上述四项工作是相辅相成的，但是，这四项工作的核心是监管。因为，没有海关监管就不能确认是否合法进出境，没有海关监管也就不能确认合法进出境业务的具体内容和具体数量，没有海关监管也就不能确认其合法进出境的货物应当征收的关税额。

一个国家的海关是该国主权的集中体现，一个国家的海关也是该国经济利益的象征。因此，国家为了维护自己的主权和尊严，为了维护自己的经济利益，对于货物、物品和运输工具，在进出海关关境时制定了各种法律规范。一般进出海关关境分为人员、货物和物品、运输工具三种情况，与国际经贸业务密切相关的主要是货物和物品、运输工具进出境。本章主要就货物和物品、运输工具进出境问题进行探讨。

从货运监管具体内容看，作为从事国际经贸的业务人员，必须了解和掌握以下几个问题。

### （一）中国对货物、物品和运输工具进出境的管理规定

各国对货物、物品和运输工具的进出境管理规定繁多，掌握和了解相关国家法律规范是做好国际经贸业务的基础。中国在货物、物品和运输工具进出境方面的法律规范主要体现在以下几方面。

1. 进出境基本规范

进出境基本规范通常指进出境所涉及的进出口许可证、商品检验证明、商品检疫证明和食品卫生许可证明，在外贸业务中俗称“一证三检”。由于上述业务涉及大部分进出境

货物，只是有些进出境业务只涉及其中一项，有些进出境业务涉及其中几项，很难找出一宗业务不需要办理"一证三检"的。

2. 进出境特殊规范

进出境特殊规范通常是指国家为了达到一定政治、经济目的，对一些特定的进出境业务颁布的管理规范。进出境管理特殊规范是特指的，仅仅对涉及在特定规范以内的进出境业务实施管理，相关业务只有获得特定管理部门审核批准后方可办理进出境手续。如文物、无线电器材、濒危动植物等。

3. 进出境其他规范

进出境其他规范通常用于那些正常情况下需要对进出境货物、物品和运输工具实施限制，由于所经营的相关业务符合其他特别规定，可以享受与其他单位的不同待遇，在进出境时有关业务经营单位应当向海关提供合法证明。如某进口货物正常情况下应当缴纳关税，但是，该商品符合国家减免税条件，经营单位要享受减免税待遇必须提供合法证据。又如，某些货物按照规定入境时必须申领进口许可证，但是，该货物属于出口退运货物，可以免领进口许可证，经营单位必须提供合法证明。

### （二）合法进出境必须办理的手续

针对上述国家对进出境货物、物品和运输工具的管理规定，作为从事相关业务的单位，应该掌握和了解合法进出境手续的办理。

1. 合法进出境手续的管理机构

合法进出境手续的管理机构是指国家对相关业务进出境合法性进行审核并发放证明的机构，我国许多法规均对各类手续办理明确规定了归口管理机构。如普通进出口许可证由国家对外贸易经济合作部及其下属机构按不同权限审核发放；文物管理则由国家文物局及其下属机构负责；商检证书则由国家商检局负责审核发放。

2. 合法进出境手续的办理条件及审核程序

我国大部分法律、法规均规定了相关手续办理条件和审核程序，通过对具体手续的规范，有助于国家有关法律、法规的有效贯彻实施。针对合法进出境手续的办理条件及审核程序，通常规定的更为详细。

3. 合法进出境证明的法律效力

法律效力通常又分为进出境主体的效力范围、合法证明的效力范围。主体合法指只有特定企业或单位持进出境证明才有效。进出境证明未经审核同意转其他单位均无效。此外有的合法证明规定时效。如商检证明有效期一般为 3 个月，进出口许可证不得跨年度使用等。

### （三）海关针对具体进出境业务的管理措施

办结海关手续，俗称"结关"，海关在具体办理"结关"过程中，一方面是为了保障执行国家各项进出境法律、法规，从而维护国家的主权和尊严，维护国家经济利益，促进国民经济发展；另一方面，是在保证国家法律、法规有效实施的前提下，本着有利于提高海关工作效率，有利于落实促进对外经贸交流的宗旨，对不同进出境情况，在办结海关手续方面给予不同的对待。中国海关具体管理措施可以分为以下三个方面。

1. 直接进出境管理

直接进出境是指货物、物品和运输工具进入或离开中国海关关境后不再复运出境或入境的情况，是海关监管与征税的基本工作对象。海关直接进出境管理又可以分为两种情况：第一种情况是普通进出境，即业务单位按照国家有关法规提供必要的合法进出境证明，并按规定缴纳海关关税以后，海关给予放行。放行后完成进出境手续的货物、物品和运输工具不再属于海关管辖范围，即已经办结海关手续。第二种情况是享受特定减免税的货物和物品进出境，即业务单位按照国家有关法规提供必要的合法进出境证明，并按规定办理特定减免税以后，海关给予放行。放行后已经完成进出境手续的货物、物品和运输工具仍然属于海关管辖范围。海关对上述享受特定减免税的货物和物品在今后占有、使用中超出了法律规定的“特定”范围时将进行追究，如国家对安排残疾人就业的企业所进口的生产设备可以享受关税减免政策，并规定相关设备监管年限为5年，如果该企业在设备进口后5年内把该设备转卖，或用于非“残疾人”企业，海关有权对此依法处理。但是，中国海关对按照法律规定入境时享受法定减免税和临时减免税的货物和物品，在审核放行后就不再属于海关的管辖范围。

2. 暂时进出境管理

暂时进出境是指货物、物品和运输工具进入或离开中国海关关境以后，过了一定时期又出境或入境的情况。对于暂时进出境的货物、物品和运输工具，我国法律、法规将根据不同情况做出相应规范，我国海关也根据各种业务的不同特点，实施不同的具体业务处理。对于暂时进出境的情况，根据国际惯例和国民经济发展的客观要求，除特别规定的以外，通常实行保税或免税政策。海关暂时进出境管理又可以分为两种情况：一种情况是指临时进出境，即为了完成国际政治、经济、文化等方面交流需要临时进入或离开中国关境，并在规定的时间内返回，如一国总统访问中国时搭乘的专机临时入境；我国去境外进行展览的展品临时出境等；另一种情况是指国家为了鼓励外向型经济发展，对暂时进出境的货物在中国境内的存储、加工实施保税等特殊政策。

中国对暂时进出境的情况一般规定了再次出境或入境的时间限制。如对临时进出境的一般要求在半年内，保税加工货物在一年内；如果暂时进出境的货物、物品和运输工具超过了规定时限，海关将按照直接进出境管理规范进行处理。

3. 过境转运管理

过境转运，理论上也属于暂时进出境范畴，但是海关过境转运管理特指从事国际运输的单位，对货物和物品按原状直接进出境的情况。由于过境转运业务理论上只是与货运行业有关，与一国的政治、经济等其他领域关系不大，所以海关在相关管理上实行与其他暂时进出境业务不同的管理规范。

上述管理措施本质上是为了说明中国海关对进出境货物、物品和运输工具的办结海关手续制度。

### （四）对所发生的非法进出境情况的追究与处理

海关监管的基本目标是保障合法进出境，对于未能按中国法律、法规要求提供合法进出境凭据，未能依法缴纳关税，未能执行国家相关法律、法规的单位和个人，中国海关将根据国家所赋予的权限范围做出处理。海关对不符合法律、法规要求的情况一般做出以下处理：第一，拒绝办理海关手续，包括驳回申报、拒绝办理相关进出境手续等；第二，做出行政处罚，包括对有关单位和个人实行罚款、查扣、没收货物、吊销相关资格等；第三，追究法律责任，包括对当事人扣留、移送司法机关等。

## 二、海关监管对象

所谓海关监管对象是指我国海关依据《中华人民共和国海关法》及有关法规，实行海关行政管理的特定对象。海关监管具体分为人员进出境管理和物的进出境管理，作为从事国际经贸业务的人员，主要涉及物的进出境管理。

目前，海关对物的进出境管理工作具体包括进出境货物、进出境物品、储存上述货物的场所和承运上述货物的运输工具等。

### （一）进出境货物的监管

进出境货物是指各种贸易商品需要进出境、未办结海关手续的货物。这类货物的基本特点是以等价交换的商业化运作方式完成跨国界的移动。作为进出境管理机构，海关对进出境货物监管的基本目标：一是要防止违法进出境，贯彻执行国家（地区）有关法律、法规；二是要防止对外经贸交流过程中国家（地区）利益的损失；三是对一些享受进出境国家（地区）政策优惠的货物，防止移作他用，使国家（地区）优惠政策真正达到调控目的。

进出境货物具体包括以下几种情况：①进出口货物，它是指与境外客商通过商品交换进出境的商品；②过境、转运、通运货物，它是指因国际（区域间）贸易需要进入中国，但是最终消费地不在中国国境内的货物；③暂时进出口货物。它是指因商品贸易业务的需要而进出口的商品，这些商品最终消费地尚未最后确定，而因为业务需要暂时进出口的货物，如来料加工中保税进口的料、件，以租赁或寄售贸易方式进出口的货物等。

上述货物在未办结海关手续以前均属于海关监管对象。

### （二）进出境物品的监管

进出境物品与进出境货物不同，是指没有实际发生货币国际（区域间）支付而进出我国国境的物品。由于这些物品不是通过商业化运作方式完成跨国（地区）移动，它有自己特殊运行的规律，海关在监管方面也采用不同的管理措施。

进出境物品具体包括以下几种情况：①援助或捐赠物品；②临时入境的展品；③因国际文化、体育交流带入带出的相关器材；④我国驻外机构或外国驻中国机构带入带出的物品及旅客进出境随身携带的物品等。上述进出境物品数量零星，如果按照进出境货物的方式实施监管，会造成海关耗费大量的人力和物力。有些物品属于我国可以无偿获取的，海关对这些物品实施严格限制和管理也没有必要。但是这些数量零星的物品积少成多，也会对国内经济造成一定影响。同时，还必须防止个别人打着无偿获得的援助、捐赠品的旗号去破坏国内经济秩序。

### (三)对存储上述货物和物品的场所和承运上述货物和物品的运输工具的监管

存储上述货物和物品的场所是指各种未办结海关手续的货物和物品存放地。海关为了对上述货物和物品实施有效的监管,对相关场所的管理必不可少。上述场所包括经海关批准的保税仓库,用于货物和物品装卸、存放的堆场,一些入境享受特定减免税的货物和物品入境后的存放地。海关对上述场所的监管包括对该场所合法使用的审核,对管理该场所业务单位的认可,对在上述场所从事业务管理人员的认证和考核。

承运上述货物和物品的运输工具是指各种未办结海关手续的货物和物品的承运工具。海关为了对上述货物和物品实施有效监管,对相关承运工具管理同样必不可少。海关纳入监管的承运工具包括船舶、列车、航空器、卡车及各种人力、畜力的运输工具,装卸容器和装载工具等。海关对上述承运工具的监管包括该承运工具的技术状况、承运工具行驶线路、承运工具的停驻和存放地点、承运工具的载运和装卸状况、承运工具经营单位和操作承运工具的驾乘人员的考核和认证。

## 三、海关监管区域

根据《中华人民共和国海关法》的规定海关监管区域是,中国海关为了有效地加强海关监管,国家对海关所赋予的一些必要的特别权力实施地域范围限制。在上述海关监管特定区域内,海关有权在其履行职责时使用《中华人民共和国海关法》所赋予的各项权力,即检查权、查验权、查阅权、调查权、复制权、扣留权、扣留移送权、追缉权、佩带和使用武器权、处理权和强制缴税权。

上述国家权力机关特别赋予的权力,绝大部分可以在中华人民共和国关境范围内行使;但检查有走私嫌疑的运输工具和有藏匿走私货物和物品嫌疑的场所,检查走私嫌疑人的身体,经关长批准将走私嫌疑人扣留移送司法机关这几项权力,必须在海关监管区和海关附近沿海、沿边地区的范围内行使,以保障当事人的权利。在上述特定区域以外,海关虽然也拥有一定的监管权,但只能行使相应的监督权和检查权。

根据《中华人民共和国海关法》及有关法律规定,海关享有各项权力的特定区域有以下几种情况。

### (一)口岸

(区域间)口岸是指供人员、货物和交通工具合法进出国(地区)境的港口、机场、车站、国(地区)界孔道、国际(区域间)邮件互换站(交换站点)。国家(地区)在各口岸均设立相关海关管理机构。有些经国家(地区)批准的进出境地点,虽然未设立海关管理机构,但是也属于海关管理的特定区域范围。

### (二)海关附近沿海、沿边地区

它是指海关总署和国务院及公安部门会同有关省级人民政府确定的边境或沿海设关

地周围的一定区域。《中华人民共和国海关法》之所以规定了海关监管区和海关附近沿海、沿边地区，主要是为了加强海关的监督管理，特别是为了加强海关的缉私工作。这一规定，对于海关在职权范围内更加有效地查缉走私具有重要意义。

（三）其他海关监管场所

其他海关监管场所是指境内进出境货物和物品，经批准允许就地办理海关手续的场所。如保税仓库、集装箱分装地等。这类场所通常不能直接与境外相通，货物和物品办完海关手续后，可以通过转关业务直接从口岸出境。

（四）海关临时管辖地

海关临时管辖地是指进出境运输工具因不可抗力被迫停泊、降落、抛掷、起卸货物和物品的地点。

## 四、海关监管时间

海关监管时间规定是指海关对监管对象行使国家所赋予的监管权力的时间范围。在规定时间范围内，海关有权对监管对象行使海关监管权，若监管对象在特定监管区域内，海关为了履行其职责，就可以使用《中华人民共和国海关法》所赋予的各种权力。反之，超出海关监管规定的时间范围，海关对监管对象的权力会受到制约，甚至完全丧失。《中华人民共和国海关法》对海关监管时间有以下规定。

（一）入境货物和物品

入境货物和物品是指由境外运入并在中国国内消费或使用的货物和物品。海关行使监管权从货物和物品的收货人或代理人向海关申报入境之时开始，直至按规定办结海关手续时止。即某企业的货物或物品如果向海关申报入境后，经海关审核无误，并按照规定缴纳关税，该企业以后对该货物或物品的各项权益，海关不再有权干预。换言之，国家以后对企业行使的管理权不能再通过海关实现，而可以通过工商、税务、金融等相关行政部门实现。

（二）出境货物和物品

出境货物和物品是指由境内生产加工运往境外，并在境外完成使用或消费的货物和物品。海关行使监管权从货物和物品的发货人或代理人向海关申报出境之时起，到办结海关手续运离出境时止。与入境货物和物品一样，在有关单位申报以前，海关无权对相关货物和物品行使监管权。

（三）进出境运输工具

进出境运输工具的海关监管分为三种情况：第一种是与被承运或装载货物一同直接出境或入境，出境或入境后不再复运入境或出境，海关监管时间与出境、入境货物和物品的监管时间规定一样。第二种情况是在境外登记注册的承载运输工具。这些承载运输工具通常入境后又复出境，因此，海关监管时间从运输工具进入中国国境时开始（无论申报与否），至办结海关手续后实际离境时为止。第三种情况是在中国海关登记注册的运输工具，这些运输工具的海关监管从海关登记注册时开始，直至注销注册时为止。

（四）过境、转运、通运货物

它是指由境外起运，经过中国国境或涉关地点，继续运往境外的情况，海关监管时间自入境时开始，到在规定时间内复运出境时为止。我国目前对过境、转运、通运货物通常要求6个月内离境，如果超过规定时间，海关有权对其采取相关监管措施。

（五）暂时进出境货物和物品

它是指申报出境或入境后，在规定时间复运入境或出境的情况，如展品及开展国际（区域间）文化、体育交流时需要进出境的物品等。暂时进出境货物或物品如果在规定时间内未复运出境或入境，海关将按照正常出境或入境办理有关手续。海关对暂时进出境货物和物品的监管时间，自申报入境之时开始，到规定期限内办结海关手续复运出境时止；或自申报出境之时开始，到规定期限内办结海关手续复运入境时止。暂时进出境货物和物品与进出境运输工具和过境、转运、通运货物的共同特点是入境后复运出境或出境后复运入境，但是，它们因为有不同业务特点，其海关监管时间规定是不同的，前者强调从进出境申报之时开始，而后者则明确从实际进出境状态规定海关监管时间。

（六）保税货物和物品

它是指申报入境后，享受国家规定的免征关税政策，并在规定时间内复运出境的货物和物品。我国海关监管时间从保税货物和物品申报入境时起，到规定期限内办结海关手续复运出境时止。同样，如果在规定时间内未复运出境，将按照正常进境办结海关手续，其海关监管时间也按正常进出境规定执行。

（七）特定减免关税货物和物品

海关对享受法定减免税和临时减免税的货物和物品，监管时间按正常进出口规定，海关不实施后续管理。对特定减免税货物和物品是依据国家（地区）有关政策对特定地区、特定企业、特定用途、特定贸易性质、特定资金来源完成的进出口货物和物品实行免除关税待遇的。国家（地区）通过特定减免关税政策的实施，对特定情况产生鼓励和推动效果，以实现国家（地区）管理目标。但是为了保证该政策真正落到实处，防止少数单位享受了特定关税减免进口后用于非特定情况，我国海关对特定减免关税的货物和物品实行后续管理政策。所谓海关后续管理是指进口商品办理相关手续入境后，在法律规定的监管年限内，海关对该货物和物品继续行使监管权。在法律规定的监管年限内，享受特定关税减免的货物和物品不得用于非特定情况，如果用于非特定情况，海关有权采取相应措施。因此，特定关税减免货物和物品其监管时间自向海关申报入境时开始，到法定监管年限规定日期结束时为止。我国规定的法定监管年限为5～8年。

海关监管除了上述不同起止时间规定外，我国海关还对有些情况进行统一规定。凡暂时进出口货物或物品应当在6个月内复运出境或入境，特殊情况下可以申请延长3～6个月，超过时限，必须按正常进出口办理进出境手续。保税仓库或其他保税进口货物或物品，保税期限为1年，特殊情况下可以申请延长1年，超过规定时限，必须按正常进口办理入境手续。普通进口货物或物品必须自运输工具申报入境之日起14日内向海关申报入境，超过时限海关将收取滞报金。如果3个月未申报或进口申报3个月仍未办结海关手续，海关有权提取变卖，一些不宜长期保存的货物和物品可以提前处理。

## 五、海关监管工作体系

工作体系是指若干有关事物互相联系、互相制约而构成的一个整体。与海关监管有关的有监管理论体系、监管法规体系、监管制度体系和监管方法体系等。

### （一）海关监管工作体系的含义

海关监管工作体系，是指由相互联系、相互依存的各项监管制度，各种监管方式和方法以及监管作业流程和职能分工，按照一定结构、层次组成并具有整体功能的监管工作系统。海关监管工作体系的主要功能是保证运输工具、货物和物品的进出境活动自始至终处于海关监管之下。这个监管工作体系的结构分为前期管理、现场监管、后续管理三个前后衔接，按序进行的阶段。

前期管理是海关在运输工具、货物和物品进出境前，为保证现场监管和后续管理的工作质量、加快验放速度而进行的管理。前期管理是基础，这是因为脱离了前期管理，现场监管和后续管理在很大程度上都带有盲目性。

现场监管是海关在运输工具、货物和物品实际进出境时，为审查其进出境的合法性、监督其当事人依法缴纳关税而进行的一系列管理。现场监管是关键，因为所有的进出境活动都需要在进出境环节完成“物”的转换和交接，而这种转换和交接的合法性和有序性都依赖于海关在进出境环节的监督和控制。

后续管理是海关在运输工具、货物和物品尚未结关情况下经海关放行进出境后，为审查其运输、储存、加工、使用、销售的合法性并确保实际内、外销时的关税征收而进行的一系列管理。后续管理是保证，这是因为尚未结关的“物”必须在海关规定的限制条件下运输、储存、加工、使用和销售。后续管理是现场监管的继续和延伸，如果没有后续管理措施的保证，进出境管制和关税政策的实施将失之偏颇。

海关监管工作体系各阶段有序衔接，但又界线分明，特别是电子计算机在海关监管中的运用，使三个阶段衔接更为紧密。以进境或出境申报作为划分前期管理阶段和现场监管阶段的界线。进境或出境申报前海关采取的各种监管措施及内部管理办法为前期管理；进境或出境申报后放行前海关采取的监管措施为现场监管。以“放行”作为现场监管阶段与后续管理阶段的划分界线。放行前和放行时海关采取的一系列监管措施为现场监管；“放行”后海关需要采取的监管措施应为后续管理。一般进出境的“物”的“放行”是监管的最后手续，放行后即意味着海关手续全部办完，即结关。而“放行”后尚不能办完全部海关手续的，则应在“核销”或监管期限届满后才能“结关”。

### （二）海关监管工作体系各阶段的工作内容

前期管理阶段的工作内容按其是否产生监管法律效果分成两类。

第一类是以办理海关手续的形式进行，并因此与监管对象产生监管与被监管的法律关系。具体包括以下三种：一是通过办理有关进出境业务企业的注册手续，由海关确认其经营或报关资格。例如，办理保税工厂、保税仓库的注册登记手续，办理报关单位的注册登记手续，办理外商投资企业的注册登记手续，办理进出境运输企业的注册登记手续等。二是通过办理“物”进出境前的备案或审批手续，确认“物”进出境的合法条件和海关监管方式。例如，保税加工合同的登记备案，进出口货物许可证及进出口批文的备案，进口货物减免税审批手续等。三是通过受理“物”的进出境预申报，确认分类管理的具体方式。

第二类是海关为搞好监管工作而采取的内部管理措施或开展的业务基础工作。它包括以下四项内容：一是开展调查研究，收集有关进出境业务经营管理、进出境货物和物品发展变化、贯彻海关政策或查控重点的自然人情况等资料，并分门别类建立档案；二是密切与经贸、税务、工商以及口岸其他管理单位的联系配合，交流信息，协调管理；三是定期或不定期公布海关规章制度，增强海关法规的透明度，做好海关各项政策的宣传咨询工作等；四是对经营单位按其资信情况确定管理等级等。

现场监管阶段的工作内容也可分成两类，但它们都是以办理海关手续的形式进行的。第一类是基本手续，按先后顺序排列为受理申报（初审和审单）—选择查验（或检查）—复核放行。几乎所有的“物”在进出境时都必须通过这三个基本环节接受监管。第二类是特殊手续，主要包括转关运输手续和担保手续。是否要办理转关运输手续，取决于货物是否需在指定地或起运地报关并具备海关监管条件；是否要办担保手续，则要看“物”进出境时的申报情况、担保人的愿望及担保条件等。

后续管理阶段的工作内容有四项：一是定期或不定期地核查有关企业向海关报送的反映进出境业务经营情况的报表，并根据监管需要进一步核查企业会计账册，必要时还可以清查实物的实存数。二是监督有关“物”在境内的使用是否符合海关限定的条件。三是按实际去向办理海关手续，对保税或暂准进出境的“物”在复出（进）境时或者经批准转为正式进出口时均必须办理相应的手续。四是核销或监管时限到期结案，对在确定实际去向后需办理相应手续的“物”，必须在办理核销手续后方能解除监管。而对享受关税减免优惠进境的“物”在海关规定的监管年限到期后，也应在办理核销手续后解除海关监管。

前期管理、现场监管、后续管理三个阶段构成了海关监管工作的整体，三个阶段在海关监管工作中前后照应、按序衔接、互为补充，海关监管的所有活动都贯穿其中。

## 六、现代通关制度下的作业流程

现代通关制度下的作业流程可分为前期、中期和后期三个管理阶段。前期管理阶段的核心是运输工具监管，其主要任务是接受运输工具申报、控制运输工具在海关监管区域内装卸货物、舱单核销等。由监控中心负责接收海运或空运代理公司的进出口舱单数据，通过初步审核，确定布控重点和布控参数管理。由信息中心负责维护和应用“布控”以及“风险分析”程序和商品预归类。由通关中心的归类专家负责研究、管理商品归类业务，办理待申报商品的预归类手续和备案手续。对进出口通关中涉及的许可证件、加工贸易手册等实行前期审核备案，建立电子数据底账制度，报关时由计算机自动核销扣减。

中期管理阶段主要是电子申报阶段。它由电子报关企业完成，其任务是将报关资料转为计算机数据向指定海关传送申报并审单，具体包括规范检查、计算机自动审核和人工审核三种方式。企业递交书面单证审核完毕后，形成报关数据的分流控制，指挥现场监管作业。报关企业在收到海关发送的处理信息后，打印书面报关单据，并连同有关提货凭证等，到海关现场办理进出境手续、现场核实与查验。基层海关根据海关管理中心的指令，核实有关手续，并按照查验指令和现场动态，对进出口货物进行查验及放行。现场关员审核海关手续的办结情况，办理放行手续，仓库管理人员验核有关凭证与计算机数据一致后，核销放行。

后期管理阶段指舱单核销。由监控中心负责总体核销，基层海关关员负责单票货物核销，单票货物核销完毕后，监控中心通关计算机系统定期核查报关数据与舱单的核销情况，以达到控制整个关区进出口货物的流转动向的目的。对超期未报关的货物，向收货人发出催报通知并理单。现场关员根据理单系统对报关单据进行管理，并负责报关单据的事后查询、调卷等工作。数据质量管理即报关数据和统计数据的检查上报工作，由统计部门负责。

## 七、进出口货物的申报

《中华人民共和国海关法》规定，货物或运输工具进出境时，其收发货人或其代理人必须向进出境口岸海关请求申报，交验规定的证件和单据，接受海关人员对其所报货物和运输工具的查验，依法缴纳海关税费和其他由海关代征的税款，然后才能由海关批准货物和运输工具的放行。这一请求和接受办理进出境通关手续的整个过程，通常称为报关。进出境货物的通关程序可以从海关和收发货人两条线来看：从海关方面看，海关对一般进出境货物的监管，其业务程序包括接受申报、查验货物、征收税费、结关放行；作为进出境货物收发货人，相应的报关手续包括提出申报、接受查验、缴纳税费、凭单取货或装船出运。

作为进出境货物收发货人首先要做好申报工作。所谓申报是指货物、运输工具和物品的所有人或其代理人在货物、运输工具、物品进出境时，向海关呈送规定的单证并申请查验、放行的手续。申报与否、是否如实申报是区别走私与非走私的重要界限之一，有关法律对申报的单证、时间、内容都做了明确的规定。

进口单位接到提货通知、出口单位备齐出口货物、委托报关办妥委托手续后，报关企业申报前还需做好的准备工作包括，准备报关单证——与进出口货物直接相关的商业和货运单证即基本单证；国家有关法律规定实行特殊管制的证件即特殊单证；供海关认为必要时查阅和收取的证件即预备单证。然后，填报报关单和其他报关单证或进行报关单预录入。做好这些工作后，就可以向海关递交报关单证，开始报关了。

进出口货物的报关地点遵循三个原则：进出境地原则、转关运输原则和指定地点原则。《中华人民共和国海关法》规定了进出口货物的申报时间与期限：进口货物的收货人或其代理人自运输工具申报进境之日起 14 日内向海关申报，否则由海关征收滞报金；出口货物的发货人除海关特准外，应当在货物运抵海关监管区域后，装货的 24 小时以前向海关申报，除需紧急发运的鲜活、维修和赶船期货物等特殊情况之外，在装货的 24 小时以内申报的货物一般暂缓受理。

报关时应交验的单证有：进口货物报关时，主要有由报关员自行填写或由自动化报关预录入人员录入后打印的报关单；发票、装箱单、提货凭证（或运单、包裹单）、海关签发的进出口货物征免税证明；配额许可证管理证件和其他各类特殊管理证件；有关主管部门签发的商品检验、文物鉴定、动植物检疫、食品卫生检验证明等；合同、货物原产地证明、委托单位的合法经营证书、账册资料及其他有关单证。出口货物报关时，主要有由报关员自行填写或由自动化报关预录入人员录入后打印的报关单一式多份，其所需份数根据各部门需要而定，出口退税时加填一份黄色出口退税专用报关单；发票、装箱单、合同等；海关签发的进出口货物征免税证明；许可证管理证件和其他各类特殊管理证件；对方要求的货物原产地证明；出口收汇核销单；以及其他有关文件。

## 八、进出口货物的查验

### （一）查验的含义和意义

查验是指海关为核实进出口货物的性质、状况、数量等是否与进出口货物报关单所列内容相符而对货物进行的实际检查。查验是海关对进出口货物现场监管的重要环节，也是海关监管人员应当掌握的一项基本技能。通过查验，才能了解进出口货物的实际状况是否与申报的内容相符，有无伪报、瞒报、混藏、夹带等走私违法情况；通过查验，必要时可以为征税和统计业务的准确统计归类和审定价格取得有效依据。当然，查验也有局限性，逐批细查细验可能产生副作用，因此，必须坚持“有选择的抽查”的原则。要搞好海关对进出口货物的查验工作，必须完善查验作业程序，建立一套比较完整的规范化查验制度，包括通知、申请、联系、指派、回避等。

### （二）查验的范围和方法

查验是由“单”到“证”的实际监管措施，是打击走私犯罪活动的一种威慑手段。《中华人民共和国海关法》规定，进出口货物应当接受海关查验，但是否有必要对货物进行实际查验取决于海关的判断。如果海关认定有关货物申报的内容已经符合海关判定其合法性要求，并能满足征税、统计和海关后续管理的需要，海关就可以认为实际货物与申报相符。原则上，海关在全面审核报关单证，并借助于现场巡视的基础上，根据监管及征税业务的需要来确定重点查验。作为确定查验重点时参考的情况主要有：经营单位曾犯有走私违法行为前科或曾多次出现问题的；承运进出口货物的运输单位及其服务人员有利用运输工具走私违法前科的；境内外差价大的商品或一个时期内各经营单位竞相进出口的商品；申报进出口的商品经常发现有伪报货名或化整为零的；申报进出口的商品与原产国（地区）别不相符的；价格低于最低限价，或属于重点审价及经常发现有低报价格的；需要审核内容的音像制品、印刷品等；申报进出口的商品性质相近，但税率和价格相差较大的；进出口新的商品或申报的品名不规范的；文物、仿古玩、珍贵稀有的野生动植物及其产品；审单中发现申报项目与随附单证不符或现场巡视中发现问题的；进出口非贸易性物资（如捐赠物资、礼品等）；大型成套设备；需实施后续管理的保税、减免税、暂准进出口货物；在特定时期，由海关总署或所在地海关确定需要重点查验的货物。

海关实施查验可以彻底查验，也可以抽查。按照操作方式，查验可以分为人工查验和机检查验，人工查验包括外形查验、开箱查验等方式。海关可以根据货物情况以及实际执法需要，确定具体的查验方式。查验方法有利用人体感官与利用仪器、设备、工具等的查验；不开拆包装与开拆包装至内包装、开拆包装至货物的查验；查验最小的记数单位与查验部分货物、查验全部货物等几种可供选择。在监管实践中，海关根据实际情况和需要灵活运用，如通过敲击包装容器、挤压包装（易碎易损货物不易采用此方法）、搬移包装和外形查看，用视、听、嗅觉等直观手段，注意发现有无夹层、多装和少装、重量或数量不符、渗漏、异味和破碎等异常现象，必要时再进一步开拆包装查看；对裸装进出口货物，可以采取巡视、查对装卸货物记录等方法，注意发现数量、重量、长度和厚度上等出现的异常现象，必要时借助度量衡器仔细查验；用点燃的方法判定棉、麻、毛和化纤等纺织品及其成分，对混纺和其他必须借助化验才能解决疑点的货物，可提取货样，送化验部门鉴定；对进口机电产品是否构成整机或整机性能，是否为整套组装件或散装件或部分关键件无法确定的，或对是否属国家进出口管理商品鉴别不清的，可请专家予以鉴定；对集装箱所装的进口货物，只要决定查验的，应当监管至掏清全部货物为止，特别要注意门前和最里边的那部分，中间部分可以适当抽查。为防止藏匿夹带，对某些货物海关可酌情使用铁签探验，箱装货物使用铁签探验时必须开箱后扦探；袋装货物在不损坏其包装的情况下应从不同方向、不同部位通扦，通扦时应缓慢试探有无阻碍，以求发现藏匿。

机检查验是海关利用大型集装箱检查系统（简称 H986 系统）对集装箱货物进行扫描成像，通过分析图像判断货物与申报是否相符的一种查验手段。机检查验是近年来海关监管查验积极推进非侵入式查验。机检查验无须开箱、倒箱，而且不会出现一些真空包装物品开箱后物品体积增大的问题，用 X 光射线查验后，正常货物几分钟就能办理放行手续。2015 年，宁波海关在全国率先推出“分散过机、跨隶属海关集中审像”的机检作业模式。其主要做法是：将分散在各个隶属海关的机检查验接单、分析、复核、返单岗位合并，成立查验指挥中心；各隶属海关的机检查验图像通过光纤统一传输到中心，实现“货物分散过机、图像集中分析”。宁波海关企业产品信息备案系统通过采集企业基本情况、商品实物照片、机检图像等资料，建立集商品描述、实物照片、典型过机图像于一体的商品信息系统。该系统运用“分类管理”理念，引入诚信机制，对本地生产型企业及高资信企业进行集中审核，开通机检查验绿色通道，即备案企业自动启用机检绿色通道。机检“智能比对”项目是以海量的典型图像库为基础，通过以图找图、以图比图的方式，对机检图像进行分析并给出相应结论建议的操作分析系统。宁波海关已累计收集典型图像 17000 余张，基本涵盖了宁波口岸各种常见进出口商品。机检“智能比对”项目借助了大数据、计算机智能处理分析等新兴技术，自实施以来，提升了机检的效率和转人工查获率，提高了海关的通关效能。当前，宁波海关已将机检查验品名由 3 品名扩大至5品名，并将自拼箱纳入机检查验体系，机检报关单量占比稳定在40%以上，集装箱量占比达50%以上。

查验率以进出口货物的报关票数为统计依据，一般进口货物的查验率不低于10%，出口货物的查验率不低于5%；对许可证和配额管理的商品、出口退税商品、加工贸易复出口商品、各类重点敏感商品、海关总署要求提高其查验率的商品应适当提高其查验率；有偷逃关税嫌疑的商品（如伪报品名、价格、数量、规格或采用其他手法者）、失信企业或重点布控企业进口的商品、根据海关总署规定需一律开箱查验的商品查验率为100%。

（三）查验的作业程序

查验程序是指完成查验工作的先后步骤和次序，包括派验阶段、查验准备阶段、现场查验阶段和填写查验记录阶段四个阶段。

1.派验阶段

海关查验布控中心的负责人在接到审单（或征税）部门传来的报关单证后，根据审单人员选择查验所做的批注确定查验的内容和应注意的问题，然后派交查验小组，由其负责实施查验。

2.查验准备阶段

查验小组人员在接到派验的报关单证后，应做好充分准备。首先，遵照查验部门负责人在报关单上的批注或根据查验的实际需要，核对查验所需的有关装箱单、重量单、检数单、清单、产地证等是否随附于报关单。如未随附或另需补交说明书的，应立即通知报关人限期送达。其次，对需通过查验弄清的问题应仔细审阅有关报关单证和资料，掌握具体内容。最后，备齐查验所需用品，包括查验工具、查验记录海关封志、取样证明、扣留凭单、损坏货物报告书、规费收据等。

3.现场查验阶段

查验小组人员实施查验时，按下列顺序办理。

(1)查明货物的存放场所，货物的存放场所应与报关单上批准的存放场所相符。

(2)核对货物包装及唛头。核对外包装时，注意包装种类是否与包装单证所列的一致、是否适当或合理、有无破损等；通过核对唛头（主标志、卸货港与目的地、件号、原产国（地区）别、副标志、品质标志、重量与体积标志及注意标志），基本掌握进出口货物与申报的是否相符。

(3)查明货物件数。报关单上所申报货物的件数，通常在口岸堆放在同一仓库或场所，查验人员先核对件数是否相符。核对方法视货物包装和堆放情况而定，既可逐件清点，也可计算一部分再推算。若发现短少，查明是因分存还是短卸所致。

(4)指定拆箱查验或衡量。查验人员按查验部门事先批示确定或由查验人员酌情指定的拆箱、过磅、丈量等的件数自行指定实施目标，让收、发货人或其指定的代理人搬移或开拆包装。在此基础上，依据查验目的，针对货物属性，选择采用查验手段，或者使用度量衡器进行称验、丈量。

(5)提取货样化验鉴定。对进出口货物经海关现场查验仍不能确认其性质的，提取货样化验鉴定，包括申报品名不清或技术资料不全而影响海关进行正确税则归类者、单证不全或单货不符者、涉嫌伪报或瞒报者、其他按有关规定需化验鉴定者。海关提取货样时，收发货人或其代理人按海关要求予以协助，必要时海关可以径行取样，所取样品一式两份，当场封存，同时填写《化验鉴定申请单》一式两份，经执行关员和当事人签字后，一份申请单和样品送海关化验中心或接受委托承担海关所需化验鉴定的其他化验部门。所取样品应能代表该批货物的真实情况，且以化验鉴定技术上认为必要的数量为限。海关化验中心或经海关总署认可的其他化验部门的技术鉴定结论是海关行政决定的依据。未经海关认可的其他化验部门的鉴定证明可作为海关行政决定时的参考。

4. 填写查验记录阶段

填写查验记录是海关和报关单位双方认可的对现场查验进出口货物的正式记录和书证，是查验人员在查验过程中填写的一种作业单据。一份内容完整、准确、文笔精练的查验记录是对进出口货物现场监管做出的结论和决定，以及处理纳税争议和审理走私违法案件的有力证据，也可为征税、统计或对外开具进出口货物证明书等提供可靠的依据。

此外，核对货物品名、规格时查验人员复核报关单所列货物名称是否笼统含混、总称与规格细节是否相符，若有疑问，应对实际货物详加查验并进一步与有关发票、装箱单及说明书等核对，以确认名称及规格的客观状况。若经查验不符，则封存货物，将检验记录送查验部门负责人处理。

货物除以重量计算数量外，还有以个、组、套等为单位记数，凡以组或套记数的（如整套机器、一组零件合为总成）应仔细查明组成成分，确定套数、组数，以防瞒报数量或夹带其他零件，查验国家（地区）限制进口或配额管理的机电产品尤其应加以注意。货物的重量对计征关税、编制海关统计极为重要，在货物未过磅前，将磅秤调试准确，以重量计价的货物应视实际情况选择足够件数称验，以求准确。

包装统一的货物，在选择足够件数称验后，据以计算全部货物重量。包装大小不一的货物，应分别称验各种包装的若干件，以取得其真实重量。毛重去皮要准确，尤其是对大宗或包装大小不一的货物。其他查验集装箱所装货物时要核对集装箱的个数、码、箱号是否与报关单所列相符，并核对集装箱封志号，查验有无拆毁、更换等情形，对出口货物及转关运输货物查验完毕后应施加封志。查验各类保税仓库进口保税储存的货物时应注意其有无货架、办公用品、维修测试设备、器械等一般或暂时进口货物。对原状或经修理复运进出境的各类货物应验明是否是原进出境的货物。查验经办关员一般不当场决定扣留进出口货物，若情况紧急必须当场扣留而又来不及请示领导的，应出具海关扣留凭单。查验货物一般应在海关规定的查验地点（仓库场所）进行，若属危险品、鲜活产品，直装直提（接驳运输）等特殊进出口货物，经当事人申请，也可结合装卸环节检查。在特殊情况下，经当事人申请，也可派关员到规定的检查地点（如企业的仓库等场所）验货。我国海关法规定，海关在查验进出境货物品时，损坏被查验的货物，应当赔偿实际损失。此时，由海关关员如实填写《查验货物、物品损坏报告书》并签字，一式两份，查验关员和当事人各留一份。双方共同商定货物的受损程度或修理费用，以海关审定的完税价格为基数，确定赔偿金额。赔款一律用人民币支付。

## 拓展资料

宁波海关围绕"提速、减负、增效、优化"的目标，不断深化"放管服"改革，不断优化查验工作流程，创新机检查验模式，全面提升口岸查验效能。简单来说，查验流程的改革优化就是围绕选查分离的理念，实现单证流、物流的合理流转。具体来说，就是通关部门在下达查验指令时，通过参数设定，由计算机随机选定倒箱方式。通关部门将移箱指令电子传输至查验部门和港务部门。港务部门接收到指令后，移箱至查验平台做好开箱、倒箱准备。移箱到位后，将信息电子传输至查验部门。查验部门进行接派单作业的同时，派关员和武警到查验现场集中对箱门及封志情况验核，港务部门进行开箱、倒箱作业，作业完成通知查验部门可以进行查验。进行查验时需注意以下问题。

1. 查验时间提前

人等货变为货等人优化流程后，由于倒箱作业时间提前，关员在上午 10:30 左右可以对前一工作日预约的单证开始查验，下午 4:00 前基本完成无异常单证的查验，多出的时间可以集中精力处理疑难问题。

2. 查验针对性提高

事前研判通关选查环节明确了查验方式与倒箱方式，划定查验重点区域与查验要求，从而使查验环节的目标更加明确，针对性与有效性提高。

3. 查验管理精细化

作业指令单向传输变为双向互动，港务部门的相关数据通过系统自动发送海关，且倒箱、装箱数据实现全程电子传输，形成了海关、港务部门业务数据的闭环式传递链条，管理精细化水平提升。

4. 规范自由裁量权行使

怎么倒由查验关员决定变为计算机随机确定优化流程后，倒箱方式与倒箱比例由选查部门确定，关员现场无法随意确定倒箱方式与比例，需要变更的要经二级审批同意，关员在倒箱环节的自由裁量权行使受到规范。

5. 港区作业效率提高

等箱作业变为主动作业优化流程后，随着查验时间的前移，倒箱与接派单同步作业，港区作业时间提前。且倒箱指令全程电子传输，港区可以在第一时间接收指令并作出处置，作业效率提高。

## 拓展资料

"先期机检"的新模式下进口废纸的企业，通过向海关提交了《先期机检申请表》。进口货物是从船上起吊后直接将货柜运到海关 H986 机检现场过机，海关机检部分的过机图像保存以及检验检疫部门的查验完成后，企业可以向海关办理了正式报关手续。企业无须反复搬运货物，可以节省装卸柜 2 次，中转车 1 次，综合起来大约可节省成本 150 元/柜，同时整个通关效率大概可以提高 4 成。

## 九、完税办结海关手续

### （一）进出口货物的放行与办结海关手续的关系

放行是海关对进出境货物实施现场监管的最后一个工作环节，它是指海关对进出境货物在审单、查验并办理了征收税费或担保手续后，准其提离海关监管现场或装运出境的行为。放行从表面上看只是海关在有关单据上签盖放行章并将其退交当事人的一种表现形式。事实上，放行必须以海关审单、查验完毕并办理了征收税费或担保手续作为前提条件，不同货物的结关手续不同。对于一般进出口货物而言，因其照章缴纳税费，在放行时，海关手续均已办完（结关）；而对于减免税、保税、暂准进出口货物而言，或者关税可暂予免纳，或者可在规定条件下享受减免税的优惠，因而，放行时海关手续并未完结，因此，进出口货物在海关放行后有两种不同的状况：一般进出口货物放行后，可由当事人自行处置（出口货物还需监管至离境）；减免税、保税、暂准进出口货物当事人在海关限定的条件下和范围内处置（使用、储存、加工），待监管年限到期或办理了核销手续后，方能办结海关手续。

### （二）放行的工作程序

在进出口货物的放行环节，关员要认真地对全部申报单证、查验记录、税款入库凭证等进行复核，重点是审核单证单货是否相符，货物进出是否合法，应税货物是否已经缴纳或提供担保，减免税货物是否符合政策规定等，其基本工作程序如下。

1. 复核货物进出口的合法性

货物进出口是否合法主要通过当事人申报时呈交的有关国家进出境管制机关、主管部门和海关等的备案审批所签发的证明、证书来体现，因此，放行环节的经办关员应当复核上述证明、证书是否齐全和正确有效，还要核实查验结果（记录）的复核确认证明、证书所证实的进出口货物是否客观真实。对于按规定可以免领证明、证书进出口的货物则应确认免证的依据。对于转关运输的货物和凭担保放行的货物，除了应复核上述申报单证、查验记录、税款入库凭证及免税依据外，还应复核其是否具备相应条件。例如，转关运输的承运单位、指运地是否具备条件，有无加封条件，担保人是否有相应资格，担保的方式是否合适等。

2. 复核税费征免的合法性

对于应税的一般进出口货物，放行的经办关员应当对计征关税的主要依据，如发票、合同等进行审核，重点是这些随附单证的内容是否与报关单填报的一致，实际货物的数量是否与申报单证记载的相符，构成完税价格的各种费用是否申报齐全、正确；报关单随附单证和实际查验确认的原产地是否有矛盾等。此外，对先征后放的应税货物，应复核其税款入库的凭证，对先放后征的应税货物，复核其是否符合规定的条件。对于减免税货物和保税货物及暂准进出口货物，应复核相应的减免税证明、登记手册、保证函等，并确认减免税、保税及批准暂准进出口的依据。

3. 复核报关单证的核销或批准情况

进出境活动的当事人在向海关办理货物报关手续时呈交的某些证明、证书，海关在验放其证明的货物后，应做必要的核销或批注，如许可证、批文、减免税证明、登记手册等。对于已使用完毕的上述证明、证书，如果审单环节未予收缴注销，放行的经办关员应弥补审单工作的疏漏。对于一次未使用完的证明、证书，如果审单环节未做必要的核销、批注，放行的经办关员应予补办。进口货物放行时，还应对进口载货清单（仓单）进行第二次核销，并在载货清单上批注放行日期。出口货物放行后，海关应在承载该批货物的运输工具放行时，再次将海关放行的装货单与出口载货清单复核，以检查有无未经海关放行即擅自装运的情况。

4. 签印放行

在对现场监管手段及报关查验税收的单证进行全面复核后，确认进出口货物已具备合法放行条件的，放行经办关员方可在有关提单或装货单等运输单据上加盖海关“放行章”以示放行。但有违反《中华人民共和国海关法》和其他进出境管理的法律法规或非法进出的、单证不齐和应税货物未办纳税手续且又未提供担保的、因包装不良而继续运输足以造成海关监管货物丢失的、尚有其他未了事情尚待处理的（如违章罚款未交的），根据海关总署指示不准放行。

## 第四节　转关运输货物的监管

转关运输是随着我国对外改革开放的发展而发展起来的。随着我国对外贸易的不断发展，外贸运输业务也不断增长，口岸与内地的联系、交往也不断增加。为了支持和促进改革开放，改善内地投资环境，加快内地经济建设，方便内地进出口收发货人的报关，节省企业仓储、运输费用，增加经营活力，加速口岸货物的疏运，海关积极支持和开展转关运输业务。

### 一、转关运输的含义

所谓转关运输是指进出口货物在海关监管下，从一个海关转运至另一个海关的货物运输。它包括进口转关运输、出口转关运输和境内转关运输。

进口转关运输是指货物从进境地入境后，由当事人向海关申请，将货物转运至另一设关地点办理进口海关手续。出口转关运输指货物在启运地已办理了出口海关手续，经转关运输到出口地，由出口地海关监管出境。

如北京一家企业以海运方式进出口货物，进口时，货物通过海运到天津新港卸货，向天津出入境检验检疫局报检获取四联通关单后向天津海关办理进口转关运输手续；待运输至北京朝阳口岸，凭天津海关出具的关封向北京海关申请正式报关；清关后联系北京出入境检验检疫局施验，施验合格出具检验检疫证明（此时，天津就是进境地，北京就是指运地）。出口时：货物先向北京出入境检验检疫局报验，报验合格出具出境换证凭单或换证凭条；再向北京海关报关；报关后通过海关监管方式运输至天津新港；凭换证凭单或换证凭条向天津相关入境检验检疫局换取正本通关单；凭通关单和关封向天津新港海关报关（此时，北京就是启运地，天津就是出境地）。境内转关运输指已在某海关办理进口手续，仍受海关监管的货物，由关境内一个设关地点转运至另一个设关地点，如在北京海关已办理进口手续的展览品，在北京展览后，要运到上海继续展览，由上海海关继续监管展览，这就是境内转关运输。可见，凡是在指运地或启运地办理进出口海关手续的，都涉及货物在两个海关之间的运输，因此，必然要由两个海关共同完成监管任务。

## 二、转关运输货物的报关手续

进口转关运输货物的报关手续是由申请人（收货人）自运输工具申报进境之日起 14 日内向海关申报转关运输手续，逾期由海关征收滞报金。申报转关运输时，申报人应向进境地海关递交的单证有《进口转关运输货物申报单》和《进口货物报关单》一式三份、货物的运单或提单、海关要求的发票和装箱单、指运地海关核准接受转关运输货物的凭证（联系单）等。进口货物的收货人或代理人申请办理属于申领进口许可证的转关运输货物，应事先向指运地海关交验进口许可证，经审核后由指运地海关核发进口转关运输货物联系单，并封交申请人带交进境地海关。进境地海关核准后，将上述有关单证制作关封交申请人。申请人应按海关指定的路线负责将货物在规定的时限内运到指运地海关，并交海关签发的关封。申请人从货物运到指运地海关之日起 14 日内向海关报关，逾期由海关征收滞报金。指运地海关在办理了进口手续后，按规定向进境地海关退寄回执。3 个月未向指运地海关申报的，由海关按《中华人民共和国海关法》的规定处理。

出口转关运输货物的报关手续是：申报转关运输时，申报人办理出口纳税手续应向启运地海关递交的单证有《出口转关运输货物申报单》和《出口货物报关单》一式三份、货物的运单和发票等。启运地海关在办理完毕货物的出口手续后，将有关单证制作关封交申请人（发货人）或承运人。承运人应按海关指定的路线负责将货物在规定的时限内运到出境地海关，并交验海关签发的关封。出境地海关在监管货物出口后，按规定向启运地海关退寄回执。

境内转关运输货物的报关手续是：申请人办理境内转关运输申请前，必须经启运地、指运地海关同意，由启运地海关向指运地海关发出联系函，指运地海关签注意见，交申请人。申请人凭指运地海关的同意接受联系函，到启运地海关办理转关运输申请手续，其方式与进出口货物转关运输申请相同。

## 三、货物在转关期间的海关监管规定及作业程序

货物在转关期间，未经海关许可，不得开拆、改装、调换、交付海关在运输工具和货物上施加的标志，不得擅自开启或损坏；货物在转关期间，必须在海关指定的仓库、场所存放。存放转关运输货物的仓库场所的经理人向海关负责，并按海关规定办理收付和交付手续。货物在转关期间，海关认为必要的，可派员押运货物。

转关运输货物海关监管的作业程序包括以下几个步骤。

### (一)收取审核转关运输申请单证

进口转关运输货物由进境地海关收取《中华人民共和国海关进口转关运输货物申报单》。公路、沿海、内地航运及铁路的转关运输，其货物属于国家进口许可证管理的商品，进境地海关还应收取《转关运输货物联系单》。空运转关运输货物的指运地与国际(地区间)运单的目的地相同的可免填“申报单”，由海关在运单上加盖“海关监管货物”印章；出口转关运输货物，海关除收取正常的办理出口海关手续的单证外，还应收取《中华人民共和国海关出口转关运输货物申报单》。

### (二)检查外形或开箱查验

经审核报关单证和《中华人民共和国转关运输货物申报单》后，对具备条件、未发现异常情况的，可直接办理转关运输手续或实施外形查验后办理转关运输手续，但当遇到申报不实、封志脱落或货物外包装有开拆迹象、有走私违规嫌疑、已在进境地海关报关又要求改办转关手续、在进境地超过报关时限及有其他不正常情况的，可开箱查验或终止办理转关运输手续。

### (三)批注审单、查验情况、编号并制发关封

对准予办理转关运输的，应在《中华人民共和国转关运输申报单》上将查核情况批注清楚，加盖“验讫”章。将《中华人民共和国转关运输申报单》按指运地或出境地单独分列顺序编号，装入关封，寄往指运地或出境地海关。

### (四)指运地或出境地退寄回执

转关运输货物转运至指运地或出境地后，指运地或出境地海关凭关封内单据及其他单证办理进口海关手续或出境验放手续，并将关封回执退寄签发地海关。

### (五)关封核销

签发地海关在收到《中华人民共和国转关运输货物申报单》回执后应及时进行核销。在核销过程中，如发现漏管情况要与有关海关联系并妥善处理。

为了加快口岸和内地转关运输速度，2001 年初，中国海关在长江沿线和广东地区试行了快速通关系统，解决了深圳、上海等大口岸的拥堵问题。2001 年 8 月开始在全国范围内推广，在有效监管的前提下，口岸快速通过，内地快速验放，减少了办理报关申报单、联系单、预录入和可能出现的重复检查等手续，实现内地与口岸、海关与海关之间转关运输“一次申报、一次查验、一次放行”。

为适应区域经济一体化需要，进一步规范和简化转关运输手续，实现转关货物的计算机自动核放，根据《中华人民共和国海关法》和《中华人民共和国海关关于转关货物监管办法》(海关总署令〔2001〕89 号)，中国海关制定《区域通关改革转关运输操作规程》，要求海关必须坚持“应转尽转”的原则，无法规依据不得干涉企业的转关自主选择，要求转关方式为“提前报关”的转关货物，实行 H2000 系统转关申报单数据自动审核、放行，而转关方式为“中转”和“直转”的转关货物，实行 H2000 系统转关申报单数据自动审核，人工确认放行。

# 第五节 通关模式创新

## 一、分类通关模式

分类通关改革是指海关通过坚持“守法便利，违法惩戒”的原则，在企业分类管理的基础上，通过科学的风险管理理念和技术的应用，对诚信守法企业的货物进出口实施由电脑自动实现的低风险快速放行，或者简单的人工审核单证，对不诚信企业的进出口货物实施重点审核，加大查验率，实现为国把关和服务经济的高度统一。例如，大连海关启动“选择报关、口岸放货”的通关模式，即海关在航运交易市场增设接单现场，同时设有“大连港湾”和“大窑湾”的接单窗口，企业可以为其在港湾海关、大窑湾海关所辖口岸进出境的货物自主选择在航运交易市场或货物实际进出境的口岸海关办理申报递单手续，在货物实际进出境的口岸海关办理验放手续。

为进一步提高通关效率，海关总署发布公告(2010 年第 56 号)，决定在出口货物分类通关改革试点的基础上，在全国海关中进一步深化分类通关改革工作。根据公告，出口货物分类通关改革扩大到全国海关开展；进口货物分类通关改革在北京、天津、大连、上海、南京、杭州、宁波、福州、厦门、青岛、广州、深圳、拱北、黄埔、江门海关开展试点。所有通过海关通关作业系统(H2000)报关的进出口货物均适用分类通关。受国际金融危机影响，我国的经济仍面临着巨大的压力，很多进出口企业仍然没有走出危机的阴影。在这个关键时期，海关统一部署，果断开展分类通关改革，大幅度提高通关效率，将为企业提高国际竞争能力、巩固和扩大国际市场提供有力的支持，是企业应对国际金融危机挑战、保持经济平稳较快发展的重要推动力。

属地申报、口岸验放是指符合海关规定条件的守法水平较高的 A 类企业，在其货物进出口时，可以自主选择向其属地海关申报，并在货物实际进出境的口岸海关办理货物验放手续的一种通关模式。该模式是海关主动适应区域经济一体化发展要求，便利进出境物流的一项重要改革。它打通了内陆地区企业的通关瓶颈，适应了内陆地区进出境物流发展的需要，有利于提高企业通关效率，缩短通关时间，节约企业通关成本，受到广大企业尤其是内陆企业的广泛欢迎。2012 年《国务院办公厅关于促进外贸稳定增长的若干意见》对海关提出的最基本、最核心的要求是提高贸易便利化水平。为让更多的企业享受“属地申报、口岸验放”的通关便利。海关进一步扩大其适用范围，从原来仅适用于 A 类以上企业扩大到一年内无走私违规记录、资信良好的 B 类生产型出口企业。

### (一)进口申报的具体办事程序

(1)运输工具进境前(时)，在海关规定的时间内，运输工具负责人或其代理人向口岸海关传输进口舱单电子数据。

(2)进口货物的收货人或其代理人在口岸海关接受进口舱单数据申报后(海关另有规定的除外),即可选择“属地申报、口岸验放”方式,录入《进口货物报关单》电子数据,向属地海关进行申报。

(3)报关单电子数据经海关审结后,报关人在属地海关接单点递交纸质报关单证,并办理有关税费手续。

(4)报关人向口岸海关办理进口货物的查验、放行手续,海关对进出口货物进行风险分析后确定货物是否需要查验,不需要查验的货物直接予以放行。

### (二)出口申报的具体办事程序

(1)出口货物的发货人或其代理人在取得出口口岸订舱数据后(海关另有规定的除外),即可选择“属地申报、口岸验放”方式,录入《出口货物报关单》电子数据向属地海关进行申报。

(2)报关单电子数据经海关审结后,报关人在属地海关接单点递交纸质报关单证,并办理有关税费手续。

(3)报关人向口岸海关办理出口货物的查验、放行手续,海关对进出口货物进行风险分析后确定货物是否需要查验,不需要查验的货物直接予以放行。

## 拓展资料

### 区域通关助推烟台低碳经济发展

随着国家大力支持低能耗、低污染、低排放为基础的“低碳经济”发展模式,烟台地区目前已拥有华润电力风能(烟台蓬莱)有限公司、湘电风能(山东)股份有限公司等多家风能企业,初步形成行业聚集效应。烟台进军风能产业的国有、民营等企业已超20家。烟台成为山东省风力发电装机容量最大的地级市。低碳经济已经成为发展的趋势,当前我国低碳经济已在艰难中起步,但在适应低碳经济发展的相关制度准备以及碳排放强度考核制度等方面还存在着诸多障碍和瓶颈。海关的四大基本职能中最重要的是监管与征税两个职能,如何进行业务制度创新和职能的转变,更好地服务低碳经济,从海关的角度做好适应低碳经济发展的相关制度准备,是目前海关面临的亟须解决的问题。随着生产的不断发展,低碳行业对料件进口通关等物流环节的要求也越来越高。为适应经济形势发展情况和企业实际需求,烟台海关不断推出便捷通关措施,服务新能源企业扩大设备进口,在促进进出口贸易平衡的同时有效地支持了企业调整产品结构,转变经济发展方式。

通关前,对于进出口活动频繁的低碳产品生产企业,由于进口设备及零件品种繁多,企业经常会遇到归类难题,而归类不准确导致的报关单修改将直接影响通关效率,烟台海关成立专门的通关事务咨询小组,指导企业规范申报。安排审单、归类部门与企业建立专线联系,组织业务骨干下厂进行专项培训,实地查看归类疑难商品,共同探讨科学的归类方法,在报关活动之前解决潜在的问题,避免了删单、退单的风险,从而可以使通关速度大大提高。

通关中，按照正常通关流程，货物运抵港口就要接受海关的查验。企业进口的大型设备例如发电机组等，由于属于精密设备，价格高，重量大，包装要求严格，一旦打开包装查验，有可能影响设备运输的安全性，而且会产生高额费用还将影响生产，所以无法在海关监管场地实施查验。针对货物的特殊情况和企业的实际需求，在保证监管的前提下，烟台海关可以通过“上门验放”的措施，安排关员随货下厂，在货物装卸的同时进行查验，这样既节约了通关时间，节省了企业的物流成本又保证了货物的安全。通过海关的人性化执法，使料件能在第一时间投放生产线，为企业赢得市场先机创造了条件。另外海关可以在通关环节提供“专用窗口”“绿色通道”“预约通关”“前置加工贸易内销环节”等等便利措施，来加速有利于低碳经济发展的货物快速通关。

## 二、无纸报关、事后交单

该模式下，AA类及A类企业可以享受货物放行之日10天内自主选择向海关递交单证的待遇，使原来需要每天向海关递交单证，变为将10天内出口的报关单一次性集中递交，大大减少了往返海关的次数。如图1－8所示。

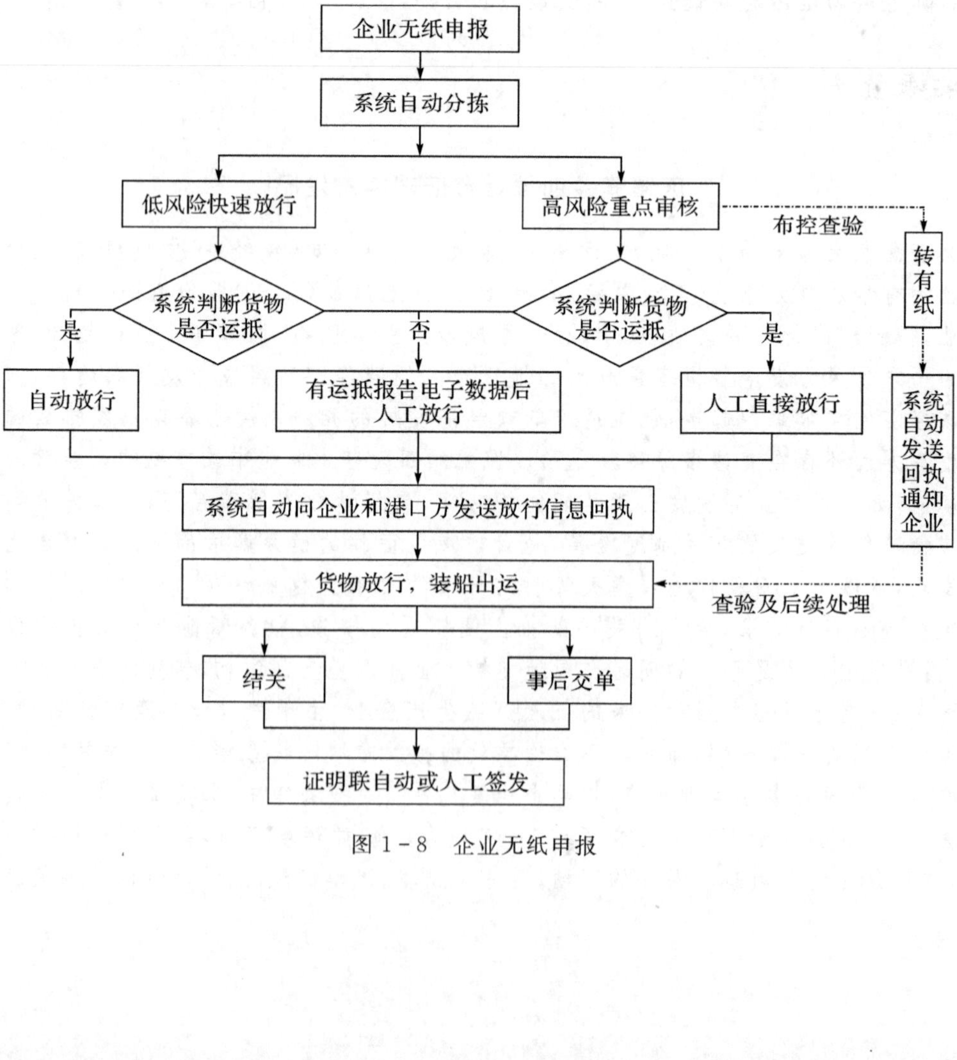


图1－8　企业无纸申报

企业以无纸方式申报报关单电子数据，并可自主选择"现场交单"和"事后交单"两种方式。

计算机系统自动对无纸报关单进行分拣作业，并根据分拣结果进行相应处置，具体如下。

### （一）出口"低风险快速放行"报关单

对已运抵的，计算机系统自动完成无纸放行作业，将放行信息发送至港口和企业，企业打印出"无纸查验/放行通知书"办理货物装运手续。

对未运抵的，企业选择"事后交单"方式的，待货物运抵后由现场海关核实有运抵报告数据或核对纸质运抵凭证后无纸放行；企业选择"现场交单"方式的，企业备齐全套单证资料按照有纸报关单通关流程办理。具体如图 1－8 所示。

### （二）出口"高风险重点审核"报关单

对已运抵的，海关进行电子数据审核及无纸放行作业。对未运抵的，企业选择"事后交单"方式的，待货物运抵后由现场海关核实有运抵报告数据或核对纸质运抵凭证后无纸放行；企业选择"现场交单"方式的，企业备齐全套单证资料后按照有纸报关单通关流程办理；企业接收到"无纸查验/放行通知书"后 10 天内备齐全套报关单证资料向业务现场办理事后交单手续，海关办理签章批注。

### 拓展资料

"分类通关一报关单证集中代存"是报关企业"单证暂存"的一种形式，具体是指报关单位向海关报关时，首先通过无纸化模式实现申报，海关同时进行正常的审核放行等操作，而报关单证由则报关单位"集中代存"，再于规定的时间段内集中交付海关并接受海关核查。"单证暂存"可以免去报关单位往返现场递交单证的奔波之苦，在降低通关成本的同时提高通关效率。此外还能形成良好的示范效应，进一步引导企业提升管理水平，增强守法自律意识，扩大海关诚信企业数量和范围。

## 三、集中申报

### （一）集中申报概述

集中申报是指经海关备案，进出口货物收发货人在同一口岸多批次进出口特定范围内货物，可以先以《集中申报清单》申报货物进出口，再以报关单集中办理海关手续的特殊通关方式。进出口货物收发货人可以委托 B 类以上管理类别（含 B 类）的报关企业办理集中申报的有关手续。

### （二）适用集中申报的物、货物

经海关备案，下列进出口货物可以适用集中申报通关方式：(1)图书、报纸、期刊类出版物等时效性较强的货物；(2)危险品或者鲜活、易腐、易失效等不宜长期保存的货物；(3)公路口岸进出境的保税货物。

### （三）集中申报流程

集中申报的流程如下。

1. 企业申报

以集中申报通关方式办理海关手续的收发货人，应当在载运进口货物的运输工具申报进境之日起 14 日内，出口货物在运抵海关监管区后、装货的 24 小时前填制《集中申报清单》向海关申报。收货人在运输工具申报进境之日起 14 日后向海关申报进口的，不适用集中申报通关方式。收货人应当以报关单向海关申报。

2. 海关审核

海关审核集中申报清单电子数据时，对保税货物核扣加工贸易手册（账册）或电子账册数据；对一般贸易货物核对集中申报备案数据。经审核，海关发现集中申报清单电子数据与集中申报备案数据不一致的，应当予以退单。收发货人应当以报关单方式向海关申报。

3. 企业交单

收发货人应当自海关审结集中申报清单电子数据之日起 3 日内，持《集中申报清单》及随附单证到货物所在地海关办理交单验放手续。属于许可证件管理的，收发货人还应当提交相应的许可证件，海关应当在相关证件上批注并留存复印件。收发货人未在规定期限内办理相关海关手续的，海关删除集中申报清单电子数据，收发货人应当重新向海关申报。重新申报日期超过运输工具申报进境之日起 14 日的，应当以报关单申报。

4. 归并数据集中正式申报

收发货人应当对一个月内以《集中申报清单》申报的数据进行归并，填制进出口货物报关单，一般贸易货物在次月 10 日之前、保税货物在次月底之前到海关办理集中申报手续。一般贸易货物集中申报手续不得跨年度办理。《集中申报清单》归并为同一份报关单的，各清单中的进出境口岸、经营单位、境内收发货人、贸易方式（监管方式）、起运国（地区）、装货港、运抵国（地区）、运输方式栏目以及适用的税率、汇率必须一致。各清单归并为同一份报关单时，各清单中载明的商品项在商品编号、商品名称、规格型号、单位、原产国（地区）、单价和币制均一致的情况下可以进行数量和总价的合并。各清单中以上项目不一致的，收发货人应当分别归并为不同的报关单进行申报。对确实不能归并的，应当填写单独的报关单进行申报。

5. 缴纳税费

收发货人对《集中申报清单》申报的货物以报关单方式办理海关手续时，应当按照海关规定对涉税的货物办理税款缴纳手续。涉及许可证件管理的，应当提交海关批注过的相应许可证件。对适用集中申报通关方式的货物，海关按照接受清单申报之日实施的税率、汇率计征税费。

6.签发证明联

收发货人办结集中申报海关手续后，海关按集中申报进出口货物报关单签发报关单证明联。“进出口日期”以海关接受报关单申报的日期为准。

## 四、“三个一”通关

“三个一”是指海关与出入境检验检疫部门合作实行“一次申报，一次查验，一次放行”的通关模式。“一次申报”即“一次录入、分别申报”，对依法须报检报关货物，企业可在企业端一次性录入关检申报数据，分别完成报检和报关。“一次查验”即“一次开箱、关检依法查验/检验检疫”，关检双方对口岸现场同一批货物均需查验时，通过公共信息平台对碰查验、检验信息，按照“一次到场、一次开箱”的原则，依照各自的规定要求共同进行查验作业。“一次放行”即“关检联网核放”，关检双方将放行信息经电子口岸发送到口岸经营单位，在卡口对货物实施一次放行。为适应跨境电商的发展，加快通关效率，加快经济紧密联系地区区域通关一体化改革步伐，为进出口企业创造更加公平、公正的进出口环境，有力促进贸易便利，海关总署决定将区域通关一体化改革拓展到长江经济带所有海关。自2014年12月1日起，南昌、武汉、长沙、重庆、成都、贵阳、昆明海关正式启用区域通关一体化通关方式，海关总署2014年第65号公告正式适用于南昌、武汉、长沙、重庆、成都、贵阳、昆明海关关区。为落实区域协同发展的重要国家战略，加快经济紧密联系地区区域通关一体化改革步伐，为进出口企业创造更加公平、公正的进出口环境，切实提高通关效率，有力促进贸易便利，海关总署决定在上海、南京、杭州、宁波、合肥、南昌、武汉、长沙、重庆、成都、贵阳、昆明海关启动长江经济带海关区域通关一体化改革，建立区域通关中心，构建统一的申报平台、风险防控平台、专业审单平台和现场接单平台，形成涵盖长江经济带海关通关全流程的一体化管理机制和运行模式，实现长江经济带通关作业一体化。

### 拓展资料

“三个一”通关相关海关公告如下：(1)自2014年9月22日起，首先在上海、南京、杭州、宁波、合肥海关(以下简称长三角地区海关)启用区域通关一体化通关方式；在总结评估的基础上，适时在南昌、武汉、长沙、重庆、成都、贵阳、昆明海关启用该通关方式。(2)长三角地区海关区域通关一体化通关方式适用于上海市、江苏省、浙江省、安徽省(以下简称长三角地区)企业在长三角地区各口岸海关进出口的货物。长三角地区企业可自主选择向经营单位注册地、货物实际进出境地海关或其直属海关集中报关点办理申报、纳税和查验放行手续。企业可根据实际需要，自主选择口岸清关、转关、“属地申报、口岸验放”“属地申报、属地放行”、区域通关一体化等任何一种通关方式。(3)取消长三角地区报关企业跨关区从事报关服务的限制，允许报关企业在长三角地区“一地注册、五地报关”。报关企业在长三角地区内任一海关备案的分支机构，均可以在长三角地区各海关从事报关服务。

(4)长三角地区海关间互认商品预归类、价格预审核、原产地预确定和许可证件、归类、价格等专业认定结果以及暂时进出境等行政许可决定;待系统完善后,在银行总担保及汇总征税项目的基础上,实现企业的一份税款保函在长三角地区海关互认通用。(5)长三角地区海关区域通关一体化报关单审核、税单打印、税费核注核销、无纸转有纸、汇总征税试点等操作按现行规定办理。(6)长三角地区海关区域通关一体化报关单可由企业根据物流实际需求,自主选择在口岸或属地海关监管场所实施查验。对需转运分流到属地监管场所实施查验的,进出境货物及其运输工具应符合海关途中监管的要求。(7)为规范进出口货物收发货人的申报行为,自2014年9月22日起,对"进出境运输方式"和"境内运输方式"均为水运的出口中转货物,报关单电子数据申报时,"报关单类型"应申报为"水运中转"。(8)长三角地区海关可凭电子放行信息办理货物出场(库、区)手续,实现卡口自动核放。(9)长三角地区海关通过"中国海关网上服务大厅"和海关"12360"服务热线,为企业提供通关、舱单状态查询、疑难咨询等公共服务。

## 五、汇总纳税

汇总征税,简单说来就是"先放后税,汇总缴税",是海关为推进贸易便利化、提高通关效率而开展的新型集约化征税模式。该模式下,企业在进口货物通关时,海关不再逐票打印税单征税,而是在提供有效银行担保下办理货物放行手续。进口企业可在每月的第5个工作日前完成上月应缴税款的汇总支付。此模式改变了海关传统的"逐票审核、先税后放"做法。

为提高贸易便利化,降低通关成本,2015年7月27日海关总署对符合条件的进出口纳税义务人在一定时期内多次进出口货物应纳税款实施汇总计征。

### (一)适用汇总征税模式的企业

适用汇总征税模式的企业应是进出口报关单上的经营单位,并且符合以下条件:海关税费电子支付系统用户;企业类别为一般认证及以上;上一自然年的月均纳税次数不低于4次;企业申报符合规范要求,提供海关单证审核必要的资料和信息,遵守海关税收征管法律法规,纳税及时;无其他不适合汇总征税的情形。

### (二)为汇总征税企业提供总担保的银行应符合的条件

具有良好的资信和较大的资产规模;无滞压或延迟海关税款入库之事;承诺对企业担保期限内申报进出口货物应纳税款、滞纳金承担足额、及时汇总缴纳的保付责任;与海关建立保函真伪验核机制。

### (三)企业申请汇总征税

企业应向注册地直属海关关税职能部门申请开展汇总征税,提交《汇总征税企业专项评估表》,并列明拟开展汇总征税的一个或多个直属海关。属地关税职能部门受理申请后,应在15个工作日内对企业资信进行专项评估,确认担保适用范围,完成企业信息备案。特殊情况，评估时间可延长15个工作日。

（四）通过资信评估的企业应向属地关税职能部门提交总担保

总担保形式包括保证金和保函。保函受益人包括企业注册地直属海关以及其他拟汇总征税的直属海关。

（五）企业申报时选择“汇总征税”模式，录入总担保备案编号

一份报关单只能填制一个总担保备案编号。报关单打印时显示“汇总征税”字样。

（六）海关放行

海关确认担保额度扣减成功，且无布控查验等其他海关要求事项，即可实施现场卡口放行。有布控查验等其他海关要求事项的，按有关规定办理。

（七）汇总征税纸质模式

汇总征税报关单采用有纸模式的，企业应在办结实货放行手续之日起10日内递交纸质报关单证。至当月底不足10日的，应在当月底前递交。超期交单的，按照规定办理。

（八）不得跨年缴纳

企业应于每月第5个工作日结束前完成上月应纳税款的汇总支付，且不得再选择电子支付担保方式。税款原则上不得跨年缴纳。

（九）海关通知企业履行纳税义务

企业未按第八条规定缴纳税款的，海关径行打印海关税款缴款书，交付或通知企业履行纳税义务；企业未在税款缴款书规定的期限内缴税的，海关办理保证金转税手续或通知担保银行履行担保纳税义务。

（十）其他费用的缴纳

汇总征税额度的扣减和恢复只对应应纳税款，如有滞报金等其他费用，企业应在货物放行前缴清。

（十一）欠税风险

企业出现欠税风险，征税地直属海关关税职能部门（以下简称“征税地关税职能部门”）可冻结企业总担保备案，暂停其汇总征税。

（十二）企业申请信息备案和总担保备案资料变更

企业可根据进出口业务需要，向属地关税职能部门申请企业信息备案和总担保备案资料的变更。

### （十三）汇总征税资格的取消

企业有下列情形之一的，属地关税职能部门取消其汇总征税资格，并制发《取消适用汇总征税作业模式告知书》：违反本规程第一条列明的海关管理规定的；一个自然年度内未按第八条规定及时缴纳税款两次以上的；存在少缴或漏缴税款等税收征管风险的。

### （十四）信用评估

属地和征税地关税职能部门每年底对本关区内登记总担保备案和开展汇总征税的企业实施纳税信用评估，发现企业有第十三条所列情形的，征税地海关联系属地关税职能部门取消其汇总征税资格。

### （十五）银行不被关税职能部门接受保函的情形

担保银行有下列情形之一的，属地关税职能部门不予接受其出具的保函：不具备资金偿付能力的；滞压海关税款的；拒不履行担保赔付责任的；不配合海关税收征管工作的。具体如图 1－9 所示。

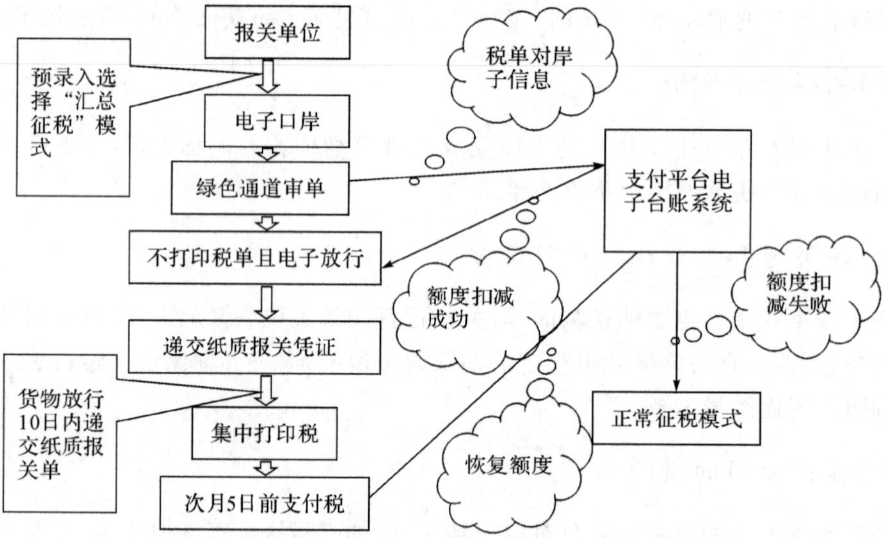


图 1－9 有纸报关下的汇总征税模式

## 拓展资料

2016 年 9 月 5 日一早，上海浦东海关通关大厅里上海通用汽车有限公司的 2000 多票税单正一份份地被打印出来。一沓沓厚厚的进口货物税单上显示的汽车零配件，有些早在 8 月初就已办结放行手续投入生产。企业能够时隔一个月到海关办理税费核注手续，得益于上海海关推行的汇总征税改革。上海通用汽车成为上海海关首批试点汇总征税改革的企业后，原本需要"一票一结"的税单，实现了"一月一结"。实现汇总征税以后，上海通用汽车当月出具的税单，只需在企业事先提供的税收担保额度内，满足核扣相应担保额度等一定条件，就可以直接办理货物放行手续。之后，企业集中在次月的前5日内完成税款缴付即可。通过集中汇总征税，企业货物通关的缴税环节得以后置，不仅缩短了通关时间，还大大降低了物流等待成本，减轻了财务压力。在汇总征税模式下，上汽通用进口货物的平均通关时间由5个工作日缩短到1～2个工作日，通关效率提升一半以上，税款备付资金由月均1亿元下降到2000万元，月均盘活资金8000万元，月均节省利息2万元。上海海关早在2014年6月就启动了汇总征税改革试点。2015年7月，海关总署在上海海关先行试点的基础上，向全国推广实施汇总征税改革。2016年4月，上海海关进一步启动汇总征税作业无纸化试点，现已实现企业申请、资格评估、取消企业汇总征税资格的全程无纸化。海关总署从9月1日起已在全国范围内推广汇总征税作业无纸化模式。自汇总征税改革以来，截至8月31日，上海关区共有115家企业已开展汇总征税业务，共计受理汇总征税报关单3万余票，征收税款近180亿元。其中，上半年，共计受理汇总征税报关单1.6万票，征收税款超过100亿元。

## 六、区域通关一体化

### （一）跨关区一体化

跨关区一体化，简单说就是“多地通关，如同一关”，它被称为“改革开放以来海关最具革命性的变革”。一体化指的是报关单位在一个直属海关，但是货物的进出口可能在另外一个直属海关，原来海关的分布是按照属地化的，一个地方的海关是一个独立的监管体系，现在实现了跨关区通关一体化以后，企业可以自主地选择申报、纳税、验放地点和通关模式，以往需要在多关办理的手续可以在一个海关办理，进一步简化手续。比如说一个在西安生产手机的厂商，需要从韩国进口一些零配件，那么原本的流程是海运到青岛港，在青岛办理转关，然后再铁路运到西安。但是现在货物只要到达青岛港，厂商就可以在西安海关报关缴税，经过审定后放行指令就直接加到青岛海关，场站直接抬杆，货物直接放行。如此就省去了20%～30%的企业通关成本。而在今天，同时启动的两个区域通关一体化，丝绸之路经济带涵盖青岛、济南、郑州、太原、西安等10个海关，东北地区则是大连、沈阳、长春、哈尔滨等6个海关。

### （二）“一带一路”跨境海关合作

海关总署贯彻落实党中央、国务院关于“一带一路”建设的最新部署，推进同有关国家和地区海关多领域互利共赢的务实合作，推动打造陆海内外联动、东西双向开放的全面开放新格局。随着国家推进“一带一路”建设总体工作全面转入具体推进实施阶段，中国海关在2015年推进“一带一路”建设16项重点工作的基础上，扎实、有序推动2016年海关落实“一带一路”建设的重点工作，切实服务好国家“一带一路”倡议。

党中央、国务院关于“一带一路”建设的部署的重点工作有共14项，主要体现在三个方面：一是改革创新、科学监管，包括大力深化口岸开放与合作，深入推进“三互”大通关建设，加快推进全国通关一体化，稳步推进多式联运海关监管体系建设，继续推进“一带一路”海关数据交换与共享服务平台建设，推动我国加入《国际公路运输公约》，持续深入推进中国制造海外形象维护“清风”行动；二是深化合作、共建共赢，包括促进海关特殊监管区域国际（地区间）合作，加强与沿线重点国家（地区）海关务实国际合作，加强对沿线国家（地区）的能力建设支持，加强与沿线重点国家（地区）的执法合作，加强与沿线国家（地区）在自贸协定项下的制度对接，打造“经认证的经营者”（AEO）互认合作升级版；三是凝聚共识、扩大影响，包括扩大“一带一路”建设宣传，凝聚“一带一路”建设合作共识，让“监管互认、执法互助、信息互换”理念深入人心，举办“丝・路・关”展，反映从古至今陆上丝绸之路在贸易发展中的重要地位和作用，为新时期“一带一路”建设提供参考借鉴。

基于务实推进、全面合作，重点工作涵盖口岸通关、监管、征税、执法部门合作等多个领域，围绕海关的重点业务改革，在管理理念和合作方法上进行大胆探索和创新，适应与沿线国家（地区）贸易、投资、人员往来日益密切的要求，提高通关效率，提供优质服务。如继续推动“绿色通道”便捷通关模式；促进单一窗口数据协调和简化，改善用户体验；建设风险防控中心和税收征管中心，实现全国海关安全准入和税收征管风险的统一防控及处置；继续支持在国家或地区多式联运重要物流节点设立海关多式联运监管中心，选定试点海关启动多式联运试点工作，完成与中国铁路总公司信息互换工作。这些措施务实推进“一带一路”沿线国家（地区）间的互联互通，进一步促进贸易便利化。同时，充分考虑沿线国家（地区）情况差异和不同合作需求，找准与沿线国家（地区）海关等口岸执法机构合作利益的契合点，完善合作机制，丰富合作内容。如探讨与中欧班列沿线的重点口岸间建立“点对点”关际合作关系；围绕《京都公约》项下自由区附约相关海关监管制度，同沿线国家（地区）海关开展海关特殊监管区域监管体系、经验和发展模式方面的交流、培训；加大与重要节点国家（地区）有关铁路运输监管领域的政策法规交流和风险管理合作；建好“一带一路”沿线国家（地区）海关培训中心，并通过该中心实施技术援助培训；推动实现与沿线海关的数据交换，为沿线信息化程度欠发达国家（地区）海关开放云服务；计划面向东南亚、南亚海关中高级关员开设两期培训班。这些措施实现了全方位合作，将营造出协同共治、相互促进的良性外贸发展环境。

今后，中国海关继续加大与“一带一路”沿线国家（地区）海关的能力建设合作，进一步提升海关间合作层次和水平。

## 七、2016 申报和征税改革

海关总署正在全力实施《海关全面深化改革总体方案》，预期在 2020 年完成改革，届时货物通关将更加便捷高效，贸易安全程度也将大大提高。全国通关一体化改革，具体而言，主要由“两中心三制度”构成。两个中心分别是风险防控中心和税收征管中心，三个制度分别是创新报关审核、税收征管的管理模式和创新协同监管制度。改革前，企业要先进行申报，再归类—审价—原产地审核，经查验后才能放行，然而归类、审价和原产地审核等事宜往往费时费力，加长了通关的周期。其实，通过对风险等要素的审核，对于一些诚信的企业，上述事宜可以在放行后进行。具体如图 1－10 所示。

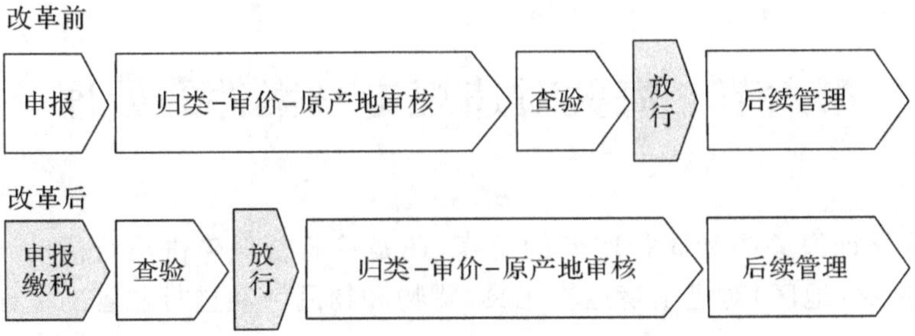


图 1-10 2016 申报和征税改革前后的变化

此次改革明确的方向正是“一次申报、分步处置”。改革后，企业经过一次申报，先由口岸海关分析验证货物品名、数量、禁限等准入属性，排查准入风险后，企业自缴税款或凭担保先放行货物，放行前需现场验估的，可通过取样等手段存证后放行；放行后，再由属地海关分析验证货物归类、价格、原产地等税收属性，通过批量审核与验估、核查、稽查等，完成货物放行后的税收征管作业。创新报关审核管理模式的同时，税收征管方式也将进行改革。税收征管方式改革前，企业在报关后，由海关对企业申报的归类、价格、原产地分别采取依法“审核确定”“审查确定”的方式，在“确定”上述要素后确定一个应缴税款并开具税单，企业凭海关确定的税款进行缴税作业。改革后，海关的管理模式不再是逐票“确定”企业申报要素是否正确、准确，以及税款有多少，而是除企业报关以外，由企业自主按照法定规则申报归类、价格、原产地，按照法定规则计算应缴税款并自行办理支付和税单打印。就好像开车，原本走的是一条笔直的马路，遇到一个红灯（业务节点），就必须停下来，等待海关进行相应处置后，方可通过；而改革后，就好像开上了高速公路，只需要一口气办好报关报税，海关一下指令，就能通过“卡口”，疾驰起来。

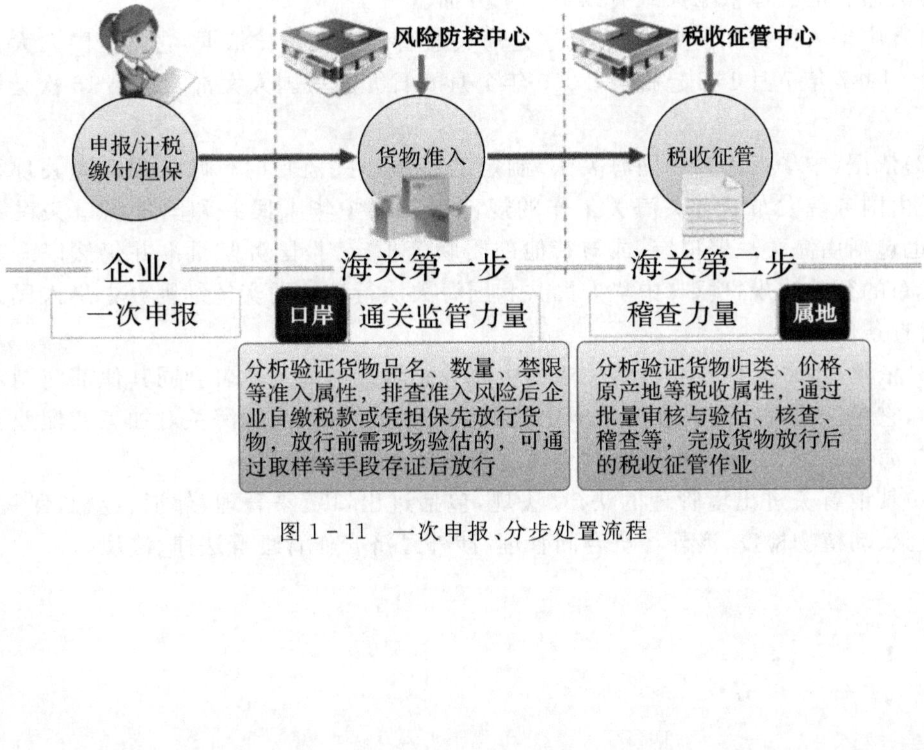


图 1-11 一次申报、分步处置流程

# 第六节　海关对违规走私案件的处理

无论是从保证海关顺利履行职务的角度，还是从监督保障进出境活动合法性的角度说，海关代表国家（地区）对进出境运输工具、货物和物品活动进行监管的责任重大。

## 一、海关监管的法律依据

### （一）海关监管的法律依据概述

海关监管的法律依据是判断海关进出境监管活动合法与否的标准，是海关监督工作的基础，同时是海关开展监管业务的重要依据。海关监管的法律依据包括海关监管内容的法律依据和海关监管行为的法律依据。海关监督人员应用监管的方法依法行使监管权时，以国家（地区）对监督内容规定的法律、法规和规章等作为衡量进出境活动合法性的标准，海关及其工作人员采取的监管行为必须有法律上的依据，不得违反法律规定，更不能滥用职权侵犯公民和企、事业单位开展进出境活动的合法权益。海关监督工作是一项严肃的行政执法工作，通过监管，对进出境活动提出合法与否的结论，进而做出验放、注销或查扣处理等决定，此时必须有法律依据。例如，判断进出口货物的报关人有无报关和经营所申报货物的资格，就需要根据海关对报关单位实施注册登记制度的规定和外经贸部对进口货物监管分工许可证管理的规定，去衡量和判断海关依法行使这些权力的法律依据。我国海关监管的法律依据大致有以下几个方面。

（1）《中华人民共和国海关法》。这是海关监管的主要法律依据，它由全国人大常委会通过，于 1987 年 7 月 1 日起施行，2000 年 7 月 8 日九届全国人大常委会第 16 次会议做了修订。

（2）依据《中华人民共和国海关法》制定的各项海关监督的行政法规。海关现行法规主要是由国务院发布的有关海关工作的规范，例如《中华人民共和国进出口关税条例》。同时，也包括由海关总署拟定（或与其他部委联合拟定）报国务院批准并仍然以海关总署名义发布的行政法规，例如《中华人民共和国海关法行政处罚实施细则》《中华人民共和国海关稽查条例》。

（3）依据《中华人民共和国海关法》，由海关总署或由海关总署会同其他部门制定的海关规章，它是法律和行政法规的具体化和操作方法。例如，我国海关对加工装配业务的管理规定，海关总署、中国人民银行对金银进出境的管理办法等。

（4）其他有关进出境管理的法律、法规，包括进出口贸易管理、外汇、金融、保险、商品品质检验、动植物检疫、涉外经济合同管理、涉外经济合作管理等法律、法规。

### （二）海关在监管工作中应具备的条件

海关在监管工作中执行上述法律、法规时，应注意具备三个条件：(1)必须经该法律、法规授权；(2)必须与海关监管业务直接相关，并在由政府主管部门规定的规章中涉及海关监管的；(3)必须经海关总署批准或认可。

上述四个方面海关监管的法律、规范，我们可以统称为海关监管法规。其基本特征是各项具体规范都直接涉及进出境运输工具、货物和物品的活动。为操作简便起见，应按进出境运输工具、货物和物品来划分并熟悉海关各项监管法规。

## 二、海关监管法律依据的运用

根据上述海关监管法律的分类不难看出，海关监管法律、法规具有数量多、内容复杂、条文具体、针对性强、稳定性相对较差的特征。因此，在监管工作中，实际运用监管法律依据时必须注意以下问题。

### （一）必须注意准确适用监管法律依据

在监管中适用监管法律依据，必须坚持“以事实为依据，以法律为准绳”的基本原则和“法律面前，人人平等”的原则，对有关当事人的进出境合法行为予以保护，给予方便，并尽快办理有关手续；对违法走私的行为在查清事实的基础上，准确适用监管法律依据，定性处理。准确适用监管法律依据，还必须熟悉有关法规、规章的效力。法规、规章的效力是指该法规或规章在什么情况下有效，什么情况下无效。海关监管的法规或规章都有一个在什么范围内才有效的问题，包括空间、时间、人、物。法规或规章在空间上的效力主要指地域上的效力，一般地说，国务院发布或批准发布的海关行政法规和海关总署制定的规章在全部中国海关关境内的监管区内有效，地方海关制定的规章在本关区内有效，但也有一些海关总署制定的规章中的部分内容或整个规章不适用或只适用于某个、某些特定区域。例如，海关关于进出特区的货物和物品、运输工具的管理规定显然只适用于经济特区。法规或规章在时间上的效力，主要指开始生效的时间和废止或自然失效的时间以及追究法律责任的时效、接受办理手续的时效等。海关监管法规或规章对人的效力是指对哪些人才有效的问题，不同的法规或规章适用于不同资格或身份的人，不能混淆。

### （二）必须注意编制执法操作简便手册

依法行政是海关监管的显著特点，但在具体的执法活动中却可能存在法律依据操作不便的问题，在一定程度上影响有关规定被全面、准确地执行，或在某些监管环节造成执法的随意性。产生这种情况的原因主要是现有监管法规、规章数量多，范围广；对不同监管业务的管理规定有可能分散在多个文件之中，比较零乱；文件的时间跨度大，不易查找；补充、修改、调整比较频繁等。要解决好上述问题，在具体做法上可以编制简便的《法规操作指南》，将现有监管的法律、规章按照其内容和属性分类，对主要监管规定进行摘录、简化和集中，形成既简要又系统完整的操作手册。操作手册在编制上按法律、规章的属性及监管程序分类进行摘要和集中，注明文号，以便查找原件，每一类规定要留出空白，以解决修改、增补法规（或规章）的需要。

### （三）必须注意在监管实践中既严格又灵活地运用原则

海关在监管工作中要依法行政，监管行为要合法，随着经济国际化的发展及我国对外经贸、科技、文化交流的增加，海关监管工作将呈现多样性、广泛性和复杂性。对于某一具体的进出境活动，海关监管法规可能只规定了原则或者一定的幅度范围，此时海关就需要运用法律赋予的自由裁量权。例如，海关对加工装配业务规定了合同中必须列明用料定额和损耗率，正式合同副本必须在办理登记备案时向海关呈交，海关在审核确认正确后才发给《登记手册》。由于用料定额和损耗率能否正确核定直接关系到现场监管和后续管理阶段的有效监管，所以，如何正确合理断定用料定额和损耗率标准，需要海关在实践中既严格又灵活地运用原则。

海关监管法律依据是否运用得当，直接影响监管工作的成败，既可能使监管工作劳而无功，也可能损害进出境活动当事人的利益，甚至会客观放纵非法进出境，所以需要认真加以对待。

## 三、海关监管的证据

在海关监管过程中，监管人员要通过各个监管环节的审核检查来查实进出境活动的真相，然后对照监管依据，做出合法与否的结论和相应的验放、核销或查扣、处理的决定。因此，掌握进出境活动的真相，既是海关监管工作的核心，也是决定海关监管工作质量的关键。

### （一）海关监管证据的概念

所谓海关监管证据，是指海关在监管工作中按照监管目标，遵循监管依据而收集并据以得出监管结论、形成监管决定的有关资料和物资等。它是对被监管的进出境运输工具、货物和物品活动有关情况的真实反映。海关监管证据是海关监管决定形成的基础，客观公正的监管决定来源于高质量的充分的监管证据。

海关监管证据按照其反映进出境活动是否真实可以分为真实证据和不真实证据两类。真实证据是指真实反映进出境活动实际情况的证据，但它并不说明这种进出境活动是否合法或合理。例如，货物进口后，当事人按照进口的实际情况填制的报关单；对实际货物开箱查验所做的记录等。不真实证据是指没有真实客观地反映进出境活动实际情况的证据。它还可以进一步分为不实证据、篡改证据和伪证三种。不实证据指无意识地夸大、缩小或歪曲反映进出境活动的证据。篡改证据指当事人用作弊的手段蓄意改动或歪曲了的证据。伪证指在根本没有发生证据所指的进出境活动的情况下，用作假手法伪造的进出境活动业务凭证。

对于真实证据，应视需要进一步判断其内容的合法（合理）性；对于不真实证据，则应揭露其虚假行为的事实。这在海关监管中具有特别重要的意义。因为篡改证据和伪造证据正是掩盖走私行为的惯用伎俩，而篡改和伪造证据本身就可能构成一种违法甚至犯罪的行为。在海关监管过程中，海关不了解监管对象的真实情况，进出境活动合法与否的结论就无法得出。如果对监管对象的实际情况掌握的不准确、不全面，则海关监管结论及向海关征税、统计部门提供的资料和数据就会背离事实，还会使征税、统计工作失去真实的依据。海关监管证据与判断推理不同，判断推理在海关监管中是指海关监管人员运用逻辑思维分析进出境活动的性质和演变趋势后做出的判断。而海关监管证据说明进出境活动的客观存在。监管过程中，有时要做出各种判断和推理，它们都不属于海关监管证据的范围。

### （二）海关监管证据的意义

做海关监管工作必须重视海关监管证据。因为令进出境活动当事人信服的监管决定必须以海关监管证据为基础，也就是必须以进出境的事实为根据。不重视证据，海关验放和查扣等监管决定充其量只是一种主观的判断，甚至只是一些没有根据的估计和推测。必须重视海关监管证据还因为它能够有力地支持海关对违规走私行为的立案审理，成为海关行政处罚的后盾。特别是在发生海关行政诉讼时，由海关监管环节收集的认定当事人行为的海关监管证据以及其他材料，将成为法院审理工作的主要证据。法院在做出最后判决前，海关要为被诉行政行为的认定证明做出辩护，并要针对原告起诉理由逐条予以驳斥，这时候海关手中最有力的武器就是证据，特别是在监管现场收集的证据。海关监管证据还是控制海关依法行政的重要工具。严格依法行政，是海关经得起司法合法性审查的关键条件。在海关监管工作中，任何一种失职、越权、滥权、瑕疵行为或证据不足的行为，都将经不起司法监督。

### （三）海关监管取证工作步骤

从监管实践看，监管就是按照一定的依据、程序和方法去收集和判断证据并形成监管结论和决定的过程。海关监管证据的取证工作有收集、鉴定、综合等步骤。收集、鉴定、综合工作步骤是海关监管证据的核心工作。从某种意义上说，监管过程就是搜集证据、鉴定证据、综合证据，最后据以形成监管结论和决定的过程。从前面的叙述中可以看到，海关监管人员为形成正确的监管结论，从监管的第一个环节开始，就应当从审核申报单证中搜集证据并加以鉴定和综合，然后通过查验（或检查），甚至核查核销等环节不断地搜集、鉴定和综合证据。这一工作伴随着监管过程逐步深入，就会发现被监管的进出境活动有无问题。海关收集、鉴定和综合监管证据的方法，实际上就是监管方法。

## 四、海关监管的行政强制执行方法

在海关监管中，当事人不履行其法定义务时，海关可以采用法定的强制手段，强制当事人履行义务，这就是海关监管的行政强制执行以及中国对违规走私的处理。

行政强制执行是海关监管职权之一，它的方法一般可分为间接强制（又分为代执行和执行处罚）和直接强制。在间接强制不能达到目的时或者非常紧迫的情况下，也可以对法定义务人的人身(自然人)和财物加以直接强制,以促使当事人履行义务。在海关监管的法律、法规、规章中也规定了一些行政强制执行的程序,一般可采取以下强制执行方法。

(一)代执行

即进出境活动的当事人不履行义务,由他人代为履行。代执行必须具备相应的条件:一是代执行的义务是作为的义务并能由他人代替;二是当事人负有义务而不履行;三是由海关代为执行或命令第三人代为执行。代执行前,海关可以书面形式告诫并附有期限(特殊情况下也可不经告诫)。例如,海关查验货物时,收、发货人必须到场,并协助"开启"舱室门,开拆包装,搬移货物、物料。如果收、发货人不能履行上述义务,海关可以径行开验、复验或提取货样。代执行的方法一般也仅能针对他人不能代为履行的作为或不作为义务不及时履行的情况。

(二)征收滞报金

这是执行惩罚的一种具体方法。它是在当事人不能按海关规定期限办理进口货物报关手续时,海关为达到使当事人履行义务的目的,采用课以财产上的新的给付义务的办法,促使其履行义务。

(三)扣留

这是直接强制。当发现有逃避海关监管情况时,为进一步查证落实,可采用该方法。例如,扣留违反《中华人民共和国海关法》和其他有关法律、法规的运输工具、货物和物品;扣留与上述"物"有关的单证资料;扣留走私嫌疑人;将违抗海关监管逃逸的进出境运输工具或个人带回处理等。

(四)责令退运

这是指办理进出境业务当事人虽然已向海关申报,但是不符合进境规定的有关货物和物品,由海关通知其退运境外的直接强制执行的方法。例如,进口许可证管理商品,对收货人无法提供许可证的,除按规定罚款外,可责令收货人将货物退运境外。

(五)暂予封存

例如,海关在后续管理中,发现经营单位所报送报表的钩稽关系较为混乱并有揭发其违法犯罪行为材料的,可暂予封存该企业的会计核算的账册及货物,待进一步核查。

(六)限期办理手续

这是对进出境活动当事人行为的直接强制方法。例如,补偿贸易的抵偿产品已全部出口,但经营单位未按规定的1个月期限办理核销,海关可制发限期核销通知书(或催办核销通知书),要求经营单位在规定期限内向海关办理核销。

在运用上述海关监管的行政强制执行方法时必须注意,采取强制手段,不是海关监管的目的，只是由于进出境活动当事人不履行规定的义务，使海关监管无法继续，才不得不予以强制执行。所以，强制执行是以义务人不履行义务为前提的。如果海关监管的措施不是命令当事人履行一定义务，而是许可、批准等行为，或者当事人履行了义务，当然就没有强制执行的必要了。

根据 2016 年 10 月 1 日新修订的《中华人民共和国海关稽查条例》规定，经海关稽查，发现少征或者漏征的税款，应当从缴纳税款或者货物放行之日起 1 年内向被稽查人补征。因被稽查人违反规定而造成少征或者漏征的，海关可以在 3 年内向被稽查人追征。必要时，经海关关长批准，可以通知银行在被稽查人存款内扣缴。经海关稽查，发现被稽查人有其他违反海关监管规定行为的，由海关依据《中华人民共和国海关法》和其他有关法律、行政法规进行处理。

海关在对被稽查人做出行政处罚决定之前，应当告知被稽查人做出行政处罚决定的事实、理由及依据，并告知被稽查人依法享有的权利。对于符合《中华人民共和国海关行政处罚听证暂行办法》规定的听证申请，海关应当按规定予以受理。被稽查人逾期不履行海关行政处罚决定的，海关将依照《中华人民共和国行政处罚法》第 51 条和《中华人民共和国海关行政处罚实施细则》第 30 条的规定进行处理。经海关稽查，发现被稽查人涉嫌走私犯罪或者其他犯罪的，移送有关部门处理；不构成走私罪的行为，或者构成走私罪但不起诉以及免除处罚的行为，由海关依照《中华人民共和国海关法》和其他有关法律、行政法规进行处理。被稽查人有违反《稽查条例》法律责任行为的，海关应当制发《改正通知书》交被稽查人。《稽查条例》第 31 条规定被稽查人未按照规定编制或者保管报关单证、进出口单证、合同以及与进出口业务直接有关的其他资料的，由海关责令限期改正，逾期不改正的，处 1 万元以上 5 万元以下的罚款；情节严重的，撤销其报关注册登记；对负有直接责任的主管人员和其他直接责任人员处 1000 元以上 5000 元以下的罚款。所谓负有直接责任的主管人员是指被稽查方的法定代表人及其指定代表、主要负责人以及相关部门负责人；其他直接责任人员是指被稽查方的财务人员、仓库管理人员以及其他直接从事进出口业务的相关人员。

对于海关工作人员在稽查中玩忽职守、徇私舞弊、滥用职权或者利用职务上的便利收受、索取被稽查人的财、物，构成犯罪的，将依法追究其刑事责任；未构成犯罪的，由海关依照《中华人民共和国海关法》《国家公务员暂行条例》和其他有关法律、行政法规予以处理。

## 第七节 跨境电商海关监管

自 2016 年 4 月 8 日起，电子商务企业、个人通过电子商务交易平台实现零售进出口商品交易，并根据海关要求传输相关交易电子数据的，按照以下规定接受海关监管。

### (一)备案管理

参与跨境电子商务业务的企业应当事先向所在地海关提交以下材料：企业法人营业

执照副本复印件;组织机构代码证书副本复印件(以统一社会信用代码注册的企业不需要提供);企业情况登记表,具体包括企业组织机构代码或统一社会信用代码、中文名称、工商注册地址、营业执照注册号,法定代表人(负责人)、身份证件类型、身份证件号码,海关联系人、移动电话、固定电话,跨境电子商务网站网址等。如需向海关办理报关业务,应当按照海关对报关单位注册登记管理的相关规定办理注册登记。

(二)申报管理

跨境电子商务零售进口商品申报前,电子商务企业或电子商务交易平台企业、支付企业、物流企业应当分别通过跨境电子商务通关服务平台如实向海关传输交易、支付、物流等电子信息。进出境快件运营人、邮政企业可以受电子商务企业、支付企业委托,在书面承诺对传输数据真实性承担相应法律责任的前提下,向海关传输交易、支付等电子信息。跨境电子商务零售出口商品申报前,电子商务企业或其代理人、物流企业应当分别通过服务平台如实向海关传输交易、收款、物流等电子信息。电子商务企业或其代理人应提交《中华人民共和国海关跨境电子商务零售进出口商品申报清单》,出口采取"清单核放、汇总申报"方式办理报关手续,进口采取"清单核放"方式办理报关手续。《中华人民共和国申报清单》与《中华人民共和国海关进(出)口货物报关单》具有同等法律效力。电子商务企业应当对购买跨境电子商务零售进口商品的个人(订购人)身份信息进行核实,并向海关提供由国家(地区)主管部门认证的身份有效信息。无法提供或者无法核实订购人身份信息的,订购人与支付人应当为同一人。跨境电子商务零售商品出口后,电子商务企业或其代理人应当于每月 10 日前(当月 10 日是法定节假日或者法定休息日的,顺延至其后的第一个工作日,第 12 月的清单汇总应当于当月最后一个工作日前完成),将上月(12 月为当月)结关的《中华人民共和国申报清单》依据清单表头同一收发货人、同一运输方式、同一运抵国(地区)、同一出境口岸,以及清单表体同一 10 位海关商品编码、同一申报计量单位、同一币制规则进行归并,汇总形成《中华人民共和国海关出口货物报关单》向海关申报。除特殊情况外,《中华人民共和国申报清单》《中华人民共和国海关进(出)口货物报关单》应当采取通关无纸化作业方式进行申报。

(三)税收管理

根据《财政部　海关总署　国家税务总局关于跨境电子商务零售进口税收政策的通知》(财关税〔2016〕18 号)的有关规定,跨境电子商务零售进口商品按照货物征收关税和进口环节增值税、消费税,完税价格为实际交易价格,包括商品零售价格、运费和保险费。订购人为纳税义务人。在海关注册登记的电子商务企业、电子商务交易平台企业或物流企业作为税款的代收代缴义务人,代为履行纳税义务。代收代缴义务人应当如实、准确地向海关申报跨境电子商务零售进口商品的商品名称、规格型号、税则号列、实际交易价格及相关费用等税收征管要素。跨境电子商务零售进口商品的申报币制为人民币。为审核确定跨境电子商务零售进口商品的归类、完税价格等,海关可以要求代收代缴义务人按照有关规定进行补充申报。海关对满足监管规定的跨境电子商务零售进口商品按时段汇总计征税款,代收代缴义务人应当依法向海关提交足额有效的税款担保。海关放行后 30 日内未发生退货或修撤单的，代收代缴义务人在放行后第 31 日至第 45 日内向海关办理纳税手续。

（四）物流监控

跨境电子商务零售进出口商品监管场所必须符合海关相关规定。监管场所经营人、仓储企业应当建立符合海关监管要求的计算机管理系统，并按照海关要求交换电子数据。跨境电子商务零售进出口商品的查验、放行均应当在监管场所内实施。海关实施查验时，电子商务企业或其代理人、监管场所经营人、仓储企业应当按照有关规定提供便利，配合海关查验。电子商务企业或其代理人、物流企业、监管场所经营人、仓储企业发现涉嫌违规或走私行为的，应当及时主动报告海关。

（五）退货管理

在跨境电子商务零售进口模式下，允许电子商务企业或其代理人申请退货，退回的商品应当在海关放行之日起 30 日内原状运抵原监管场所，相应税款不予征收，并调整个人年度交易累计金额。在跨境电子商务零售出口模式下，退回的商品按照现行规定办理有关手续。

（六）其他事项

在海关注册登记的电子商务企业、电子商务交易平台企业、支付企业、物流企业等应当接受海关后续管理。以保税模式从事跨境电子商务零售进口业务的，应当在海关特殊监管区域和保税物流中心（B 型）内开展。

# 第二章　我国进出口货物管理规则

## 学习目标

了解我国进出口货物管理规则框架，了解我国对濒危物种进出口、药品进出口、黄金及其制品进出口的相关规定，了解进出口检验检疫制度；掌握我国许可证和配额管理制度、废品进口环境保护制度和知识产权保护规定。

## 海关案例

2016 年某日，青岛流亭机场海关旅检现场执法关员通过 X 光查验机对一名从约翰内斯堡经香港返回青岛的旅客的行李物品进行检查时发现该男性旅客通关时神态紧张、躲躲闪闪。后经对其行李物品进行彻底检查，在其行李夹层查获用锡纸包装的象牙制品 32 件、狮牙 2 件，真空包装后藏匿于行李底层的穿山甲鳞片 80 件，共 114 件濒危动物制品。经鉴定上述物品均属于国际禁止私自携带进出境的濒危动植物产品。中国是《濒危野生动植物种国际贸易公约》成员，凡是该公约附录中所列的濒危野生动植物及其制品均属于国家限制进出境物品，禁止通过贸易、携带、邮寄等方式进出我国国境。目前，海关缉私部门根据有关规定对当事人予以行政处罚，并将涉案物品依法予以没收。

## 第一节　进出口许可证制度

实行进出口许可管制，是世界上大多数国家（地区）普遍采用的管理进出口秩序的重要行政手段，也是我国对外贸易管理制度的重要内容之一。许可管制的实际意义在于政府批准何类企业经营进出口业务，以及准许进出口何种货物。国家（地区）对外经济管理部门签发的进出口货物许可证件是国家（地区）批准企业、单位或个人进口或出口某种货物的证明文件。

## 一、进出口许可管制的内涵

进出口许可管制是根据国家(地区)的法律、政策、对外贸易计划和国(地区)内市场的需求,对进出口经营权,经营范围,贸易国(地区)别,进出口货物的品种、数量、技术及其相关产品等,实行全面管制、有效监察、规范货物进出口许可的制度。从广义上讲,它是以进出口货物许可证件管理为主体的国家(地区)对外贸易系列审批制度的总和。进出口许可管制,是国家(地区)对外经济贸易宏观管理的重要措施,也是海关对进出口货物实施监管的重要依据。

## 二、进出口货物许可证的含义

进出口货物许可证是国家(地区)批准经营者进出口某些商品的证明文件,它具有四层含义:一是进出口货物许可证是国家(地区)机关签发的具有法律效力的文件;二是进出口货物许可证是国家(地区)批准特定企业、单位进出口货物的文件,因此,进出口货物许可证不得买卖、转让、伪造和变卖;三是进出口货物许可证是批准进出口特定货物的文件,其中包括进出口货物的品名、数量、规格、成交价格、贸易方式、贸易国(地区)别等内容,因此,进出口企业必须严格按照许可证规定的贸易方式等内容进出口特定货物;四是进出口货物许可证是一种证明文件,因此,进出口货物的收发货人在报关时应向海关交验进出口货物许可证,海关审核无误后,凭以放行货物。

## 三、出口货物许可证的签发

出口货物许可证由指定许可证局、各特办、各地发证机构进行签发。严格按照2012年度《出口许可证管理货物目录》和《出口许可证管理分级发证目录》的要求,自收到符合规定的申请之日起3个工作日内签发相关出口货物的出口许可证,不得违反规定发证。经营者出口《出口许可证管理货物目录》中的货物,应当到《出口许可证管理分级发证目录》指定的发证机构申领出口许可证。

许可证局、各特办和各地方发证机构应当严格按照商务部发布的《出口许可证管理分级发证目录》签发出口许可证。实行网上申领出口许可证的,按照有关程序和规定办理。

### (一)许可证局发证范围

许可证局发证范围如下。

(1)按照商务部规定的《出口许可证管理分级发证目录》,签发《出口许可证管理分级发证目录》授权范围内的出口许可证。

(2)在京的中央管理企业的出口许可证。

### （二）各特办发证范围

各特办发证范围如下。

(1)按照商务部规定的《出口许可证管理分级发证目录》，签发联系地区内经营者、联系地区内中央管理企业及配额由地方管理的在京中央管理企业子公司的出口许可证。

(2)按商务部规定的《出口许可证管理分级发证目录》，签发联系地区内经营者配额招标货物出口许可证。

(3)签发商务部规定的其他货物的出口许可证。

### （三）各地方发证机构发证范围

各地方发证机构发证范围如下。

(1)按商务部规定的《出口许可证管理分级发证目录》签发本地经营者出口许可证。

(2)签发商务部规定的其他货物的出口许可证。

### （四）指定发证机构发证的货物

指定发证机构发证的货物如下。

凡属于《出口许可证管理分级发证目录》中指定发证机构发证的货物，经营者一律到指定的发证机构办理出口许可证。

各发证机构不得无配额、超配额、越权或者超发证范围签发出口许可证。出口许可证管理实行“一证一关”制、“一批一证”制和“非一批一证”制。“一证一关”指出口许可证只能在一个海关报关；“一批一证”指出口许可证在有效期内一次报关使用。“非一批一证”指出口许可证在有效期内可以多次报关使用，但最多不超过 12 次，签发出口许可证时应在备注栏内注明“非一批一证”，由海关在“海关验放签注栏”内逐批签注出运数。出口许可证的有效期不超过六个月，特殊情况下可以延续到次年的 2 月底。

## 拓展资料

依据《中华人民共和国对外贸易法》《中华人民共和国货物进出口管理条例》和有关规章，现公布《2016 年出口许可证管理货物目录》（以下简称目录），自 2016 年 1 月 1 日起执行。2014 年 12 月 31 日商务部、海关总署发布的《2015 年出口许可证管理货物目录》同时废止。有关事项公告如下。

1. 列入目录的货物有 48 种，分别属于出口配额或出口许可证管理

(1)属于出口配额管理的货物为：活牛（对港澳出口）、活猪（对港澳出口）、活鸡（对港澳出口）、小麦、小麦粉、玉米、玉米粉、大米、大米粉、甘草及甘草制品、蔺草及蔺草制品、滑石块（粉）、镁砂、锯材、棉花、煤炭、原油、成品油（不含润滑油、润滑脂、润滑油基础油）、锑及锑制品、锡及锡制品、白银、铟及铟制品、磷矿石。出口本款所列上述货物的，需按规定申请取得配额（全球或国别、地区配额），凭配额证明文件申领出口许可证。其中，出口甘草及甘草制品、蔺草及蔺草制品、镁砂、滑石块（粉）的，需凭配额招标中标证明文件申领出口许可证。

(2)属于出口许可证管理的货物为:活牛(对港澳以外市场)、活猪(对港澳以外市场)、活鸡(对港澳以外市场)、冰鲜牛肉、冻牛肉、冰鲜猪肉、冻猪肉、冰鲜鸡肉、冻鸡肉、矾土、稀土、焦炭、成品油(润滑油、润滑脂、润滑油基础油)、石蜡、钨及钨制品、碳化硅、消耗臭氧层物质、铂金(以加工贸易方式出口)、部分金属及制品、钼、钼制品、天然砂(含标准砂)、柠檬酸、青霉素工业盐、维生素C、硫酸二钠、氟石、摩托车(含全地形车)及其发动机和车架、汽车(包括成套散件)及其底盘等。其中,对向港、澳、台地区出口的天然砂实行出口许可证管理,对标准砂实行全球出口许可证管理。

出口矾土、稀土、焦炭、钨及钨制品、碳化硅、锰、钼、柠檬酸、氟石的,凭货物出口合同申领出口许可证。消耗臭氧层物质的货样广告品需凭出口许可证出口。企业以一般贸易、加工贸易、边境贸易和捐赠贸易方式出口汽车、摩托车产品,需申领出口许可证,并符合申领许可证的条件;企业以工程承包方式出口汽车、摩托车产品,需凭中标文件等相关证明材料申领出口许可证;企业以上述贸易方式出口非原产于中国的汽车、摩托车产品,需凭进口海关单据和货物出口合同申领出口许可证;其他贸易方式出口汽车、摩托车产品免予申领出口许可证。

(3)以边境小额贸易方式出口以招标方式分配出口配额的货物和属于出口许可证管理的消耗臭氧层物质、摩托车(含全地形车)及其发动机和车架、汽车(包括成套散件)及其底盘等货物的,需按规定申领出口许可证。以边境小额贸易方式出口属于出口配额管理的货物的,由有关地方商务主管部门(省级)根据商务部下达的边境小额贸易配额和要求签发出口许可证。以边境小额贸易方式出口本款上述以外的列入目录的货物,免于申领出口许可证。

(4)铈及铈合金(颗粒<500μm)、锆、铍、钨及钨合金(颗粒<500μm)的出口免于申领出口许可证,但需按规定申领两用物项和技术出口许可证。

(5)我国政府对外援助项下提供的目录内货物不纳入出口配额和出口许可证管理。

2.对玉米、大米、煤炭、原油、成品油、棉花、锑及锑制品、钨及钨制品、白银等货物实行出口国营贸易管理

自2016年1月1日起,暂停对润滑油(27101991)、润滑脂(27101992)和润滑油基础油(27101993)一般贸易出口的国有贸易管理,实行出口许可证管理。企业凭货物出口合同申领出口许可证,海关凭出口许可证验放。其他贸易方式下出口管理仍按商务部、国家发展改革委、海关总署2008年第30号公告执行。

3.加工贸易项下出口目录内货物的,按以下规定执行

(1)以加工贸易方式出口属于配额管理的货物,凭配额证明文件、加工贸易企业注册地商务主管部门的《加工贸易业务批准证》和货物出口合同申领出口许可证。其中,出口以招标方式分配配额的货物,需凭省级商务主管部门的《加工贸易业务批准证》、配额招标中标证明文件、海关加工贸易进口报关单和货物出口合同申领出口许可证。

(2)以加工贸易方式出口属于出口许可证管理的货物,凭加工贸易企业注册地商务主管部门的《加工贸易业务批准证》、有关批准文件、海关加工贸易进口报关单和货物出口合同申领出口许可证。其中,以加工贸易方式出口石蜡、白银的,需凭省级商务主管部门的《加工贸易业务批准证》、海关加工贸易进口报关单、货物出口合同申领出口许可证,申领

白银出口许可证还需加验商务部批件；加工贸易项下出口成品油(不含润滑油、润滑脂、润滑油基础油)免于申领出口许可证，加工贸易项下出口成品油(润滑油、润滑脂和润滑油基础油)需按商务部、发展改革委、海关总署2008年第30号公告执行。

(3)加工贸易项下签发的出口许可证有效期，按《加工贸易业务批准证》核定的出口期限(以下简称核定期限)确定，但不应超过当年12月31日。如核定期限超过当年12月31日，加工贸易企业需于原出口许可证有效期内申请换发下一年度出口许可证，有关发证机构收回并注销原证，扣除已使用的数量后，按核定期限签发下一年度出口许可证，并在备注栏中注明原证证号。

4.为实施出口许可证联网核销，对不属于“一批一证”制的货物，出口许可证签发时应在备注栏内填注“非一批一证”

在出口许可证有效期内，“非一批一证”制货物可以多次报关使用，但最多不超过12次。12次报关后，出口许可证即使尚存余额，海关也停止接受报关。

属于“非一批一证”制的货物为：(1)外商投资企业出口货物；(2)加工贸易方式出口货物；(3)补偿贸易项下出口货物；(4)小麦、玉米、大米、小麦粉、玉米粉、大米粉、活牛、活猪、活鸡、牛肉、猪肉、鸡肉、原油、成品油、煤炭、摩托车(含全地形车)及其发动机和车架、汽车(包括成套散件)及其底盘。

消耗臭氧层物质的出口许可证管理实行“一批一证”制，出口许可证在有效期内一次报关使用。

5.为维护对外贸易秩序，对目录内部分货物实行指定口岸报关出口

(1)甘草出口的报关口岸指定为天津海关、上海海关、大连海关；甘草制品出口的报关口岸指定为天津海关、上海海关。

(2)镁砂项下产品“按重量计含氧化镁70%以上的混合物”(海关商品编码为3824909200)的出口不再指定报关口岸，镁砂项下其他产品的出口指定大连(大窑湾、营口、鲅鱼圈、丹东、大东港)、青岛(莱州海关)、天津(东港、新港)、长春(图们)、满洲里为报关口岸。

(3)稀土出口的报关口岸指定为天津海关、上海海关、青岛海关、黄埔海关、呼和浩特海关、南昌海关、宁波海关、南京海关和厦门海关。

(4)锑及锑制品出口的报关口岸指定为黄埔海关、北海海关、天津海关。

(5)对港澳台地区出口天然砂的报关口岸限定于企业所在省的海关。

## 四、进口货物许可证的签发

商务部代表国家或授权各地发证机构统一发放进口货物许可证。根据《2016年进口许可证管理货物目录》的规定，2016年实行进口许可证管理的货物2种，为重点旧机电产品和消耗臭氧层物质。许可证局负责签发重点旧机电产品的进口许可证。地方发证机构负责签发消耗臭氧层物质的进口许可证。在京中央企业的进口许可证由许可证局签发。消耗臭氧层物质的进口许可证实行“一批一证、一证一关”制。进口许可证的有效期1年，当年有效。特殊情况下可以延续到次年的3月31日。具体如表2-1所示。

表 2－1　2016 年进口许可证管理货物目录

| 序号 | 货物种类 | 海关商品编号 | 货物名称 | 单位 |
|---|---|---|---|---|
| 一、重点旧机电产品 | | | | |
| 9 | 印刷机械类 | 844316002 | 机组成柔性版印刷机，线速度≥160 米/分，250 毫米≤辍宽＜800 毫米（具有烫印成全息或丝网印刷功能单元的） | 台 |
| | | 8443160090 | 其他苯胺印刷（柔性版印刷机，用品目 8442 项下商品进行印刷的机器） | 台 |
| | | 8443198000 | 未列名印刷机（网式印刷机除外，用品目 8442 项下商品进行印刷的机器） | 台 |
| 10 | 纺织机械类 | 8446304000 | 织物宽度＞30 厘米喷水织机 | 台 |
| | | 8447202000 | 平型纬编机 | 台 |
| | | 8451400000 | 其他洗涤、漂白或染色机器 | 台 |
| | | 8453100000 | 生皮、皮革的处理或加工机器（包括鞣制机） | 台 |
| 11 | 船舶类 | 8901101010 | 高速客船（包括主要用于客运的类似船舶） | 艘 |
| | | 8901101090 | 其他机动巡航船、游览船及各式渡船（包括主要用于客运的类似船舶） | 艘 |
| | | 8903100000 | 充气的娱乐或运动用快艇（包括充气的划艇及轻舟） | 艘 |
| | | 8903920001 | 8 米＜长度＜90 米的汽艇（装有舷外发动机的除外） | 艘 |
| | | 8903920090 | 其他汽艇（装有舷外发动机的除外） | 艘 |
| | | 8903990001 | 8 米＜长度＜90 米的娱乐或运动用其他机动船舶或快艇（包括划艇及轻舟） | 艘 |
| | | 8903990090 | 娱乐或运动用其他船舶或快艇（包括划艇及轻舟） | 艘 |
| | | 8901109000 | 非机动巡航船、游览船及各式渡船（以及主要用于客运的类似船舶） | 艘 |
| | | 8901909000 | 非机动货运船舶及客货装运船舶 | 艘 |
| 12 | 砂鼓 | 8443999010 | 其他印刷（打印）机、复印机及传真机的感光鼓和含感光鼓的碳粉盒 | 个 |
| 二、消耗臭氧层物质 | | | | |

续表

| 序号 | 货物种类 | 海关商品编号 | 货物名称 | 单位 |
|---|---|---|---|---|
| 13 | 消耗臭氧层物质 | 2903191010 | 1,1,1-三氯乙烷(甲基氯仿),用于清洗剂的除外 | 千克 |
| | | 2903191090 | 1,1,1-三氯乙烷(甲基氯仿),用于清洗剂的 | 千克 |
| | | 2903399020 | 溴甲烷(甲基溴) | 千克 |
| | | 2903710000 | 一氯二氟甲烷 | 千克 |
| | | 2903720000 | 二氯三氟乙烷 | 千克 |
| | | 2903730000 | 二氯一氟乙烷 | 千克 |
| | | 2903740000 | 一氯二氟乙烷 | 千克 |

## 第二节 进出口货物配额管理

### 一、进出口货物配额管理的内涵

进出口货物配额管理是指国家(地区)在一定时期内,对某些货物的进出口数量或金额直接加以限制的管理措施。进出口货物配额管理,也是世界上大多数国家(地区)对某些进出口货物采取的管制措施。配额管理往往与许可证管制结合在一起使用。我国目前采用的是配额与许可证结合使用的管制方式,即需要配额管理的货物必须要申领许可证。这种管制方式有利于对配额数量的管制,防止超配额进出口而对国家(地区)造成各种不利影响。

国家实行配额管理的货物包括计划配额货物、主动配额货物与被动配额货物。即国家发展计划委员会(简称国家计委)根据国家产业政策和行业发展规划,参照国际惯例,对尚需适量进口以调节市场供应,但过量进口会严重损害国内相关工业发展的商品和直接影响进口结构、产业结构调整的货物,以及危及国家外汇收支地位的进口货物,实行配额管理,如对数量限制的进出口货物、实行关税配额管理的进口货物等。实行配额管理的一般货物目录由国家发展计划委员会会同有关部门提出意见,报国务院批准后公布。关系国计民生的大宗资源性出口货物及在我国出口中占有主导地位的大宗传统出口货物,我国在国际市场或某一市场占主导地位的主要货物,出口额大且易引起经营秩序混乱的货物和重要货物以及有特殊要求的货物,国外对我国有配额或要求我国主动限制出口数量的货物,均实行配额管理。实行出口配额管理的货物目录,由商务部会同国务院有关部门制定、调整并公布。

## 二、进口一般货物配额管理规定

在国家计委指导下，各省、自治区、直辖市及计划单列市和国务院有关部门指定的行政管理机构，负责本地区、本部门一般货物进口配额的管理和协调工作。在国家计委下达的配额数量内，审批本地区本部门所属企业对一般货物进口配额的申请。

“进口配额证明”是进口企业在进口配额货物时申领进口许可证的凭据。其由国家计委授权的配额管理机关，根据国家计委下达的配额审核签发。“进口配额证明”有效期为3个月。超期未申领许可证的，进口配额一律作废。“进口配额证明”不得涂改、倒卖。进口属于国家配额管理的商品，进口企业必须持“进口配额证明”在有效期内申领进口许可证，海关凭许可证验放。

捐赠进口配额商品，接受捐赠的单位需按相应的管理渠道，持批准文件到配额管理机关办理“进口配额证明”，并在有效期内申领进口许可证，海关凭许可证验放。利用外国政府贷款、国际金融组织贷款项目进口配额商品，项目承建单位需按相应的管理渠道，持批准文件到配额管理机关办理“进口配额证明”，并在有效期内申领进口许可证，海关凭许可证验放。

对来料加工、进料加工复出口的实行配额管理的一般货物由海关按现行规定监管。对外商投资企业作为投资进口、自用进口及生产内销产品进口的实行配额的一般货物，应持批准文件到配额管理机关办理“进口配额证明”。并在有效期内在商务部授权发证机关申领进口许可证，海关凭许可证验放。

实行关税配额管理的进口货物目录，由商务部会同国务院有关经济管理部门制定、调整并公布。2016年继续对小麦、玉米、稻谷和大米、糖、羊毛、毛条和棉花7种农产品和尿素等3种化肥的进口实施关税配额管理，并对尿素等3种化肥实施1%的暂定配额税率。对关税配额外进口一定数量的棉花继续实施滑准税。进口经营者凭进口配额管理部门发放的关税配额证明，向海关办理关税配额项下货物的报关验放手续。

### 拓展资料

**对进口关税配额管理商品，海关将如何验放？**

进口实行关税配额管理商品按以下规定办理。

第一，海关凭商务部、国家发展改革委各自授权机构向最终用户发放的、并加盖“商务部农产品进口关税配额证专用章”或“国家发展和改革委员会农产品进口关税配额证专用章”的《农产品进口关税配额证》办理验放手续。其中，以加工贸易方式进口上述农产品，海关凭企业提交的在“贸易方式”栏目中注明“加工贸易”的《农产品进口关税配额证》办理通关验放手续。

如需转内销，由各省级外经贸加工贸易主管部门报商务部审核批准。各省级外经贸加工贸易主管部门凭商务部批复出具《加工贸易保税进口料件内销批准证》，并须在备注栏注明相应配额证件号码。企业在规定时间内向海关申请办理内销和手册核销手续，海关凭商务部批复、相应的配额证件和《内销批准证》，对企业按关税配额税率计征税款和缓税利息后办理核销手续；如企业无法提供前述证件，海关对其按关税配额税率计征税款和缓税利息，并按《中华人民共和国行政处罚实施细则》有关规定处罚后办理核销手续。

第二，由境外进入保税仓库、保税区、出口加工区的上述农产品，不需提交《农产品进口关税配额证》，海关按现行规定验放并实施监管。从保税仓库、保税区、出口加工区出库或出区进口的关税配额农产品，海关凭《农产品进口关税配额证》按规定办理进口手续。

第三，《农产品进口关税配额证》实行一证多批制，即最终用户需分多批进口的，凭《农产品进口关税配额证》可多次办理通关手续，直至海关核注栏填满为止。《农产品进口关税配额证》有效期为每年 1 月 1 日起至当年 12 月 31 日，如需要延期，应向原发证机构申请办理换证，但延期最迟不得超过下一年 2 月底。《农产品进口关税配额证》证面内容不得更改，如需更改，应到发证部门换发新证。

第四，进口关税配额内化肥海关凭《化肥进口关税配额证明》验放，按配额内税率征税。进口关税配额外化肥，凡具有化肥进口经营权的企业均可进口，没有数量限制，无须许可，海关凭进口合同按配额外税率征税验放。《化肥进口关税配额证明》在公历年度内有效，有效期不超过 180 天。《化肥进口关税配额证明》实行一批一证，需要延期或变更的，一律重新办理，旧证同时撤销。

第五，加工贸易项下进口化肥，纳入化肥进口关税配额管理，海关须凭省级外经贸主管部门出具的《加工贸易业务批准证》和原国家经贸委授权机构签发的进口关税配额证明备案，海关通关现场凭关税配额证明验放。《化肥进口关税配额证明》实行“一批一证”管理。《化肥进口关税配额证明》需要延期或证面栏目内容需要变更的，一律重新办理，旧证同时撤销。

## 三、出口一般货物配额管理规定

商务部为了完善出口商品配额管理制度，建立公平竞争机制，保障国家的整体利益和出口企业的合法权益，做出出口商品配额招标规定。出口企业必须经自主投标竞价，才能有偿取得和使用国家确定的出口商品配额。

我国确定的出口配额招标商品的原则是：凡属不可再生的大宗资源性商品；属在国际市场上占主导地位且价格变化对出口量影响较小的商品；属供大于求、经营相对分散、易于发生低价竞销、招致国外反倾销诉讼的商品；属我国与设限国家签订的多、双边协议中规定需要实行出口配额管理的商品。对上述商品采用出口招标方式。

出口商品配额招标适用于对全球市场的各种贸易方式出口的招标商品，包括通过一般贸易、进料加工、来料加工、易货贸易、边境贸易、补偿贸易等贸易方式出口以及通过承包工程和劳务输出带出的招标商品。商务部设立出口商品配额招标委员会，统一管理出口商品配额招标工作，并确定招标商品范围，包括国家实行纺织品被动配额管理商品、出口配额管理商品及其他实行出口许可证管理的商品（国务院另有规定的除外）。出口企业经过竞标获得出口配额后，应在配额有效期内（中标配额当年有效）到指定的发证机关申请领取出口许可证。

我国出口一般商品配额采用三种管理规定，即计划配额管理、主动配额管理和被动配额管理。国家对关系国计民生的大宗资源性、传统性商品，如大豆、棉花、成品油等出口，实行计划配额管理。其每年由商务部下达到各省、自治区、直辖市、计划单列市及中央各部门所属外贸（工贸）总公司具体计划额度。各出口企业凭出口许可证办理出口报关手续。对我国在国际市场或某一市场上占主导地位的重要商品出口，外国要求我国主动限制的商品出口，如我国对美国出口钨酸铵、钨酸等，商务部实行主动配额管理。其每年出口的具体数量由商务部分配到地方各部门外贸公司执行，各出口企业凭出口许可证办理报关出口手续。对于出口输往与我国签订双边纺织品协议的国家（地区）（设限国家或地区）的纺织品，我国实行被动配额管理（数量限额）。目前，就配额问题与我国签订双边纺织品协议并正在执行的有美国、欧盟、加拿大、土耳其。对于出口输往设限国家（地区）协议项目下的棉、毛、人造纤维、其他植物纤维和丝混纺织品及其制品，我国均需进行出口数量自我限制。此类商品需凭商务部及其授权机关签发的《纺织品出口许可证》出口，海关凭此验放。对于我国实行被动配额招标的纺织品出口，海关对设限国家（地区）凭“双证”（即《纺织品出口许可证》和《出口货物许可证》）验放。此外，对于输往欧盟国家（地区）的蘑菇罐头、日用陶瓷、木螺丝、木薯干、红薯干、黑白和彩色电视机 5 种非纺织品，作为其他被动配额限制的表现形式同样受被动配额限制。出口时由欧盟国家（地区）的进口商凭我方有关单位出具出口证书或原产地证明等双方认可的文件自行办理到欧盟国家（地区）的进口手续。海关对上述 5 种非纺织品被动配额商品的出口一律按非出口许可证管理商品验放。

## 第三节　进出口商品检验检疫制度

为了维护我国对外贸易信誉和保护我国的利益不受侵害，国家对一些进出口商品规定了严格的检验检疫管制。根据《中华人民共和国进出口商品检验法》的规定，对于列入《进出口商品检验种类表》（以下简称《种类表》）和其他行政法规规定须经商检机构检验的进出口商品，必须依法实施检验。我国进出口商品检验工作的主管机关是国家商品检验局，各省、自治区、直辖市商检局及其分支机构负责该地区的进出口商品检验工作。国家商检部门根据《中华人民共和国商检法》和对外贸易发展的需要，制定、调整、公布《种类表》。2001 年出入境检验检疫机构由原国家质量技术监督局、出入境检验检疫局合并组建成中华人民共和国质量监督检验检疫总局。从而实现了方便进出、一口对外、一次报检、一次取样、一次检验检疫、一次卫生除害处理、一次收费、一次签证的管理模式。

## 一、进出口商品检验检疫管制的规定

我国进出口商品实施检验检疫管制的内容包括商品的质量、规格、数量、重量、包装及其是否符合安全、卫生要求；商品的装载容器、包装物以及来自疫区的运输工具。

### （一）进出口商品实施检验检疫管理的范围

进出口商品实施检验检疫管理的范围如下。

(1)实施检验检疫商品的范围，出入境检验检疫机构实施检验检疫的进出境商品目录所列的商品。

(2)有关国际条约规定必须经检验检疫的进出口商品或其他法律、法规规定必须经检验检疫的进出口商品。

(3)出口危险货物包装容器的性能鉴定和使用鉴定。

(4)对装运出口易腐烂变质食品、冷冻品的船舱、集装箱等运输工具的适载检验。

(5)运载动植物、动植物产品的车、船、飞机以及包装、铺垫材料、饲养工具等。

(6)动物疫苗、血清、诊断液、动植物性废弃物。

(7)出口食品卫生检验。

(8)进口食品、食品添加剂、食品容器、包装材料和食品用工具设备。

### （二）国家禁止进境的物品

动植物病原体（包括菌种、毒种等）、害虫及其他有害生物、动植物疫情流行的国家和地区的有关动植物、动植物产品和其他检疫物、动物尸体、土壤。

### （三）我国对一些进出口商品实施检验检疫管制的特别规定

我国对一些进出口商品实施检验检疫管制有以下一些特别规定。

1.出口蜂蜜检验检疫管制的规定

国家对出口蜂蜜加工企业实行卫生注册制度。未获得卫生注册的出口蜂蜜加工企业生产的蜂蜜不得出口。出口的蜂蜜检验检疫内容包括品质、规格、数量、重量、包装以及是否符合卫生要求。未经检验检疫或经检验检疫不合格的蜂蜜不准出口。

2.进出口化妆品检验检疫管制的规定

化妆品是指以涂、擦、散布于人体表面任何部位（如皮肤、毛发、指甲、口唇等）或口腔黏膜，以达到清洁、护肤、美容和修饰目的的产品。进出口化妆品必须经过标签审核，取得《进出口化妆品标签审核证书》后方可报检。进出口化妆品原料及半成品，亦须报检。

3.进出口食品标签检验检疫管制规定

进出口食品标签是指预包装食品容器上的文字、图形、符号以及一切说明物。进出口食品的经营者或其代理人在进出口前，应当向指定检验检疫机构提出食品标签审核申请。经审核符合要求的食品标签，由国家质量监督检验检疫总局颁发《进出口食品标签审核证书》。

4.出口煤炭检验检疫管制规定

国家对出口煤炭实行出口质量许可制度，未取得质量许可的煤炭不得出口。出口煤炭生产企业所在地检验检疫机构负责出口煤炭生产企业质量许可的考核、发证和管理。口岸检验检疫机构负责在口岸的煤炭的检验和监督管理。

5.进出境集装箱检验检疫管制规定

国家质量监督检验检疫总局主管全国进出境集装箱的检验检疫管理工作。其设在各地的出入境检验检疫机构负责所辖地区进出境集装箱检验检疫和监督管理工作。进出境的集装箱包括进境、出境和过境的实箱和空箱。进境集装箱未经检验检疫机构许可不得提运或拆箱。

我国对进出境集装箱应按有关规定实施下列检验检疫规定：对进境集装箱应实施卫生检疫；对来自动植物疫区的、装载动植物、动植物产品和其他检验检疫物的，以及箱内带有植物性包装物或铺垫材料的集装箱，实施卫生检疫。根据国家法律、行政法规、国际条约规定或者贸易合同约定的其他应当实施检验检疫的集装箱，也实施卫生检疫。

6.出入境检验检疫行政处罚规定

公民、法人或者其他组织违反有关出入境检验检疫法律、法规或者规章的规定，应受到行政罚款处罚。对构成犯罪的，应当移送司法机关追究其刑事责任。对于适用简易程序的案件，执法人员做出当场处罚决定的，应当填写预定格式和编有序号的《中华人民共和国质量监督检验检疫总局行政处罚决定书》。对于一般案件，作出行政处罚决定时，应当制作《中华人民共和国质量监督检验检疫总局行政处罚决定书》。

7.出入境检验检疫行政复议规定

为保证出入境检验检疫法律、法规的正确执行，防止和纠正违法或者不当的检验检疫具体行政行为，保证公民、法人和其他组织的合法权益，保障和监督出入境检验检疫机关依法行使职权，中华人民共和国国家出入境检验检疫局发布了《出入境检验检疫行政复议办法》(以下简称《办法》)。该《办法》规定公民、法人或者其他组织认为出入境检验检疫机关的具体行政行为侵犯其合法权益时，可向国家质量监督检验检疫总局或者各直属质量监督检验检疫局提出行政复议申请，有关质量监督检验检疫局受理行政复议申请，并做出复议决定。当事人对行政复议不服的，可向人民法院提起行政诉讼。外国人、无国籍人、外国组织在我国境内申请行政复议的，也适用于本《办法》。

## 二、进出口商品检验检疫管制的基本手续

进出口商品检验检疫管制有以下基本手续。

### (一)报检资格的认定

报检单位首次报检时必须持本单位营业执照和政府批文办理登记备案手续。取得报检单位代码，其报检人员经检验检疫机构培训合格后领取《报检员证》，凭证报检。代理报检单位必须按规定办理注册登记手续，其报检人员应具有《代理报检员证》，凭证办理代理报检手续。代理报检的，必须向检验检疫机构提供委托人按规定格式填写的委托书。

（二）入境报检手续

进口商品的报验人应在一定期限内填写“入境货物报验单”，填明申请检验鉴定项目的要求，并附合同、发票、海运提单（或铁路、航空、邮包运单）、品质证书、装箱单，接、用货部门已验收的应附验收记录等资料，向当地检验部门申请检验。如货物有残损、短缺，还须附理货公司与轮船大副共同签署的货物残损报告单、大副批注或铁路商务记录等有关证明材料。报验后，如发现报验单填写有误或客户修改信用证使货物数量、规格有变动时，可提出更改申请，填写“更改申请单”，说明更改事项和原因。下列情况报检时，还应注意提供相关文件：若实施安全质量许可、卫生注册或其他需审批、审核的货物应提供有关证明；对实施品质检验的应提供国外品质证书或质量保证书、产品使用说明书及有关标准和技术资料；凭样成交的，必须加附成交样品；以品级或公量计价结算的，应同时申请重量鉴定；凡报检入境废物时，应提供国家环保部门签发的《进口废物批准证书》和经认可的检验机构签发的装运前检验合格证书等；凡申请残损鉴定的，还应提供理货残损单、铁路商务记录、空运事故记录或海事报告等证明货损情况的有关单证；凡申请重量（数量）鉴定的，应提供重量明细单、理货清单等；凡属货物已经收、用货部门验收或经其他单位检测的，应随附结果报告及重量明细单。入境的动植物及其产品在提供产地证明的同时，还必须提供输出国家或地区的官方检疫证书；需办理入境检疫审批手续的，还应提供入境动植物检疫许可证。过境动植物及其产品报检时，应持货运单和输出国家或地区官方出具的检疫证书；运输动物过境时，还应提交国家质量监督检验检疫总局签发的动植物过境许可证。报检入境运输工具、集装箱时，应提供检疫证明，并申报有关人员的健康状况。因科研等特殊需要，输入禁止入境物的，必须提供国家质量监督检验检疫总局签发的特许审批证明。

抽样检验。现场检验一般采取国际贸易中普遍使用的抽样法（个别特殊商品除外）。抽样时须按规定的抽样方法和一定的比例随机抽样，以便样品能代表整批商品的质量。检疫机构根据抽样，仔细核对合同及信用证对品质、规格、包装的规定，弄清检验的依据、标准，采用合理的方法实施检验。

签发证书。对于出口商品，经检验部门检验合格后，凭《出境货物通关单》进行通关。如合同、信用证规定由检疫部门检验出证，或国外要求签发商检证书的，应根据规定签发所需证书。对于进口商品，经检验后签发《入境货物通关单》进行通关。凡由收、用货单位自行验收的进口商品，如发现问题，应及时向检验检疫局申请复验。如复验不合格，检疫机构即签发商检证书，以供对外索赔。

（三）出境报检手续

填写“出境货物报验单”。每份“出境货物报验单”仅限填报一个合同、一份信用证的商品。报验一般在发运前 7 天提出。应提供的单证和资料。出口报验时应提供下列资料：对外贸易双方签订的贸易合同及合同附件；信用证；生产经营部门自验合格后出具的厂检单正本；法定检验出口商品报验时，提供商检机构签发的运输包装容器性质检验合格单正本；实行卫生注册的商品，提供商检机构签发的卫生注册证书；实行质量许可证的出口商品，必须提供检验机构质量许可证书；凭样成交的应提供双方确认的样品。

生产出境危险货物包装容器的企业，必须向检验检疫机构申请包装容器的性能鉴定、生产出境危险货物的企业必须向检验检疫机构申请危险货物包装容器的使用鉴定。危险货物出境时，必须提供危险货物包装容器性能鉴定结果单和使用鉴定结果单。申请原产地证明书和普惠制原产地证明书的，应提供商业发票等资料。

（四）报检时限和地点规定

对入境货物，应在入境前或入境时向入境口岸指定的或到达站的检验检疫机构办理报检手续；入境的运输工具及人员应在入境前或入境时申报。入境货物需对外索赔出证的，应在索赔有效期前不少于20天内向到货口岸或货物到达地的检验检疫机构报验。输入微生物、人体组织、生物制品、血液及其制品或种畜、禽及其精液、胚胎、受精卵的，应当在入境前30天报检。输入其他动物的，应当在入境前15天报检。输入植物、种子、种苗及其他繁殖材料的，应当在入境前7天报检。出境货物最迟应于报关或装运前7天报检。对于个别货物，应留有相应的检验检疫时间。出境的运输工具和人员应在出境前向口岸检验检疫机构报验或申报。需要隔离检疫的出境动物在出境前60天预报，隔离前7天报验。

（五）其他有关手续

报验人申请撤销报验时，应书面说明原因，经批准后方可办理撤销手续。报验人申请更改单证时，应填写更改申请单，交附有关证明单据，交回原单证，经审核同意后方可办理更改手续。但是，品名、数（重）量、检验检疫结果、包装、发货人、收货人等重要项目更改后与合同、信用证不符的，或者更改后与输出、输入国家或地区法律法规规定不符的，均不能更改。报验人在报验时，应按规定缴纳检验检疫费。

## 第四节　其他特殊国家管制

为了维护国家利益和主权的完整，保护各类资源不受侵害，我国针对某些进出口商品而特别制定了管理性文件。这些文件也称为“管制性文件”，这些文件所涉及的商品也称“受管制货物”。受管制货物在进出境时，其收、发货人应当向海关交验国家主管部门签发的合法进出的证明文件，海关凭此验放。

### 一、文物出口管理

根据《中华人民共和国文物保护法》的规定，国家文化行政管理部门主管全国文物工作。同时规定，珍贵文物禁止出境，一般文物限制出境。贸易性文物出口，除需经国家指定口岸鉴定机构进行鉴定并发给许可出口证件外，还应交验文化部的批准文件。具有重要历史、艺术、科学价值的文物，除经国务院批准运往境外展览外，一律禁止出境。个人携带文物出境都必须事先向海关申报。

### (一)我国规定属于文物出口管理的范围

(1)1949 年，中华人民共和国成立以前在中国和外国制作、生产或出版的陶瓷器、金银器、铜器及其他金属器，玉器，漆器，玻璃器皿，各种质料的雕塑品，家具，书画，碑帖，拓片，图书，文献资料，织绣，文化用品，邮票，货币，器具，工艺美术品等。

(2)中华人民共和国成立后我国已故近、现代著名画家和工艺美术家的作品等。

(3)古脊椎动物化石和古人类化石。

(4)国家文化管理部门指定的其他物品。

### (二)文物出口的基本手续

文物出境，必须由经国务院批准设立的国家文物出境鉴定部门进行出境鉴定。经鉴定准予出境的文物，由鉴定执行机构盖火漆印。其中带有“A”字头的火漆印迹，表示该文物属于文物经营单位的外销文物；“B”字头的为私人携带出境文物；“C”字头的为依法经批准的超限文物；字母后面的数字为颁发的记录编号。

出境文物指定在北京、天津、上海、广州 4 个口岸办理报关、验放手续。有关单位申报出口文物需经文化行政管理部门批准。报关时应向海关提交文化行政管理部门的批准证明或国家文物局开具的《文物出口特许证》或《文物出口证明》。对境外人员在我国购买的文物出口，海关凭文物商店出具的盖有“外汇购买”印章的《特许出口文物核销发票》验放。

暂时进出境文物是指暂时出境并复带进境的文物和暂时进境并复带出境的文物，其中包括国家批准的对外文化交流、出国展览、合作研究等项目或其他需由我国驻外机构人员、出访人员携带，托运或邮寄的暂时出境的文物。对暂时出境并复带进境的文物，在出境前，由当地文物出境鉴定部门根据批准文件和文物清单，审核无误后签发出境证明，凭以向海关申报，海关按暂时出境货物予以验放。暂时进境并复带出境的文物，海关按暂时进境货物管理规定进行监管。

## 二、濒危野生动植物种进出口管理

野生动植物是人类的宝贵自然资源，保护、拯救珍贵濒危野生动植物，保护、发展和合理利用野生动植物资源，对维护自然生态平衡，开展科学研究，发展经济、文化、教育、医药、卫生等事业都有着极其重要的意义。我国是《濒危野生动植物种国际贸易公约》的成员，对此，我国制定了《中华人民共和国野生动物保护法》等有关法规，以加强对濒危野生动植物的保护。

濒危野生动植物种进出口管理的范围是，凡列入《濒危野生动植物种国际贸易公约》附录一和附录二文件中的全部物种，列入《国家重点保护野生动物名录》和列入《国家珍贵树种名录》的全部物种均是珍贵稀有野生动植物种。上述物种是指活的或死的动物、植物;任何可辨认的部分;物种的衍生物;人工培养的野生物种;野生动物的皮张、羽毛、掌骨、器官等。另外,凡含有珍贵稀有野生动植物成分的中药材,也属于濒危野生动植物种进出口管理范围。我国对濒危野生动植物种进出口的基本手续规定如下。

第一,凡出口珍贵稀有野生动物,如大熊猫、金丝猴、白鳍豚、扬子鳄、中华鲟等,必须事先报请中华人民共和国濒危物种进出口管理办公室核准,发给《野生动植物允许出口证明书》,凭以向海关申报出口。

第二,因科学研究、文化交流等出口的各种国家珍贵树种、树苗(含根、茎、叶、花、果实及其他产品、制成品等),海关凭《野生动植物允许出口证明书》验放。

第三,牛、虎、豹、熊、麝、穿山甲、海龟、玳瑁、大象、羚羊等属于《濒危野生动植物种国际贸易公约》附录物种或国家重点保护的野生动物。这些动物及其产品的国际贸易必须由进、出口国的濒危野生动植物种国际贸易公约管理机构签发允许出、进口证明的文件,凭以向海关申报。

第四,进出口非洲象及其任何产品,必须经出口国政府与进口国政府协商得到濒危野生动植物种国际贸易公约秘书处同意后,发给允许出口证明和允许进口证明书,凭以向海关申报出、进口。

第五,出口含珍贵稀有野生动植物药材成分的中药材,在出口前必须取得国家濒危野生动植物种进出口管理办公室签发的允许进出口证明书后,方能向海关申报出口。

第六,出口珍稀野禽、野味(整体或分割部分)及观赏野生动物(含标本),海关凭具有上述商品进出口经营权的单位及《野生动植物允许出口证明书》验放。

## 三、金银产品进出口管理

金、银属有色贵重金属,在国家经济建设中有着极其重要的作用。对此,国务院制定了《中华人民共和国金银管理条例》(以下简称《条例》)。该《条例》规定,国家对金银实行统一管理、统购统配的政策,凡是报运出口的金银及其制品,出口单位凭中国人民银行制发的《金银产品出口准许证》办理出口手续。对于违反《条例》的行为将由海关、中国人民银行、工商行政管理机关按各自的职责处罚。

### (一)金银产品进出口管理的范围

金银产品进出口管理的范围包括下列状态的金银及其制品:矿藏生产金银和冶炼副产金银;金银条、锭、块、粉;金银铸币;金银制品和金基、银基合金制品;化工产品中含的金银;金银边角料及废渣、废液、废料中含的金银。但是,出口以珠宝为主要价值的带有金银镶嵌的珠宝饰品,不包括在此管理范围内。

### (二)金银产品出口的基本手续

金银及其制品报关出口时,必须事先到中国人民银行及其授权机构办理《金银制品出口准许证》,海关凭此办理出口报关手续。为加工出口成品而从境外进口的金银原料,应当在进口后持进口报关单据到中国人民银行办理登记手续。成品出口时,凭此签发《金银制品出口准许证》报关出口。

(三)金银产品进口的基本手续

旅客携带进境的黄金及其制品应以自用、数量合理为限,经海关核准后予以免税放行。超出自用、合理数量的黄金及其制品,海关凭中国人民银行总行的批准文件,予以征税放行。由旅客随身携带进境的国内单位进口的金银及其制品,及接受捐赠的金银及其制品,必须由国内单位凭中国人民银行总行在有效期内的批件办理报关手续。来料加工所需进口的金银,必须持有中国人民银行总行或其授权分行的批准文件向海关申报进口。

## 四、印刷品管理

印刷品属于精神产品。它记录了社会不同时期和不同阶段的政治、科学、文化、道德等内容。因此,加强对印刷品的进出境管理,防止危害我国的精神产品流入境内,同样是海关重要的监管工作内容。

(一)印刷品进口专营许可制度

国家对贸易性印刷品的进口经营实行专营许可制度,并明确规定:凡攻击中华人民共和国宪法的;诬蔑国家现行政策的;诽谤中国共产党和国家领导人的;煽动对中华人民共和国进行颠覆破坏、制造民族分裂的;鼓吹“两个中国”或“台湾独立”的;宣传淫秽或色情的;宣传封建迷信或凶杀暴力的;其他有对中华人民共和国政治、经济、文化、道德有害内容之一的印刷品一律禁止进境。

(二)禁止出境的印刷品

我国政府同时规定有下列内容之一的印刷品禁止出境:有禁止出境内容的;涉及国家秘密的;出版物上印有“内部资料”“国内发行”字样的;国家颁布《文物出口鉴定参考标准》规定禁止出境的古旧书籍以及其他具有文物价值的;国家有关部门明令禁止出境的其他印刷品。

(三)印刷品管理范围

印刷品管理的范围包括图书、报纸、杂志、复印件等。海关对印刷品管理的范围不仅包括贸易性印刷品和非贸易性印刷品,也包括去港澳地区印刷的印刷品及合作出版的印刷品。非贸易性印刷品是指单位或个人使用、馈赠或交换进出境的印刷品。

(四)印刷品进出口的基本手续

贸易性印刷品的进出口,统一由中国图书进出口总公司、中国教育图书进出口总公司和国际书店等单位经营。去港澳地区印刷的印刷品,事先由国内委托印刷单位填写《赴港澳印刷审查卡片》,经省、自治区、直辖市主管部门和新闻出版局签署意见后报国家新闻出版总署审批。印刷品进口时,海关凭盖有“新闻出版总署赴港澳印刷审批用章”的《审查卡片》验放。合作出版印刷品,事先由国内出版单位按隶属关系报国务院有关部委或省、自治区、直辖市主管部门审查,经审查批准的,将批准文件连同合作出版合同书(协议书),一并报新闻出版总署核批,海关凭新闻出版总署的批准文件查验放行。

## 五、音像制品进口管理

### (一)音像制品进口许可制度

为了增进国际(地区间)文化交流,同时防止对我国政治、文化、道德造成危害的精神产品流入我国,国家对音像制品的进口实行进口许可制度。新闻出版总署负责管理全国音像制品进口,省、自治区、直辖市人民政府音像制品行政管理部门,负责管理本行政区域内音像制品进口。新闻出版总署自受理进口音像制品申请之日起 30 日内做出批准或者不批准的决定。批准的,发给进口音像制品批准单;不批准的,应当说明理由。音像制品进口时,海关根据有关规定验凭进口音像制品批准单放行。

### (二)进口管理的音像制品范围

进口管理的音像制品是指录有内容的录音带、录像带及其他已录制磁带、照片、激光唱盘、视盘及其他已录制光盘和其他已录制媒体等。但是,个人携带和邮寄用于非经营目的的音像制品进出境,在自用合理数量内,而且其内容不违反有关规定的情况下,海关予以放行。具体如表 2-2 所示。

**表 2-2 音像制品的商品名称、税则号列及商品编码**

| 进口商品名称 | 税则号列 | 商品编码 |
|---|---|---|
| 已录制的录音带、录像带 | 85232928 | 8523292800 |
| 已录制的唱片 | 85238011 | 8523801100 |
| 已录制的激光唱盘、激光视盘 | 85234010 | 8523401000 |
| | ex85234090 | 8523409001 |

资料来源:中华人民共和国海关总署网站:http://www.customs.gov.cn

### (三)音像制品进口管理的基本手续

音像制品进口管理的基本手续如下。

(1)音像出版单位和音像制品经营单位(以下简称进口单位)必须由所在地省、自治区、直辖市人民政府音像制品行政管理部门审核同意,报新闻出版总署批准后,方可从事音像制品的进口经营活动。

(2)作为商品批量进口的科教语言教学音像制品和其他视听资料,统一由中国图书进出口总公司经营,海关凭广播电影电视部音像管理处签发的进口许可证明验放。

(3)进口供广播、电视播出用的录音、录像制品,由广播电影电视部和各省、自治区、直辖市、广播事业局进口，海关凭其证明验放。

(4)进口供发行、试映影片录像制品、影片视盘，统一由中国电影集团公司经营。

(5)特殊单位进口供研究、教学参考用的音像制品，需要委托有进口资格的音像制品经营单位代理进口，由代理进口单位将进口协议和目录报新闻出版总署办理进口审批手续。

(6)进口用于出版或进口用于直接销售的音像制品，经新闻出版总署批准后，凭新闻出版总署签发的《音像制品发行许可证》向海关办理母带(母盘)和销售用音像制品的进口手续。

(7)进口用于报审的样带(片)，应持文化部统一印制的《进口音像制品样带(片)提取单》，经省、自治区、直辖市人民政府音像制品行政管理部门登记签单后，由海关按暂时进口货物办理进口手续。

(8)进口专用于展览、展示活动的音像制品，经新闻出版总署批准，委托音像制品进口经营单位办理暂时进口海关手续。

(9)为配合其他商品展览、展示活动而进口的，用于示范宣传类的音像制品，海关按照暂时进口货物办理进口手续，凭主管部门出具的批准证明予以登记备案。用于展览、展示的进口音像制品确需在境内销售、赠送的，在销售、赠送前，必须依照本办法按成品进口重新办理批准手续。

## 六、化学品首次进口及有毒化学品进口管理

化学品是指人工制造或者是从自然界取得的化学物质，包括化学物质本身、化学混合物或者化学配制物中的一部分，以及作为工业化学品和农药使用的物质。为了保护人体健康和生态环境，执行联合国《关于化学品国际贸易资料交流的伦敦准则》，中华人民共和国环境保护部、海关总署、商务部联合制定了《化学品首次进口及有毒化学品进口管理规定》。国家对化学品的首次进口和列入《中国禁止或严格限制的有毒化学品名录》的化学品的进口进行严格管理。但是，食品添加剂、医药、兽药、化妆品和放射性物质不列入此管理范围。

### (一)化学品首次进口及有毒化学品进口管理范围

化学品首次进口及有毒化学品进口管理范围是指损害健康和环境而被完全禁止使用的化学品；因损害健康和环境而被完全禁止使用、但经授权在一些特殊情况下仍可使用的化学品；进入环境后通过环境蓄积、生物累积、生物转化或化学反应等方式损害健康和环境的有毒化学品；以及通过接触对人体具有严重危害和具有潜在危险的化学品。

### (二)化学品首次进口及有毒化学品进口的基本手续

化学品首次进口的境外商人或其代理人，在向中国首次出口化学品之前，无论该种化学品对其他外商或其他代理人是否已在中国进行了登记，都必须向我国环境保护局提出环境管理登记申请。进出口列入《中国禁止或严格限制的有毒化学品名录》的有毒化学

品，海关凭国家环境保护局签发的《有毒化学品进出口环境管理放行通知单》，在有效期内实施“一批一证制”验放。旅客携带有毒化学品进境，要严格按照《化学品首次进口及有毒化学品进出口环境管理规定》办理海关手续。

## 七、废物进口环境保护管理

废物是指在生产建设、日常生活和其他活动中产生的生活垃圾、工业垃圾等废弃物质。这类物质的进口无疑会对环境造成极大的损害。为了加强对废物进口的环境保护管理，防止废物进口污染环境，国家环境保护局、商务部、海关总署、国家工商总局、原国家商检局联合制定了《废物进口环境保护管理暂行规定》。禁止以任何贸易方式和无偿提供、捐赠等方式进口境外废物在境内进行倾倒、堆放、处置；限制进口可用作原料的废物，确有必要进口，要依法办理进口审批手续。国家环境保护局对全国废物进口实施监督管理。

对列入《国家限制进口的可用作原料的废物目录》(以下简称《废物目录》)中的任何废物，必须经国家环境保护局审查批准，方可进口。凡对未列入《国家限制进口的可用作原料的废物目录》的任何废物禁止进口。任何企业不得进行废物转口贸易，未取得《中华人民共和国自动许可进口类可用作原料的固体废物进口许可证》的进口废物，一律不得存入保税仓库。

### (一)国家限制进口可用作原料的废物

1.第一类——动物废渣

主要是指骨废物。

2.第二类——冶炼渣

冶炼钢铁所产生的熔渣、浮渣、氧化皮及其他废料。

3.第三类——木、木制品废料

锯末、木废料及碎片，不论是否粘结成圆木段、块、片或类似形状；软木废料：碎的、粒状的或粉状的软木。

4.第四类——回收(废碎)纸或纸板

(废碎)的未漂白牛皮纸或纸板及回收(废碎)的瓦楞纸或纸板、杂志及类似印刷品；回收(废碎)的其他纸和纸板。

5.第五类——纺织品废物

废棉纱线；其他废棉。

6.第六类——贱金属及其制品的废碎料

铸铁废碎料；不锈钢废碎料；其他合金钢废碎料；镀锡钢铁废碎料；车、刨、铣、磨、锯、锉、剪、冲加工过程中产生的钢铁废料，不论是否成捆；未列名钢铁(含废铁轨、废钢轨)；供再熔的碎料钢铁锭(含废机车、废机床、废机车头等)；铜锍；沉积铜(泥铜)；铜废碎料；镍废碎料；铝废碎料；锌废碎料；锡废碎料；钽废碎料。

7.第七类——各种废旧五金、电机、电器产品

废电机、废电线、电缆、废五金电器。

8.第八类——废运输设备

供拆卸的船舶及其他浮动结构体。

9.第九类——特殊需进口的废物

另外，废计算机、废复印机、废计算机显示器、废计算机主机、废键盘、废打印机和驱动器自2000年4月1日起，一律不得进口。

### （二）废物进口环境保护管理的基本手续

进口单位申请进口《废物目录》所列第6类（贱金属及其制品的废碎料）的，由废物进口单位或废物利用单位直接向国家环境保护局提出进口申请，由国家环境保护局审批。进口时凭国家环境保护局签发的《中华人民共和国自动许可进口类可用作原料的固体废物进口许可证》办理海关手续。申请进口《废物目录》中其他类废物的，由废物进口单位或者废物利用单位向废物利用所在地市级人民政府环保行政主管部门提出废物进口申请，经其所在地市级环保主管部门及省、自治区、直辖市人民政府环保主管部门审查同意后，报国家环境保护局审批。进口时凭国家环境保护局签发的《中华人民共和国自动许可进口类可用作原料的固体废物进口许可证》办理海关手续。企业以加工贸易方式进口废物，应持国家环境保护局签发的《中华人民共和国自动许可进口类可用作原料的固体废物进口许可证》（见图2-1）向海关办理加工贸易合同登记备案手续。

## 八、药品药材进出口管理

为了保障用药人的身体健康，防止通过进出口药品药材而传播病毒、病害。国家对药品药材的进出口做出了相应的规定，规定进口药品的企业，必须具有卫生行政管理部门核发的《药品经营企业许可证》；凡进口的药品药材，必须持有卫生部批准核发的《进口药品注册证》；凡进出口血液和血液制品，必须持有卫生部的批件或证书。任何单位不论以何种贸易方式进口列入《进口药品管理目录》商品编码范围的药品，海关均凭口岸药品检验所发的《进口药品通关单》及其他有关单证验放。

### （一）药品药材进出口管理的规定

申请《进口药品注册证》需提供下列材料：药品生产国（地区）卫生当局签发的批准药品生产、销售、出口及符合药品生产质量管理规范（GMP，Good Manufacturing Practice）的证明文件，并附中文译本、专利品证明文件、药品说明书及中文译本、有关技术资料、药品实样、包装材料和包装样本。若需进口医疗特需或国内生产不能满足药疗需要、又尚未取得《进口药品注册证》的药品药材时，进口单位需报经卫生部审批，并由卫生部发给《一次性进口药品批件》后方可进口。严格限制进出口血液和血液制品；未取得卫生部的批件或证书，任何单位均不得经营；因临床治疗确需进口的，应事先报经卫生部批准。

### （二）药品药材进出口的基本手续

药品药材进口后，报检人应先填写《进口药品报检单》并随附发票、装箱单、运单及厂家出具的品质证书，向口岸药检所报验，海关凭口岸药检所出具的已接受报验的《进口药品通关单》及其他有关单证验放。血液及血液制品进口，必须事先经卫生部批准。进口时凭批准文件向口岸药检所报验，海关凭口岸药检所出具的已接受报验的《进口药品通关单》及其他有关单证验放。血液及血浆原料出口，必须经卫生部批准，方可办理出口通关手续。若需进口医疗特需或国内生产不能满足药疗需要、又尚未取得《进口药品注册证》的药品药材时，进口单位需报经卫生部审批，并由卫生部发给《一次性进口药品批件》后方可进口。严格限制进出口血液和血液制品；未取得卫生部的批件或证书，任何单位均不得经营；因临床治疗确需进口的，应事先报经卫生部批准。

## 九、麻醉药品进出口管理

### （一）麻醉药品的分类

麻醉药品是指连续使用后易产生生理依赖性、能成瘾癖的药品。麻醉药品包括阿片类，如阿片、阿片片、阿片粉、复方桔梗散、阿片酊等；吗啡类，如吗啡、盐酸吗啡、阿托品注射液；盐酸乙基吗啡类、如盐酸乙基吗啡注射液；可待因类，如磷酸可待因、磷酸可待因糖浆；福尔可定类，如福尔可定、福尔可定片等；可卡因类，如盐酸可卡因片等；合成麻醉药品类，如哌替啶、安依痛、美沙酮片、罂粟壳、二氢吗啡、匹米诺定等。麻醉药品还包括卫生部指定的其他易成瘾癖的药品、药用原植物及其制剂。

### （二）麻醉药品的管理规定

为了严格管理麻醉药品，保证医疗、教学、科研安全使用，防止麻醉药品泛滥，根据《中华人民共和国药品管理法》的规定，国务院制定了《麻醉药品管理办法》。《麻醉药品管理办法》规定，国家严格管理麻醉药品原料的种植和麻醉药品的生产、供应、进出口，若非医疗、教学、科研需要，一律不得使用麻醉品；麻醉药品的进出口业务，由商务部指定的单位按照国家有关外贸的规定办理，进口麻醉药品，需经卫生部审查批准；出口麻醉药品，同样需经卫生部审查批准。

### （三）麻醉药品进出口的基本手续

麻醉药品进口的单位每年应将进出口计划报卫生部审批；因医疗、教学和科研工作需要进口麻醉品的，进口单位应报卫生部审查批准，并发给《麻醉药品进口准许证》后，方可办理进口手续。药品进口时需经口岸药品检验所检验合格后方准进口。出口麻醉药品，出口单位需向卫生部提出申请并交验进口国（地区）政府主管部门签发的允许进口准许证，经卫生部审查发给《麻醉药品出口准许证》后方可办理出口手续。北京市、天津市、上海市、大连市、青岛市、西安市、成都市、武汉市、重庆市、南京市、杭州市、宁波市、福州市、厦门市、广州市、深圳市、珠海市、海口市、南宁市 19 个口岸城市经国务院批准允许药品进口，这些口岸城市药品监督管理局都获得了“药品进口备案专用章”。

## 拓展资料

海关监管证件汇总如表2-3所示。

**表2-3　海关监管证件汇总**

| 管理证件名称及代码 | 主管部门 | 管理制度 | 单证有效期 | 单证特点 | 运用范围 | 备注 |
|---|---|---|---|---|---|---|
| 进口许可证“1” | 商务部配额许可证事务局 | 一证一关、一批一证、非一批一证 | 一年有效期，跨年不得超过次年3月31日 | 非一批一证，最多使用12次 | 消耗臭氧层物质和重点旧机电产品 | 溢装数量不超过许可证所列数量(合同上限)的5% |
| 出口许可证“4” | 商务部 | 一证一关、一批一证、非一批一证 | 6个月的有效期，不得超过12月31日 | 非一批一证，最多使用12次 | 目录商品 | 溢短装数量不超过许可证所列数量(合同上限)的5% |
| 自动进口许可证“7” | 商务部 | 一批一证、非一批一证 | 6个月的有效期不得跨年度使用 | 一批一证，非一批一证最多使用6次 | 列入自动进口许可证目录内的 | 散装、溢装上限为5%，对原油、成品油、化肥、钢材溢装上限为3% |
| 两用物项和技术进出口许可证“2”“3” | 商务部 | 进口：非一批一证、一证一关<br>出口：一批一证、一证一关 | 有效期不超过一年，跨年度使用不超过3月31日 | | 使用于任何方式进口和出口 | “一批一证”制在报关时溢装数量不得超出口数量的5%。“非一批一证”制的最后一批进口物项在规定的溢装上限5%内 |
| 废物进口许可证“p” | 国家环保总局 | 非一批一证 | 当年有效 | 如要“一批一证”，应备注栏“一批一证”字样。 | 自动进口类和限制进口目录内 | 装运前检验，进口废物不能转关(废纸除外)，在口岸办理进境手续。最后一次溢装不得超过余额的3% |
| 农产品和化肥进口关税配额证“t” | 商务部及国家发展和改革委员会 | 非一批一证 | 有效期1月1日至12月31日，可延期但不能超过次年的2月底 | 进口关税配额管理的农产品小麦、大米、玉米、棉花(发改委)；食糖、羊毛、毛条和化肥(商务部) | | 关税配额外优惠税率进口棉花配额证书代码“e” |

续表

| 管理证件名称及代码 | 主管部门 | 管理制度 | 单证有效期 | 单证特点 | 运用范围 | 备注 |
| --- | --- | --- | --- | --- | --- | --- |
| 非公约证明、公约证明、物种证明“E” | 濒危物种进出口管理办公室 | 一批一证、非一批一证 | 一次使用的物种证明有效期自签发之日不超过6个月，多次使用截至发证当年12月31日 | | 列入《进出口野生动植物种商品目录》 | |
| 精神药品进出口准许证“I”、麻醉药品进出口准许证“W”、进口药品通关单“L” | 国家食品药品监督管理局、口岸药品检验所(19) | 一批一证、一证一关 | | 任何单位以任何贸易方式进出口都要申领进出口许可证 | | |
| 出入境货物通关单“A”“B” | 国家质检总局、口岸出入境检验检疫机构 | 一批一证 | | | 列入《法检目录》 | |
| 黄金及其制品出口准许证“J” | 中国人民银行 | 进口：非一批一证、一证一关 | 有效期6个月 | | | |
| 进口音像制品批准单“Z” | 新闻出版总署 | 一批一证 | 音像制品成品批准单当年有效；用于出版的音像制品的批准单有效期限为1年 | | | 指定音像制品经营单位经营 |

注：“非一批一证”每次海关留存复印件，最后一批完了留存原件。

## 第五节　知识产权海关保护

中国海关对与进出境货物相关的知识产权实施保护始于1994年。2010年修订的《中华人民共和国知识产权海关保护条例》对此进行了规范，这既是我国对外贸易发展的需要，也是完善我国知识产权法律保护体制的需要，更是我国加入WTO应当履行的义务。海关是国家进出境的监督管理机关，在货物的进出境环节对侵权货物采取措施，对于防止这些侵权货物流入境内或流出境外，破坏正常的贸易秩序，损害权利人的合法权益，具有重大意义。

中国海关依法保护与进出境货物有关并受中华人民共和国法律、行政法规保护的知识产权，包括商标专用权、著作权和专利权。知识产权权利人要求海关对其知识产权实施保护的，应当向海关总署备案。违反法律规定进出口侵权货物的，由海关予以没收，并处以罚款。

## 一、知识产权海关备案制度

知识产权海关保护备案，是指知识产权权利人，按照《中华人民共和国知识产权海关保护条例》的规定，将其知识产权的法律状况、有关货物的情况、知识产权合法使用情况和侵权货物进出口情况以书面形式通知海关总署，以便海关在对进出口货物的监管过程中能够主动对有关知识产权实施保护。

### （一）知识产权海关备案制度的作用

根据1995年颁布的《中华人民共和国知识产权海关保护条例》，知识产权备案是知识产权权利人向海关寻求保护的前提条件。2003年12月修订的《中华人民共和国知识产权海关保护条例》对此进行了修改，不再要求知识产权权利人在向海关申请保护前必须进行知识产权备案。但是，对某些知识产权权利人而言，如商标专用权权利人，备案与否有很大的差异，主要体现在以下方面。

1. 海关采取主动保护措施的前提条件

根据《中华人民共和国知识产权海关保护条例》的规定，知识产权权利人如果事先没有将其知识产权向海关备案，海关发现侵权货物即将进出境，也没有权力主动中止其进出口，也无权对侵权货物进行调查处理。

2. 有助于海关发现侵权货物

尽管根据《中华人民共和国知识产权海关保护条例》的规定，知识产权权利人在进行备案后，仍然需要在发现侵权货物即将进出境时向有关海关提出采取保护措施的申请，但是，从实践看，海关能否发现侵权货物，主要依赖于海关对有关货物的查验。由于知识产权权利人在备案时，需要提供有关知识产权的法律状况、权利人的联系方式、合法使用知识产权情况、侵权嫌疑货物情况、有关图片和照片等情况，从而使海关有可能在日常监管过程中发现侵权嫌疑货物并主动予以扣留。所以，事先进行知识产权备案，可以使权利人的合法权益得到及时的保护。

3. 知识产权权利人的经济负担较轻

根据海关总署有关《中华人民共和国知识产权海关保护条例》的实施办法规定，在海关依职权保护模式下，知识产权权利人向海关提供的担保最高不超过人民币10万元。在海关总署备案的商标专用权的知识产权权利人，经海关总署核准可以向海关总署提交银行或非银行金融机构出具的保函，为其向海关申请商标专用权海关保护措施提供总担保。

总担保的担保金额应当相当于知识产权权利人上一年度向海关申请扣留侵权嫌疑货物后发生的仓储、保管和处置等费用之和；知识产权权利人上一年度未向海关申请扣留侵权嫌疑货物或者仓储、保管和处置等费用不足人民币 20 万元的，总担保的担保金额为人民币 20 万元。如果知识产权权利人事先未进行知识产权备案，则不能享受上述待遇，必须提供与其要求扣留的货物等值的担保。

4. 可以对侵权人产生震慑作用

由于海关对进出口侵权货物予以没收并给予进出口企业行政处罚，所以尽早进行知识产权备案，可以对那些过去毫无顾忌地进出口侵权货物的企业产生警告和震慑作用，促使其自觉地尊重有关知识产权。此外，有些并非恶意出口侵权产品的企业也可能通过查询备案，了解其承揽加工和出口的货物是否可能构成侵权。

### （二）知识产权海关备案申请

可以在海关进行备案的知识产权包括商标专用权、著作权和专利权。商标专用权包括国家工商总局和商标局注册的注册商标、世界知识产权组织注册的国际商标、经国家工商总局和商标局认定的驰名商标。专利权包括中国专利局授权的发明专利、实用新型专利和外观设计专利。著作权包括受我国著作权法保护及我国参加的《伯尔尼公约》等国际公约保护的文学、科学著作、音像制品、计算机软件等作品的著作权。

1. 申请备案及申请书内容

知识产权权利人以及他们的代理人（以下统称知识产权权利人）要求海关对其与进出境货物有关的知识产权实施保护的，应当将其知识产权向海关总署备案。申请备案时，应向海关总署提交书面申请。申请书应包括下列内容。

（1）知识产权权利人的名称或者姓名、注册地或者国籍、住所、法定代表人、主要营业场所等。

（2）注册商标的注册号码、内容及有效期限，专利授权的号码、内容及有效期限或者有关著作权的内容。

（3）与知识产权有关的货物的名称及其产地。

（4）被授权或者许可使用知识产权的权利人。

（5）与知识产权有关的货物的主要进出境海关、进出口商、主要特征、正常价格等有关情况。

（6）已知的侵权货物的制造商、进出口商、主要进出境海关、主要特征、价格等情况。

（7）海关总署认为应当说明的其他情况。

2. 提交书面申请时的附送文件

（1）知识产权权利人身份证件的复制件或者登记注册证书的副本或者经登记注册机关认证的复制件。

（2）注册商标的注册证书复制件，商标局核准转让注册商标的公告或者备案的商标使用许可合同复制件；或者专利证书的复制件，经专利局登记和公告的专利转让合同副本，专利实施许可合同副本；或者著作权权利的证明文件或者证据。

（3）海关总署认为需要附送的其他文件。

## 二、口岸海关保护

### (一)依职权保护

是依职权保护指海关在对进出口货物的监管过程中,对其发现的涉嫌侵犯在海关总署备案的知识产权的进出口货物主动采取的扣留和调查处理的措施。

依职权保护有以下特征。

第一,知识产权权利人应当事先将其知识产权向海关总署备案。

第二,海关发现涉嫌侵犯备案知识产权的进出口货物,应当中止放行,并书面通知有关知识产权权利人。

第三,知识产权权利人要求海关扣留侵权嫌疑货物的,应当在3个工作日内提出申请,并提供担保。请求海关采取知识产权保护措施的,应当向海关法规处提交书面申请,包括:(1)申请保护的知识产权名称、海关备案号。(2)侵权嫌疑人的名称、住所、法定代表人、主要营业场所。(3)侵权嫌疑货物的名称、规格等有关情况。(4)侵权嫌疑货物可能进出境的口岸、时间、运输工具、收货人或者发货人等有关情况。(5)有关侵权的证据。(6)请求海关采取的措施。(7)海关认为需要提供的其他内容。知识产权权利人应当向海关提供不超过人民币10万元的担保。经海关总署核准,可以提供总担保。

第四,对知识产权权利人提出申请并提供担保的,海关应当扣留货物。

第五,海关应当对货物的侵权状况进行调查和认定;对不能认定货物侵权状况的,海关应当通知知识产权权利人。

第六,海关对其认定侵权的货物,有权予以没收并对侵权货物的收发货人给予行政处罚。对构成犯罪的还应当向公安机关移送。

第七,对没收的侵权货物,海关有权依法进行处置。

第八,海关和知识产权权利人办理费用结算和退还担保的手续。

### (二)依申请保护

是指知识产权权利人发现侵权嫌疑货物即将进出口时向海关提出申请,海关根据其申请对侵权嫌疑货物实施扣留的措施。

依申请保护有以下特征。

第一,知识产权权利人向货物的进出境地海关申请扣留,无须事先将其知识产权向海关总署备案。

第二,申请人应当向海关提供相当于侵权嫌疑货物价值的担保;知识产权权利人请求海关扣留侵权嫌疑货物,应当在海关规定的期限内向海关提供相当于货物价值的担保。在依申请保护模式中,知识产权权利人不能申请总担保。

第三,对货物涉嫌侵犯专利权的,收发货人如认为其货物未侵犯专利权,可以向海关申请放行货物。收发货人向海关申请放行货物,应当随附相关证据并提供与货物等值的担保金。海关决定放行涉嫌侵犯专利权的货物,应当书面通知知识产权权利人。知识产权权利人应当就有关专利侵权纠纷向人民法院起诉，并在海关书面通知送达之日起 30 个工作日内向海关提交人民法院受理案件通知书的复印件。预期未提交的，海关应当向收发货人退还担保金。

第四，知识产权权利人应当向人民法院申请采取责令停止侵权行为或者财产保全的措施。

第五，如果人民法院在海关扣留货物后 20 个工作日内通知海关协助执行有关责令停止侵权行为或者财产保全的裁定，海关应当协助执行，否则应当放行被扣留的货物。

第六，海关和知识产权权利人办理支付仓储和保管费用以及退还担保的手续。知识产权权利人应当支付货物在海关扣留后实际发生的仓储、保管等费用。知识产权权利人未按照规定支付有关费用的，海关可以从知识产权权利人提交的担保金中扣除有关费用或者要求担保人履行担保义务。海关应当在结清有关费用后向知识产权权利人退还担保金或者解除担保人的担保责任。但是，对因知识产权权利人向海关申请不当给收发货人造成损失的，海关可以根据人民法院的通知协助将其提供的担保金用于赔偿收发货人的损失。

# 第三章　报关单填写

## 学习目标

了解报关单的种类及法律地位等相关的知识；重点掌握报关单的格式及填报规范，能熟练地根据相关的商业单据和运输单据准确地填制报关单和进行报关单改错。

## 海关案例

2015 年 8 月份，丙公司找到乙公司，让乙公司代理进口其从境外甲公司购买的电子元器件。乙公司依协议进口了五批价值约 900 万元人民币的货物。2015 年 12 月份，海关对乙公司进口货物情况开展专项稽查。稽查发现，甲公司与丙公司另有协议确定其交易价格，此价格比乙公司向海关申报的价格要高出许多；该案涉及少缴海关税款近 100 万元。

乙公司聘请专业海关律师为其专项法律顾问，就其被海关稽查期间的相关事务提供法律咨询和代理服务。

律师在接受乙公司的授权委托之后，对甲公司及丙公司做了尽职调查，发现丙公司系甲公司在北京成立的全资子公司，它们之间存在一定的利益关联；经详细调查了解乙公司进口货物的全部过程，发现乙公司对此并不知情，正常渠道也无从了解相关真实情况。尽管从甲公司向乙公司的报价看，该报价明显低于同类产品当期进口价格，但是律师认为乙公司只是自身未做好贸易中的真实性调查，不存在违反海关规定之故意与过失。为此，律师代为撰写了解释报告，向海关做了如实的说明与陈述，并与海关进行了交涉。最终海关采纳律师意见，对乙公司作补税处理，不做行政处罚。

# 第一节 报关单概述

## 一、进出口货物报关单

进出口货物报关单是指进出口货物的收发货人或其代理人，按照海关规定的格式对进出口货物的实际情况做出的书面申明，以此要求海关对其货物按适用的海关制度办理报关手续的法律文书。报关员的工作之一便是填单，报关单填写的质量如何，直接关系到报关效率，企业的经济效益和海关的征、减、免、验、放等工作环节。报关员必须按照《中华人民共和国海关法》《海关统计制度》和《海关报关员管理规定》等有关法规，完整准确地填制报关单。报关员对进出境货物的品名、数量、规格、价格、原产国（地区）别、贸易方式、消费国别、贸易国（地区）别或者其他应当申报的项目填写不准确或不填报，影响海关统计准确性的，按申报不实处以5万元以下的罚款，并可暂停或取消报关员的报关资格；对构成走私、偷逃税的，按《中华人民共和国海关法》的有关规定给予处理。报关单样表如表3-1所示。

## 二、报关单类别

按货物的进出口状态、表现形式、贸易性质和海关监管方式的不同，进出口货物报关单可分为以下几种类型。

第一，按进出口流向可分为进口货物报关单和出口货物报关单。

第二，按介质可分为纸质报关单和电子数据报关单。

第三，按海关监管方式可分为进料加工进（出）口货物报关单、来料加工及补偿贸易进（出）口货物报关单和一般贸易及其他贸易进（出）口货物报关单。

第四，按照使用时间可分为报关单录入凭单、预录入报关单和报关单证明联。

## 三、报关单各联的用途

纸质进口货物报关单一式四联，分别是海关作业联、企业留存联、海关核销联、进口付汇证明联；纸质出口货物报关单一式五联，分别是海关作业联、企业留存联、海关核销联、出口收汇证明联、出口退税证明联。

表 3-1　中华人民共和国海关进口货物报关单

预录入编号：　　　　　　　　　　　　　　　　　　海关编号：

| | | | | |
|---|---|---|---|---|
| 收发货人 | 进口口岸 | 进口日期 | 申报日期 | |
| 消费使用单位 | 运输方式 | 运输工具名称 | 提运单号 | |
| 申报单位 | 监管方式 | 征免性质 | 备案号 | |
| 贸易国(地区) | 启运国(地区) | 装货港 | 境内目的地 | |
| 许可证号 | 成交方式 | 运费 | 保费 | 杂费 |
| 合同协议号 | 件数 | 包装种类 | 毛重(千克) | 净重(千克) |
| 集装箱号 | 随附单证 | | | |
| 标记唛码及备注 | | | | |

| 项号 | 商品编号 | 商品名称、规格型号 | 数量及单位 | 原产国(地区) | 单价 | 总价 | 币制 | 征免 |
|---|---|---|---|---|---|---|---|---|

| | | |
|---|---|---|
| 录入员　　录入单位 | 兹申明对以上内容承担如实申报、依法纳税之法律责任 | 海关批注及签章 |
| 报关人员 | 申报单位(签章) | |

### 四、报关单填制的一般要求

报关单一般有以下填制要求。

第一，报关人必须按照《中华人民共和国海关法》《货物申报管理规定》和《报关单填制规范》的有关规定和要求，向海关如实申报。

第二，报关单的填报必须真实，做到“两个相符”：一是单证相符，即所填报关单各栏目的内容必须与合同、发票、装箱单、提单以及批文等随附单据相符；二是单货相符，即所填报关单各栏目的内容必须与实际进出口货物的情况相符，不得伪报、瞒报、虚报。

第三，报关单的填报要准确、齐全、完整、清楚，报关单各栏目内容要逐项详细准确填报，字迹清楚、整洁、端正，不得用铅笔或红色复写纸填写；若有更正，必须在更正项目上加盖校对章。

第四，不同批文或许可证以及不同合同的货物、同一批货物中不同贸易方式的货物、不同备案号的货物、不同提运单的货物、不同征免性质的货物、不同运输方式或相同运输方式但不同航次以及不同运输工具名称的货物等，均应分单填报。一份原产地证书只能对应一份报关单。同一份报关单上的商品不能同时享受协定税率和减免税。在一批货物中，对于实行原产地证书联网管理的，如涉及多份原产地证书或含非原产地证书商品，亦应分单填报。

第五，在反映进出口商品情况的项目中，须分项填报的主要有下列几种情况：商品编号不同的；商品名称不同的；原产国（地区）/最终目的国（地区）不同的。

第六，已向海关申报的进出口货物报关单，如原填报内容与实际进出口货物不一致而又有正当理由的，申报人应向海关递交书面更正申请，经海关核准后，对原填报的内容进行更改或撤销。

## 第二节　报关单填制规范

进出口货物报关单栏目有预录入编号、海关编号、进口口岸/出口口岸、备案号、进口日期/出口日期、申报日期、经营单位、运输方式、运输工具名称、提运单号、收货单位/发货单位、贸易方式（监管方式）、征免性质、征税比例/结汇方式、许可证号、启运国（地区）/抵运国（地区）、装运港/指运港、境内目的地/境内货源地、批准文号、成交方式、运费、保费、杂费、合同协议号、件数、包装种类、毛重（千克）、净重（千克）、集装箱号、随附单据、用途/生产厂家、标记唛码及备注、项号、商品编码、商品名称和规格型号、数量及单位、原产国（地区）/最终目的国（地区）、单价、总价、币制、征免、税费征收情况、录入员、录入单位、申报单位、填制日期、海关审单批注栏。各栏目要严格按填制规范要求填写。

## 一、与货物成交有关的栏目

### (一)收发货人

本栏目填报在海关注册的对外签订并执行进出口贸易合同的中国境内法人、其他组织或个人的名称及编码。编码可选填收发人海关编码(10 位海关注册编码任一项)或 18 位法人和其他组织统一社会信用代码。具体如表 3-2、表 3-3 所示。

表 3-2　收发人海关编码

| 收发人海关编码(企业 10 位数海关注册登记编码) | | |
|---|---|---|
| 第 1、2 位 | 省、自治区、直辖市代码 | |
| 第 3、4 位 | 省辖市代码 | |
| 第 5 位 | 1 | 经济特区 |
| | 2 | 经济技术开发区 |
| | 3 | 高新区 |
| | 4 | 保税区 |
| | 5 | 出口加工区 |
| | 7 | 物流园区 |
| | 9 | 其他 |
| 第 6 位 | 1 | 有进出口经营权的国有企业 |
| | 2 | 中外合作企业 |
| | 3 | 中外合资企业 |
| | 4 | 外商独资企业 |
| | 5 | 有进出口经营权的集体企业 |
| | 6 | 有进出口经营权的私营企业 |
| | 8 | 有报关权而没有进出口经营权的企业 |
| | 9 | 其他 |
| 第 7—10 位 | 顺序编码 | |

表 3-3 组织统一社会信用代码

| 代码序号 | 1 | 2 | 3 | 4 | 5 | 6 | 7 | 8 | 9 | 10 | 11 | 12 | 13 | 14 | 15 | 16 | 17 | 18 |
|---|---|---|---|---|---|---|---|---|---|---|---|---|---|---|---|---|---|---|
| 代码 | × | × | × | × | × | × | × | × | × | × | × | × | × | × | × | × | × | × |
| 说明 | 登记管理部门代码1位 | 机构类别代码1位 | 登记管理机关行政区代码6位 | | | | | | 主体识别码9位 | | | | | | | | | 检验码1位 |

特殊情况下填制要求如下。

第一,进出口货物合同的签订者和执行者非同一企业的,填报执行合同的企业。

第二,外商投资企业委托进出口企业进口投资设备、物品的,填报外商投资企业,并在标记唛码及备注栏注明“委托某进出口企业进口”,同时注明被委托企业的18位法人和其他组织统一社会信用代码。

第三,有代理报关资格的报关企业代理其他进出口企业办理进出口报关手续时,填报委托的进出口企业。

第四,使用海关核发的《中华人民共和国海关加工贸易手册》、电子账册及其分册(以下统称《加工贸易手册》)管理的货物,收发货人应与《加工贸易手册》的“经营企业”一致。

### (二)消费使用单位/生产销售单位

第一,消费使用单位填报已知的进口货物在境内的最终消费、使用单位的名称,包括自行从境外进口货物的单位和委托进出口企业进口货物的单位。

第二,生产销售单位填报出口货物在境内的生产或销售单位的名称,包括自行出口货物的单位和委托进出口企业出口货物的单位。本栏目可选填18位法人和其他组织统一社会信用代码或10位海关注册编码或9位组织机构代码任一项。没有代码的应填报“NO”。

第三,有10位海关注册编码或18位法人和其他组织统一社会信用代码或加工企业编码的消费使用单位/生产销售单位,本栏目应填报其中文名称及编码;没有编码的应填报其中文名称。使用《加工贸易手册》管理的货物,消费使用单位/生产销售单位应与《加工贸易手册》的“加工企业”一致;减免税货物报关单的消费使用单位/生产销售单位应与《中华人民共和国海关进出口货物征免税证明》(以下简称《征免税证明》)的“减免税申请人”一致。

### (三)申报单位

自理报关的,本栏目填报进出口企业的名称及编码;委托代理报关的,本栏目填报报关企业名称及编码。

本栏目可选填18位法人和其他组织统一社会信用代码或10位海关注册编码任一项。本栏目还包括报关单左下方用于填报申报单位有关情况的相关栏目,包括报关人员、申报单位签章。

（四）申报日期

该栏目填海关接受进出口货物收发货人、受委托的报关企业申报数据的日期。以电子数据报关单方式申报的，申报日期为海关计算机系统接受申报数据时记录的日期。以纸质报关单方式申报的，申报日期为海关接受纸质报关单并对报关单进行登记处理的日期。申报日期为8位数字，顺序为年（4位）、月（2位）、日（2位）。本栏目在申报时免予填报。

（五）进出口岸

本栏目应根据货物实际进出境的口岸海关，填报海关规定的《关区代码表》中相应口岸海关的名称及代码。特殊情况填报要求如下：进口转关运输货物应填报货物进境地海关名称及代码，出口转关运输货物应填报货物出境地海关名称及代码。按转关运输方式监管的跨关区深加工结转货物，出口报关单填报转出地海关名称及代码，进口报关单填报转入地海关名称及代码。在不同海关特殊监管区域或保税监管场所之间调拨、转让的货物，填报对方特殊监管区域或保税监管场所所在地的海关名称及代码。其他无实际进出境的货物，填报接受申报的海关名称及代码。

（六）贸易国（地区）

本栏目填报对外贸易中与境内企业签订贸易合同的外方所属的国家（地区）。进口填报购自国（地区），出口填报售予国（地区）。未发生商业性交易的填报货物所有权拥有者所属的国家（地区）。本栏目应按海关规定的《国别（地区）代码表》选择填报相应的贸易国（地区）或贸易国（地区）中文名称及代码。无实际进出境的，填报“中国”（代码142）。

（七）项号

本栏目分两行填报及打印。第一行填报报关单中的商品顺序编号；第二行专用于加工贸易、减免税等已备案、审批的货物，填报和打印该项货物在《加工贸易手册》或《征免税证明》等备案、审批单证中的顺序编号。有关优惠贸易协定项下报关单填制要求将另行公告。加工贸易项下进出口货物的报关单，第一行填报报关单中的商品顺序编号，第二行填报该项商品在《加工贸易手册》中的商品项号，用于核销对应项号下的料件或成品数量。其中第二行特殊情况填报要求如下：(1)深加工结转货物，分别按照《加工贸易手册》中的进口料件项号和出口成品项号填报。(2)料件结转货物（包括料件、制成品和未完成品折料），出口报关单按照转出《加工贸易手册》中进口料件的项号填报；进口报关单按照转进《加工贸易手册》中进口料件的项号填报。(3)料件复出货物（包括料件、边角料），出口报关单按照《加工贸易手册》中进口料件的项号填报；如边角料对应一个以上料件项号时，填报主要料件项号。料件退换货物（包括料件、不包括未完成品），进出口报关单按照《加工贸易手册》中进口料件的项号填报。(4)成品退换货物，退运进境报关单和复运出境报关单按照《加工贸易手册》原出口成品的项号填报。(5)加工贸易料件转内销货物（以及按料件办理进口手续的转内销制成品、残次品、未完成品）应填制进口报关单，填报《加工贸易手册》进口料件的项号；加工贸易边角料、副产品内销，填报《加工贸易手册》中对应的进口料件项号。如边角料或副产品对应一个以上料件项号时，填报主要料件项号。(6)加工贸易成品凭《征免税证明》转为减免税货物进口的，应先办理进口报关手续。进口报关单填报《征免税证明》中的项号，出口报关单填报《加工贸易手册》原出口成品项号，进、出口报关单货物数量应一致。(7)加工贸易货物销毁，本栏目应填报《加工贸易手册》中相应的进口料件项号。(8)加工贸易副产品退运出口、结转出口，本栏目应填报《加工贸易手册》中新增的变更副产品的出口项号。(9)经海关批准实行加工贸易联网监管的企业，按海关联网监管要求，企业需申报报关清单的，应在向海关申报进出口(包括形式进出口)报关单前，向海关申报“清单”。一份报关清单对应一份报关单，报关单上的商品由报关清单归并而得。加工贸易电子账册报关单中项号、品名、规格等栏目的填制规范比照《加工贸易手册》。

### (八)商品编号

本栏目填报的商品编号由10位数字组成。前8位为《中华人民共和国进出口税则》确定的进出口货物的税则号列，同时也是《中华人民共和国海关统计商品目录》确定的商品编码，后2位为符合海关监管要求的附加编号。

### (九)商品名称、规格型号

本栏目分两行填报及打印。第一行填报进出口货物规范的中文商品名称，第二行填报规格型号。具体填报要求如下：(1)商品名称及规格型号应据实填报，并与进出口货物收发货人或受委托的报关企业所提交的合同、发票等相关单证相符。(2)商品名称应当规范，规格型号应当足够详细，以能满足海关归类、审价及许可证件管理要求为准，可参照《中华人民共和国海关进出口商品规范申报目录》中对商品名称、规格型号的要求进行填报。(3)加工贸易等已备案的货物，填报的内容必须与备案登记中同项号下货物的商品名称一致。(4)对需要海关签发《货物进口证明书》的车辆，商品名称栏应填报“车辆品牌＋排气量(注明毫升数)＋车型(如越野车、小轿车等)”。进口汽车底盘不填报排气量。车辆品牌应按照《进口机动车辆制造厂名称和车辆品牌中英文对照表》中“签注名称”一栏的要求填报。规格型号栏可填报“汽油型”等。(5)由同一运输工具同时运抵同一口岸并且属于同一收货人、使用同一提单的多种进口货物，按照商品归类规则应当归入同一商品编号的，应当将有关商品一并归入该商品编号。商品名称填报一并归类后的商品名称；规格型号填报一并归类后商品的规格型号。(6)加工贸易边角料和副产品内销，边角料复出口，本栏目填报其报验状态的名称和规格型号。

### (十)数量及单位

本栏目分三行填报及打印。第一，第一行应按进出口货物的法定第一计量单位填报数量及单位，法定计量单位以《中华人民共和国海关统计商品目录》中的计量单位为准。第二，凡列明有法定第二计量单位的，应在第二行按照法定第二计量单位填报数量及单位。无法定第二计量单位的，本栏目第二行为空。第三，成交计量单位及数量应填报并打印在第三行。第四，法定计量单位为“千克”的数量填报，特殊情况下填报要求如下：(1)装入可重复使用的包装容器的货物，应按货物扣除包装容器后的重量填报，如罐装同位素、罐装氧气及类似品等。(2)使用不可分割包装材料和包装容器的货物，按货物的净重填报(即包括内层直接包装的净重重量)，如采用供零售包装的罐头、化妆品、药品及类似品等。(3)按照商业惯例以公量重计价的商品，应按公量重填报，如未脱脂羊毛、羊毛条等。(4)采用以毛重作为净重计价的货物，可按毛重填报，如粮食、饲料等大宗散装货物。(5)采用零售包装的酒类、饮料，按照液体部分的重量填报。第五，成套设备、减免税货物如需分批进口，货物实际进口时，应按照实际报验状态确定数量。第六，具有完整品或制成品基本特征的不完整品、未制成品，根据《商品名称及编码协调制度》归类规则应按完整品归类的，按照构成完整品的实际数量填报。第七，加工贸易等已备案的货物，成交计量单位必须与《加工贸易手册》中同项号下货物的计量单位一致，加工贸易边角料和副产品内销、边角料复出口，本栏目填报其报验状态的计量单位。第八，优惠贸易协定项下进出口商品的成交计量单位必须与原产地证书上对应商品的计量单位一致。第九，法定计量单位为立方米的气体货物，应折算成标准状况(即摄氏零度及1个标准大气压)下的体积进行填报。

### (十一)原产国(地区)

原产国(地区)应依据《中华人民共和国进出口货物原产地条例》《中华人民共和国海关关于执行〈非优惠原产地规则中实质性改变标准〉的规定》以及海关总署关于各项优惠贸易协定原产地管理规章规定的原产地确定标准填报。同一批进出口货物的原产地不同的，应分别填报原产国(地区)。进出口货物原产国(地区)无法确定的，填报“国别不详”(代码701)。本栏目应按海关规定的《国别(地区)代码表》选择填报相应的国家(地区)名称及代码。

### (十二)最终目的国(地区)

最终目的国(地区)填报已知的进出口货物的最终实际消费、使用或进一步加工制造国家(地区)。不经过第三国(地区)转运的直接运输货物，以运抵国(地区)为最终目的国(地区)；经过第三国(地区)转运的货物，以最后运往国(地区)为最终目的国(地区)。同一批进出口货物的最终目的国(地区)不同的，应分别填报最终目的国(地区)。进出口货物不能确定最终目的国(地区)时，以尽可能预知的最后运往国(地区)为最终目的国(地区)。本栏目应按海关规定的《国别(地区)代码表》选择填报相应的国家(地区)名称及代码。

### (十三)单价

本栏目填报同一项号下进出口货物实际成交的商品单位价格。无实际成交价格的，本栏目填报单位货值。

（十四）总价

本栏目填报同一项号下进出口货物实际成交的商品总价格。无实际成交价格的，本栏目填报货值。

（十五）币制

本栏目应按海关规定的《货币代码表》选择相应的货币名称及代码填报，如《货币代码表》中无实际成交币种，需将实际成交货币按申报日外汇折算率折算成《货币代码表》列明的货币填报。

（十六）成交方式

本栏目应根据进出口货物实际成交价格条款，按海关规定的《成交方式代码表》选择填报相应的成交方式代码。无实际进出境的报关单，进口填报 CIF（到岸价），出口填报 FOB（离岸价）。

（十七）运费

本栏目填报进口货物运抵我国境内输入地点起卸前的运输费用，出口货物运至我国境内输出地点装载后的运输费用。运费可按运费单价、总价或运费率三种方式之一填报，注明运费标记（运费标记“1”表示运费率，“2”表示每吨货物的运费单价，“3”表示运费总价），并按海关规定的《货币代码表》选择填报相应的币种代码。

（十八）保费

本栏目填报进口货物运抵我国境内输入地点起卸前的保险费用，出口货物运至我国境内输出地点装载后的保险费用。保费可按保险费总价或保险费率两种方式之一填报，注明保险费标记（保险费标记“1”表示保险费率，“3”表示保险费总价），并按海关规定的《货币代码表》选择填报相应的币种代码。

（十九）杂费

本栏目填报成交价格以外的、按照《中华人民共和国进出口关税条例》相关规定应计入完税价格或应从完税价格中扣除的费用。可按杂费总价或杂费率两种方式之一填报，注明杂费标记（杂费标记“1”表示杂费率，“3”表示杂费总价），并按海关规定的《货币代码表》选择填报相应的币种代码。应计入完税价格的杂费填报为正值或正率，应从完税价格中扣除的杂费填报为负值或负率。

（二十）合同协议号

本栏目填报进出口货物合同（包括协议或订单）编号。未发生商业性交易的免予填报。

## 二、与货物运输有关的栏目

### (一)运输方式

运输方式包括实际运输方式和海关规定的特殊运输方式,前者指货物实际进出境的运输方式,按进出境所使用的运输工具分类;后者指货物无实际进出境的运输方式,按货物在境内的流向分类。本栏目应根据货物实际进出境的运输方式或货物在境内流向的类别,按照海关规定的《运输方式代码表》选择填报相应的运输方式。

1.特殊情况填报要求

(1)非邮件方式进出境的快递货物,按实际运输方式填报。

(2)进出境旅客随身携带的货物,按旅客所乘运输工具填报。

(3)进口转关运输货物,按载运货物抵达进境地的运输工具填报;出口转关运输货物,按载运货物驶离出境地的运输工具填报。

(4)不复运出(入)境而留在境内(外)销售的进出境展览品、留赠转卖物品等,填报“其他运输”(代码9)。

2.无实际进出境货物在境内流转时的填报要求

无实际进出境货物在境内流转时的填报要求如表3-4所示。

表3-4　无实际进出境货物在境内流转时的填报要求

| 代码 | 运输方式 | 简称 |
| --- | --- | --- |
| 0 | 境内非保税区运入保税区货物和保税区退货区货物 | 非保税区 |
| 7 | 保税区运往境内非保税区货物 | 保税区 |
| 1 | 境内存入出口监管仓库和出口监管仓库退仓货物 | 监管仓库 |
| 8 | 保税仓库转内销货物 | 保税仓库 |
| W | 从境内保税物流中心外运入中心或从中心运往境内中心外的货物 | 物流中心 |
| X | 从境内保税物流园区外运入园区或从园区内运往境内园区外的货物 | 物流园区 |
| Y或者Z | 保税港区、综合保税区、出口加工区、珠澳跨境工业区(珠海园区)、中哈霍尔果斯国际边境合作中心(中方配套区)等特殊区域与境内(区外)(非特殊区域、保税监管场所)之间进出的货物 | 保税港区/综合保税区或者出口加工区 |
| H | 境内运入深港西部通道港方口岸区的货物 | 边境特殊海关作业区 |

续表

| 代码 | 运输方式 | 简称 |
|---|---|---|
| T | 经横琴新区和平潭综合实验区二线指定申报通道运往境内区外或从境内经二线制定申报通道进入综合试验区的货物，以及综合试验区内按选择性征收关税申报的货物 | 综合试验区 |
| 9 | 特殊监管区域内货物之间的流转、调拨货物，特殊监管区域、保税监管场所之间相互流转货物，特殊监管区域外的加工贸易余料结转、深加工结转、内销等货物 | 其他运输 |

### （二）运输工具名称

本栏目填报载运货物进出境的运输工具名称或编号。填报内容应与运输部门向海关申报的舱单（载货清单）所列相应内容一致。具体填报要求如下。

1.直接在进出境地或采用区域通关一体化通关模式办理报关手续的报关单填报要求如下。

（1）水路运输

填报船舶编号（来往港澳小型船舶为监管簿编号）或者船舶英文名称。

（2）公路运输

启用公路舱单前，填报该跨境运输车辆的境内行驶车牌号，深圳提前报关模式的报关单填报境内行驶车牌号＋“/”＋“提前报关”。启用公路舱单后，免予填报。

（3）铁路运输

填报车厢编号或交接单号。

（4）航空运输

填报航班号。

（5）邮件运输

填报邮政包裹单号。

（6）其他运输

填报具体运输方式名称，例如：管道、驮畜等。

2.转关运输货物的报关单填报要求如下。

（1）进口水路运输：直转、提前报关填报“@”＋16 位转关申报单预录入号（或 13 位载货清单号）；中转填报进境英文船名。

（2）进口铁路运输：直转、提前报关填报“@”＋16 位转关申报单预录入号；中转填报车厢编号。

（3）进口航空运输：直转、提前报关填报“@”＋16 位转关申报单预录入号（或 13 位载货清单号）；中转填报“@”。

（4）进口公路及其他运输：填报“@”＋16 位转关申报单预录入号（或 13 位载货清单号）。

（5）以上各种运输方式使用广东地区载货清单转关的进口提前报关货物填报“@”＋

13 位载货清单号。

(6)出口水路运输：非中转填报“@”+16 位转关申报单预录入号(或 13 位载货清单号)。如多张报关单需要通过一张转关单转关的，运输工具名称字段填报“@”。中转货物，境内水路运输填报驳船船名；境内铁路运输填报车名(主管海关 4 位关区代码+“TRAIN”)；境内公路运输填报车名(主管海关 4 位关区代码+“TRUCK”)。

(7)出口铁路运输：填报“@”+16 位转关申报单预录入号(或 13 位载货清单号)，如多张报关单需要通过一张转关单转关的，填报“@”。

(8)出口航空运输：填报“@”+16 位转关申报单预录入号(或 13 位载货清单号)，如多张报关单需要通过一张转关单转关的，填报“@”。

(9)其他出口运输方式：填报“@”+16 位转关申报单预录入号(或 13 位载货清单号)。

3. 采用“集中申报”通关方式办理报关手续的，报关单本栏目填报“集中申报”。

4. 无实际进出境的报关单，本栏目免予填报。

### (三)航次号

本栏目填报载运货物进出境的运输工具的航次编号。具体填报要求如下。

1. 直接在进出境地或采用区域通关一体化通关模式办理报关手续的报关单。

(1)水路运输：填报船舶的航次号。

(2)公路运输：启用公路舱单前，填报运输车辆的 8 位进出境日期〔顺序为年(4 位)、月(2 位)、日(2 位)，下同〕。启用公路舱单后，填报货物运输批次号。

(3)铁路运输：填报列车的进出境日期。

(4)航空运输：免予填报。

(5)邮件运输：填报运输工具的进出境日期。

(6)其他运输方式：免予填报。

2. 转关运输货物的报关单。

(1)进口水路运输：中转转关方式填报“@”+进境干线船舶航次。直转、提前报关免予填报。

(2)进口公路运输：免予填报。

(3)进口铁路运输：“@”+8 位进境日期。

(4)进口航空运输：免予填报。

(5)其他进口运输方式：免予填报。

(6)出口水路运输：非中转货物免予填报。中转货物：境内水路运输填报驳船航次号；境内铁路、公路运输填报 6 位启运日期〔顺序为年(2 位)、月(2 位)、日(2 位)〕。

(7)铁路拼车拼箱捆绑出口：免予填报。

(8)出口航空运输：免予填报。

(9)其他出口运输方式：免予填报。

3. 无实际进出境的报关单，本栏目免予填报。

### (四)提运单号

本栏目填报进出口货物提单或运单的编号。一份报关单只允许填报一个提单或运单号,一票货物对应多个提单或运单时,应分单填报。具体填报要求如下。

1. 直接在进出境地或采用区域通关一体化通关模式办理报关手续。

(1)水路运输:填报进出口提单号。如有分提单的,填报进出口提单号+"*"+分提单号。

(2)公路运输:启用公路舱单前,免予填报;启用公路舱单后,填报进出口总运单号。

(3)铁路运输:填报运单号。

(4)航空运输:填报总运单号+"_"+分运单号,无分运单的填报总运单号。

(5)邮件运输:填报邮运包裹单号。

2. 转关运输货物的报关单。

(1)进口水路运输:直转、中转填报提单号。提前报关免予填报。

(2)进口铁路运输:直转、中转填报铁路运单号。提前报关免予填报。

(3)进口航空运输:直转、中转货物填报总运单号+"_"+分运单号。提前报关免予填报。

(4)其他进口运输方式:免予填报。

(5)以上运输方式进境货物,在广东省内用公路运输转关的,填报车牌号。

(6)出口水路运输:中转货物填报提单号;非中转货物免予填报;广东省内汽车运输提前报关的转关货物,填报承运车辆的车牌号。

(7)其他出口运输方式:免予填报。广东省内汽车运输提前报关的转关货物,填报承运车辆的车牌号。

3. 采用"集中申报"通关方式办理报关手续的,报关单填报归并的集中申报清单的进出口起止日期〔按年(4 位)、月(2 位)、日(2 位)〕。

4. 无实际进出境的,本栏目免予填报。

### (五)进口日期/出口日期

进口日期填报运载进口货物的运输工具申报进境的日期。出口日期指运载出口货物的运输工具办结出境手续的日期,本栏目供海关签发打印报关单证明联用,在申报时免予填报。无实际进出境的报关单填报海关接受申报的日期。本栏目为 8 位数字,顺序为年(4 位)、月(2 位)、日(2 位)。

### (六)启运国(地区)/运抵国(地区)

启运国(地区)填报进口货物启始发出直接运抵我国或者在运输中转国(地)未发生任何商业性交易的情况下运抵我国的国家(地区)。运抵国(地区)填报出口货物离开我国关境直接运抵或者在运输中转国(地区)未发生任何商业性交易的情况下最后运抵的国家(地区)。不经过第三国(地区)转运的直接运输进出口货物,以进口货物的装货港所在国(地区)为启运国(地区),以出口货物的指运港所在国(地区)为运抵国(地区)。经过第三国(地区)转运的进出口货物,如在中转国(地区)发生商业性交易,则以中转国(地区)作为启运/运抵国(地区)。本栏目应按海关规定的《国别(地区)代码表》选择填报相应的启运国(地区)或运抵国(地区)中文名称及代码。无实际进出境的,填报"中国"(代码 142)。

(七)装货港/指运港

装货港填报进口货物在运抵我国关境前的最后一个境外装运港。指运港填报出口货物在运往境外的最终目的港;最终目的港不可预知的,按尽可能预知的目的港填报。本栏目应根据实际情况按海关规定的《港口代码表》选择填报相应的港口中文名称及代码。装货港/指运港在《港口代码表》中无港口中文名称及代码的,可选择填报相应的国家(地区)中文名称或代码。无实际进出境的,本栏目填报"中国境内"(代码 142)。

(八)境内目的地/境内货源地

境内目的地填报已知的进口货物在国(地区)内的消费、使用地或最终运抵地,其中最终运抵地为最终使用单位所在的地区。最终使用单位难以确定的,填报货物进口时预知的最终收货单位所在地。境内货源地填报出口货物在国(地)内的产地或原始发货地。出口货物产地难以确定的,填报最早发运该出口货物的单位所在地。本栏目按海关规定的《国内地区代码表》选择填报相应的国内地区名称及代码。

(九)件数

本栏目填报有外包装的进出口货物的实际件数。特殊情况填报要求如下。

1.舱单件数为集装箱的,填报集装箱个数。

2.舱单件数为托盘的,填报托盘数。本栏目不得填报为零,裸装货物填报为"1"。

(十)包装种类

本栏目应根据进出口货物的实际外包装种类,按海关规定的《包装种类代码表》选择填报相应的包装种类代码。

(十一)集装箱号

本栏目填报装载进出口货物(包括拼箱货物)集装箱的箱体信息。一个集装箱填一条记录,分别填报集装箱号(在集装箱箱体上标示的全球唯一编号)、集装箱的规格和集装箱的自重。非集装箱货物填报为"0"。

## 三、其他海关重点监管栏目

(一)预录入编号

本栏目填报预录入报关单的编号,预录入编号规则由接受申报的海关决定。

（二）海关编号

本栏目填报海关接受申报时给予报关单的编号，一份报关单对应一个海关编号。报关单海关编号为18位，其中第1～4位为接受申报海关的编号（海关规定的《关区代码表》中相应海关代码），第5～8位为海关接受申报的公历年份，第9位为进出口标志（“1”为进口，“0”为出口；集中申报清单“I”为进口，“E”为出口），后9位为顺序编号。

（三）监管方式

监管方式是以国际贸易中进出口货物的交易方式为基础，结合海关对进出口货物的征税、统计及监管条件综合设定的海关对进出口货物的管理方式。其代码由4位数字构成，前两位是按照海关监管要求和计算机管理需要划分的分类代码，后两位是参照国际（地区间）标准编制的贸易方式代码。

本栏目应根据实际对外贸易情况按海关规定的《监管方式代码表》选择填报相应的监管方式简称及代码（见表3-5）。一份报关单只允许填报一种监管方式。

特殊情况下加工贸易货物监管方式填报要求如下。

1.进口少量低值辅料（即5000美元以下，78种以内的低值辅料）按规定不使用《加工贸易手册》的，填报“低值辅料”。使用《加工贸易手册》的，按《加工贸易手册》上的监管方式填报。

2.外商投资企业为加工内销产品而进口的料件，属非保税加工的，填报“一般贸易”。外商投资企业全部使用境内料件加工的出口成品，填报“一般贸易”。

3.加工贸易料件结转或深加工结转货物，按批准的监管方式填报。

4.加工贸易料件转内销货物以及按料件办理进口手续的转内销制成品、残次品、未完成品，应填制进口报关单，填报“来料料件内销”或“进料料件内销”；加工贸易成品凭《征免税证明》转为减免税进口货物的，应分别填制进、出口报关单，出口报关单本栏目填报“来料成品减免”或“进料成品减免”，进口报关单本栏目按照实际监管方式填报。

5.加工贸易出口成品因故退运进口及复运出口的，填报“来料成品退换”或“进料成品退换”；加工贸易进口料件因换料退运出口及复运进口的，填报“来料料件退换”或“进料料件退换”；加工贸易过程中产生的剩余料件、边角料退运出口，以及进口料件因品质、规格等原因退运出口且不再更换同类货物进口的，分别填报“来料料件复出”“来料边角料复出”“进料料件复出”“进料边角料复出”。

6.备料《加工贸易手册》中的料件结转转入加工出口《加工贸易手册》的，填报“来料加工”或“进料加工”。

7.保税工厂的加工贸易进出口货物，根据《加工贸易手册》填报“来料加工”或“进料加工”。

8.加工贸易边角料内销和副产品内销，应填制进口报关单，填报“来料边角料内销”或“进料边角料内销”。

9.企业销毁处置加工贸易货物未获得收入，销毁处置货物为料件、残次品的，填报“料件销毁”；销毁处置货物为边角料、副产品的，填报“边角料销毁”。企业销毁处置加工贸易货物获得收入的，填报为“进料边角料内销”或“来料边角料内销”。

表 3-5　监管方式代码

| 代码 | 简　称 | 全　　称 |
|---|---|---|
| 0110 | 一般贸易 | 一般贸易 |
| 0214 | 来料加工 | 来料加工装配贸易进口料件及加工出口货物 |
| 0245 | 来料料件内销 | 来料加工料件转内销 |
| 0255 | 来料深加工 | 来料深加工结转货物 |
| 0320 | 不作价设备 | 加工贸易外商提供的不作价进口设备 |
| 0615 | 进料对口 | 进料加工(对口合同) |
| 0644 | 进料料件内销 | 进料加工料件转内销 |
| 0654 | 进料深加工 | 进料深加工结转货物 |
| 0844 | 进料边角料内销 | 进料加工项下边角料转内销 |
| 0845 | 来料边角料内销 | 来料加工项下边角料内销 |
| 1039 | 市场采购 | 市场采购 |
| 1200 | 保税间货物 | 海关保税场所及保税区域之间往来的货物 |
| 1210 | 保税电商 | 保税跨境贸易电子商务 |
| 1233 | 保税仓库货物 | 保税仓库进出境货物 |
| 1239 | 保税电商 A | 保税跨境贸易电子商务 A |
| 1300 | 修理物品 | 进出境修理物品 |
| 1427 | 出料加工 | 出料加工 |
| 1500 | 租赁不满 1 年 | 租期不满 1 年的租赁贸易货物 |
| 1523 | 租赁贸易 | 租期在 1 年及以上的租赁贸易货物 |
| 1616 | 寄售代销 | 寄售、代销贸易 |
| 2600 | 暂时进出货物 | 暂时进出口货物 |
| 2700 | 展览品 | 进出境展览品 |
| 3010 | 货样广告品 | 进出口的货样广告品 |
| 3100 | 无代价抵偿 | 无代价抵偿进出口货物 |
| 3339 | 其他进出口免费 | 其他进出口免费提供货物 |
| 3511 | 援助物资 | 国家(地区)和国际(地区间)组织无偿援助物资 |
| 3612 | 捐赠物资 | 进出口捐赠物资 |
| 4019 | 边境小额 | 边境小额贸易(边民互市贸易除外) |
| 4500 | 直接退运 | 直接退运 |
| 4539 | 进口溢误卸 | 进口溢卸、误卸货物 |
| 4561 | 退运货物 | 因质量不符、延误交货等原因退运进出境货物 |

续表

| 代码 | 简　称 | 全　　称 |
|---|---|---|
| 9610 | 电子商务 | 跨境贸易电子商务 |
| 9639 | 海关处理货物 | 海关变卖处理的超期未报货物、走私违规货物 |
| 9700 | 后续补税 | 无原始报关单的后续补税 |
| 9739 | 其他贸易 | 其他贸易 |
| 9800 | 租赁征税 | 租赁期1年及以上的租赁贸易货物的租金 |
| 9900 | 其他 | 其他 |

注：市场采购是指由符合条件的经营者在经国家商务主管等部门认定的市场集聚区内采购的、单票报关单商品货值15万（含15万）美元以下、并在采购地办理出口商品通关手续的监管方式

### （四）征免性质

本栏目应根据实际情况按海关规定的《征免性质代码表》选择填报相应的征免性质简称及代码，持有海关核发的《征免税证明》的，应按照《征免税证明》中批注的征免性质填报。一份报关单只允许填报一种征免性质。

加工贸易货物报关单应按照海关核发的《加工贸易手册》中批注的征免性质简称及代码填报。特殊情况填报要求如下。

1. 保税工厂经营的加工贸易，根据《加工贸易手册》填报“进料加工”或“来料加工”。

2. 外商投资企业为加工内销产品而进口的料件，属非保税加工的，填报“一般征税”或其他相应征免性质。

3. 加工贸易转内销货物，按实际情况填报（如一般征税、科教用品、其他法定等）。

4. 料件退运出口、成品退运进口货物填报“其他法定”（代码0299）。

5. 加工贸易结转货物，本栏目免予填报。

收货人及其代理人向海关申报进口小汽车时，应按规定如实、准确填制报关单。自2016年12月1日起，我国驻外使领馆工作人员、外国驻华机构及人员、非居民常驻人员、政府间协议规定等应税（消费税）进口自用小汽车，并且单台完税价格130万元及以上的，报关单征免性质栏需填报“特案”。上述范围之外的进口小汽车，有关报关单填制规定不变。

### （五）备案号

本栏目填报进出口货物收发货人、消费使用单位、生产销售单位在海关办理加工贸易合同备案或征、减、免税备案审批等手续时，海关核发的《加工贸易手册》《征免税证明》或其他备案审批文件的编号。

一份报关单只允许填报一个备案号。具体填报要求如下。

1. 加工贸易项下货物，除少量低值辅料按规定不使用《加工贸易手册》及以后续补税监管方式办理内销征税的外，填报《加工贸易手册》编号。使用异地直接报关分册和异地深加工结转出口分册在异地口岸报关的，本栏目应填报分册号；本地直接报关分册和本地

深加工结转分册限制在本地报关，本栏目应填报总册号。加工贸易成品凭《征免税证明》转为减免税进口货物的，进口报关单填报《征免税证明》编号，出口报关单填报《加工贸易手册》编号。对加工贸易设备之间的结转，转入和转出企业分别填制进、出口报关单，在报关单“备案号”栏目填报《加工贸易手册》编号。

2. 涉及征、减、免税备案审批的报关单，填报《征免税证明》编号。

3. 涉及优惠贸易协定项下实行原产地证书联网管理（如香港 CEPA、澳门 CEPA）的报关单，填报原产地证书代码“Y”和原产地证书编号。

4. 减免税货物退运出口，填报《中华人民共和国海关进口减免税货物准予退运证明》的编号；减免税货物补税进口，填报《减免税货物补税通知书》的编号；减免税货物进口或结转进口（转入），填报《征免税证明》的编号；相应的结转出口（转出），填报《中华人民共和国海关进口减免税货物结转联系函》的编号。

### （六）许可证号

本栏目填报以下许可证的编号：进（出）口许可证、两用物项和技术进（出）口许可证、两用物项和技术出口许可证（定向）、纺织品临时出口许可证。一份报关单只允许填报一个许可证号。

### （七）随附单证

本栏目根据海关规定的《监管证件代码表》选择填报除本规范第十八条规定的许可证件以外的其他进出口许可证件或监管证件代码及编号。本栏目分为随附单证代码和随附单证编号两栏，其中代码栏应按海关规定的《监管证件代码表》选择填报相应证件代码；编号栏应填报证件编号。

1. 加工贸易内销征税报关单，随附单证代码栏填写“c”，随附单证编号栏填写海关审核通过的内销征税联系单号。

2. 优惠贸易协定项下进出口货物有关优惠贸易协定项下报关单填制一般要求。

（1）办理海关申报手续时，只能使用原产地证书申请享受协定税率或者特惠税率（以下统称优惠税率）的优惠贸易协定项下货物（“无原产地声明模式”），应在报关单“随附单证栏”的“随附单证代码栏”填写“Y”，在“随附单证编号栏”填写“＜优惠贸易协定代码＞”和“原产地证书编号”。填写示例：凭编号为 EB14CA12345 的原产地证书进出口 ECFA 项下货物，应在报关单随附单证栏的随附单证代码栏填写“Y”，随附单证编号栏填写“＜14＞EB14CA12345”。

（2）可以使用原产地证书或者原产地声明申请享受优惠税率的优惠贸易协定项下货物（“有原产地声明模式”），应在报关单“随附单证栏”的“随附单证代码栏”填写“Y”，在“随附单证编号栏”填写“＜优惠贸易协定代码＞”“C”（凭原产地证书申报）或“D”（凭原产地声明申报），以及“原产地证书编号（或者原产地声明序列号）”。填写示例：凭编号为 12345678 的原产地证书进出口中国—瑞士自贸协定项下货物，应在报关单随附单证栏的随附单证代码栏填写“Y”，随附单证编号栏填写“＜17＞C12345678”。

（3）在“单证对应关系表”中应当填写报关单上的申报商品项与原产地证书（原产地声

明)上的商品项之间的对应关系。报关单上的商品序号与原产地证书(原产地声明)上的项目编号应当一一对应,不要求顺序对应。享受和不享受协定税率或者特惠税率(以下统称优惠税率)的同一批次进口货物可以在同一张报关单中申报。不享受优惠税率的货物序号不填写在"单证对应关系表"中。

"同一批次"进口货物指由同一运输工具同时运抵同一口岸,并且属于同一收货人,使用同一提单的进口货物。对于客观原因(集装箱货物因海河联运需大船换小船、因海陆联运需分车运输,陆路运输集装箱货物需大车换小车以及其他多式联运情况下同一批次货物在中转地需要分拆由多个小型运输工具进行中转运输的情况等)导致有关进口货物在运抵中国关境(运抵口岸)前必须分批运输的情况,不影响同一批次的认定。同一批次出口货物比照上述规定进行审核认定。

### (八)标记唛码及备注

本栏目填报要求如下。

1. 标记唛码中除图形以外的文字、数字。

2. 受外商投资企业委托代理其进口投资设备、物品的进出口企业名称。

3. 与本报关单有关联关系的,同时在业务管理规范方面又要求填报的备案号,填报在电子数据报关单中"关联备案"栏。加工贸易结转货物及凭《征免税证明》转内销货物,其对应的备案号应填报在"关联备案"栏。减免税货物结转进口(转入),报关单"关联备案"栏应填写本次减免税货物结转所申请的《中华人民共和国海关进口减免税货物结转联系函》的编号。减免税货物结转出口(转出),报关单"关联备案"栏应填写与其相对应的进口(转入)报关单"备案号"栏中《征免税证明》的编号。

4. 与本报关单有关联关系的,同时在业务管理规范方面又要求填报的报关单号,填报在电子数据报关单中"关联报关单"栏。加工贸易结转类的报关单,应先办理进口报关,并将进口报关单号填入出口报关单的"关联报关单"栏。办理进口货物直接退运手续的,除另有规定外,应当先填写出口报关单,再填写进口报关单,并将出口报关单号填入进口报关单的"关联报关单"栏。减免税货物结转出口(转出),应先办理进口报关,并将进口(转入)报关单号填入出口(转出)报关单的"关联报关单"栏。

5. 办理进口货物直接退运手续的,本栏目填报《进口货物直接退运表》或者《海关责令进口货物直接退运通知书》编号。

6. 保税监管场所进出货物,在"保税/监管场所"栏填写本保税监管场所编码,其中涉及货物在在保税监管场所间流转的,在本栏填写对方保税监管场所代码。

7. 涉及加工贸易货物销毁处置的,填写海关加工贸易货物销毁处置申报表编号。

8. 当监管方式为"暂时进出货物"(2600)和"展览品"(2700)时,如果为复运进出境货物,在进出口货物报关单的本栏内分别填报"复运进境""复运出境"。

9. 跨境电子商务进出口货物,在本栏目内填报"跨境电子商务"。

10. 加工贸易副产品内销,在本栏内填报"加工贸易副产品内销"。

11. 公式定价进口货物应在报关单备注栏内填写公式定价备案号,格式为:"公式定价"+备案编号+"@"。对于同一报关单下有多项商品的,如需要指明某项或某几项商品为公式定价备案的,则备注栏内填写应为:“公式定价”+备案编号+“#”+商品序号+“@”。

12. 获得《预审价决定书》的进出口货物,应在报关单备注栏内填报《预审价决定书》编号,格式为预审价(P+2 位商品项号+决定书编号),若报关单中有多项商品为预审价,需依次写入括号中,如:预审价(P01VD511500018P02VD511500019)。

13. 含预归类商品报关单,应在报关单备注栏内填写预归类 R-3-关区代码-年份-顺序编号,其中关区代码、年份、顺序编号均为 4 位数字,例如 R-3-0100-2016-0001。

14. 含归类裁定报关单,应在报关单备注栏内填写归类裁定编号,格式为“c”+四位数字编号,例如 c0001。

15. 以市场采购贸易方式出口的商品,需在“备注栏”填写采购人的身份信息(姓名、国籍和身份证或护照号码)。

16. 申报时其他必须说明的事项填报在本栏目。

### (九)征免

本栏目应按照海关核发的《征免税证明》或有关政策规定,对报关单所列每项商品选择海关规定的《征减免税方式代码表》中相应的征减免税方式填报。加工贸易货物报关单应根据《加工贸易手册》中备案的征免规定填报;《加工贸易手册》中备案的征免规定为“保金”或“保函”的,应填报“全免”。

### (十)特殊关系确认

本栏目根据《中华人民共和国海关审定进出口货物完税价格办法》(以下简称《审价办法》)第十六条,填报确认进出口行为中买卖双方是否存在特殊关系,有下列情形之一的,应当认为买卖双方存在特殊关系,在本栏目应填报“是”,反之则填报“否”。

1. 买卖双方为同一家族成员的。
2. 买卖双方互为商业上的高级职员或者董事的。
3. 一方直接或者间接地受另一方控制的。
4. 买卖双方都直接或者间接地受第三方控制的。
5. 买卖双方共同直接或者间接地控制第三方的。
6. 一方直接或者间接地拥有、控制或者持有对方 5%以上(含 5%)公开发行的有表决权的股票或者股份的。
7. 一方是另一方的雇员、高级职员或者董事的。
8. 买卖双方是同一合伙的成员的。买卖双方在经营上相互有联系,一方是另一方的独家代理、独家经销或者独家受让人,如果符合前款的规定,也应当视为存在特殊关系。

### (十一)价格影响确认

本栏目根据《审价办法》第十七条,填报确认进出口行为中买卖双方存在的特殊关系是否影响成交价格,纳税义务人如不能证明其成交价格与同时或者大约同时发生的下列任何一款价格相近的,应当视为特殊关系对进出口货物的成交价格产生影响,在本栏目应填报“是”,反之则填报“否”。

1.向境内无特殊关系的买方出售的相同或者类似进出口货物的成交价格。

2.按照《审价办法》倒扣价格估价方法的规定所确定的相同或者类似进出口货物的完税价格。

3.按照《审价办法》计算价格估价方法的规定所确定的相同或者类似进出口货物的完税价格。

### （十二）支付特许权使用费确认

本栏目根据《审价办法》第十三条，填报确认进出口行为中买方是否存在向卖方或者有关方直接或者间接支付特许权使用费。特许权使用费是指进出口货物的买方为取得知识产权权利人及权利人有效授权人关于专利权、商标权、专有技术、著作权、分销权或者销售权的许可或者转让而支付的费用。如果进出口行为中买方存在向卖方或者有关方直接或者间接支付特许权使用费的，在本栏目应填报“是”，反之则填报“否”。

### （十三）版本号

本栏目适用加工贸易货物出口报关单。本栏目应与《加工贸易手册》中备案的成品单耗版本一致，通过《加工贸易手册》备案数据或企业出口报关清单提取。

### （十四）货号

本栏目适用加工贸易货物进出口报关单。本栏目应与《加工贸易手册》中备案的料件、成品货号一致，通过《加工贸易手册》备案数据或企业出口报关清单提取。

### （十五）海关批注及签章

本栏目供海关作业时签注。

## 拓展资料

加工贸易货物报关单填制各栏目对应关系如表3-6所示。

表3-6 加工贸易货物报关单填制各栏目对应关系

| 栏目 | 料件进口 | | 料件退换 | 余料结转 | | 深加工结转 | | 料件内销 | 料件复出 |
|---|---|---|---|---|---|---|---|---|---|
| | 进境 | | 先出境后出境 | 形式进口 | 形式出口 | 形式进口 | 形式出口 | 形式进口 | 出境 |
| 贸易方式 | 来料加工 | 进料对口 | 来/进料料件退换 | 来/进料余料结转 | | 来/进料深加工 | | 来/进料料件内销 | 来/进料料件复出 |
| 进/出口岸 | 指定范围内实际进出口岸海关 | | | 接受申报的海关 | | | | | 指定范围实际进出口岸海关 |

续表

<table>
<tr><td rowspan="2">栏目</td><td colspan="2">料件进口</td><td>料件退换</td><td colspan="2">余料结转</td><td colspan="2">深加工结转</td><td>料件内销</td><td>料件复出</td></tr>
<tr><td colspan="2">进境</td><td>先出境后出境</td><td>形式进口</td><td>形式出口</td><td>形式进口</td><td>形式出口</td><td>形式进口</td><td>出境</td></tr>
<tr><td>征免性质</td><td>来料加工</td><td>进料加工</td><td>其他法定</td><td colspan="4">免于填报</td><td>一般征税</td><td>其他法定</td></tr>
<tr><td>备案号</td><td colspan="3">加工贸易手册编号</td><td>转入手册编号</td><td>转出手册编号</td><td>转入手册编号</td><td>转出手册编号</td><td colspan="2">加工贸易手册编号</td></tr>
<tr><td>运输方式</td><td colspan="2">实际进境运输方式</td><td>实际出/进境运输方式</td><td colspan="5">其他运输</td><td>实际出境运输方式</td></tr>
<tr><td>运输工具名称</td><td colspan="2">实际进境运输工具名称</td><td>实际出/进境运输工具名称</td><td colspan="5">免于填报</td><td>实际出境运输工具名称</td></tr>
<tr><td>启运国(地区)/运抵国</td><td colspan="2">实际启运国(地区)</td><td>实际运抵国(地区)/启运国</td><td colspan="5">中国</td><td>实际运抵国(地区)</td></tr>
<tr><td>备注</td><td colspan="3"></td><td>转出手册编号</td><td>转入进口报关单号；转入手册编号</td><td>转出手册编号</td><td>转入进口报关单号；转入手册编号</td><td colspan="2"></td></tr>
<tr><td>用途</td><td colspan="2">加工返销</td><td>加工返销(进口)</td><td>加工返销</td><td></td><td>加工返销</td><td></td><td>其他内销</td><td></td></tr>
<tr><td>项号(第2行)</td><td colspan="3">手册对应进口料件项号</td><td>转入手册对应进口料件项号</td><td>转出手册对应进口料件项号</td><td>转入手册对应进口料件项号</td><td>转出手册对应出口成品项号</td><td colspan="2">手册对应进口料件项号</td></tr>
<tr><td>原产国(地区)/最终目的国(地区)</td><td colspan="2">料件进口原产国(地区)/成品出口最终目的国(地区)</td><td>料件进口原产国(地区)</td><td>原进口料件原产国(地区)</td><td colspan="3">中国</td><td>原进口料件原产国(地区)</td><td>实际最终目的国(地区)</td></tr>
<tr><td>征免</td><td colspan="7">全免</td><td>照章征税</td><td>全免</td></tr>
</table>

# 第三节　报关单的审核

海关在接受申报时要严格审核有关单证，因为审核单证是海关监管的第一个环节，它不仅为海关监管的查验和放行环节打下了基础，也为海关的征税、统计、查私工作提供了可靠的单证和资料。

## 一、海关审核单证的主要任务

海关审核单证的主要任务是：确认报关企业及报关员是否具备报关资格；有关证件是否合法有效；报关时限是否符合海关规定；是否需征收滞报金；货物的进出口是否合法，即是否符合国家有关对外贸易法律、法规的规定；报关单证的填制是否完整、准确；单证是否相符、齐全、有效；在《加工贸易登记手册》上核实并登记加工贸易合同的进出口数据；确定进出口货物的征、免税性质。

## 二、进出口货物报关单主要栏目的审核要点

进出口货物报关单主要栏目的审核要点如下。

第一，对经营单位的审核要点包括是否有进出口经营权、是否注册、编码是否正确等。

第二，对贸易方式的审核要点是货物品名、经营权限等。不同的贸易方式，海关的监管、征税不同，有些贸易方式还需经有关部门批准。

第三，对启（抵）运国（地区）的审核要点是根据不同启（抵）运国（地区）的政策不同，注意是否在中转国（地区）进行了商业性交易。

第四，对成交方式的审核要点是成交方式与货物的完税价格之间的联系，运费、保费及杂费等栏目的综合审核，并与发票、合同、保险、运输单据核对。

第五，对商品编号和商品名称、规格型号的审核要点是商品编号按协调制度规定的商品分类编码审定；商品名称、规格型号应结合启运国（地区）、经营单位、单价等有关栏目进行审核，并核对发票。

第六，对数量及单位的审核要点是该栏目结合商品的名称和性质进行核对发票、装箱单及运输单据；注意商品是否有第二个计量单位。

第七，对原产国（地区）和最终目的国（地区）的审核要点视原产国（地区）和最终目的国（地区）不同，国家外贸政策也不同。审核应以原产地规则作为依据，确定原产国（地区）和最终目的国（地区）。

第八，对单价、总价的审核要点是收集商品价格信息，与发票进行核对，初步确定单、总价的合法性。

# 第四章　保税进出口货物的监管

## 学习目标

了解保税的概念、形式以及保税货物的种类；了解保税加工货物的概念、种类和特点；掌握保税仓库存放货物的种类和出入库手续的办理以及保税区的功能和税收优惠政策。重点掌握保税加工货物银行保证金台账制度、保税加工货物的通关程序以及异地加工和深加工结转等特殊保税加工形式。

## 海关案例

某日资大型集团在东莞设立了一家电子器件加工厂，原料全部由其设在日本的另一家下属工厂提供。由于产品技术含量高，料件要求的精度也非常严格。以前原料经多次转运后再报关进境入厂，总会发现有一定比例原料不能符合生产要求。此种料件单位价值很高，工厂想将不合格品退回换新，但由于原料是由合同手册报进，一旦退港需要向海关层层申报，逐级审批，操作起来很不现实，即使工厂接受损失放弃退料，可生产出口的成品数量就无法达到合同手册的规定，仍需要向海关进行大量的解释举证才能避免走私嫌疑。后来工厂货到码头后直接运进保税区存放，在保税区进行 QC 质检，合格品报关入工厂，不符品退港，既保证了原料质量，又避免了不必要的麻烦。据海关备案合同手册的要求，加工企业必须在规定期限内将其生产出的成品按比例（通常 100%）销往境外，但往往这种直进直出方式生产出的产品并不能完全满足境外客户的要求，同时也使国内加工企业失去了对突发事件的应对能力，陷入被动。在保税区设立加工产品成品库，可以有效应对产品出口前所遇到的很多需要解决的问题。

## 第一节 保税及保税货物

### 一、保税的概念及形式

保税即保留征税，其内涵可以理解为对有关暂时进出口储存或加工的货物，海关暂缓办理征税手续，允许其先予进出境，并通过海关严密的监管措施以确保有关货物一旦转为内、外销时能够重新办理进出口纳税手续。保税制度即经海关批准的境内企业进口的货物，在海关的监管下在境内指定的场所储存、加工、装配，并暂缓缴纳各种进口税费的一种海关监管业务制度。

1981年，我国海关总署制定并发布了《中华人民共和国海关对保税货物和保税仓库监管暂行办法》，这是我国在保税制度方面的第一个单独正式法规，对我国保税制度的发展具有重要意义。在该《暂行办法》的基础上，本着促进出口服务的原则，我国各级海关从实际情况出发进行了积极有益的尝试。根据这些尝试，借鉴国际经验，我国逐步出台了一系列有关保税制度的法规，如《中华人民共和国海关对加工贸易保税工厂的管理办法》(1988年4月6日)；《中华人民共和国海关对保税仓库及所存货物的管理办法》(1988年4月14日)；《中华人民共和国海关对进料加工保税集团的管理办法》(1993年1月10日)。这些管理办法构成了我国现行保税制度的基本框架。

根据国际(地区间)海关组织海关合作理事会主持制定的《京都条约》，国际(地区间)上保税业务制度主要有三种形式：商品贸易型，如保税仓库、保税货棚、保税陈列场等；加工制造型，如保税工厂、加工贸易区、出口加工区等；商品贸易与加工制造混合型，如保税区、自由港、自由贸易区等。

我国现行保税制度的主要形式分为：国际商品贸易服务的保税仓库、保税区、寄售代销和免税品商店；加工制造服务的进料和来料加工、保税工厂、保税集团。

### 二、保税货物的特征及类型

《中华人民共和国海关法》对保税货物所下的定义是："经海关批准未办理纳税手续进境，在境内储存、加工、装配后复运出境的货物。"其特征可概括为"有特定的目的""暂免纳税"和"应复运出境"三个方面。保税储存的货物中，一部分就是因为特定用途准备在境内销售的，只是在未销售前暂存于海关监管下的保税仓库，一旦销售，应立即重新办理进口纳税手续。另外，来料加工的货物亦属于保税管理的范围。

综合上述情况，保税货物大致可分为以下三大类。

1. 加工生产类

包括专为加工、装配出口产品而从国外进口且海关准予保税的原材料、零部件、元器件、包装物料、辅助材料以及用这些料件生产的成品、半成品。加工贸易是我国企业以及外商投资企业对开展来料加工和进料加工业务的总称，是指企业全部或部分进口境外原材料、零部件以及成品或半成品，经加工增值后再出口到境外的一种贸易方式。保税加工货物就是专为加工、装配出口产品而从国外进口且海关准予保税的原材料、零部件、元器件、包装物料、辅助材料（简称料件）以及用上述料件生产的成品、半成品。保税加工主要包括来料加工和进料加工两种形式。但这两种形式不完全相同。来料加工是指由关境外企业提供料件，经营企业不需要付汇进口，按照境外企业的要求进行加工或装配，只收取加工费，制成品由境外企业销售的经营活动；进料加工是指经营企业用外汇购买料件进口，制成成品后外销出口的经营活动。进料加工和来料加工的共同点都是“两头在外”，即原料来自国外，成品又销往国外。二者的区别在如表 4－1所示。

**表 4－1 进料加工和来料加工的区别**

| | 货物所有权 | 交易性质 | 风险承担 | 收益方式 |
|---|---|---|---|---|
| 进料加工 | 我国厂商 | 两笔 | 我国厂商 | 利润 |
| 来料加工 | 外国厂商 | 一笔 | 外国厂商 | 工缴费 |

加工贸易对我国经济和外贸的快速增长起到了十分重要的作用，主要表现在以下几个方面：有利于吸引外国资金，有利于引进国外先进技术设备和管理方法；有利于扩大就业，充分发挥我国劳动力资源丰富的优势；有利于带动我国相关产业的发展；有利于促进区域经济的繁荣，加速融入世界经济一体化的步伐。

2. 储存出境类

是经海关批准保税进境暂时存放后再复运出境的货物，包括储存后复出口、储存待销售或提取使用、储存待用于加工贸易等。具体有国际（地区间）转运货物、供应国际（地区间）运输工具的货物和免税商品等。

3. 准予缓税类

进境时，经海关批准，缓办纳税手续进境，最终办理进口纳税或免税手续而不复运出境的货物。这一类别中有境外商品境内维修用零配件和外汇免税商品等。

## 三、保税货物的通关及监管

保税货物的通关与一般进出口货物不同，保税货物在进境地被提取，不是海关监管的结束，而是海关后续监管的开始，一直要监管到储存、加工、装配后复运出境或者办结正式进口海关手续：

1. 备案申请保税

企业合同备案；海关批准保税；设立（或不设立）银行台账；海关核发《手册》。

2. 进出境报关（保税货物暂缓纳税，不进入纳税环节）

申报；配合查验；提取货物或装运货物；复运出境。

3. 报核申请结案

企业报核；海关受理；实施核销；结关销案。

保税货物通关业务流程如表 4－2 所示。

**表 4－2　保税货物通关业务流程**

| | 工作 |
|---|---|
| A. 保税进出口登记备案 | 1. 加工贸易合同登记备案<br>持合法合同到主管地海关审批→主管地海关核发加工贸易《登记手册》<br>2. 保税仓储货物登记备案<br>到海关申办保税经营资格证书→主管地海关核发保税仓库出入库《登记手册》 |
| B. 到货物进境地申报进口 | 持凭《登记手册》和其他相关单证办理进境阶段通关手续，提取进口货物生产、仓储阶段 |
| C. 按最终去向到货物进境地海关申报出口 | 持凭《登记手册》和其他相关单证办理出境阶段通关手续，交付、出运货物<br>注：最终去向有加工成品或仓储货物复出口、内销（正式进口）、结转二次保税等 |
| D. 持凭出境地海关签章到主管地海关报核结案 | 1. 加工贸易合同执行完毕，由主管地海关核对保税加工货物进出数量和实际消耗，情况正常的，注销加工贸易《登记手册》<br>2. 保税仓储货物出库后，仓库经营人每月定期报送《收、付、存月报表》，由主管地海关核对保税仓储货物的进出库和最终去向，按照"定期逐批核销"办法，情况正常的，注销对已出库货物的保税监管 |

## 四、保税加工货物和减免税货物的区别

由于这些货物在进口时与保税货物一样，均不缴纳税款，因此，从事报关的人员应该掌握这两类货物的区别。减免税货物是国家（地区）对特定地区、特定企业、特定用途的进口货物，为支持、鼓励其在国（地区）内使用或消费给予的税收优惠，其范围主要是固定资产部分，如机器设备、仪器、仪表等；而保税货物则主要集中于流动资产部分，如原材料、零部件、元器件等。减免税货物要在海关办理减免税申请，海关签发征免税证明后，对其实行时效管理，以监管年限为解除监管的依据，经营者承担不得擅自转让、出售的法律义务。

## 五、保税制度的作用

保税制度是以进出境时暂缓办理纳税手续为基本特征的。因此，保税的作用与关税及其海关监管手续有关。具体表现在以下几个方面。

1. 减轻经营者资金负担，有利于企业资金周转

长期储存或加工保税货物的企业，在货物储存或加工期间可免缴关税，只有在确实需

进口时才缴税,故经营者可减轻资金负担,有利于企业的资金周转。

2.降低产品成本,增强在国际(地区间)市场上的竞争力

保税货物若为供加工制造返销出口产品的进口原材料等,经营者可在没有关税负担的情况下,在保税工厂、保税集团、保税区及其他企业加工装配,成本因而降低,并增强了该产品在国际(地区间)市场上的竞争力。

3.简化海关手续,有助于企业加强经营管理

自境外运抵我国的货物,海关为确保其合法进口及进口税款的征收,必须实施监管。若按其他监管制度办理通关手续,经营者对货物的报关,必然因国家(地区)的管制政策而要办妥种种进口许可或审批手续,而且必须完纳关税。如果实施保税制度,则货物可以在免办某些进口审批许可手续和免缴关税的情况下进境储存于保税仓库或运至工厂加工,当需要正式进口或因故转为内销的,按正式进口办理;若转口或复出口,则实际上简化了通常要办的领证、纳税手续。海关也因对保税货物始终拥有监管和征税权而无须担忧非法进口或逃漏关税,这对加强企业经营管理和海关监管征税都是一种便利。

4.减少库存进口物资的资金占用,避免长期搁置的浪费

国内使用进口设备的单位,为防止因部件损坏而造成停机、停产现象,每年都要用大量外汇进口储备各种维修所需的零配件,这不仅占用了大量外汇,而且因进口的品种和数量有较大的盲目性,进口后长期搁置不用造成浪费。通过批准建立保税仓库,利用外商贸易经销中的维修技术服务方式进口零配件,既可使库存外国进口物资的外汇占用转嫁给有关外商负担,避免了长期搁置维修零配件的浪费,也有利于我们消化吸收先进技术。

# 第二节　保税仓库

改革开放以来,由于我国对外贸易的迅速发展,进出口货物逐年递增,而且幅度越来越大。海关根据形势发展的需要,积极贯彻"促进为主"方针和借鉴国际上的有益经验,从20世纪80年代初开始,在全国范围内推行了以保税仓库和保税工厂为主要形式的保税监管制度。保税仓库是指经海关核准的专门存放保税货物的专用仓库。根据国际上通行的保税制度要求,进境存入保税仓库的货物可暂时免纳进口税款,免领进口许可证件(能制造化学武器和易制毒化学品除外),在海关规定的存储期内复运出境或办理正式进口手续。

## 一、保税仓库的类型

按照服务对象来分,保税仓库的类型如下。

1.公共型保税仓库

是指由直属海关批准设立、在中国境内专门存放产权属于境外厂商的货物保税仓库。其特点是:专营仓储业务的法人实体,本身无进出口经营权,为保税货物所有人或经营者提供仓储服务。

2. 备料型保税仓库

是一种加工贸易企业自用的专门存放加工贸易货物、特别是加工贸易料件的保税仓库。

3. 专用型保税仓库

是指专门存放境国商品维修、免税品商店、外汇免税商店、国际(地区间)运输工具供应等专门业务需要从境外进口的货物的保税仓库。仓库是为自身经营进出口业务而设的,其特点是有进出口经营权。

从保税仓库所存货物的用途上又可以分为9种:①有维修技术中心(站)寄售零配件保税仓库;②国际航行船舶备用零配件、燃料保税仓库;③转口贸易货物保税仓库;④加工贸易备用料、件保税仓库;⑤免税外汇商品保税仓库;⑥中远公司船员自用物品保税仓库;⑦海上石油开发外籍人员生活用品保税仓库;⑧汽车保税仓库;⑨外商投资企业物资公司进口物资保税仓库;等等。

## 二、保税仓库存储货物的范围

保税仓库存储货物的范围如表4-3所示。

表4-3 保税仓库存储货物的范围

| | 品种 | 去向 |
|---|---|---|
| 加工贸易备用料件 | 来料加工、进料加工 | 用于加工贸易进口 |
| 国际(地区间)转运货物 | 外商进境暂存货物、转口贸易货物、供应国际(地区间)航行船舶的燃料和零配件 | 转口销售或退运出境 |
| 缓税待销货物 | 寄售方式进口的维修零配件、未办结海关手续的一般贸易进口货物 | 转入境内市场销售 |
| 不得存储的货物 | 转口贸易的烟、酒 | |

注:汽车只能存放在国家(地区)指定口岸的保税仓库。

## 三、建立保税仓库的资格与条件

建立保税仓库的企业,必须是具有法人资格的经济实体,并应具备以下条件。

(1)具有专门储存、堆放进口货物的安全设施(如库房、库区、围墙、消防、保安等)。

(2)建立健全的仓库管理制度和详细的仓库账册。

(3)配备经海关培训认可的专职管理人员(如仓库主任、库管员、业务员、报关员等)。

(4)保税仓库的经理人员应具备向海关缴纳税款的能力。

## 四、申请建立保税仓库的手续

申请时,应向海关提交下列文件。

(1)填制好的《保税仓库申请书》。

(2)经贸主管部门批准经营此项业务的文件。

(3)工商行政管理部门颁发的营业执照副本。

(4)维修、寄售型业务应交验与外商签订的合同副本。

经海关审核并实地勘察后,符合建立保税仓库条件的,予以批准并核发《保税仓库登记证书》。经批准的保税仓库,应在其明显的地方挂有"海关监管保税仓库"字样的标牌。

### 五、保税仓库所存货物进出关境的海关手续

保税货物在保税仓库所在地海关入境时,货主或其代理人应填写进口货物报关单一式三份,加盖"保税仓库货物"印章并注明此货系存入保税仓库,向海关申报。经海关查验放行后,报送单一份海关留存,两份随货物代交保税仓库,保税仓库经理人应于货物入库后即在上述报关单上签收,一份留存,另一份交回海关。

保税货物经海关核准转为国(地区)内市场销售时,由货主或其代理人向海关递交进口货物许可证件、进口货物报关单和海关需要的其他单证,在缴纳关税和增值税等税款后,由海关签印放行,将原报关单注销。

对用于国际(地区间)航行船舶的保税油料和零配件,以及用于保修期内免费维修有关境外产品的保税零配件,免征关税及增值税。

保税货物原状复运出境时,货主或其代理人应填写出口货物报关单一式三份,并交验进口时海关签印的报关单,向当地海关办理复运出口手续。经海关核查与实物相符后签印,一份留存,一份发还,一份随货交出境地海关,出境地海关凭此放行货物出境。

保税仓库所存货物储存期限为一年,如有特殊情况,可向海关申请延期,但延期最长不得超过一年。储存期满仍未能转为进口或复运出口时,由海关将货物变卖,所得价款扣除税款、储费、运费等外尚有余款的,在变卖货物起一年内发还货主,若逾期无人申领,则上交国库。

备料保税仓库是专为储存来料加工、进料加工项下进口备用料、件的仓库,从备料保税仓库提取料件用于来料加工、进料加工时,海关按来料加工、进料加工的有关规定执行。

## 第三节　保税区

保税区是经国务院批准设立的、海关实施特殊监管的经济区域,是我国目前开放度和自由度最大的经济区域。其功能定位为"保税仓储、出口加工、转口贸易"三大功能。根据现行有关政策,海关对保税区实行封闭管理,境外货物进入保税区,实行保税管理;境内其他地区货物进入保税区,视同出境;同时,外经贸、外汇管理等部门对保税区也实行较区外相对优惠的政策。由于保税区按照国际(地区间)惯例运作,实行比其他开放地区更为灵活优惠的政策,它已成为中国与国际(地区间)市场接轨的"桥头堡"。因此,保税区在发展建设伊始就成为境内外客商密切关注的焦点。

保税区具有进出口加工、国际(地区间)贸易、保税仓储商品展示等功能，享有“免证、免税、保税”政策，实行“境内关外”运作方式，是中国对外开放程度最高、运作机制最便捷、政策最优惠的经济区域之一。

自1990年国务院批准设立上海外高桥、天津港保税区以来，经国务院批准，共设立了上海外高桥、天津港、大连、青岛黄岛、张家港、宁波、福州马尾、厦门象屿、广州、深圳沙头角、深圳福田、深圳盐田、汕头、珠海、海口15个保税区，海南洋浦经济技术开发区也实行保税区的管理政策。目前，正在运行的16个保税区均已经海关验收，封关营运。十几年来，保税区各管理部门采取各种形式招商引资，积极开发，使保税区发展已具相当规模，渐趋成熟，成为当地新的经济增长点。但是，随着我国关税的不断调低，保税区的优势和功能将不断削弱，目前已有部分保税区正在由试点向自由贸易区转型。

## 一、我国保税区的分类

根据设立保税区的主要目的和功能，我国的保税区大致分为以下三种类型。

### (一)贸易型保税区

这类保税区主要为扩大对外贸易服务，如天津港保税区和大连保税区。

### (二)工业型保税区

这类保税区主要为扩展出口加工服务，如深圳沙头角保税区。

### (三)综合型保税区

这类保税区集贸易功能、出口加工、金融服务、经济信息功能于一体，如上海外高桥保税区。

## 二、保税区的基本优惠政策

### (一)关税优惠

从境外进入保税区的货物，其进口关税和进口环节其他税收，除法律、行政法规另有规定外，按如下规定办理。

(1)区内生产性的基础设施建设项目所需的机器、设备和其他基建物资，予以免税。

(2)区内企业为加工出口产品所需的原材料、零部件、元器件、包装物料，予以保税。

(3)区内企业自用的生产、管理设备和自用合理数量的办公用品，以及所需的维修用零配件，生产用燃料，建设生产厂房和仓储设施所需的物资、设备，予以免税。

(4)保税区行政管理机构自用合理数量的管理设备和办公用品，以及所需的维修用零配件予以免税。

其他货物或物品从境外进入保税区，应当依法纳税。

（二）手续简便

保税区与境外之间进出口的货物，由货物的收发人或其代理人向海关备案。对上述货物除实行出口被动配额管理外，不实行进出口配额、许可证管理。

## 三、报关及监管

### （一）报关

1.运入保税区的货物

（1）进口物资、保税货物、转口货物的报关需向海关提供下列文件：由区内收货人或其代理人填写的进口货物报关单一式三份（转口货物、保税货物视情况增加份数）；商业发票、装箱清单（装箱单）、合同；保税货物的《登记手册》；委托代理报关时，应提交委托代理合同或委托书。

（2）经其他口岸进口的货物运入保税区，报关时除应提供上述单证外，还应办理转关运输货物的海关手续，并提交转关运输货物的随附关封、联系函等。

（3）从非保税区运入保税区的货物视同进口。因此，报关时应当按正常出口的报关手续办理。

（4）非保税区运入保税区使用的机器、设备（包括在保税区内承包工程使用的机器、设备）、交通工具、办公用品和日常生活用品等报关时应提供下列单证：使用单位填写的进口物资清单一式三份；使用单位的使用说明文件；使用单位对上述货物的专用账册。

2.运出保税区的货物

（1）保税区因特殊情况将有关产品、副次品、边角余料销往非保税区时，视同进口，收货人按正常进口货物办理报关手续。

（2）保税区出口货物经非保税区出口时，除应提交正常出口货物报关单证外，还应办理转关运输货物的海关手续，制作关封交出境口岸海关。

（3）上述 1 中第 4 项物资再运回非保税区时，应提交下列单证：原收货人或其代理人填写并经海关签章的“物资清册”；出运说明；保税区主管部门的证明。

### （二）监管

1.对区内一般货物的监管

区内货物可在区内企业之间转让、转移，双方当事人应就转让、转移事项向海关备案；区内的转口货物可在区内仓库或区内其他场所进行分级、挑选、刷贴标志、改换包装形式等简单加工；区内企业在区内举办境外商品和非区内商品的展示活动，展示的商品应接受海关监管。

2.对区内加工贸易货物的监管

（1）区内加工企业应向海关办理所需料件进出保税区的备案手续。

（2）区内加工企业生产属于被动配额管理的出口产品，应事先经国务院有关主管部门批准。

（3）区内加工企业加工的制成品及其在加工过程中产生的边角余料运往境外时，应按海关有关规定办理出口手续，免征出口税；若运往非保税区时，应按海关有关规定办理进口报关手续，并依法纳税。

(4)区内加工企业全部用境外运入料件加工的制成品销往非保税区时，海关按进口制成品征税；若部分用境外料件加工，则按制成品所含境外料件比例征税；对所含境外料件申报不实的，仍按进口制成品征税。

(5)区内加工企业委托非区内企业加工或接受非区内企业委托加工的业务，应事先经海关批准，并符合下列条件：在区内有生产场所，并已正式开展加工业务，委托非区内企业加工，主要工序应在区内进行；委托非区内企业加工，期限为6个月，特殊情况可展期6个月，加工完毕后产品应运回保税区，需要直接出口的，应向海关办理核销手续；接受非保税区企业委托加工的，由区内加工企业向海关办理委托加工料件的备案手续，并专料专用，加工完毕的产品应运回非区内企业，并由区内加工企业向海关销案。

(6)海关对区内加工企业进料加工、来料加工业务，不实行加工贸易银行保证金台账制度；委托非保税区企业进行加工业务的，由非保税区企业向当地海关办理合同登记备案手续，并实行加工贸易银行保证金台账制度。

3.对进出保税区运输工具和个人携带物品的监管

(1)运输工具和人员进出保税区，应经由海关指定的专用通道，并接受海关检查。

(2)进出保税区的运输工具的负责人，应持保税区主管机关批准的证件连同运输工具的名称、数量、牌照号码及驾驶员姓名等清单，向海关办理登记备案手续。

(3)未经海关批准，从保税区到非保税区的运输工具和人员不得运输和携带保税区内的免税货物和物品、保税货物，以及用保税料件生产的产品。

## 四、保税区与出口加工区的异同

### (一)相同点

保税区与出口加工区的相同点主要体现在以下方面。

1.同为“境内关外”的特殊经济区域，即同为经国务院批准在中华人民共和国境内设立的，海关实行封闭监管的特定区域。

2.同具有出口加工功能。

3.区内生产性的基础设施建设项目所需的机器、设备和建设厂房、仓储设施所需的基建物资，予以免税；区内企业生产所需的机器、设备、模具及其维修用零配件，予以免税；区内企业为加工出口产品所需的原材料、零部件、元器件、包装物料及消耗性材料，予以保税；区内企业和行政管理机构自用合理数量的办公用品予以免税。

4.加工贸易生产用材料进口料件保税，不实行银行保证金台账制度。

5.进口均不需要配额和许可证。

6.国内采购商品及原料视同出口。

7.保税半成品和原材料在区内可转让。

8.加工复出口免征增值税。

9.均不需办理外汇核销手续。

（二）不同点

保税区与出口加工区的不同点主要体现在以下方面。

1.在功能开发方面

保税区主要培育开发现代国际（地区间）物流分拨、国际贸易、出口加工、保税仓储、商品展示展销等功能，而出口加工区只能进行单一的出口加工，不得经营商业零售、一般贸易、转口贸易及其他与加工区无关的业务。

2.保税区生产加工的产品既可以内销也可以外销，而出口加工区的产品只能外销而不能内销。

3.在出口退税方面，境内产品进入出口加工区即可以办理退税手续，在保税区只有产品离境以后才能办理退税手续。保税区贸易企业收购境内产品，离境出口后可以办理退税，对于出口到加工区的货物，由出口加工区外的企业办理退税。

4.保税区内企业的经常项目外汇账户应当在注册地银行开立，资本项目外汇专用账户可以在注册地开立，也可以在注册地以外地区开立。出口加工区内机构原则上只能在区内金融机构开立外汇账户，区内没有金融机构进驻营业的，可以在区外所在地外汇局指定的金融机构开立外汇账户。

5.保税区企业经海关批准可以开展委托区外加工业务。

6.从区外进入出口加工区的货物，须经区内企业进行实质性加工后方可运出境外，而从区外进入保税区的货物，可以办理有关手续后运出境外。

## 拓展资料

三种主要的特殊监管区比较表 4－4 所示。

**表 4－4 三种主要的特殊监管区比较**

| 区域内容 | 保税港区 | 保税区 | 出口加工区 |
|---|---|---|---|
| 集装箱港口功能 | 集装箱枢纽港在区域内 | 无 | 无 |
| 海关管理 | 一个海关统一监管 | 港口与区域分属两个海关监管，以转关方式实行监管衔接。 | 港口与区域分属两个海关监管，以转关方式实行监管衔接。 |
| 贸易和物流 | 有 | 有 | 无 |
| 加工制造 | 有 | 有 | 有 |
| 出口退税 | 境内货物入区视同出口，进入保税港区就可以办理退税 | 境内入区货物离境后才能办理退税 | 境内货物入区退税 |
| 区域空间 | 大（接近 10 平方千米） | 大（10 平方千米） | 小（一般 2 平方千米左右） |

# 第四节 加工贸易银行保证金台账制度

## 一、银行保证金台账的含义

加工贸易银行保证金台账制度，是指保税贸易的经营企业在签订了加工贸易合同后，向海关办理合同备案手续前，持有关核准单证和文件，向指定的中国银行或中国建设银行申请设立保证金台账，成品全部按规定出口或按最终流向办结海关手续并由海关核销后，再由银行核销保证金台账的管理制度。

改革开放以来，以来料加工、进料加工和外商投资企业为履行出口合同而进口料件加工产品出口为主要形式的加工贸易，在我国发展很快。加工贸易在引进境外先进生产设备、技术和管理经验，促进对外贸易，提高产品档次，解决劳动就业方面都发挥了较大作用。但是，也有一些不法企业利用加工贸易名义或倒卖进口料件，或擅自内销加工成品，或串料走私，逃避国家税收，冲击国内工业发展，严重扰乱了正常的生产经营秩序，损害了守法经营者的正当权益。实行加工贸易进口料件银行保证金台账制度，目的在于充分发挥海关、银行等部门的监督作用，加强综合管理，堵塞管理漏洞，制止和打击加工贸易渠道的走私违法活动，保证国家税收，促进加工贸易的健康发展。

## 二、银行保证金台账的分类管理

银行保证金台账制度根据不同加工企业、不同加工货物实行分类管理，分为“不转”“空转”“实转”三种情况。

### （一）加工贸易的企业分类

为了鼓励企业依法经营、打击少数企业违法走私行为，海关对加工贸易企业实施分类管理，根据企业资信情况，对企业实行 AA、A、B、C、D 五个类别的管理。

### （二）加工贸易的商品分类

加工贸易的商品按照监管程度分为禁止类、限制类、允许类三类。

(1)加工贸易禁止类商品是指《中华人民共和国对外贸易法》规定禁止进口的商品，以及海关无法实行保税监管的商品。

(2)加工贸易限制类商品是指进口料件属境内外差价大且海关不易监管的敏感商品。

(3)允许类商品是指除禁止类和限制类以外的其他商品。

《加工贸易限制类商品目录》部分内容如表 4-5 所示。

表 4-5 《加工贸易限制类商品目录》(节选)

| | 海关编码 | 商品名称 | 限制方式 | 管理方式 |
|---|---|---|---|---|
| 90 | 7806001000 | 铅及铅合金条、杆、丝、型材、异型材 | 出口 | |
| 91 | 7904000000 | 锌及锌合金条、杆、型材、丝 | 出口 | |
| 92 | 7905000000 | 锌板、片、带、箔 | 出口 | |
| 93 | 8003000000 | 锡及锡合金条、杆、型材、丝 | 出口 | |
| 94 | 8007002000 | 锡板、片及带,厚度超过 0.2 毫米 | 出口 | |
| 95 | 8007003000 | 锡箔,厚度(衬背除外)≤0.2 毫米,锡粉及片状粉末 | 出口 | |
| 96 | 0207120000 | 冻的整只鸡 | 进口 | 实转 |
| 97 | 0207141100 | 冻的带骨鸡块 | 进口 | 实转 |
| 98 | 0207141900 | 冻的不带骨鸡块 | 进口 | 实转 |
| 99 | 1507100000 | 初榨的豆油 | 进口 | 实转 |
| 100 | 1507900000 | 精制的豆油及其分离品 | 进口 | 实转 |
| 101 | 1508100000 | 初榨的花生油 | 进口 | 实转 |
| 102 | 1508900000 | 精制的花生油及其分离品 | 进口 | 实转 |
| 103 | 1511100000 | 初榨的棕榈油 | 进口 | |
| 104 | 1511901000 | 棕榈液油 | 进口 | |
| 105 | 1511902001 | 固态棕榈硬脂(50℃≤熔点≤56℃) | 进口 | |
| 106 | 1511902090 | 棕榈硬脂 | 进口 | |
| 107 | 1511909000 | 其他精制棕榈油 | 进口 | |

## (三)加工贸易银行保证金台账分类管理

1.加工贸易银行保证金台账分类

2015 年 11 月 25 日发布的《加工贸易限制类商品目录》,调整后的限制类目录共计 451 项商品编码。其中,限制出口 95 项商品编码,限制进口 356 项商品编码。对管理方式为“实转”的 81 个商品编码,高级认证企业与一般认证企业实行“空转”管理,东部地区一般信用企业缴纳按实转商品项下保税进口料件应缴进口关税和进口环节增值税之和 50%的保证金;对其他 370 个商品编码,高级认证企业、一般认证企业与一般信用企业均实行“空转”管理。经营企业及其加工企业同时属于中西部地区的,开展限制类商品加工贸易业务,高级认证企业、一般认证企业和一般信用企业实行银行保证金台账“空转”管理。失信企业开展限制类商品加工贸易业务均须缴纳 100%台账保证金。出口加工区、保税区等海关特殊监管区域，以及海关特殊监管区域外以深加工结转方式在境内转入限制进口类商品和转出限制出口类商品的加工贸易业务，不适用以上规定。中西部地区是指除东部地区以外的其他地区。东部地区包括北京市、天津市、上海市、辽宁省、河北省、山东省、江苏省、浙江省、福建省、广东省。

“加工贸易银行保证金台账”分类管理如表 4－6 所示。

**表 4－6　加工贸易银行保证金台账**

<table>
<tr><th rowspan="2">台账分类<br>管理内容</th><th colspan="2">禁止类商品</th><th colspan="2">限制类商品</th><th colspan="2">允许类商品</th></tr>
<tr><th>东部</th><th>中西部</th><th>东部</th><th>中西部</th><th>东部</th><th>中西部</th></tr>
<tr><td>高级认证企业</td><td rowspan="4" colspan="2">不准开展加工贸易</td><td rowspan="2" colspan="2">空转</td><td colspan="2">不转</td></tr>
<tr><td>一般认证企业</td><td colspan="2">空转</td></tr>
<tr><td>一般信用企业</td><td>半实转</td><td colspan="3">空转</td></tr>
<tr><td>失信企业</td><td colspan="4">实转(100%)</td></tr>
<tr><td>特殊海关<br>区域企业</td><td colspan="2">不准开展加工贸易</td><td colspan="4">不转</td></tr>
</table>

凡是需要开设台账的合同，由受理备案的海关开出有台账金额和保证金金额内容的“银行保证金台账开设联系单”，企业凭以到银行开设台账，实转的还要交付保证金。

2. 设立台账的流程

企业合同备案—海关签发《台账开设联系单》—企业到指定中国银行设立台账—领取手册—加工生产、货物出口—核销手册—海关签发《台账核销联系单》—企业到银行核销台账—手册结案。

3. 台账保证金的计算方法

台账保证金的计算方法如表 4－7 所示。

**表 4－7　台账保证金的计算方法**

<table>
<tr><td rowspan="2">东部地区一般<br>信用企业</td><td>进口料件属限制类商品或进口料件、出口成品均属限制类商品</td><td>台账保证金＝(进口限制类料件的关税＋进口限制类料件的增值税)×50%</td></tr>
<tr><td>出口成品属限制类商品</td><td>台账保证金＝进口料件备案总值×(限制类成品备案总值÷全部出口成品备案总值)×22%×50%</td></tr>
<tr><td>失信企业</td><td></td><td>台账保证金＝(进口全部料件的关税＋进口全部料件的增值税)×100%</td></tr>
</table>

# 第五节 保税加工货物的报关程序

保税加工货物常规监管模式下(即使用纸质手册情况下)的报关程序大致分三个阶段:前期报关阶段(即合同备案),货物实际进出境报关阶段,后期核销结关阶段。

## 一、前期报关阶段即合同备案

### (一)加工贸易合同备案的含义

加工贸易合同备案,是指加工贸易企业持合法的加工贸易合同到主管海关备案,申请保税并领取“加工贸易登记手册”或其他准予备案凭证的行为。

海关受理合同备案,是指海关根据国家规定,在接受加工贸易企业合同备案后,批准合同约定的进口料件保税,并把合同内容转化为登记手册内容或作必要的登记,然后核发登记手册。

海关受理备案的加工贸易合同必须合法有效。加工贸易合同是否合法有效的标志主要是外经贸主管部门合同审批是否通过,以及合同所涉及的加工贸易进出口国家管制商品是否获得许可。对首次开展加工贸易业务的,海关还应验核加工贸易企业提交的外经贸主管部门出具的加工贸易企业生产能力证明。

对符合规定的加工贸易合同,海关应当在规定的期限内予以备案,并核发“加工贸易登记手册”或其他准予备案的凭证。对不予备案的合同,海关应当书面告知经营企业。企业凭《登记手册》或其他准予备案的凭证在备案的范围内进出口货物,海关根据合同和相应的登记数据对企业的加工贸易建立底账,记录进出口情况,并实施监管直至最后核销。

合同备案的企业可分为两类,一类是经营企业,包括负责对外签订加工贸易进出口合同的各类进出口企业和外商投资企业,或者是各类经批准获得来料加工经营许可的对外加工装配服务公司。再一类是加工企业,包括受经营企业的委托,负责对进口料件进行加工组装,具有法人资格的企业以及虽不具有法人资格,但是实行相对独立核算,并已经办理工商营业执照的工厂。

### (二)加工贸易合同备案的步骤

加工贸易合同的备案大致经过“生产能力证明申领一合同的海关备案—台账开设—手册核发”等几个步骤。

1.生产能力证明申领

企业对外签订加工合同后,报商务主管部门后,对符合规定并确实具有加工复出口能力的经营企业,商务主管部门签发“加工企业经营状况和生产能力证明”。需要领取其他许可证件的,还必须向有关主管部门领取许可证件。

2. 合同的海关备案

经营企业持"加工企业经营状况和生产能力证明"和加工贸易合同以及其他所需许可证件向企业所在地主管海关办理合同备案手续。

加工企业应将《合同基本情况表》《进口料件表》《出口成品表》《单耗表》《加工贸易外商免费提供设备表》等相关内容预录入与主管海关联网的计算机,主管海关对合同及上述单证表格进行审核后,根据企业状况和合同情况审核确定是否准予备案。准予备案的,还要由海关确定是否需要开设"加工贸易银行保证金台账",不需要开设台账的,直接向海关领取"加工贸易登记手册"或其他备案凭证。需要开设台账的,还应去办理银行保证金台账手续。

3. 台账开设

需要开设台账的企业,凭海关签发的"台账开设联系单"到指定的中国银行开设台账(须台账"实转"的还要缴纳一定保证金),领取"台账登记通知单",海关凭"台账登记通知单"核发"加工贸易登记手册"。

不需要开设台账的,直接向海关领取"加工贸易登记手册"或其他备案凭证。

4. 手册核发

加工贸易《登记手册》分为三种:一种是《加工装配进出口货物登记手册》,适用于经营加工装配业务;一种是《进料加工登记手册》,适用于经营进料加工业务;一种是《中华人民共和国海关对外商投资企业履行产品出口合同所需进口料件加工复出口登记手册》,适用于外商投资企业经营加工贸易业务。

为了简化手续,对为生产出口产品而进口的属于国家规定的78种列名服装辅料金额不超过5000美元的合同(除适用C类管理加工贸易企业外),可以免申领登记手册,直接凭出口合同备案准予保税后,凭海关在备案出口合同上的签章和编号直接进入进出口报关阶段。

### (三)加工贸易合同备案后的变更

已向海关登记备案的加工贸易合同,其品名、规格、金额、数量、加工期限、单损耗、商品编码等发生变化的,必须向主管海关办理合同备案变更手续,开设台账的合同还须变更台账。

合同变更应在合同有效期内报原审批部门批准。为简化合同变更手续,对贸易性质不变、商品品种不变,变更金额小于1万美元(含1万美元)和延长不超过3个月的合同,企业可直接到海关和银行办理变更手续,不需再经商务主管部门重新审批。

原1万美元及以下的备案合同,变更后进口金额超过1万美元的一般认证和一般信用管理企业,需重新开设台账,其中适用一般信用管理的企业合同金额变更后,进口料件如果涉及限制类商品的,由银行加收相应的保证金。

因企业管理类别调整,合同从"空转"转为"实转"的,应对原备案合同交付台账保证金。经海关批准,可只对原合同未履行出口部分收取台账保证金。

对允许类商品转为限制类商品的,已备案的合同不再交付台账保证金。对原限制类或允许类商品转为禁止类的已备案合同,按国家即时发布的规定办理。

## 二、货物实际进出境报关阶段

### (一)保税加工货物的进出境报关

加工贸易货物报关包括料件进口报关和成品出口报关。报关环节同一般进出口货物基本一致,也包含单证申报、陪同查验、缴纳税费(暂免)放行货物后提取或装运货物四个环节。但是,加工贸易企业在主管海关备案的情况下,在计算机系统中已生成电子底账,有关电子数据通过网络传输到相应的口岸海关,因此,企业在口岸海关报关时提供的有关单证内容必须与电子底账数据相一致。也就是说,报关数据必须与备案数据完全一致,一种商品报关的商品编码号、品名、规格、计量单位、数量、币制等必须与备案数据无论是在字面上还是计算机格式上都完全一致。只要在某一方面不一致,报关就不能通过。要做到完全一致,首先必须做到报关数据的输入十分准确。

加工贸易保税货物进出境由加工贸易经营单位或其代理人申报。加工贸易保税货物进出境申报必须持有"加工贸易登记手册"或其他准予合同备案的凭证。

加工贸易保税货物进出境报关的许可证件管理和税收征管要求如下。

1.关于进出口许可证件的管理规定

进口料件,除"易制毒"化学品、监控化学品、消耗臭氧层物质、原油、成品油等个别规定商品外,均可以免予交验进口许可证件。

出口成品,属于国家规定应交验出口许可证的,在出口报关时必须交验出口许可证。

2.关于进出口税收征管的规定

准予保税的加工贸易料件进口,暂缓纳税。加工贸易项下出口应税商品,如系全部使用进口料件加工生产的产(成)品,不征收出口关税。加工贸易项下出口应税商品,如系部分使用进口料件、部分使用国产料件加工的产(成)品,则按海关核定的比例征收出口关税。

加工贸易货物出口关税的计算公式为:出口关税=出口货物完税价格×出口关税税率×出口产(成)品中使用的国产料件和全部料件的价值比例。

### (二)其他保税加工货物的报关

其他保税加工货物是指履行加工贸易合同过程中产生的剩余料件、边角料、残次品、副产品和受灾保税货物。

1.剩余料件

剩余料件是指加工贸易企业在从事加工复出口业务过程中剩余的可以继续用于加工制成品的加工贸易进口料件。

2.边角料

边角料是指加工贸易企业从事加工复出口业务,在海关核定的单耗标准内,加工过程中产生的,无法再用于加工该合同项下出口制成品的数量合理的废、碎料及下脚料。

3.残次品

残次品是指加工贸易企业从事加工复出口业务，在生产过程中产生的有严重缺陷或者达不到出口合同标准，无法复出口的制成品(包括完成品和未完成品)。

4.副产品

副产品是指加工贸易企业从事加工复出口业务，在加工生产出口合同规定的制成品(主产品)过程中同时产生的，且出口合同未规定应当复出口的一个或一个以上的其他产品。

5.受灾保税货物

受灾保税货物是指加工贸易企业从事加工出口业务中，因不可抗力原因或其他经海关审核认可的正当理由造成损毁、灭失、短少等导致无法复出口的保税进口料件和加工制成品。

对于履行加工贸易合同中产生的上述剩余料件、边角料、残次品、副产品、受灾保税货物，企业必须在手册有效期内处理完毕。处理的方式有内销、结转、退运、放弃、销毁等。除销毁处理外，其他处理方式都必须填制报关单报关。

6.内销报关

保税加工货物转内销根据《国务院关于促进加工贸易创新发展的若干意见》(国发〔2016〕4号)、《国务院关于促进外贸回稳向好的若干意见》(国发〔2016〕27号)要求和国务院行政审批改革总体部署，在全国范围内取消商务主管部门对加工贸易合同审批和加工贸易保税进口料件或制成品转内销审批，各级商务主管部门不再签发《加工贸易保税进口料件内销批准证》，建立健全事中事后监管机制。加工贸易企业应办理正式进口报关手续，缴纳进口税和缓税利息。

(1)关于征税的数量

①剩余料件和边角料内销：直接按申报数量计征进口税。

②制成品和残次品：根据单耗关系折算出料件耗用数量计征税款。

③副产品：按报验状态计征进口税。

(2)关于征税的完税价格

①进料加工：(进口料件、制成品、残次品)内销时——根据料件的原进口成交价格为基础确定完税价格。

②来料加工：(料件、制成品、残次品)内销时——以接受内销申报的同时或大约同时进口的与料件相同或者类似的货物的进口成交价格为基础确定完税价格。

③加工企业内销加工过程中产生的副产品或者边角料——以内销价格作为完税价格。经批准允许转内销的加工贸易保税货物属进口许可证件管理的，企业还应按规定向海关补交进口许可证件；申请内销的剩余料件，如果金额占该加工贸易合同项下实际进口料件总额3%及以下且总值在人民币1万元(含1万元)以下的，免审批，免交许可证件。

## 拓展资料

保税加工货物内销“集中申报”(即先销后税)。经批准适用“集中申报”(即先销后税)的企业，可在手册备案范围内先行内销保税料件及制成品，并在内销当月内(最迟于次月

15日前)集中办理内销缴税的申报手续。企业需要事先向海关提交《集中办理内销纳税手续情况表》进行备案。高级认证企业及一般认证企业无须提供担保;一般信用企业须提供有效担保,可采用海关保证金或有效期内银行保函两种形式。保证金计算方法:企业保证金(保函)金额=企业计划月内销纳税金额×50%,其中,企业计划月内销纳税金额=企业计划月内销货物金额×企业申请时汇率×综合税率(22%)。但是,一般信用企业租赁厂房或者设备的、加工贸易手册两次或者两次以上延期,或主管海关有理由认为企业存在较高风险的,海关可视风险程度要求企业缴纳相当于企业月计划内销纳税金额的全额保证金(保函);内销后,应及时填写《集中办理内销纳税手续发货记录单》,并在当月月底前,在加工贸易手册有效期以内,向主管海关集中办理《加工贸易内销征税联系单》。涉及许可证件管理的内销商品,应当取得相应许可证件后,向海关办理内销集中申报手续。

2.结转报关

加工贸易企业可以向海关申请将剩余料件结转至另一个加工贸易合同生产出口,但必须在同一经营单位、同一加工厂、同样的进口料件和同一加工贸易方式的情况下结转。

加工贸易企业申请办理剩余料件结转时应当向海关提供以下单证。

(1)企业申请剩余料件结转的书面材料。

(2)企业拟结转的剩余料件清单。

(3)海关按规定需收取的其他单证和材料。

海关依法对企业结转申请予以审核,对不符合规定的应当做出不予结转决定,并告知企业按照规定将不予结转的料件退回境外、征税内销、放弃或者销毁;对符合规定的应当做出准予结转剩余料件的决定,并对准予结转企业将剩余料件结转到另一加工厂的,收取相当于拟结转料件应缴税款金额的保证金或银行保函(对海关收取担保后备案的手册或者已实行银行保证金台账实转的手册,担保金额或者台账实转金额不低于拟结转保税料件应缴税款金额的,可免收取保证金或银行保函),向企业签发加工贸易剩余料件结转联系单,由企业在转出手册的主管海关办理出口报关手续,在转入手册的主管海关办理进口报关手续。

加工贸易企业因合同变更、外商毁约等原因无法履行原出口合同,申请将尚未加工的剩余保税料件结转到另一个加工贸易合同项下加工复出口的,可以比照上述剩余料件结转的办法办理报关手续。

3.退运报关

加工贸易企业因故申请将剩余料件、边角料、残次品、副产品等保税加工货物退运出境的,应持登记手册等有关单证向口岸海关报关,办理出境手续,留存有关报关单证,准备报核。

4.放弃报关

企业放弃剩余料件、边角料、残次品、副产品等,交由海关处理,应当提交书面申请。

对符合放弃规定的,海关应当做出准予放弃的决定,开具加工贸易企业放弃加工贸易货物交接单。企业凭此在规定的时间内将放弃的货物运至指定的仓库,并办理货物的报关手续,留存有关报关单证准备报核。主管海关凭接受放弃货物的部门签章的加工贸易企业放弃加工贸易货物交接单以及其他有关单证核销企业的放弃货物。

5.销毁

被海关做出不予结转决定或不予放弃决定的加工贸易货物或涉及知识产权等原因，企业要求销毁加工贸易货物，可以向海关提出销毁申请，海关经核实同意销毁的，由企业按规定销毁，必要时海关可以派员监督。货物销毁后，企业应当收取有关部门出具的销毁证明材料，准备报核。

6.受灾保税加工货物的报关

对于受灾保税加工货物，加工贸易企业应在灾后7日内向主管海关书面报告，并提供以下证明材料，海关可视情况派员核查取证。

(1)商务主管部门的签注意见。

(2)有关主管部门出具的证明文件。

(3)保险公司出具的保险赔款通知书或检验检疫部门出具的有关检验检疫证明文件。

不可抗力受灾保税加工货物灭失，或者已完全失去使用价值无法再利用的，可由海关审定，并予以免税；不可抗力受灾货物需销毁处理的，同其他加工贸易保税货物的销毁处理一样；不可抗力受灾保税加工货物虽失去原使用价值但可再利用的，应按海关审定的受灾保税货物价格，按对应的进口料件适用的税率，缴纳进口税和缓税利息。其对应进口料件属于实行关税配额管理的，按照关税配额税率计征税款。

对非不可抗力因素造成的受灾保税加工货物，海关应当按照原进口货物成交价格审定完税价格照章征税，属于实行关税配额管理的，无关税配额证，应当按关税配额外适用的税率计征税款。因不可抗力造成的受灾保税货物对应的原进口料件，如属进口许可证件管理的，免交许可证件，非不可抗力造成的受灾保税货物对应原进口料件，应当交验进口许可证件。

## 三、后期核销结关阶段

### (一)报核和核销的含义

加工贸易合同报核，是指加工贸易企业在加工贸易合同履行完毕或终止合同并按规定对未出口部分货物进行处理后，按照规定的期限和规定的程序，向加工贸易主管海关申请核销要求结案的行为。

加工贸易合同核销，是指加工贸易经营企业加工复出口并对未出口部分货物办妥有关海关手续后，凭规定单证向海关申请解除监管，海关经审查、核查属实且符合有关法律、行政法规的规定，予以办理解除监管手续的海关行政许可事项。

### (二)报核的时间

经营企业应当在规定的期限内将进口料件加工复出口，并自加工贸易手册项下最后一批成品出口或者加工贸易手册到期之日起30日内向海关报核。经营企业对外签订的合同因故提前终止的，应当自合同终止之日起30日内向海关报核。

各种保税形式报核时间对比如表4-8所示。

表 4-8 各种保税形式报核时间对比

| 保税的种类 | 申请核销期限 |
|---|---|
| 保税储存 | 每月的 5 日前 |
| 保税加工(纸制手册)<br>以合同为管理单元 | 手册到期之日起或最后一批成品出运后 30 天内 |
| 保税加工(电子化手册)<br>以合同为管理单元 | 手册到期之日起或最后一批成品出运后 30 天内 |
| 保税加工(电子账册)<br>以企业为管理单元 | 180 天为一个报核周期,首次报核期限,电子账册建立之日起 180 天后的 30 天内;以后报核期限,从上次报核之日起 180 天后的 30 天内 |

### (三)报核的单证

加工企业在向海关报核时,应提供以下单证。

(1)企业合同核销申请表。

(2)加工贸易登记手册。

(3)进出口报关单。

(4)核销核算表。

(5)其他海关需要的资料。

### (四)报核的步骤

企业报核的步骤如下。

(1)合同履约后,及时将登记手册和进出口报关单进行收集、整理、核对。

(2)根据有关账册记录、仓库记录、生产工艺资料等查清此合同加工生产的"实际单耗",并据以填写核销核算表(产品的实际单耗如与合同备案单耗不一致的,应在最后一批成品出口前进行单耗的变更)。

(3)填写核销预录入申请单,办理"报核预录入"手续。

(4)携带有关报核需要的单证,到主管海关报核,并填写报核签收"回联单"。

### (五)海关受理报核和核销

海关对企业的报核应当依法进行审核,不符合规定不予受理的应当书面告知理由,并要求企业重新报核;符合规定的,应当受理。

海关自受理企业报核之日起 20 个工作日内,应当核销完毕,情况特殊的,可以由直属海关的关长批准或者由直属海关的关长授权的隶属海关关长批准延长 10 个工作日。

经核销情况正常的,未开设台账的,海关应当立即签发"核销结案通知书";经核销情况正常的,开设台账的,应当签发"银行保证金台账核销联系单",企业凭以到银行销台账,其中"实转"的台账,企业应当在银行领回保证金和应得的利息或者撤销保函,并领取"银行保证金台账核销通知单",凭以向海关领取核销结案通知书。

**拓展资料**

工单式核销是指加工贸易企业向海关报送报关单、报关清单数据，以及企业 ERP 系统(企业资源计划系统)中工单数据，海关以报关单对应的报关清单料号级数据和企业生产工单作为料件耗用依据生成电子底账，并根据料号级料件、半成品以及成品的进、出、耗、转、存的情况，对加工贸易料件、半成品以及成品进行核算核销的海关管理制度。简单地说，就让海关工作系统与企业 ERP 系统对接，实时采集企业相关数据进行料号级管理与核算，解决一些大型加工企业因料件、产品、品种规格比较多，产品设计与工艺经常变更，以至于生产的单耗变化比较频繁，难以及时、准确地向海关申报的这么一个难题。2015 年海关对一般信用以上且实行 ERP 管理的企业实行工单式核销。实施工单式核销的加工贸易企业应根据海关监管要求定期报送 ERP 系统中的工单数据。应在海关确定的核销周期结束之日起 30 日内完成报核。确有正当理由不能按期报核的，经主管海关核批可以延期，但延长期限不得超过 60 日。核销周期由主管海关按实际监管需要确定，最长不得超过 1 年。

海关将加工贸易企业核销期截止日的料号级实际库存数与辅助系统中的料号级法定计算库存数进行比对后，视情分别进行以下处理：(1)实际库存数多于法定计算库存数，且企业可以提供正当理由的，海关按照实际库存数确认当期结余；(2)实际库存数少于法定计算库存数，且企业可以提供正当理由的，海关按照实际库存数确认当期结余；对于短缺部分，海关应当责令企业办理后续补税手续，边角料按照实际报验状态确定归类并征税。实行工单式核销模式后，海关单次核销耗用的时间可由原来的 4～5 个月减少到 1 个月以内，核销差异率也比传统核销模式降低 2/3，大幅提高海关核销工作效率和核销准确性，同时还能减少核销核算中的人工参与程度，有效防范关员的执法与廉政风险。工单式核销更贴近企业生产管理的实际需求，降低备案不准确或变更不及时导致的核销差异。核销的差异可直接指向生产管理环节，促使内部管理更加规范到位，从而降低管理和人力方面的隐性成本。

# 第六节 加工贸易异地加工和深加工结转

## 一、加工贸易的异地加工

异地加工贸易，是指一个直属海关的关区内加工贸易经营企业，将进口料件委托另一个直属海关的关区内加工生产企业加工，成品回收后，再组织出口的加工贸易。

1. 开展异地加工贸易的有关规定

(1)经营单位(一般限于对外签约的外贸公司)和加工企业必须签订符合规定的“委托加工合同”。

(2)开展异地加工贸易应在加工企业所在地设立台账，由加工贸易经营企业向加工企业所在地主管海关办理合同备案手续。

(3)海关对开展异地加工贸易的经营企业和加工企业实行分类管理,如果两者的管理类别不相同,按其中较低类别管理。如需实行保证金台账“实转”的,应按规定由经营单位缴纳货物税款的保证金。经营单位不得委托D类企业开展加工贸易。

(4)异地加工贸易合同执行过程中,如发生走私违规行为或无法正常核销结案的,加工企业主管海关应负责将保证金转税或转罚款。有内销行为的应按规定予以补税及补征缓税利息。

2.办理异地加工贸易的步骤

(1)经营企业凭所在地商务主管部门核发的“加工贸易业务批准证”和加工企业所在地县级以上商务主管部门出具的“加工贸易加工企业经营状况和生产能力证明”,填制“异地加工贸易申请表”,向经营企业所在地主管海关提出异地加工贸易申请,经海关审核后,领取经营企业所在地主管海关的“关封”。

(2)经营企业持“关封”和合同备案的必要单证,到加工企业所在地主管海关办理合同备案手续。由加工企业向海关办理合同备案手续的,应持有经营单位出具的委托书。

(3)加工企业主管海关要加强对备案合同的后续监管,合同核销结案后一个月内,将合同执行情况填写《回执》,其中一联留存,另一联反馈给经营单位主管海关。发现合同执行过程中有异常情况的,应于发现之日起7个工作日填写《回执》,反馈给经营单位的主管海关。

## 二、加工贸易深加工结转

加工贸易深加工结转(转厂),是指加工贸易企业将保税进口料件加工的产品转至另一加工贸易企业进一步加工后复出口的经营活动。例如,加工易贸企业A从境外进口料件塑胶粒,在境内生产出半成品五金塑胶片,然后复出口核销。东莞另一加贸企业B从境外进口料件五金塑胶片,在境内生产出成品五金,然后复出口核销。A需出口核销的半成品刚好是B需进口的料件,通过转厂A就可以把五金塑胶片销售给B。在转厂过程中,A等于把五金塑胶片出口核销了,B等于从境外进口了五金塑胶片,B把A的五金塑胶片生

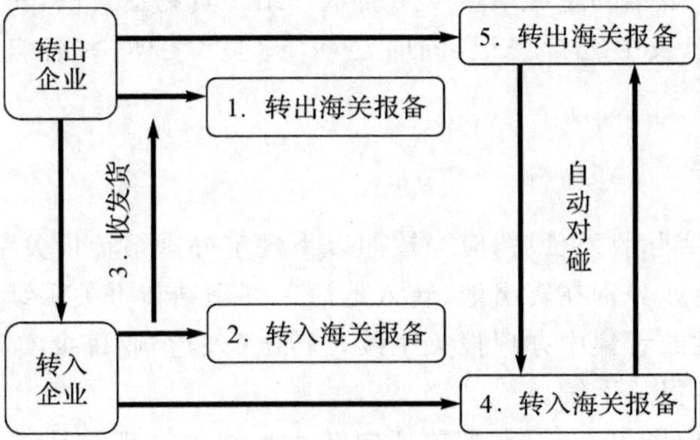


图4-1 深加工结转流程

产出成品五金后依然后出口核销。深加工结转操作灵活方便，转入企业可根据销售需要办理结转，在进货时间、求购数量上有较大的主动权，可以免去寻找境外进口商的麻烦，避免风险。而且转出企业可以利用其在进口上的优势，规模运作，而转入企业则具有出口优势来扩大免税进口料件的消化能力，实现利益的协调分配和效益的最大化。此外，开展加工贸易深加工结转，还能有效避开许可证限制，缓解出口退税压力。其程序分为计划备案、收发货登记、结转报关三个环节。

### （一）计划备案

加工贸易企业开展深加工结转，转入、转出企业应当向所在地主管海关提交加工贸易保税货物深加工结转申请表，申报结转计划。一份《申请表》只能对应一个转出企业和一个转入企业；一份《申请表》只能对应转出企业一本《加工贸易手册》，但可对应转入企业多本《手册》。结转双方填写的商品编号、数量、计量单位应当一致。

(1)转出企业在申请表(一式四联)中填写本企业的转出计划并签章，凭申请表向转出地海关备案。

(2)转出地海关备案后，留存申请表第一联，其余三联退转出企业交转入企业。

(3)转入企业自转出地海关备案之日起 20 日内，持申请表其余三联，填制本企业的相关内容后，向转入地海关办理报备手续并签章。转入企业在 20 日内未递交申请表，或者虽向海关递交但因申请表的内容不符合海关规定而未获准的，该份申请表作废。转出、转入企业应当重新填报和办理备案手续。

(4)转入地海关审核后，将申请表第二联留存，第三、第四联交转入、转出企业凭以办理结转收发货登记及报关手续。

### （二）收发货登记

转出、转入企业办理结转计划申报手续后，应当按照经双方海关核准后的申请表进行实际收发货。加工贸易企业开展结转的，应当按照海关规定填制《结转货物收发货单》，《结转货物收发货单》应当包括下列内容：(1)标注“保税结转货物”字样；(2)列明转出、转入企业名称、商品名称、规格、数量、收发货时间、收发货单编号等内容；(3)每批次收发货记录加盖经主管海关备案的企业结转专用名章。结转货物退货的，转入、转出企业应当将实际退货情况在登记表中进行登记，同时注明“退货”字样，并各自加盖企业结转专用名章。

### （三）结转报关

转出、转入企业实际收发货后，应当按照以下规定办理结转报关手续。

(1)转出、转入企业分别在转出地、转入地海关办理结转报关手续。转出、转入企业可以凭一份申请表分批或者集中办理报关手续。转出(入)企业每批实际发(收)货后，在 90 日内办结该批货物的报关手续。

(2)转入企业凭申请表、登记表等单证向转入地海关办理结转进口报关手续，并在结转进口报关后的第二个工作日内将报关情况通知转出企业。

(3)转出企业自接到转入企业通知之日起10日内,凭申请表、登记表等单证向转出地海关办理结转出口报关手续。

(4)结转进口、出口报关的申报价格为结转货物的实际成交价格。

(5)一份结转进口报关单对应一份结转出口报关单,两份报关单之间对应的申报序号、商品编号、数量、价格和手册号应当一致。

(6)结转货物分批报关的,企业应当同时提供申请表和登记表的原件及复印件。

## 拓展资料

2013年,烟台中集来福士采取电子账册进料加工贸易方式建造的目前世界上最大的超深水双钻塔半潜式钻井平台在海阳基地开工。该平台通过外发加工由海阳中集来福士建造船舶分段,烟台中集来福士负责完成整套钻井系统的安装及调试。烟台海关对该公司实行加工贸易联网监管。采取该模式后,企业不再需要逐合同来海关备案、核销,通过计算机网络足不出户就可向海关申领电子账册及办理进出口通关手续,有关料件、成品自动记入电子账册进行滚动核销,从而实现海关对加工贸易企业的"无干扰"监管。烟台海关为中集来福士建立首个山东省"海关特殊行业电子账册",通过这种新的监管模式,海关将企业的加工贸易进口料件分类为"主料""非主料"并实施不同的监管,加快了料件的核销周期。企业还可以享受成品出口后再申报单耗以及保税料件可在集团公司内部调拨等优惠措施。这不仅使海关监管模式与企业内部管理衔接的更为紧密,也有利于此类具有自主创新能力的企业开展保税加工业务,成为关企合作双赢、和谐发展的又一典范。

# 第五章　海关特殊监管的进出口货物通关

## 学习目标

了解海关对货样广告品、过境转运货物的相关监管规定；重点掌握海关对无代价抵偿进口货物、展览品以及国际(地区间)租赁货物的监管。

## 海关案例

2001年5月11日，上海A公司邀请境外一无线电设备生产厂商到上海展览馆展出其价值100万美元的无线电设备，并委托上海某展览报关公司C办理一切手续。C公司填写“进口货物报关单”一式三份，注明“暂准进口货物”，并附有中国商检机构的检验证书及有关批文，向上海海关申报。上海展出4个月，获得很好反响。所以决定把设备运到杭州展出。9月15日，上海A公司即将设备运往杭州展出，展览1个月后，展品在杭州海关申请复运出境，但是有20万的货物遗失。杭州海关在审核原进口货物报关单时发现该货物变更展出地点并未经上海海关许可。因此，海关对上海A公司作出行政处罚并要求对遗失的20万货物交纳关税。当事人认为暂准进口货物属于非贸易性的货物，并不是涉外加工货物，所以不必受到海关的严格监管，同时因为该货物仅是在境内遗失，并没有用于生产或消费，所以不应交纳关税。因此对处罚决定不服，申请复议。

## 第一节　货样广告品

进出口货样是指进出口专供订货参考的货物样品，广告品是指进出口用以宣传有关商品内容的广告宣传品。货样广告品由于品种单一，数量零星，如果严格按照我国进出口货物管理规定实施监管，必然加大海关监管业务量。本着有利于合法进出口和有效监管的目的，对进出口货样和广告品的进出口采用特殊的处理方式。

## 一、海关监管规定

目前,我国海关对进出口货样广告品分以下两种情况监管。

1. 无进出口经营权的单位

经海关审核,凡品种单一,数量合理,且价值在人民币1000元以下的(含1000元,以每批货样计)进出口货样,无论该商品是否实行许可证管理,一律免领许可证。海关凭进出口货样单位的主管部门出具的证明和其填写的报关单验放。

经海关审核,数量不合理或价值在人民币1000元以上的进口货样,属许可证管理的,应按规定申领进口许可证;不属许可证管理的,海关凭经贸管理部门审批证件和其填写的报关单验放。

出运价值在人民币1000元以上的货样,不论该商品是否实行出口许可证管理,一律申领出口许可证。为方便业务,该商品无论属于哪一级发证的,一律由出运货样单位所在地省级发证机关核发出口许可证(中央单位仍在经贸部配额许可证事务局领证),出口许可证上必须注明"样品"字样。

2. 有进出口经营权的单位

进出口非许可证管理的货样,经海关确认,品种单一,数量合理,无论价值大小,海关凭其填写的报关单验放。进出口属许可证管理的货样,经海关审核,品种单一,数量合理,每批货样价值在人民币1000元以下者(含1000元),免领许可证,海关凭其填写的报关单验放。对进口价值在人民币1000元以上者,属许可证管理的货样,均应按规定申领许可证。

上述实行出口许可证管理,且价值在人民币1000元以上至5000元(含5000元)的货样,应申领许可证。为方便业务,该商品无论属哪一级发证,一律由领证单位所在地省级发证机关核发出口许可证,许可证必须注明"样品"字样。价值在人民币5000元以上的货样,应当按正常贸易管理规定办理出口许可证。

## 二、进出口货样和广告品需办理的海关手续

进出口的货样和广告品,不论是价购还是外商免费提供的,均应由接收和发送单位或其代理人(或携运人)向海关申报。属于国家禁止进出口或者限制进出口、实行许可证管理的商品,除经海关批准外,均应按照国家有关管理规定向海关交验进出口许可证。不属于上述商品范围的货样、广告品,属于经国家批准有权经营进出口业务的公司和企业进出口的,海关凭其填写的进出口货物报关单查验放行。其他单位进出口的,经海关审核,数量合理且价值在人民币1000元以下(含1000元)的,海关凭其主管部门出具的证明和其填写的进出口货物报关单查验放行。经海关审核,数量不合理或价值在人民币1000元以上的,海关凭经贸管理部门审批证件和其填写的进出口货物报关单查验放行。

对暂时的进出口货样和广告品,要求在6个月内复运进出境,如果未能在6个月内复运进出境,应向进出境所在地海关申报,由海关收取相当于应征税款的保证金后放行,物品复运进出境时予以退还。

## 三、征税规定

如果进出口货样和广告品经海关审核数量合理，且每次总值在人民币400元以下(含400元)的，准予免征关税和其他国内税。每次总值在人民币400元以上的，征收超出部分的关税和其他国内税。

凡进出口货样和广告品符合下列情况，经海关审核数量合理的，不论价值大小，准予免征关税和其他国内税。如无商业价值和其他用途的单只鞋袜、小块布样、纸样、商品说明书、导游手册等；用于分析、化验、测试品质并在上述过程中消耗掉的；属于来样或去样加工的。

但下列进出口的货样广告品，不论价值大小，除海关另有规定者外，均应照章征收关税和其他国内税，包括各种机动车辆、自行车、手表、电视、录音机、收录机、电唱机、照相机、家用缝纫机、洗衣机、复印机、空调机、电风扇、吸尘器、音响组合、录像设备、摄影机、放大机、放映机、计算机、电子计算机、电子显微镜、电子分色机以及上述物品的主要零部件。

经海关免税放行的进出口货样和广告品，有关单位如需出售、转让或移作他用，应事先报海关批准，并且按章补缴关税和其他国内税。禁止假借货样和广告品的名义，非法进出口货物和个人物品。

# 第二节　无代价抵偿进口货物

## 一、无代价抵偿货物的含义

无代价抵偿进口货物是指进口货物在征税放行后，发现货物残损、短少或品质不良，而由国外承运人、发货人或保险公司免费补偿或更换的同类货物，也就是平常所说的索赔进口货物。无代价抵偿货物有以下基本特征。

1. 执行合同的过程中发生的损害赔偿

即买卖双方在执行交易合同的过程中，相关进口当事人根据货物损害的事实状态向对方请求偿付，而由对方进行的赔偿。对于违反进口管理规定而索赔进口的，不能按无代价抵偿货物办理进口。

2. 进口货物已经海关放行

即被抵偿进口的货物已办理了进口手续，并已按规定缴纳了关税或者享受减免税的优惠，经海关放行之后，发现损害而进行索赔。

3. 无代价抵偿货物仅抵偿直接损失部分

根据国际惯例，除合同另有规定者外，抵偿一般只限于在成交商品所发生的直接损失方面(即残损、短少、品质不良等),以及合同规定的有关方面(如对迟交货物的罚款等)。所发生的间接损失(如因设备问题发生的延误投产所造成的损失),一般不包括在抵偿的范围内。

4.抵偿具体形式规定

如补缺,即补足短少部分;更换错发货物,即退还错发货物,换进应发货物;更换品质不良货物,即退还品质不良货物,换进质量合格的货物;贬值,即因品质不良而削价补偿;补偿备件,即对残损的补偿,由相关进口当事人用备件自行修理;修理,即将残损的原货退运境外修理后再进口。

根据上述特征,被抵偿部分已实际进口,因发现有直接损失,而由境外发货人以不同方式加以赔偿,以此认定无代价抵偿进口货物。

## 二、认定无代价抵偿进口货物的依据

海关在确认无代价抵偿货物时,还要求无代价抵偿进口货物性质的鉴别凭据必须齐全,防止将一般进口货物伪报为无代价抵偿进口货物以骗取免税、免证优惠。认定无代价抵偿进口货物的依据主要有以下几个方面。

1.原进口货物报关单

即被抵偿货物进口时向海关填报的进口货物报关单,它是鉴别是否为抵偿进口货物的主要依据,是反映被抵偿货物进口情况的原始资料。

2.商检证明或买卖双方会签的记录

商检证明是由商检机构应收、用货单位检验申请,在复验后出具的;双方会签记录是货物放行进口后,经境外来人与我方共同开箱检验或在指导安装,负责调试时发现问题,而由双方现场代表会签的记录。这两种凭证是鉴别抵偿进口商品的重要条件。

3.买卖双方签订的抵偿协议

抵偿协议是买方向卖方提出索赔请求,卖方接受以相当价值货物赔偿或补偿的书面协议。

海关在认定无代价抵偿进口货物的性质时,原则上必须同时收取以上三种资料并进行审查。

## 三、确定无代价抵偿进口货物的征、免税界限

确认无代价抵偿进口货物的性质涉及两方面意义:一是能否合法进口;二是能否获得免税待遇。

原进口货物短少,对短少部分已征税款,或者原进口货物因质量原因已退运境外,或已放弃交由海关处理,而原征税款又未退还的,所进口的无代价抵偿货物可以免税。

原进口货物若不退运境外,又未放弃交由海关处理,其进口的无代价抵偿货物应分别按下列规定确定关税的征免:机器、仪器或其零部件残损或品质不良等进口的抵偿货物,可免予征税。机器、仪器和其他货物残损或品质不良,境外同意削价并补偿进口部

分货物的品名、规格相同，并且价值不超过削价金额，对这部分进口抵偿货物，可免予征税。对车辆、家用电器、办公用品、其他耐用消费品及其零部件残损或品质不良，对此类抵偿进口货物也可免税。但对留在境内的原货，应视其残损程度估价征税。进口的抵偿货物若需征税，一律由进口地海关按原货物进口日期所实行的税率和外汇牌价补征税款。

在具体确定征、免税界限时，海关监管重点审查以下四个界限。

1. 应注意原进口货物（即被抵偿货物）是否免税或已税

原本免税或已税又未退税的，才能按上述征免规定对无代价抵偿进口货物给予免税。确定时应查验免税或已税凭证。

2. 要注意原进口货物是否已退运或放弃交海关处理

已退运或放弃处理可以免税；未退运或未放弃处理的则在更换或在削价金额内或对原货估价征税的条件下给予免税。退运依据是退运出口报关单，放弃依据是放弃报告书及海关开具的收据。

3. 注意削价补偿进口的货物是否在限额内

无代价抵偿进口货物若残损或品质不良，国外同意削价并补偿进口部分类似货物是有金额限制的，在其限额内可以免税（但车辆、家用电器、办公用品，其他耐用消费品及其零部件作为削价处理的，必须先视原货残损程度估价征税）。补偿金额或削价金额体现在抵偿协议中。

4. 要注意是否退运境外处理

若退运境外修理后进口，则可按无代价抵偿进口办理进口手续并予免税。确定其是否为退运境外修理的原进口货物的依据，是退运境外时海关签章的出口报关单。

## 四、海关监管验放的手续

无代价抵偿货物进口时，收货人应在进口货物报关单的贸易性质栏内填明为“无代价抵偿货物”，并附上原进口货物报关单、税款缴纳证和商检证书或与境外发货人签订的索赔协议。对原货已退运境外的，还应附有经海关签章的出口货物报关单。如无代价抵偿货物进口时不向海关报明，或虽报明但所附单证不齐，不足以证明为无代价抵偿货物时，海关按一般进口货物处理。

无代价抵偿进口货物属于国家限制进口商品的，若与原进口货物在品名、数量、价值及贸易性质等方面完全一致，则可以在原进口货物退运出境的条件下免予申领许可证。但若原货未退运出境的，则应补办许可证。

向海关申报办理无代价抵偿货物进出口手续的期限是原进出口合同规定的索赔期，而且不超过从原货物进出口之日起 3 年。

# 第三节 展览品

展览品是指境外来华或我方为到境外举办经济、贸易、文化、科技、机器装备展览或参加展览会而运进、运出的展览品，以及有关的宣传品、布置品、招待品、小卖品和其他物品。随着我国改革开放的不断深入，对外经济贸易的不断发展，来华和去境外举办的经济贸易展览及国际科学技术交流活动日益增多，我国对展览会及展览品制定了一系列管理规定。因而对进出口展览品和技术交流品的监管就成为海关的一项重要任务。

## 一、展览会的种类及审批

展览会分为经济贸易展览会、国际（地区间）科学技术会议和国际（地区间）科技展览会。

### （一）经济贸易展览会审批规定

由中国国际展览中心举办的展览会，报中国国际贸易促进委员会审批。其他有举办来华展览经营权的公司（企业）及外贸总公司、工贸公司举办的展览会由经贸部审批。各外贸总公司、工贸公司为配合进口订货举办的、展出场地面积在500平方米以下的小型技术交流会、境外样品展示会，由公司自行审批。地方国际贸易促进委员会分会及其所属展览公司（中心）和经贸部及其授权单位批准的，有举办来华展览会经营权的公司（企业）举办的展览会，由主办单位报各省、自治区、直辖市及经济计划单列市人民政府或其授权单位审批。

### （二）国际（地区间）科学技术会议和国际（地区间）科技展览会审批规定

举办国际（地区间）科学技术会议，应由会议主办单位所属的省、自治区、直辖市、经济计划单列市人民政府或国务院部、委、直属机构审核，再报国家科委审批。地方项目经各省、自治区、直辖市、经济计划单列市人民政府同意后，报国家科委审批。中国科学院、中国科协所属的研究所、学会举办国际（地区间）科技会议，分别由中科院、科协审核后报国家科委审批。展览面积在1000平方米以上的国际（地区间）科技展览会，应报国家科委审批，展览面积小于1000平方米的，可由主办单位所属的主管部门审批。

国际（地区间）科技展览会一般包括三类：介绍国外（地区间）科学和新技术的图书、样品、仪器和设备，以技术交流为主要目的的展览会；国际（地区间）会议附设的展览会；为配合国内发展新兴技术、高科技产业和引进先进设备及工艺而举办的展览会。

### （三）台湾在大陆举办的展览会审批规定

举办台湾经济贸易展览会及在国际（地区）性展览活动中为台湾技术产品提供展位，

一律由商务部审批。台湾在大陆的广告业务，由指定广告公司受理申请，接受委托，并报商务部审批，经批准后承办安排代理业务。台湾科技团体、公司、企业等来大陆参加或与有关单位在大陆联合举办科技展览会，展览面积在1000平方米以下的，应报国务院各有关部委或省、自治区、直辖市局级以上主管单位批准，展览面积在1000平方米以上的，由国家科委审批。

### （四）到境外举办展览会审批规定

赴北美、西欧、澳大利亚、日本、泰国、新加坡、独联体国家、古巴、东欧国家、中国香港、中国澳门等地举办经济贸易展览会（包括展销会、洽谈会），或参加在上述国家或地区举办的国际（地区间）展览会，由商务部审批。

赴未与我国建交的国家举办展览会，或参加国际（地区间）博览会，由各主管审批单位统一向外交部办理申请和审核。

以省、自治区、直辖市及计划单列市名义，在其他国家或地区（不含上述所列国家或地区）举办展览或参加国际（地区间）博览会，由各省、自治区、直辖市人民政府的经贸部门自行审批。

以国家名义在境外举办展览会或参加国际（地区间）博览会，必须由中国国际贸易促进委员会组织并报商务部、外交部再报国务院审批。中国国际贸易促进委员会组织在境外其他国家或地区（不含上述所列国家或地区）举办1000平方米以下的展览会或参加国际博览会，由中国国际贸易促进委员会自行审批。行业系统在境外举办展览会或参加国际（地区间）博览会，由商务部审批。

### （五）国际（地区性）科学技术展览会审批规定

对到境外举办或参加规模在1000平方米以上的科技展览会，应由国务院审批。对到境外举办或参加规模在1000平方米以下的科技展览会，应由国家科学技术委员会于1998年改名为中华人民共和国科学技术部批准。

## 二、在中国举办展览会的展出单位和代理人的责任

《中华人民共和国海关对进口展览品监管办法》中所称的展出单位或者代理人是指境外来华举办展览会的组织者和委托的展览品运输代理人。该《办法》规定，展出单位或者代理人应当按照规定向海关办理有关进口展览品的手续，即确认展出单位或者代理人为法定报关人。根据这一规定，报关人应当在展览品进口前，将展出单位的委托书及具体承办人的签字样本送交海关备案，经海关确认后，向海关办理有关事宜。

在有多国（地区）参加的展览会中，特别是有政府展团参加的展览会中，政府展团和一些其他展团往往要求自行委托代理人，如展团通过本国（地区）驻华外交机构提出自行委托代理人，有关展团必须征得展览会中方举办者的同意。海关凭展览会中方举办单位的同意函件予以认可，并向有关代理人收取委托书及签字样本。

海关应当派员驻展览场所，执行监管任务时展出单位（或者接待单位）应当提供办公场所和必需的办公设备，经展出单位申请和海关同意派员到非监管区执行监管任务时，展出单位（或接待单位）应当提供交通、住宿及办公方便，海关按有关规定收取费用。

## 三、展览品境内承运单位及其责任

展览会招展成功后，展出单位需要委托展览品运输代理人。从以往情况看，展览品运输代理人多数由境外的运输公司担任，而这些代理人又必须委托境内有对外运输权的企业负责对境内段展览品的运输事宜。这一委托通常采取协议的方式。

境内有对外运输权的企业同展览品运输代理人签订协议后，负责或者协助展览品运输代理人，办理展览品的报关、提取、运达展览场地、进馆、撤馆以及回运展览品的存放、报关、运输等工作。

承担境内段运输代理的境内有关企业，应当于展览品进口前，将同展览品运输代理人所签的协议（副本）送交展出地海关备案。海关除审核协议外，必要时还应审核企业的经营范围、是否经批准有权代办报关和展览品运输业务。经审核无误后，海关按照规定给予办理有关手续。

## 四、对进出境展览品的监管

### （一）入境展览品的申报

展览品进境之前，主办单位应交验批准文件和展品清单，清单上需列明展览品名称，展览品摆放台号、规格、重量、数量、价值以及盛放的箱号、唛头等，清单应按顺序编号装订成册。展览品中涉及动植物检疫的，入境地海关应该核验检疫部门的检疫证明。展览品进境时，进境地海关监管应到展览场所进行核验。若在其他口岸入境，入境地海关应按照“转关运输”手续，转由展出地海关监管。

海关派员驻展览场所执行监管任务时，展出单位（或接待单位）应提供办公处所和必需的办公设备。驻会海关关员巡视展场，展览期间场内一切展品属于海关监管货物，未经海关批准，不得擅自移出、出售或转让。展览品因故需要移出展览场所的，应当先报经海关核准。对于零星入境的展览品，可由主办单位向海关驻会关员递交提货申请书，由驻会关员签交报关人员呈口岸海关，并按“转关运输”手续转到展览现场。

对于规模不大、品种简单的展览会或技术交流会的展品，海关也可以按暂时进口货物对待，收取保证金，只负责事先查验和事后封箱，展出期间不必派员驻场监管。目前，进出境的展览品可以凭 ATA 单证册通关。

## 拓展资料

### ATA单证册

ATA(由法文 Admission Temporaire 与英文 Temporary Admission 的首字母组合而成,表示暂时进口)单证册,使暂时进口货物可以凭 ATA 单证册,在各国(地区)海关享受免税进口和免予填写境内报关文件等通关便利,因此,ATA 单证册又被国际(地区间)经贸界称为货物护照和货物免税通关证,是国际(地区间)广泛使用的一种海关文件。这一国际(地区间)海关制度自1963年投入实施以来,受到了商务界的普遍欢迎,年度签发量和所涉货物金额不断增长。我国从1998年开始实施 ATA 单证册制度,成为第52个正式成员。经国务院授权,海关总署批准,我国 ATA 单证册的签发和担保工作由中国贸促会/中国国际商会承担。一份 ATA 单证册一般由8页 ATA 单证组成:一页绿色封面单证、一页黄色出口单证、一页白色进口单证、一页白色复出口单证、两页蓝色过境单证、一页黄色复进口单证、一页绿色封底单证。

正常使用和未正常使用情况下 ATA 单证册申请流程如图5-1、图5-2所示。

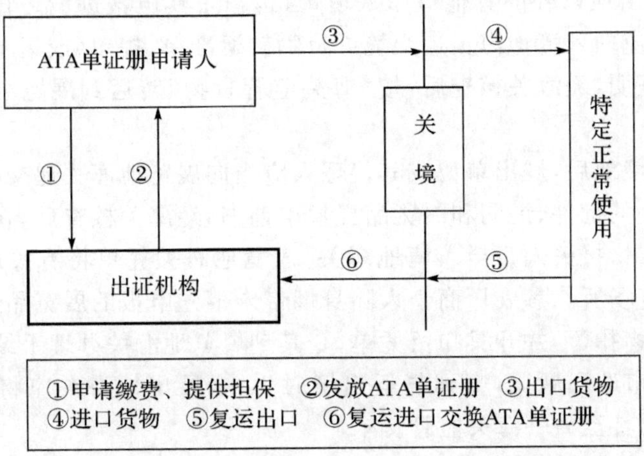


图5-1　正常使用情况下 ATA 单证册申请流程

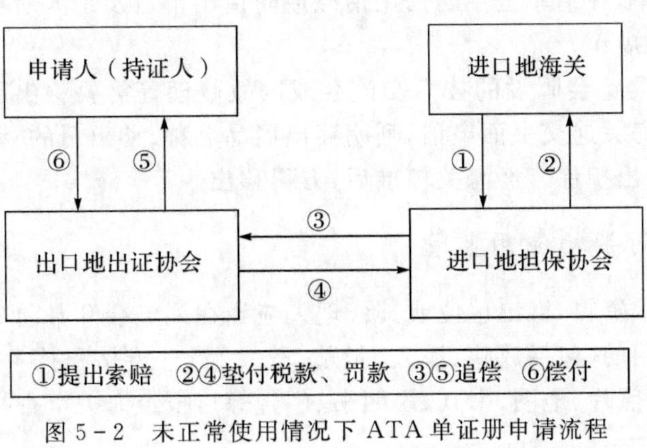


图5-2　未正常使用情况下 ATA 单证册申请流程

### （二）入境展览品的查验

展品运到展览场所，主办单位应及时通知海关。海关凭展品清单对展品的起卸、布置等环节进行核对查验。海关查验时，展出单位或其代理人应当在场。其中专业性较强、数量较大的待审核品，可委托我方有关部门审查。在展览期间表演用的无线电通信器材，应核验无线电管理委员会的批准证件。

### （三）展览品的复运出境

展览会结束后，进境展品应原状复运出境。复运出境时，展出单位或其代理人需向海关递交境外货物转运准单和装载清单。驻会关员应结合展品装箱环节，重点核对查验，并将展览品的留购、散发、消耗、放弃及出境等情况在展览品清单上批注。

展览结束后若有留存境内不复运出境的展览品，应区别出售、赠送、放弃和消耗等不同情况，办理相应的海关手续。展览品满 3 个月仍未复运出境又未申请延长期限的，应按规定处理。

### （四）展览品入境转关运输

展览品若从展出地以外的其他口岸入境，自运输工具申报进境之日起 14 日内，展出单位或者其代理人应向入境地海关递交境外货物转运准单、提单（或运单）、续运的装载清单和必要的批件、证明，经海关核查后，按“海关监管货物”转运到展览会所在地口岸或展览场所。

展览品到达入境地后，展出单位或其代理人应当向展览地海关递交提单（或运单）、续运的装载清单、必要的批件、证明和展览品提货申请书，经海关核查后，在展览品提货书上批注签字并制作关封，报关人带至入境地海关，入境地海关凭单将有关展览品按“海关监管货物”转运到展览场所。参展厂商个人随身携带未事先申报的展览品入境，入境地海关原则上应将有关货物扣留，并开具扣留凭单，令其到展览地海关办理手续。

在境内几个城市巡回展览，直到复运出境时为止，展出地海关应将有关单据施加关封，按转关运输货物转至另一海关监管。

参展厂商在展览会上若向中方单位或个人借用物品参加展览，展览品运输代理人应向海关出具物品清单，在清单上注明借用情况或附借出单位及个人所在单位的证明，经海关核准后，凭此进出展馆。

展览品因参加展览会附设的技术交流会或因故修理等需要移出展览场所时，展览品运输代理人必须向海关递交书面申请，列明移出展品名称、移出目的、移出地点、移出时间及返回时间等，并做出担保。经海关核准后，方得移出。

### （五）展览品附带物使用监管

对宣传品和技术资料，展出单位或其代理人应当在展览会开幕前 1 个月，将准备在展览会上展出或者使用的（包括放映、播放、张贴、散发等）宣传品和技术资料（包括影片、幻灯片、录音带、唱片、照片、地图、书刊、说明书、广告等），报经海关审查批准后，方可展出或使用。对我国政治、经济、文化、道德有害的宣传品和技术资料，海关视具体情况予以处理。危害程度严重的或者无法更改的，不得展出或使用，海关根据情况或予以没收，或责令其退运出境；危害程度一般的，海关责令展出单位进行更改，经海关确认更改有效后，方可展出或者使用。

对用于展览会开幕、闭幕和其他有关活动而举行的招待会，需要入境的烟、酒、饮料、食品等，展出单位或者有关单位必须通过展览品运输代理人向海关提出书面申请，列明使用物品的品名、数量、箱号等，经海关审查同意后，可以免税使用。展团人员在展览场所内使用进口展览品的烟、酒、饮料、食品等，海关不予限制，对有关物品可按消耗物品结案。烟、酒、饮料、食品等展览品，不得转让、出售或移作他用，否则，海关将按规定没收有关物品。

对展方在展览会上散发给观众或者赠送给工作人员的零星纪念品、演示品等，有关方面必须通过展览品运输代理人事先向海关提出书面申请，列明物品品名、数量、价格、原箱号等，并随附实物样品一件，由海关进行审查。其中，对超过规定价值的、国家限制进口的物品，如计算器、钟、表、电子表、笔等，海关将按照规定照章征税（其他物品，可予免税）。上列物品经海关审查同意并征税后，方可使用。若有关方面不同意纳税，有关物品必须退运出境。

为在展览会附设的小卖部出售给参观者而运进的小商品，展出单位应向海关交验中华人民共和国对外经济贸易部签发的许可证件、填制进口货物报关单、提供发票和装箱单，并按章缴纳税款后，方可出售。

### （六）入境展览品的处理

展览会闭幕后，展出单位（或接待单位）应当按照先境外后境内或者境外境内分道的原则，安排撤馆，以防止境内外展览品的混淆，参展厂商随身携带的零星展览品出境，由展览品运输代理人代为办理海关手续，海关将有关物品登记在出境申报单或回乡证上，并加封物品，交由参展商携至出境地海关办理出境手续。事后，展览品运输代理人应在展览品清单上注明情况，经海关核销结案。借用物品凭进馆时经海关核准的物品清单办理出馆手续。展览品运输代理人应当在展览会闭幕之后的10天内，将全部展览品的处理情况逐项注明在展览品清单中，并送交海关。

若展品出售，则必须在展览品清单中报明买方单位名称和合同号码，向海关出具一份有全部合同号码的清单，并随附展览会分管业务机构的确认书。海关按规定办理手续后，开具出证放行货物。出售给我国外贸进出口公司及其他单位有权经营进出口业务的，由公司或有关单位向海关办理手续。出售给外国驻华机构、外交官或其他外国驻华机构或人员的，由有关机构或人员向海关办理手续。出售给其他中方单位或个人的，由展出单位向对外经济贸易管理部门申领进口许可证，海关凭证征税放行。

赠送的展品必须在展览品清单中报明受赠对象名单，并向海关出具一份列有全部受赠对象名单、物品品名、原箱号和相应清单编号的详细清单，随附展览会组织方的确认书。赠送的展览品，由受赠方向海关办理手续。海关按规定办理手续后，开具出口证放行货物。

复运出境的展览品必须在展览品清单中报明回运地、运输方式、回运箱号及原箱号，并向海关递交展览品回运委托书及回运展品清单。所递交的清单应当与展览品清单中的申报情况相一致。在办理展览品回运手续时，报关人必须填制境外货物转运准单，并附回运展览品装载清单递交海关，经海关审核无误后，按"海关监管货物"办理回运手续。复运出口的展览品，海关有权进行查验。应当在展览会闭幕之日起3个月内复运出境，因故不能按期复运出境的，有关单位应当向海关书面申请展期，说明原因，并提出展期时间，经海关同意后予以展期。对无故不按期复运出境的，海关将根据《中华人民共和国海关法》的有关规定进行处理。

若转到下届展览会的展览品，两届展览会相隔不得超过3个月，下届展览会必须得到有关部门批准，并经主管海关同意备案，有关展览品始得转移。符合上述条件的，展览品运输代理人必须在展览品清单中报明有关展览会、技术交流会、陈列会等的名称、举办日期、举办地点等。必要时，必须提供有关的批件副本和经有关海关同意的证明等。在办理展览品转移手续时，属于在我国其他地区举行的，海关按其监管货物的规定办理转运手续；属于仍在原地区续展的，报关人应当向海关出具保函，有关展览品必须存放在海关同意的仓库场所，必要时海关可将展品加封。转移到技术交流会或陈列会等地点的展览品，亦按此原则办理。

对展览会中正常消耗的展品，报关人应在展览品清单中予以报明，经海关审查确属消耗性物品的，可予结案，非消耗性物品不得申报消耗。放弃的展品必须在展览品清单中报明。目前，放弃的展品一般由展览会的中方主办单位或接待单位接收处理。有关单位在接收放弃的展览品前，应向海关提交接收物品清单，列明物品品名、规格数量、价值。海关对照展览品清单进行审核，必要时对实物进行清点核实后，根据物品的实际情况折价，照章征税结案。申报放弃而接收单位没有接收到的物品，由展览品运输代理人向海关承担责任。

以2006年杭州世界休闲博览会的进口展品、货物海关监管为例，杭州海关专门就进口展览品、货物监管服务的问题制定了有关规定，海关在世界休闲博览会主会场内设立了办公场所，用于办理海关手续，对进口的展品按暂时进口货物进行监管，实行随到随验，随验随放。并且详细规定了展览品的种类和包括范围，对进口展览品的申报和参展、核销和复运出境的手续也进行了严格的规定，例如在数量和总值合理的范围内，根据世界休闲博览会展会活动的实际情况对下列进口后不复运出境的货物，免征进口关税和进口环节税：

(1)在展出活动中能够代表国外(境外)货物的小件样品，包括原装进口的或在参展期间用进口的散装原料制成的食品或饮料(不含酒精)的样品，应符合以下条件：①由参展商免费提供并在展出期间免费分送给观众个人使用或消费的。②明显系单价很小做广告样品用的。③不适用于商业用途，且单位容量明显小于最小的零售包装容量的。④食品及饮料的样品虽未按本项③款规定的包装分发的，但确系在活动中消耗掉的。

(2)在世界休闲博览会展会活动中专为展出的机器或器件进行操作示范所进口的并在示范过程中被消耗或损坏的物料。

(3)展出者为修建、布置或装饰展台而进口的一次性廉价物品，如油漆、涂料及壁纸。

(4)参展商免费提供并在展出期间专门用于向观众免费散发的与活动有关的宣传性印刷品、商业目录、说明书、价目单、广告招贴、广告日历及未装框照片等。

(5)进口供世界休闲博览会使用或与其有关的档案、记录、表格及其他文件。本条不适用于含酒精饮料、烟草制品及燃料。

### 五、出境展览品的监管

展览品出境时,由出展单位向海关申报,应核凭主管部门的批准文件和列有唛码、件数、名称、规格、数量、价值等内容的展览品清单等有关单据查验放行。中国国际贸易促进委员会主办的出境展览,暂不能提供展览品清单的,可准许先用装箱单或展览品类别清单申报,凭以核放。有关单位应于 30 日内补交正式展览品清单。随展览品出境的展卖品,由出展单位向海关交验出口货物许可证。出展卖品,不论属哪一级许可证管理机关管理,均可在出展单位所在地领证。

出运的展览品复运入境时,进境地海关应检验注明原出境日期、地点、运输工具名称和展出国家或地区的展览品清单,并批注有关情况和日期。将有关材料寄给出展单位所在地海关,凭以销案。展品已在境外售出、赠送、放弃、消耗或留交我驻外机构使用的,应根据出展单位的申报办理核销。复运进境的展览品中,不准装入个人物品或其他非展览品。在境外购买的公私用品、个人行李物品或受赠物品等非展览品,应另行申报,并按有关规定办理海关手续。

## 第四节 暂时入境货物

暂时入境货物是指境外的企业、群众团体或个人为开展经济、技术、科学、文化合作与交流而暂时运入境内的货物。

暂时入境货物的范围包括以下四大类:一是货样广告品和展览品(前面单独介绍的货样广告品和展览品在此不做赘述);二是来境内拍摄或与境内单位合作拍摄影片、录像片、图片、幻灯片而运进的摄影器材、胶卷、胶片、录像带、车辆、服装、道具等;三是来境内进行体育竞赛、文艺演出而运进的器材、道具、服装、车辆、动物等;四是来境内进行工程施工、学术交流、讲学而运进的各种设备、仪器、教学工具、车辆等。

**拓展资料**

**《中华人民共和国进出口关税条例关税条例》(第 42 条规定)**

经海关批准暂时进境或者暂时出境的下列货物,在进境或者出境时纳税义务人向海关缴纳相当于应纳税款的保证金或者提供其他担保的,可以暂不缴纳关税,并应当自进境或者出境之日起6个月内复运出境或者复运进境；经纳税义务人申请，海关可以根据海关总署的规定延长复运出境或者复运进境的期限。

(1)在展览会、交易会、会议及类似活动中展示或者使用的货物。

(2)文化、体育交流活动中使用的表演、比赛用品。

(3)进行新闻报道或者摄制电影、电视节目使用的仪器、设备及用品。

(4)开展科研、教学、医疗活动使用的仪器、设备及用品。

(5)在本款第(1)项至第(4)项所列活动中使用的交通工具及特种车辆。

(6)货样。

(7)供安装、调试、检测设备时使用的仪器、工具。

(8)盛装货物的容器。

(9)其他用于非商业目的的货物。

第一款所列暂准进境货物在规定的期限内未复运出境的，或者暂准出境货物在规定的期限内未复运进境的，海关应当依法征收关税。

每月关税税额＝关税总额×(1/60)；

每月进口环节代征税税额＝进口环节代征税总额×(1/60)。

第一款所列可以暂时免征关税范围以外的其他暂准进境货物，应当按照该货物的完税价格和其在境内滞留时间与折旧时间的比例计算征收进口关税。

经海关核准暂时进境并在6个月内复运出境的施工机械、工程车辆、工程船舶等，准予暂时免缴关税和进口环节增值税。上述货物超过半年仍留在境内使用的，应自第7个月起，按月征收关税和进口环节增值税。货物每月的税款计算公式如下：

关税税额＝完税价格×关税税率×(1/48)；

进口环节增值税税额＝(完税价格＋关税税额)×增值税税率×(1/48)。

对暂时入境货物按月征税时，如最后1个月不足30天的，应按1个月征税。征税满48个月后继续留在境内使用的应该停止征税。

由于暂时入境货物因各种原因入境后，大部分又复运出境，所以海关对暂时入境货物的监管要点是防止非正常进口，保证我国进出口管理政策的有效实施。

我国海关对暂时入境货物采用凭批件、担保验放进口。当暂时入境货物入境时，申报人应填写进口货物报关单，另附进口货物清单并交验国务院主管部委、局或省、自治区、直辖市(含计划单列市)人民政府或主管司、局级以上机关的批准文件向进口地海关报关。海关凭国务院主管部委、局或省、自治区、直辖市(含计划单列市)人民政府或主管司、局级以上机关的批准文件核放。对无线电器材及需要进行动植物检疫、药品检验、食品卫生检验的暂时入境货物，还应交验有关管理部门的证明。

对于经海关核准的暂时入境货物，申报人应向海关缴纳相当于税款的保证金，或提供海关认可的书面担保后，准予暂时免领进口货物许可证和免纳进口关税和其他由海关代征的税费。但对进口的化学试剂、食品、药品、燃料等消耗性物品应照章纳税。

对暂时入境货物必须严格按使用范围使用，并限期复运出境。经海关核准的暂时进口货物，只能用于特定的目的，未经海关许可不得出售、转让或移作他用。期满后未复运出境，又未办理正式进口手续的，以及违反有关法律规定的，海关将依据《中华人民共和国海关法》和国家有关规定予以处理。暂时入境货物应于货物暂时入境之日起6个月内全部复运出境。复运出境时，申报人应填写出口货物报关单，同时交验其留存的进口货物报关单及货物清单，向原进境地海关办理复运出境手续。若变更出境口岸，应持原进口货物报关单向出境地海关办理复运出境手续，出境地海关在上述单据上批注验放后，退交申报人凭以向原入境海关办理核销手续。期满不复运出境的，应由申报人向海关办理正式进口手续和照章纳税。因故需要延长在境内使用期限的，应在期满前向海关提出申请，经海关审核批准后予以办理延期手续。延期次数最多不超过3次，每次延长期限不超过6个月。在18个月延长期届满后仍然需要继续延期的，须由主管地的直属海关报海关总署审批。

# 第五节　过境、转运、通运货物

## 一、过境货物

过境货物是指由境外起运，经海、空、陆运进入境内口岸后，再经中国境内陆路运输继续运往境外的货物。过境货物需要在境内运输，对进入境内的过境货物实行保税政策。过境货物由于滞留境内时间长，不论是否换装运输工具，在境内运输过程中，都有可能滞留在境内变为入境货物或混入境内货物随运出境。海关对过境货物的监管正是为了防止过境货物在境内运输过程中滞留，或将境内货物混入过境货物随运出境。因此，要求海关的监管手续必须完备，各环节的操作必须严格按照规章进行。此外，一些禁止入境货物也可能混杂其间，对我国海关管理法规的贯彻实施产生隐患。

### (一)过境货物的经营人、承运人及其责任

承担过境货物在境内运输的承运人，应是经国家运输主管部门批准、从事过境货物运输业务的企业，并且承担海关监管要求的义务。我国办理过境运输的全程经营者为经国家经贸部门批准、认可，具有国际(地区间)货物运输代理业务权并拥有过境货物运输代理业务经营范围(国际(地区间)多式联运)的中国铁路对外服务总公司、2009年公司重组更名为中国外运长航集团有限公司、2015年12月11日，公司重组更名为中国远洋海运集团有限公司、中国外轮代理公司及其在口岸的分支机构和口岸所在地政府指定的少数有国际(地区间)船、货代理权的企业。经营者应当持主管部门的批准文件和工商行政管理部门颁发的营业执照，向海关申请办理报关注册手续，经海关核准后，才能办理报关事宜。

### (二)过境货物的验放手续

凡与我国签订过境货物协定的国家(地区)的过境货物，或属于同我国签有铁路联

运协定的收、发货国家(地区)的过境货物,按有关协定准予过境;对没有同我国签订上述协定的国家(地区)的过境货物,需要经国家经贸、运输主管部门批准并向入境地海关备案后才准予过境。

来自或运往我国停止或禁止贸易的国家(地区)的货物禁止过境;各种武器、弹药、爆炸物品及军需品(通过军事途径运输的除外)禁止过境;各种烈性毒药、麻醉品和鸦片、吗啡、海洛因、可卡因等毒品禁止过境;我国法律、法规禁止过境的其他货物和物品禁止过境。

### (三)承运过境货物的条件

装载过境货物的运输工具,应当具有海关认可的加封条件或装置。海关认为必要时,可以对过境货物及其装载装置加封。运输部门和经营人,应当负责保护海关封志的完整,任何人不得擅自开启或损毁。经营人应当持主管部门的批准文件和工商行政管理部门颁发的营业执照向海关申请办理报关注册登记手续。经海关核准后,才能负责办理报关事宜。上述企业的报关员应当经海关专门考核认可。

### (四)过境货物的通关手续

过境货物进境时,经营人应当向进境地海关如实申报,并递交下列单证:"中华人民共和国海关过境货物报关单";过境货物运输单据(如运单、装载清单、载货清单等);海关需要的其他单证(如发票、装箱清单等)。过境货物进境地海关审核无误后,在运单上加盖"海关监管货物"戳记,并将"过境货物报关单"和过境货物清单制作关封后加盖"海关监管货物"专用章,连同上述运单一并交给经营人。经营人或承运人应当负责将进境地海关签发的关封完整的"过境货物报关单"及时交出境地海关。

过境货物复出境时,经营人应当向出境地海关申报,并递交进境地海关签发的关封和海关需要的其他单证。出境地海关审核有关单证、关封或货物无误后,在运单上加盖放行章,在海关监管下出境。过境货物放行出境后,出境地海关将关封内的报关单批注签章后寄回进境地海关核销。

过境货物在境内暂存和运输的监管要求。过境货物进境后因换装运输工具等原因需卸地储存时,应当经海关批准并在海关监管下,存入经海关指定或同意的仓库或场所。过境货物在进境之后出境以前,应当按照运输主管部门规定的路线运输。运输主管部门没有规定的,由海关指定。根据实际情况,海关需要派员押运过境货物时,可要求经营人或承运人免费提供交通工具和执行监管任务的便利,并按照规定收取规费。

对过境货物逾期未报或未出境的处理。过境货物自进境之日起超过3个月未向海关申报,海关视其为进口货物,按《中华人民共和国海关法》规定处理。过境货物自向海关申报入境后,因特殊原因,在海关规定的6个月内不能出境的,应向海关申请延期,经海关同意后,可延期3个月。如无特殊情况经延期后仍不能出境或擅自留在境内的,海关按《中华人民共和国海关行政处罚实施条例》十八条的规定,处货物价值5%以上30%以下罚款,有违法所得的,没收违法所得;所涉货物属于国家限制进出口的需要提交许可证件,当事人在规定期限内不能提交许可证件的,另处货物价值30%以下罚款;漏缴税款的,可以另处漏缴税款1倍以下罚款。

### （五）海关在监管中应注意的几个问题

民用爆炸品、医用麻醉品等的过境运输，经海关总署和有关部门批准后方可过境。发现有伪报货名和国别（地区），借以运输我国禁止过境的货物以及其他违反我国法律的情事，海关除可以将货物依法扣留处理外，在一般情况下，经查核有关货运单据，证实确是过境货物，应准予续运或放行出境。海关在对过境货物的监管过程中，除发现有违法或者可疑情事外，一般对过境货物作外形查验后，予以放行。海关开拆查验过境货物时，经营人或承运人应到场负责搬移货物，重封开拆货物的包装。过境货物在境内发生灭失和短少时（除不可抗力的原因外），应当由经营人负责向出境地海关补办进口纳税手续。

## 二、转运货物

转运货物是由境外起运，不通过我国陆地，而在我国设立海关地点换装运输工具，继续运往境外的货物。

具备下列条件之一者方可办理转运：①持有通运或联运提货单的；②载货清单上注明是转运货物的；③虽然持有普通提货单，但在起卸时向海关声明为转运货物的；④误卸的进口货物，经运输工具经理人提供确实证件的；⑤因特殊情由申请转运、经海关批准的。

海关对转运货物实施监管，主要是为了防止货物在口岸换装过程中误卸或混装出口。为此，海关的主要任务是监督其继续运往境外。载有转运货物的运输工具进境后，承运人应当在“进口载货清单”上列明转运货物的名称、数量、起运地和到达地，并填写“外国（地区）货物转运准单”一式三份向海关申报。转运货物换装运输工具时，由海关监管卸货和装运，海关对转运货物的监管至货物装运出境时为止。

转运货物应当在规定时间内运送出境。境外转运货物在境内口岸存放期间，不得开拆、改换包装或进行加工，且必须在 3 个月内办理海关手续并转运出境，否则，由海关按规定提取变卖。海关对转运的境外货物有权检查，如果未发现有违法或可疑情事，可以只作外形查验。

## 三、通运货物

通运货物是指由境外起运、由船舶或航空器经我国设关地点载运进境、不换装运输工具继续运往境外的货物。海关对通运货物监管的主要目的也是防止货物在本口岸误卸进口，以监督其继续运往境外。

运输工具在到达中国第一个口岸办理联检手续时，运输工具负责人应在《船舶进口报告书》或在国际民航机的“进口载货仓单”上注明通运货物的名称和数量。海关在运输工具抵、离境时，应予以核查，并监管通运货物出境。

运输工具因装卸货物需申请搬倒货物时，应向海关申请并在海关监管下进行。过境、转运和通运货物区别如表 5－1 所示。

表 5-1 过境、转运和通运货物区别

| 类别货物 | 运输形式 | 是否在境内换装运输工具 | 起运地 | 目的地 |
| --- | --- | --- | --- | --- |
| 过境货物 | 通过境内陆路运输 | 不论是否换装运输工具 | 境外 | 境外 |
| 转运货物 | 不通过境内陆路运输 | 换装运输工具 | | |
| 通运货物 | 由原装载航空器、船舶载运进出境 | 不换装运输工具 | | |

**拓展资料**

### 转口贸易

转口贸易是生产国（地区）与消费国（地区）之间或供给国（地区）与需求国（地区）之间，经由第三国（地区）或由第三国（地区）分别同生产国（地区）与消费国（地区）所进行的贸易。转口贸易主要是为了利用第三国（地区）所处地理位置优越、运输便利、结算方便、贸易限制少和适合货物集散、销售等的条件。

海关监管的转口货物大致有以下两种情况：一是境内有权经营进出口业务的企业从境外甲国（地区）购买货物运回境内，在保税区或保税仓库储存（不加工或在海关监管之下简单加工后），又运往境外乙国（地区）销售。二是境外甲国（地区）的货物，运往我方境内，在保税区或保税仓库储存（不加工或在海关监管之下简单加工后），又运往境外乙国（地区）销售。

海关对转口货物监管的目的是：防止转口货物在未办理进口报关纳税的情况下流入境内市场，监督转口货物在海关规定期限内全部复运出境。转口货物在保税区或保税仓库内的储存期限为 1 年，必要时货物所有人或其代理人可向海关申请延期，但延期最长不得超过 1 年。对超过期限未申请延期，或延期期满后仍未办理正式进口手续，或仍未复运出境的货物，海关有权依照有关法律法规处理。

## 第六节　其他进出口货物

### 一、对外交往中的赠送品

礼品是因国际事务的工作关系而在国家、部门及社团之间互相赠送的物品。对以货运方式进出境的礼品，可按以下方法办理海关手续。

以货运方式进境的礼品，收缴礼品单位应凭省、自治区、直辖市厅(局)或军分区以上机关的证明及礼品清单(一式两份)向海关申报，海关审核无误后免税验放。出访代表团(组)和我驻境外机构人员运入在境外接受的礼品，凭代表团(组)负责人或我驻境外机构的礼品清单，并由国家规定的礼品收缴单位接收，海关审核无误后免税验放。目前我国规定的礼品收缴单位是：中央一级为中共中央直属机关事务管理局、国家机关事务管理局、中国共产党中央军事委员会办公厅、全国人民代表大会常务委员会办公厅和中国人民政治协商会议办公厅；地方一级是各省、自治区、直辖市人民政府办公厅。若入境的上述礼品不能提供有关证明或是由个人接受的，应按行李物品或邮递物品的监管规定办理。

国家公务员出访、携带的出境礼品免验放行。我国规定了国家公务员出访参加外事活动，出境礼品免验放行的金额，在限额内可予放行。对我驻外机构和其他出国代表团、组对外馈赠的礼品按出访人数和时间长短、所访问国家数规定每人限额标准；大型文艺、体育等代表团出访，规定礼品总金额限额标准。

来华帮助建设或讲学的外国专家、技术人员回国时，准予携运接受馈赠的少量礼品或纪念品。上述礼品或纪念品申报出口时，超出规定限额的，凭中央、国务院各部委、局的外事部门或省、自治区、直辖市外事办公室的证明验放。

在对外经贸往来业务中，国内单位接受国外赠送的物品，海关按以下规定监管：对外贸易往来中外方赠送的车辆，凭国家有关主管部门核发的进口货物许可证征税验放。其中高级小轿车等高级车，应按国家规定上交中共中央直属机关事务管理局或国家机关事务管理局，进口时可核凭上述管理局的接受证明免税验放。除高级小轿车、高级吉普车和高级旅游车以外的进口车辆交由中国国家物资储备局向海关办理有关手续，海关凭该局的接受证明征税验放。对属于国家限制进口的赠送品，应凭进口货物许可证征税验放。对不属于国家限制进口的其他赠送品，凭主管厅(局)的批准证明征税验放。

对境内其他单位或个人接受境外亲友赠送价值在人民币5000元以上20000元以下(含20000元)的小型生产工具，向县级以上(含县级)侨务部门申请批准，海关凭批件验放。“小型生产工具”是指境内其他单位或个人进口供本人生产、经营所需的机械设备、加工工具、农机具、仪器仪表以及用于维修生产设备的零配件等(不包括国家限制进口的机电产品)。

## 二、华侨及港澳台同胞捐赠物资

捐赠物资专指华侨(包括外籍华人和他们的后裔)及港澳台同胞出于爱祖国、爱故乡的热情，自愿捐赠直接用于工农业生产，发展科学技术、文化教育、医疗卫生及兴办各种公共福利事业的物资设备，包括用捐赠外汇购进的物资。我国政府对捐赠活动一直采取保护政策，对捐赠进口的物资都给予了优惠。大部分捐赠物资进口后，对侨乡和内地的文教、卫生、公益事业的发展起到了很好的作用。外商投资企业和开展对外加工装配企业的外方代表，我派驻境外的中资机构，在对外交往中外国官方或民间经贸团体、外商向我有关单位赠送的物资以及各种无偿援助，不属华侨、港澳台同胞捐赠范围。对于赠送给我各级党政机关和有关人民团体(包括其内部的托儿所、干部疗养所等)的物资，也不属于捐赠物资。

国家规定的捐赠物资经主管部门批准入境的，可以获得关税优惠。对上述捐赠物资的审批权限及具体规定是：每批价值在人民币10000元以上的一般捐赠物资，由省、自治区、直辖市人民政府批准；每批价值在人民币10000元以下的，由省、自治区、直辖市人民政府侨办、台办批准；中央和国务院直属机关及各部委接受的捐赠，由部委一级机构批准。

接受捐赠物资中属于国家限制进口的机电产品和其他进口许可证管理商品，应按规定申领进口许可证。其中限额管理的汽车、摩托车、家用电器、复印机、录(放)相机、微型计算机等国家限制进口的机电产品，由各省、自治区、直辖市人民政府按照国家规定的捐赠限额审批。未规定捐赠限额的国家限制进口的机电产品，由各省、自治区、直辖市机电设备进口协调办公室会同省、自治区、直辖市侨办、台办核报国家机电设备进口协调办公室审批，并报国务院侨办、台办备案。接受捐赠物资中属于国家专营、专卖的物资，由各省、自治区、直辖市侨办、台办核报国家主管部门归口审批，海关凭批准文件征税放行。

捐赠物资入境由受赠单位自行向海关申报办理。首先由受赠单位于捐赠物资入境前向所在地海关办理备案及减免税审批手续。海关在受理备案和减免税申请时，严格审核有关批准文件和物资清单。对捐赠物资数量大的，地方政府应当说明捐赠物资用途并出具证明。必要时海关将派关员进行实地调查。对于捐赠进口物资，需要了解捐赠人和受赠人之间的关系，由此来确定其捐赠的可靠程度。

捐赠物资免税一般要求直接用于本单位有关用途，并且数量合理。对于限制进口机电产品，除用于规定的项目以外，对其他捐赠物资超出自用范围的均不能核批减免税。经审核，符合减免税条件的，海关核发"海关对华侨、港澳台同胞捐赠物资审核验放表"。受赠单位在其受赠物资入境时，应持主管海关备案的批准文件和主管海关核发的"海关对华侨、港澳台同胞捐赠物资审核验放表"以及报关单、发票、赠送书、提货单据等向进口地海关办理入境报关手续。若属许可证管理商品还应交验许可证。入境地海关在审核无误后，应在"审核验放表"上填明验放情况并退还主管海关。对假借捐赠名义进口货物和物品的，或者未经海关许可并且未补办进口手续，未补缴关税，擅自将捐赠入境货物和物品在境内销售牟利的，由海关根据《中华人民共和国海关法》有关规定处理。

海关对捐赠免税物资实施后续管理。应税的捐赠物资按规定办理入境手续，如果是一般进口货物征税验放后即予结关，但实施减免税的捐赠物资则应继续接受海关监管。实施减免税的捐赠物资在海关规定的监管年限内不得转让、转卖或串换，也不得组装加工后在市场上出售。为了使捐赠物资真正按照捐赠人的意愿用到捐赠项目上，海关实施分类管理措施，根据不同情况，采取不同的监管方法。对物资使用情况清楚、正常的，在"审核验放表"上注明，便于入境地海关加速验放；对批量大或是限制进口的商品，在签发"审核验放表"时，加发内部联系单用关封寄到进口地海关，要求做好现场监管工作；对品名、规格模棱两可的，或者报价有疑问的提请现场重点验放；对由当地熟人陪同来办理备案审批手续或异地绕道进口捐赠物资的，应做重点调查；跨关区进口捐赠物资，其数量、用途明显不合理的，应办理转关运输手续，货物加封转运至使用地(指运地)，由主管海关办理入境验放手续。

捐赠物资的减免税范围，一般对直接用于本单位工农业生产、科研、教学、医疗卫生、公益事业的国家限制进口的机电产品免征关税，用于其他方面的照章征税；对捐赠的其他物资，超出自用的部分照章征税。上述所称"公益事业"是指用于建设少年儿童活动设施，捐赠幼儿园、敬老院和孤儿院等物资及生活物品；为安排残疾人就业专门设立的生产企业受赠的生产资料和直接用于残疾人康复、生活用的专用物品；直接用于修葺古迹保护文物的物资；直接用于环境保护、挽救濒危动植物、筑路及修桥等公共设施建设的物资及其他公益事业。

## 三、援助物资

援助物资可分为两大类：一类是以我方为受援方的进口援助物资；另一类是以我方为援助方的出口援助物资。受援项目系指外国（地区）政府、国际组织（包括联合国各机构和地区性组织以及国际金融组织）等非商业性机构对我国的援助项目，不包括经贸往来赠送及华侨、港澳台同胞捐赠和其他团体、个人捐赠。我国规定国际（地区间）组织、外国（地区）政府或非政府组织对我国的无偿援助，由商务部统一归口管理。联合国各专门机构在正常预算和所属基金内安排的无偿援助，由指定归口部门管理。国家颁布的《无偿援助项目进口国家限制进口机电产品管理办法》中规定了无偿援助业务由以下归口管理部门负责。

商务部国际联络司负责联合国人口基金、儿童基金会、救灾协调员办事处以及外国政府的无偿援助项目；商务部外国贷款管理司负责外国政府贷款项目中的赠款项目和两国政府经济技术合作中的赠款项目；国际经济技术交流中心负责联合国开发计划署及国际非政府机构的无偿援助项目；卫生部负责联合国世界卫生组织的无偿援助项目；农业部负责联合国粮农组织、世界粮食计划署、国际农业发展基金会和世界粮食理事会的无偿援助项目；科技部负责联合国有关科技组织和外国政府的科技合作项目；教育部负责联合国教科文组织的无偿援助项目；国家计划生育委员会负责联合国计划生育联合会及外国计划生育组织的无偿援助项目；中国人民银行负责国际金融机构的无偿援助项目；财政部负责世界银行的无偿援助项目；2005 年更名为国家减灾委员会和中国红十字会总会负责无偿援助进口的救灾物资。对于无偿援助项目进口物资，海关凭有关归口管理部门的证明和国外援助机构的证明信，免税验放。其中进口国家限制进口的机电产品，海关还需加验进口货物许可证。对用赠款购进的货物，海关按一般贸易进行监管。

对于由对外经济技术援助项目供应的各种物资，免领出口许可证，海关凭经贸部下达给企业承担的援外项目任务通知，或以中国成套设备出口公司名义发给有关成套设备出口分公司的发货通知验放，如物资发运单位以援外名义自行或代其他单位出口非援外物资，海关将按《中华人民共和国海关法》的有关规定处理。

## 四、驻外机构运回的公用物品

我驻境外机构包括我援外机构、临时出境展览团、考察组等运回的生产资料和公用物品，仅限于更新下来闲置不用的物品或因机构撤销而运回的物品。不准以运回旧公用物品的名义变相进口物品。运回的旧公用物品应由境内的本系统单位接受，不能调给非本系统单位使用。

对从境外运回我驻境外机构的退役汽车，由国家机关事务管理局负责接收的，海关一律凭国家机关事务管理局出具的证明免税、免许可证验放。对非国家机关事务管理局接收的退役汽车，海关按一般贸易进口货物监管。以上所指退役汽车，包括各种小轿车、吉普车、面包车、工具车、大轿车，不包括各种专门用途的汽车。

我驻境外机构运回的旧公用物品（不包括退役汽车），海关凭部以上（地方凭省、自治区、直辖市）机关或我驻外使馆的证明，按物品的新旧程度估价征税后放行。

## 五、承包工程下的进出口货物

承包工程是国际（地区间）经济技术合作的一种形式，是一项综合性的业务。承包工程有助于带动资金、技术、劳务、设备和商品的国际（地区间）交流。海关监管规定如下：开展对外承包工程的企业，必须经国务院批准。经批准从事对外承包工程项目的公司，出运项目自用的国产设备、材料、施工机具以及劳务人员公用生活物资，其中属非许可证管理的商品，凭项目合同和国家批准证书规定的实际需要，填写出口货物报关单，向海关办理出口手续；属出口许可证管理的商品，应按隶属关系申领出口许可证；属中央各部门的公司，向商务部配额许可证事务管理局申领出口许可证；属地方的公司，无论属哪一级发证的商品，一律向所在省、自治区、直辖市及计划单列市发证机关申领出口许可证。

用于对外承包工程合同项下的进口货物，其中非许可证管理的商品，免领许可证；属许可证管理的商品，应按规定办理审批手续和申领进口许可证。原来从境内运出的施工机械设备、各类物资，工程结束后运返境内的，经海关核准，不必办理审批手续及申领进口许可证。用境外承包工程的外汇收入购买的机械设备、物资进口时，应按规定办理审批手续，并申领进口许可证。除对外承包工程结束后运返境内的原出口机械设备、物资等，其他物资均应根据其新旧程度估价征税。承包工程公司出运的工程和生活物资，必须是境外工程的实际需要，不得多报，不得移作他用或转卖。

## 六、超期未报关的货物

超期未报关的货物是指进口货物的收货人自运输工具申报进境之日起，超过规定期限，未向海关申报的进口货物。报关期限是指货物运抵口岸后，《中华人民共和国海关法》规定收货人或其代理人向海关报关的时间限制。《中华人民共和国海关法》规定进口货物的报关期限为自运输工具申报进境之日起 14 日内，由收货人或其代理人向海关报关，如果超过这个期限的，海关征收滞报金。

规定报关期限和征收滞报金的目的，是为了促使进口货物收货人或其代理人及时报关，加速口岸疏运，使进口货物早日投入生产和使用。滞报金征收对象一般为进口货物的收货人或其代理人(代理进出口人或代理报关人)。滞报金的征收金额按每天进口货物到岸价格的0.05%计算。起征点为人民币50元,不足50元的免征。

进口货物的到岸价格是指由海关审定的正常到岸价格,若到岸价格不能确定,则由海关估定。进口货物到岸价格以外币计价的,由海关在签发征收滞报金收据之日按国家公布的"人民币外汇牌价表"的买卖中间价折合人民币。无牌价的外币,按照国家外汇管理部门决定的汇率折合计算。

对超期未报关的进口货物的处理,根据《中华人民共和国海关法》的规定,进口货物的收货人自运输工具申报进境日起,超过3个月未向海关申报的,其进口货物由海关提取变卖处理。所得价款在扣除运输、装卸、储存等费用和税款后,尚有余款的,自货物变卖之日起1年内,经收货人申请,予以发还。逾期无人申请,将余款上缴国库。

对于因误卸、溢卸而超期未报关的进口货物,经海关审定,由原运输工具负责人或者货物的收货人,自该运输工具卸货之日起3个月内办理退运或者进口手续。必要时,经收货人申请,海关批准可延期3个月办理退运或者进口手续。逾期未办手续的,按超期未报办法处理。对于不宜长期保存的货物,海关可根据实际情况做提前变卖处理。如果收货人或者货物所有人声明放弃,则这类货物由海关提取变卖处理后,所得价款扣除运输、装卸、储存等费用,直接上缴国库。

上述变卖处理货物由监管部门及时提供货物清单,交由超期货物处理部门公开拍卖。超期货物处理部门具函到有关仓库提取货物,仓储部门负责向海关点缴。监管部门凭有关仓单、关封核销。未经提取变卖、核销的进口货物仓单和关封,不得提前归档。

## 七、寄售代销进口货物监管

寄售是国际(区域间)经贸常用的方式之一,通常由境外寄售委托人先将货物运抵境内,委托境内代销人按照寄售协议规定进行销售,在货物售出后,由境内代销企业与委托人结算货款。但是,寄售不是买断交易,代销人对寄售进口商品不垫付资金,如果代销人没有完成销售,对所寄售的货物需要退运出境。寄售流程如图5-3所示。正是由于寄售业务这种特殊的运行模式,我国海关需要对此项业务进行专门规范。

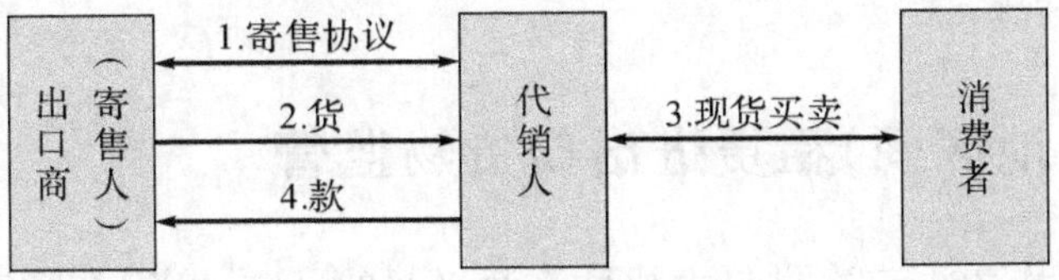


图5-3　寄售流程

我国目前针对入境旅游者的需要,在境内各大宾馆和旅游胜地设立的商场,开展境外商品寄售代销业务。如一些大宾馆为了让游客感受到宾至如归的感觉,往往需要准备一些"正宗"境外产名牌日用品,以满足境外消费者的需求偏好,但上述日用品一般总销量不大,价格也较高,境内居民不会购买。对那些商品在规定时间内未完成销售的,通常要退运出境。此外,我国还对一些境外机电仪器产品在境内设立的维修服务点——用于维修服务提供零配件——也允许其开展寄售业务。我国对寄售商品的具体管理措施包括以下两方面内容。

### (一)对开展寄售代销业务的经营企业的管理

我国政府规定,开展这项业务必须经商务部审核批准,并由国家审核批准的特定进出口公司统一对外洽谈签约。各经销寄售商品的零售网点,也必须经商务部审核批准。目前,我国主要在国内各大涉外宾馆、饭店、友谊商店、机场、外轮供应商店设立零售网点。国内设立的维修服务机构开展寄售业务同样需要由商务部审批。上述经营单位开展寄售业务时,均应将批文送进口地主管海关备案。

### (二)对寄售商品的管理

我国政府明确规定,开展进口寄售商品只限于境外游客所需的一些日常生活用品,如烟、酒、饮料、化妆品、胶卷、食品、小电器用品、工艺品、书报杂志等。凡属国家限制进口的商品,在入境申报时应当向海关交验有关部门颁发的进口许可批文。对一般商品,海关凭企业原来申报备案的经营范围和经营商品目录验放。

对于机电仪器维修部门零配件的寄售业务,海关要求经营单位建立专门的保税仓库,用于维修的进口零配件必须存放在保税仓库内,海关根据保税仓库管理办法,建立专门的账册,对进口零配件的进、销、存情况定期核销。凡属国家限制进口商品,在进口申报时,还必须提交进口许可证。

我国对保修期内境外商人免费提供的维修零配件免征进口税,对于耐用家电和境内外差价较大的日用品一般不允许寄售,在保修期内也作为正常进口商品办理手续。我国海关对上述两种不同情况寄售业务采用不同征税方式。对旅游日用品寄售,一般进口时直接征税放行,未销售商品退运出境时,退还原来征收的进口关税。对用于维修的零配件,入境时采用保税,按月核销后征税。

所有寄售商品应当在6个月内复运出境,如果未按期复运出境,应该按照正常进口办理一切手续。

对经营单位因开展寄售业务而进口的业务用品,如仓储、陈列、办公用品、附赠礼品、样品,均应当按照征税。

## 八、国际(地区间)租赁进出口货物监管

国际租赁业务作为第二次世界大战后逐渐兴起的一项业务,在特定领域对一国经济发展发挥着积极的作用。租赁业务按租赁物件的运作方式可以分为融资租赁、经营租赁两种基本业务形式。融资租赁通常是由出租人按承租人要求购买指定租赁物,授予承租人使用设备的权利,出租人从特定承租人处收回全部垫付的购买设备款并赢利,租赁期满,承租人支付全部租金后,获得租赁物所有权。经营租赁则主要由承租人对设备获得短期使用权,租赁期满,租赁物退还出租人。现代国际(地区间)租赁业务主要以融资租赁为基本特征。

由于租赁物特定的运动形态，某国通过租赁获得的机械设备，以后可能退运出境。此外，有些租赁设备可能并不直接进入中国陆地，如海上大型石油钻井平台、在国际（地区间）航线营运的大型国际（地区间）运输工具等。针对租赁业务的特点，我国海关做出相应管理规范。

（1）凡是通过租赁、租借方式进出口的货物，均应按照一般商品进出口规定申领进出口许可批文并办理进出口手续。有些租赁设备虽然不直接进入中国陆地，但是，如果这些设备由我境内汇出租金，同样应该视为进口。

（2）我国海关对租赁进口货物以海关审核的货物对外实际支付的租金额作为完税价格，按该租赁货物商品归类确定进口关税税率。如某租赁货物实际价值为100万元，但第1年境内租赁人实际对外支付租金60万元，海关则按60万元完税价格征收关税。如果第2年继续以60万元租金租用该设备，海关实际上将按120万元完税价格征收关税。对此，有些融资租赁承租人为了少缴关税，当第1年租赁物入境时，可以向海关申请，按租赁物正常进口的实际价格100万元在入境时一次性缴纳关税。但如果租赁物因故退运出境，海关对所征关税不予退还。

（3）以租赁、租借形式出口的货物复运入境时，境内出租单位填写“进口货物报关单”，并附原租赁合同向海关申报入境，经海关查验确认属原出租物的，予以免征关税放行。

国际租赁货物监管总结如表5－2所示。

**表5－2　国际租赁货物监管总结**

<table>
<tr><th>类别</th><th>特点</th><th>监管规定</th><th>缴税规定</th><th>是否免证</th><th>申报类型</th><th colspan="3">报关单填制规范</th></tr>
<tr><td rowspan="3">融资性租赁</td><td rowspan="3">带有融资性质，租金总额一般大于货价，一般不复运出境</td><td>放行等于结关</td><td>a. 可按货物完税价格全额缴税</td><td>不免</td><td>一次进口一次申报</td><td colspan="3">一份报关单</td></tr>
<tr><td rowspan="4">放行不等于结关</td><td rowspan="4">b. 可按租金分期缴税</td><td rowspan="4">不免</td><td rowspan="3">首次进口申报填单两份</td><td colspan="2">一份报关单（按首期租金）监管方式栏</td><td>一份报关单（按货物价格）监管方式栏</td></tr>
<tr><td>租赁期1年及以上</td><td>租赁征税</td><td>租赁贸易</td></tr>
<tr><td rowspan="2">经营性租赁</td><td rowspan="2">带有服务性质，租金总额一般小于货价，复运出境。</td><td>租赁期不满1年</td><td>租赁征税</td><td>租赁不满1年</td></tr>
<tr><td>以后每次分期付款后填单申报</td><td colspan="3">按合同约定租金征税时，报关单监管方式栏填：“租赁征税”；备注栏填首次进口申报时的报关单海关编号</td></tr>
</table>

## 拓展资料

### 天津海关创新对融资租赁标的物监管模式，促进融资租赁产业发展

未来20年，我国对大飞机的需求量多达6000余架，涉及金额7800亿美元，其中约有45%将通过融资租赁方式取得。目前，我国通过融资租赁进口的600多架大飞机，主要是在天津东疆保税港区实现，约占全国总业务量的90%。2016年11月22日晚，天津自贸试验区第100架融资租赁联动监管飞机由该关隶属保税区海关验放出区。该架海南航空公司申报的波音737－800飞机于当日下午落地天津机场，货值4500万美元。大飞机进口实现异地委托监管，按照飞机融资租赁合同，境内航空公司分期支付飞机租赁款。同时，分期支付有关税费，降低航空公司和融资租赁公司的运行成本。

为推进飞机融资租赁业务开展，天津海关创新监管模式，制定《自由贸易试验区租赁飞机联动监管操作》方案，实现了天津关区内各个隶属分关的信息共享、指令互通、监管联动。租赁飞机落地后由机场海关进行仓单录入，在东疆保税港区海关办理申报手续，飞机进入天津滨海新区综合保税区，由保税区海关完成出入区监管的联动监管机制。联动监管保证了监管的优质高效，成为助推天津自贸试验区融资租赁产业发展的有力举措。为此，天津海关搭建信息化管理平台，利用信息化手段实现东疆保税港区、机场、综合保税区三个海关业务现场的数据对接，提升了通关效率。该关还在通关作业环节提升对租赁合同审核、税款担保、减免税审批等环节的监管监督质量，并为企业做好政策咨询。同时，积极争取国家外汇管理局支持，在融资租赁大飞机业务中，推动保税港区的融资租赁公司向承租企业收取外币租金，从而规避汇率风险。

# 第六章　进出境运输工具监管

## 学习目标

了解海关对汽车、火车和航空器的监管规定；重点掌握海关对进出境国际（地区间）航行船舶的监管以及对进出口集装箱和所装货物的监管。

## 海关案例

2016年12月6日，在青岛海关下属烟台海关现场监管下，7.8万吨进口原油通过输油管道从烟台西港区输送到淄博炼油厂，这标志着山东最长的一条输油管道——烟台至淄博输油管道正式投入运营。烟台至淄博输油管道，东起烟台港西港区，西至淄博、东营、滨州等多家炼油厂，线路长度约540千米，设计年输送2000万吨原油，是山东省最长、工艺最复杂、技术最先进的公共服务原油管道。通过管道运输原油模式花费时间短，且相比"港口—汽运—炼厂"的模式，"港口—管道—炼厂"的运输成本至少降低30%，企业生产成本大大减少。推动山东石油炼化及相关行业发展。

为积极支持烟台临港产业发展，烟台海关针对原油进口定价周期长、单票货值高、卸货周期长等特点，采取提前备案、提前审价、船边验放等便利措施，提升口岸通关效率，确保进口原油及时疏港运输，保障相关企业正常生产经营。据统计，2016年前11个月，烟台海关共验放进口原油142万吨。

## 第一节　进出境运输工具监管概述

### 一、进出境运输工具监管依据

海关对进出境运输工具监管的法律依据主要是《中华人民共和国海关法》第二章各条内容和按《中华人民共和国海关法》第二章制定的对各类进出境运输工具的监管办

法。如《中华人民共和国海关对进出境国际航行船舶及所载货物、物品监管办法》《中华人民共和国海关对国际民航机的监管办法》《中华人民共和国海关对国际铁路联运进出境列车和所载货物、物品监管办法》等。除此之外，海关总署还制定了对进出境汽车、来往于港澳地区小型船舶的监管办法，以及与进出境运输工具有关的国家（地区）的其他法律、法规。这些法律、法规和规章构成了进出境运输工具监管法，它是海关衡量、判断运输工具进出境活动合法与否的标准，是海关监管进出境运输工具的基本法律依据。

## 二、进出境运输工具监管范围

海关对进出境运输工具的监管，主要是指对以商业盈利为目的的各类境内外运输工具的监管，主要包括以下内容。

### （一）船舶

包括进出我关境的海上、江河上的客货商船；转港、驳运进出境客货的船舶；兼营境内外客货运输的船舶；装载普通客货的军舰；除此之外，海关还对进出境的中外工程作业船舶实施监管职权。

### （二）列车

包括进出我关境的机车、邮政车、行李车、货车、旅客列车及工作车等。

### （三）航空器

包括进出我关境的民用航空器及装载普通客货的军用航空器等。

### （四）其他运输工具

包括进出我关境的汽车、人力车及驮畜等。

上述运输工具进出境时，自进境起至办结海关手续离境止，应当接受海关监管。

## 三、进出境运输工具监管程序

监管程序一般是指海关对进出境运输工具监管的工作步骤和次序。海关对境内的进出境运输工具的管理是从有关企业的运输工具的注册登记开始，通过每次进出境的活动直至转港、转关运输等及境外运输工具的每次进出境的活动，实现严格、有效的海关管理。

### （一）前期管理

前期管理是指海关对境内经营国际（地区间）运输的有关企业及有关运输工具在实际营运前采取的注册登记制度。它是维护进出境秩序，加强对进出境运输工具进行管理的有效措施。

按海关对进出境运输工具监管的法律规定，我境内运输企业经国家交通主管部门和对外经贸部门批准经营国际(地区间)运输业务后，持有关批件到公司所在地海关办理企业的注册和有关运输工具的注册登记手续，由海关予以注册登记，并核发相应的批件和证书后，方能投入国际(地区间)运输。

(二)进出境现场监管

根据海关监管法规定，运输工具应在设有海关的地点进出境；进出境时，运输工具负责人应如实申报交验有关单证，接受海关检查。海关对运输工具进出境的监管，主要是在这个阶段的三个基本环节中进行的，即受理申报、检查、放行。

(三)后续管理

这一阶段海关依据监管法有关规定，对境外进境运输工具在境内停留、转港、转关运输等活动实施一系列的管理措施，确保有关法律的遵守。

## 四、进出境运输工具监管业务基础工作

进出境运输工具监管业务基础工作是一项范围广泛、内容复杂的工作，是对运输工具进出境活动监管的基础，也是海关对进出境运输工具监管工作正确、顺利进行的保障。

(一)对进出境运输工具的调研工作

海关对进出境运输工具及有关企业开展全面调研工作，目的是使海关监管工作更能全面、有效地开展，使进出境活动始终处于海关监管中。开展调研工作主要有以下内容：对进出境运输工具所属的公司进行一般情况了解；对我境内公司应作全面了解，包括其经营规模、资信情况、组织机构，拥有的运输工具的种类、型号及运输工具服务人员等情况；还应全面掌握进出境运输工具的所有权和国籍；对本次进出境的运输工具在境内外的停靠地点、运行路线、停留时间等进行全面了解；对运输工具服务人员的国籍、性别、职务等组成情况进行了解；海关监管工作需要的其他信息资料。

对上述信息、资料进行收集和调研时，要及时作笔录，而后进行筛选，把筛选后的有关资料和信息进行整理后建档。

(二)监管业务基础管理工作

对进出境运输工具监管业务的基础管理工作是一项很重要的工作，关系到监管工作的成败。因此，必须有专人负责，进行科学管理。

监管业务基础管理工作的主要内容有：对进出境运输工具及有关企业的业务档案进行管理，运输工具在每次进出境时，海关都要将监管的有关事项记录在该运输工具或所属企业业务档案内，以备今后监管工作或处理有关问题时调阅。关封、封条的管理，海关关封和封条是海关一项监管制度的具体行为内容，它说明海关某项监管行为的过程和结果。在制作关封和使用封条时，一方面是要按程序和方法使用；另一方面要做好登记工作，记录好使用的过程、内容和号码等。船舶税单管理，一般是指境外船舶进出

境时由海关代交通部征收的一种船舶吨税。这项工作应有专人管理,以便准确、及时征收船方缴纳的税款。

上述有关监管记录和各种单证资料,都是海关在监管过程中收集、整理和使用的监管证据,在传递使用时要按制度办理有关手续。

## 第二节 对进出境国际(地区间)航行船舶的监管

进出境国际(地区间)航行运输船舶是指来自或开往境外、航行于世界港口之间的海上运输工具。由于船舶的运输能力强、载运量大、运费低等特点,世界贸易运输总量的2/3,我国外贸进出口货物的90%是靠船舶运输的。

2010年,全国规模以上港口货物吞吐量达80.2亿吨,其中,沿海港口货物吞吐量54.28亿吨。全国规模以上港口集装箱吞吐量13060万标准箱。中国已经是集装箱港口吞吐量世界第一大国,集装箱海运量世界第一大国,集装箱制造量世界第一大国。22个港口进入亿吨大港行列,世界排名前20位的亿吨大港和集装箱大港,境内分别占12个和9个。中国已成为世界航运大国和港口大国。我国已与50余个国家签订了海运协定,与140多个国家和地区建立了通航贸易关系,开辟了近洋和远洋航线达30多条,已批准了近百个国家和地区的船舶停靠我国港口,进出我国主要港口的船舶每年已达10万艘次以上。港口的扩建、新建及新航线的开辟,为我国进一步对外开放打下了坚实的基础。

随着我国经济的发展,进出口货物量会逐年增加,进出境船舶和船舶服务人员也会逐年增多。因此,海关必须加强和重视进出境船舶的监管工作,发挥监管职能,努力做好监管工作。

### 一、监管程序

#### (一)进出境船舶的申报

出境船舶出境前,进境船舶进境后,由船长或其代理人向海关申报、交验有关单证;转港的国际(地区间)航行船舶在转港前向海关申报,并符合海关监管要求。

#### (二)进出境船舶的检查

出境的船舶申报出境时,进境船舶申报进境后,由海关根据监管工作需要实施检查。检查进出境船舶时,船舶负责人或指定人员陪同检查,并负责开启舱室、房门,有走私嫌疑的,根据海关检查的需要还应开拆可能藏匿的走私货物和物品的部位,搬移货物、物料。

（三）进出境船舶的放行

海关对进境的船舶在审单、检查后予以放行，这时的放行意味着允许船舶靠港装卸货物、上下人员，并未结关；海关对出境的船舶在审单、检查后，予以结关放行，允许出境；对转港的船舶尚未结关放行，允许其转港驶往另一港口，但不准改驶境外。

## 二、监管要点

（一）严格船舶注册登记制度

根据《中华人民共和国海关对进出境国际航行船舶及其所载货物、物品监管办法》之规定，经交通部批准从事进出境国际（地区间）客货运输业务的境内船舶在经营国际（地区间）运输业务前，应到该公司所在地海关办理注册登记手续，并领取《船舶进出境（港）海关监管簿》，方能从事进出境运输。

（二）准确掌握船舶到达驶离时间和使用性质

进出境的国际（地区间）航行船舶的到达、驶离、移泊，兼营、改营，转港、改航等，均需经海关同意，并办理相应的海关手续。船舶的使用，必须按规定性质使用，未经海关许可，不得移作他用。

（三）注意货物和物品的装卸，人员上下的时间和范围

装卸货物和物品的时间和范围及上下船舶的人员范围及时间，均应向海关申报，经海关同意，并接受海关监管。

## 三、监管实务

（一）核准船舶的注册登记

经交通主管部门批准，从事进出境国际客货运输业务的境内船舶应向船公司所在地海关登记，向海关呈交交通主管部门的批件和船舶的有关证明、证书，经海关审核、批准后签发《船舶进出境（港）海关监管簿》。

（二）进境船舶的监管

进境船舶进境或停靠泊位后，由船舶负责人或其代理人向海关办理进境船舶的申报手续。当事人应向海关如实申报，并递交 7 份单证：《船舶进口报告书》、《进口载货清单》（无进口货物的交“无货进口清单”）、《进境旅客清单》（包括通运旅客，无旅客的免交）、《船员清单》、《船员自用和船舶备用物品、货币、金银清单》、《船员自用和船舶备用烟、酒加封清单》、《船舶进出境（港）海关监管簿》（境外船舶免交）及海关监管需要的其

他单证。

船舶到港时,船舶负责人或其代理人如果不能及时提供齐全的"进口载货清单",必须向海关出具保证函,并经海关同意后可以先行卸货,但应当在卸货后 24 小时以内将齐全的"进口载货清单"补交海关。船舶进境后驶往境内其他港口前,境外船舶负责人应当向海关递交转港报告书,并将海关关封完整无损地带交下一港口海关。境内船舶离港前,应当由海关在《船舶进出境(港)海关监管簿》上批注。

海关收取所需单证齐全后,要进行全面审核,其审核的主要具体内容有:单证有无错误,若有弄错情况,分别处理;所收单证有无船长签字,无签字视为无效单证;单证是否齐全、正确、有效,若有误应及时补收或更正。对全面审核单证并符合海关监管要求的,正式接收申报,关员要在单证上签名,填写好监管记录。

在全面审核船长或其代理人向海关呈交的各种单证后,对有些情况还应进一步了解。如了解船长是否首次进境,首次进境的发给船长一份《船长、船员注意事项》;了解船上有无载运通运货物,是否在进口报告书上报明;了解吨税缴纳情况,核对吨税执照,若无吨税执照,或吨税执照期限已到,需船长申请缴纳吨税的,海关还应核对吨位证书和国籍证书;了解船舶航线、船公司和船员组成以及申报情况,为监管提供信息;对烟酒库加封;对船舶进行巡视。如以上各种情况正常,则允许船舶靠港卸货。

船舶吨税是海关代为对进出我国港口的国际(地区间)航行船舶征收的一种税。其征收税款主要用于港口建设维护及海上干线公用航标的建设维护。吨税设置优惠税率和普通税率。中华人民共和国国籍的应税船舶,船籍国(地区)与中华人民共和国签订含有相互给予船舶税费最惠国待遇条款的条约或者协定的应税船舶,适用优惠税率。其他应税船舶,适用普通税率。吨税按照船舶净吨位和吨税执照期限征收。应税船舶负责人在每次申报纳税时,可以按照吨税税目税率表选择申领一种期限的吨税执照。吨税的应纳税额按照船舶净吨位乘以适用税率计算。应税船舶负责人应当自海关填发吨税缴款凭证之日起 15 日内向指定银行缴清税款。未按期缴清税款的,自滞纳税款之日起,按日加收滞纳税款 0.5‰的滞纳金。下列船舶免征吨税:(一)应纳税额在人民币 50 元以下的船舶;(二)自境外以购买、受赠、继承等方式取得船舶所有权的初次进口到港的空载船舶;(三)吨税执照期满后 24 小时内不上下客货的船舶;(四)非机动船舶(不包括非机动驳船);(五)捕捞、养殖渔船;(六)避难、防疫隔离、修理、终止运营或者拆解,并不上下客货的船舶;(七)军队、武装警察部队专用或者征用的船舶;(八)依照法律规定应当予以免税的外国驻华大使馆和领事馆、国际组织驻华代表机构及其有关人员的船舶;(九)国务院规定的其他船舶。

吨税税目与税率如表 6 - 1 所示。

表 6-1　吨税税目与税率

| 税　目（按船舶净吨位划分） | 税　率（元/净吨） | | | | | | 备　注 |
| --- | --- | --- | --- | --- | --- | --- | --- |
| | 普通税率（按执照期限划分） | | | 优惠税率（按执照期限划分） | | | |
| | 1年 | 90日 | 30日 | 1年 | 90日 | 30日 | |
| 不超过 2000 净吨 | 12.6 | 4.2 | 2.1 | 9.0 | 3.0 | 1.5 | 拖船和非机动驳船分别按相同净吨位船舶税率的 50%计征税款 |
| 超过 2000 净吨，但不超过 10000 净吨 | 24.0 | 8.0 | 4.0 | 17.4 | 5.8 | 2.9 | |
| 超过 10000 净吨，但不超过 50000 净吨 | 27.6 | 9.2 | 4.6 | 19.8 | 6.6 | 3.3 | |
| 超过 50000 净吨 | 31.8 | 10.6 | 5.3 | 22.8 | 7.6 | 3.8 | |

应税船舶有下列行为之一的，由海关责令限期改正，处 2000 元以上 3 万元以下罚款；不缴或者少缴应纳税款的，处不缴或者少缴税款 50%以上 5 倍以下的罚款，但罚款不得低于 2000 元：(1)未按照规定申报纳税、领取吨税执照的；(2)未按照规定交验吨税执照及其他证明文件的。

（三）船舶停港期间的监管

船舶停港时间较长，在停港期间船舶要装卸货物、物料，船员和其他登轮人员上下频繁；因此，海关对船舶停港期间的监管是做好船舶监管的重点。

船舶装卸进出口货物应在海关监管下进行。起卸进口货物时，海关凭船方报关交验的载货清单核对货物，注意发现有无漏报、错报等；卸完货物后，港口理货员应向海关递交由港、船双方签字的货物报告书。出口货物装船时，查核是否已有海关签印放行的装货单，结合装货交接环节进行监管。装货结束后，应查核有无退关货物和漏装货物；若有退关货物，应批注在出口载货清单上。对船边直装、直提货物，海关凭进出口货物报关单验放。

对船用物料的监管。除船上个人物品外，船舶上的燃料、物料、保证航行的通信导航设备、船上的供应品等统称船用物料。船舶停港期间需要添装、卸下、调拨船用燃料、物料及修理船用设备，应向海关申报，并在海关监管下进行。船舶的燃料、物料只准在船上使用，不准移作他用，远洋船舶之间调拨燃料、物料应报海关批准。对于卸地暂存的船用物料，应当由船方或其代理人开具清单，向海关申报，在海关监管下进行，并必须存放在经海关同意的仓库场所，建立账册以备海关监管检查。船上的通信导航设备需卸地修理的，应向海关报清品种、数量、生产国别等，海关备案待查，修复后回船时核销。再如，南通市规定船舶的无线电报、无线电话发射机，在长江水域期间只准与南通海岸电台通信，在港期间只有在危急的情况下才可以使用，用后必须向港监报告。

船舶放弃的船用燃料、物料，属于我国远洋公司的，由远洋燃料供应站处理；属于外轮、合营船舶、班轮、租船放弃的隔垫、加固、遮盖等物料，由各港口外轮供应公司负责处理；其他物料，由港务局收集保管，报当地物资公司收购，废旧物由当地废旧物资回收公司收购；垃圾由港务局清除。船方放弃的高档消费品，由船长或其代理人向海关书面申报，由海关通知相关业务主管部门指定外贸收购站收购，任何单位和个人不得接受和自行处理。对于我国国际（地区间）航行船舶的退料、卸下的物品中属于应办进口手续的，应办理进口纳税手续。对于卸下退交公司的物料，由公司以"退料单"的形式向海关申报，报明物料的名称、数量、规格、新旧程度、原产国（地区）别等，并应有公司主管部门的签章和具体经办人员的签字。退料中的物品属原国（地区）内供应上船的、已经征过进口税的，或废旧无价值的，给予免税放行。

对人民币的监管。国际（地区间）航行船舶一律禁止携带人民币进出国境。境外船舶在停留港内期间，需向船舶代理人借支人民币使用时，由代理人员将借支数目通知海关值勤关员，经查核后，方可将现款交予船长分发使用。船舶代理人将境外船公司汇款向银行兑换的人民币携带上船时也应向关员报告。境外船舶下一口岸如驶往境外，船长应于结关时，向海关申报人民币使用结余情况，将剩余人民币退还给代理人结账或保管。境内船舶直接驶往境外者，按规定应收集所带人民币统一集中保管并由海关加封，在返回境内第一口岸时，由海关检查开启封志。境外船舶驶经国内另一港口者，船长应将剩余人民币集中，由海关人员予以查核加封，以便随船带往下一口岸，届时再由海关启封后继续使用。目前我国对任何境外船舶所携带的人民币均不加封，而由船方递交一份列明支付数目的"人民币结余清单"，由参加联检的关员制作关封封寄给下一口岸海关，并将人民币结余情况在交下一口岸海关的《船舶监管检查通知书》内说明。海关通过对船舶添装船用物料和船员购买饮食品及携带自用物品出口的管理工作，掌握船长、船员在港使用人民币的情况。当发现收支差额不合理时，要调查研究，以便及时发现违法携带人民币进出境的线索。

对船员自用物品的监管包括船员和各类上下船人员携带的物品。根据物品种类情况，当事人可采取口头申报和书面申报形式。自 1983 年起，船员自用物品的征免验放手续统一由海关检查科办理。来自境外的船舶，一般于进口联检结束后，由海关派员登轮办理征、免、验的手续。特殊情况也可由船员下地时在海关卡口直接办理。

此外，海关利用船舶停港期间，开展调查研究工作，也是船舶监管的主要内容，是做好船舶监管工作的基础。调查研究有一般调查研究和重点调查研究两种方式。一般调查研究是结合船舶的进境申报、办理船舶船员自用物品验放的环节，对船舶航线、船舶在境外港口情况、各部门船员之间关系、船员变动情况、船员动态等进行调研，收集情况，积累资料，从中发现问题；重点调研指根据档案材料，或者检举材料以及现场监管工作中发现的重要问题和线索，进行专门调查。重点调研除了可结合业务环节进行外，经批准还可采取驻船调研、检查船舶等方法进行。1990 年 4 月，青岛海关建成码头闭路电视监管系统，实行如下监控：①巡回监控，即对在港船舶的进出、停靠、移泊、装卸货物，上下人员携带物品等动态，通过摄像镜头扫视，及时提供给值班关员和查私调研人员，使监管工作更加有的放矢。②定船监控，即对重点船舶实施摄像镜头对准梯口的定船监管，发现走私动态，立即进行处理，必要时配合抄船。③跟踪监控，即在对重点船舶实行定船监控的同时，对携带物品上下船的可疑人员和车辆采取由梯口至港口出口的跟踪监控，发现走私动向即录像取证，并采取相应的措施和行动。闭路电视监管系统的运用加强了对停港船舶的监管，产生了较好的社会效益和经济效益。

### （四）对出境船舶的监管

船舶出境时，船舶负责人或其代理人应当向海关如实申报，并交验《出口载货清单》（无出口货物的交无货清单）、《出境旅客名单》（无旅客或无更动的免交）、《船员名单》（无更动的免交）、《船舶进出境（港）海关监管簿》（境外船舶免交）及海关监管需要的其他单证。海关要全面审核当事人交验的各种单证，并核对吨税执照的日期期限，并在《船舶进出境（港）海关监管簿》上批注后，符合海关监管规定要求的予以放行，允许驶离出境。

### （五）对转港船舶的监管

船舶转港指进出境的国际（地区间）航行船舶在同一航次中停靠我国两个以上港口的船舶。对于开往境内其他港口的国际（地区间）航行船舶，在转港前，船舶负责人或其代理人应向海关如实申报，并符合海关监管要求。海关在办理转港手续时要制作关封。关封内装《船舶进口报告书》《船员自用和备用物品、货币、金银清单》《监管通知书》《转关运输准单》，由船长在关封收据上签字后，将关封交给船长随船带往下一口岸海关。另外，再将另一份转港关封通知书邮寄下一口岸海关核查。

在填写监管通知书时，内容要简明扼要，凡单据上已列明的事项不必重复。通知书中应列明本港装卸货物的情况、船员携带物品核批情况、吨税有效时限、保税烟酒加封情况以及委托下一口岸海关代办事项等情况。通知书所写的内容要注意保密，重大事情应由陆地邮寄关封。转港船舶在驶往另一港口途中，未经海关许可，不准改驶境外。

### （六）船舶检查

对进出境船舶的检查有一般检查和重点检查两种。一般检查就是对船体进行巡视，但有时往往通过一般检查发现问题后再确定重点检查。《中华人民共和国海关法》第 18 条对检查进出境运输工具作了具体规定：“海关检查进出境运输工具时，运输工具负责人应当到场，并根据海关的要求开启舱室、房间、车门；有走私嫌疑的，还应当开拆可能藏匿走私货物和物品的部位，搬移货物、物料。”本规定对海关“检查”作了程度上的区别，即前一部分视为“一般性检查”；后一部分视为“重点检查”，或称“抄船”。

重点检查前的准备主要是研究制定检查计划，并经有关领导批准，准备检查用具。根据监管或举报掌握的情况和线索，研究、制定周密的检查计划，分成几个检查小组。计划内容主要是制定检查的步骤、内容和重点。计划制定后需经领导批准后方能实施，并准备好各类检查用具。根据船舶档案资料，熟悉船体结构，明确检查重点、步骤和方法。

检查时采用的具体程序和方法是：上船检查前，由组长向船长宣布海关检查决定，控制船舶要害部位，如驾驶室、电报室等；集合全体船员，宣布海关有关规定和政策；由船长或指派人员陪同海关进行检查，并按海关要求负责开启舱室、房间和可能藏匿走私货物和物品的部位，搬移货物、物料；检查完毕后，编制检查记录，由海关执行人员和船长分别签字；酌情立案处理，分别做查问笔录；对暂扣物品开具扣单，海关执行人员和船长分别签字。

## 四、特定情况下进出境船舶的监管

### (一)海关对兼营船舶的监管

兼营船舶是指我国籍船舶在从事进出境货物运输的同时,也经营部分货物的境内运输。这类船舶都是中国籍,境外船舶不能经营兼营业务。船舶为保证运输的经济效益,往往是既运输进出境货物,又运输境内港口之间货物。为使进出境船舶始终处于海关监管之下,海关总署制定了对我国兼营船舶的监管办法。

海关监管兼营船舶的要点是:船舶兼营境内运输时,要办理海关手续,并符合海关监管要求。兼营船舶在营运前,由船方或其代理人向船公司所在地海关提出书面申请,办理兼营船舶登记手续,经海关核准并签发《中国籍兼营船舶海关监管签证簿》。船舶在航行、停泊期间均应随带《中国籍兼营船舶海关监管签证簿》,以便海关监管和签证。经营境内运输的船舶,在经营国际(地区间)运输业务时,船方或其代理人应在装载出口货物或无货出境开航前 24 小时向海关提出书面申请,并交验《中国籍兼营船舶海关监管签证簿》,由海关批注和签章。

经营进出境运输时,按照国际(地区间)航行进出境船舶办理有关海关手续。兼营船舶在卸完进口货物和办完船员携带进口自用物品验放手续后,方能申请经营境内运输业务,由海关在《中国籍兼营船舶海关监管签证簿》上批注和签章;兼营船舶在卸完境内运输货物后,方能申请经营国际(地区间)运输,由海关在《中国籍兼营船舶海关监管签证簿》上批注及签章。

海关按照国际(地区间)航行船舶的监管办法,对兼营船舶在经营国际(地区间)运输业务期间的燃料、物料进行监管。兼营船舶在经营境内运输业务期间使用的进口船用物料、燃料、烟、酒等物品不能享受国际(地区间)航行船舶的免税优惠。船方或其代理人应在船舶申请经营境内运输业务的同时,在《中国籍兼营船舶海关监管签证簿》上向海关报明留存船上的进口船用燃料、物料、烟、酒等物品的名称和数量。对于情况正常、数量合理的物品,经海关核准,可免税留船上继续使用;对超出自用合理数量部分,海关予以征税。

兼营船舶连续经营国内运输满 1 年的,海关不再按兼营船舶对待,船方应将《中国籍兼营船舶海关监管签证簿》交回原发证海关。

### (二)往来香港、澳门的小型船舶的监管

往来香港、澳门地区的小型船舶是指我航运、外贸部门及驻港澳地区航运机构专营内地与香港、澳门航线客货运输的中国籍船舶。小型船舶包括机动、非机动客货船,不受登记吨位限制。一般机动货船载重量在 400 吨以下;机动客货船载客 400 人以下,同时可载 50 吨以下的货物;机动拖船、被拖铁驳载重在四五百吨,也有上千吨的;风帆船载重在 70 吨以下。

往来香港、澳门的小型船舶的进出口岸主要有厦门、汕头、汕尾、九龙、黄埔、广州、拱北、江门、石岐、肇庆、梧州、北海、海口、湛江等,以及经批准可停靠装运出口货物的非设关

地点。

由于小型船舶有轻便灵活的特点，周转性能适应装货地点分散运输的需要，因此小型船舶的客货运输，在内地对港澳地区的贸易中起着很重要的作用。它对装运粤、桂、闽三省邻近港澳的沿海地带尤其是珠江三角洲进出港澳的货物十分适用。海关对航行香港、澳门地区的小型船舶的监管主要采取口岸海关和中途海关共同监管的方法。

口岸海关负责办理的手续有船舶出境手续（船舶在口岸海关办完出境手续后不再向中途海关监管站申报）；进出口货物的申报、查验、征免税和放行手续；船舶在香港、澳门装配机器零件，添购船用燃料、物料的进口手续；航线不经中途海关监管站的进出口船舶及来往港澳地区的进出港手续。

中途海关监管站负责办理的手续有船舶的进境手续；船员的自用物品核批、验放手续；来往非设关地点的小型船舶进出境手续；接受出口船舶在航行途中因故停靠或更换拖轮等的申报手续。

海关对来往香港和澳门小型船舶按规定悬挂有关标志，小型船舶的旗号日间悬挂红边、白底、红字的船名三角旗；夜间悬挂红、白灯旗号。船舶进出港口时，船长或其代理人应向海关如实申报，并交验船舶报告书、船舶载货清单（无货免交）、旅客清单（无旅客的免交）、船员清单（船舶报告书内列有船员名单的可免交）、船舶航行签证簿（由海关签证后发还）、海关需要的其他单据证件。海关对小型船舶进行检查时，船长或有关指派人员到场陪同海关检查，并根据海关要求，开启有关舱室、房间等。

从设关地出境的船舶，由口岸海关办理出口手续，不必再向中途海关监管站申报。但中途海关监管站根据监管工作需要，认为必要的，也可对出境船舶进行检查；出境船舶航行途中因故靠岸或换拖轮的，应向中途海关监管站报明；从非设关地点出境船舶，必须向中途海关监管站申报，并办理出口手续。

为节省外汇开支，小型船舶用的物料、燃料，一般都应由内地供应，如确需在港澳添装，凭船管部门证明，留船使用的可以免税放行；卸下船的，要向海关办理补征税手续。

### （三）对入坞修理船舶的监管

境外船舶因机器故障等原因，需进出我国港口时，海关既要按规定监管，又要尽量简化手续。对入坞修理的境外船舶，按海关对国际（地区间）航行船舶监管规定进行监管。入坞修理期间，海关视监管工作需要，可派关员巡视，或派员住船监管，并加强与船厂和其他有关部门的联系。对于船舶在坞修理期间卸地或添装的船用物料、燃料和船员自用物品，可根据情况，由船长或其代理人，逐批或定期汇总开列清单，交送海关备查。卸下地的物品，由船厂或其代理人负责保管，除供本船或船员使用外，未经海关批准，不得擅自出售、转让。

### （四）对进港避风船舶的监管

国际（地区间）航行船舶进港避风，按其来自或去向等情况，分别按照国际（地区间）航行船舶监管的有关规定办理进出境手续。对于已结关出港的船舶，中途返港避风的，若时间短又不上下船员，一般可不派员监管；若停港时间长，而且上下船员，根据具体情况加强监管。

进港避风的船舶，根据出入港的性质和上下客货的情况，一般不征收船舶吨税，也不列入进出境船舶统计。对境外渔船进港避风，可免办进出境申报手续。船上所载的海产品，未经海关许可，不准起卸进口，船舶免征吨税。若需添装船用燃料、物料，按有关规定办理。船上的海产品经批准起卸时，按正常进口货物向海关办理进口手续，经海关查验征税后结关放行，并征收船舶吨税。粤港、粤澳流动渔船，可以就近进入广东省以外沿海港口避风、维修或者补给，但不得装卸货物。船员需要上岸时，必须经当地公安边防部门批准并办理登陆手续。

### （五）对进港加油、加水和抢救病人的船舶的监管

国际（地区间）航行船舶专为加油、加水或急救病人而进出境时，船长或其代理人应办理正常的进出境报关手续。加油、加水和病人的上下船均按有关规定办理。船舶不装卸货物、不上下旅客的，不征船舶吨税。船舶停港期间，视时间长短及船员上下等情况决定监管方式。

### （六）对来港交船的境外船舶的监管

对来港交船的境外船舶，按海关对国际（地区间）航行船舶的监管办法和有关进口货物监管办法实行监管。船舶停港期间，船用燃料、物料和设备，非经海关允许不准调拨、转让。交船前，接船单位应派员陪同海关检查，并负责开启舱室、房间等。对船上留存的武器、弹药、爆炸物品、刑具等由边防检查站没收；构成对我国政治、经济、文化、道德建设有害的物品和其他应受管制的物品，均由海关没收。麻醉药品由卫生检疫机关没收。船上的其他物品，包括船员放弃的重点物品等，统一归接船单位。购买进口的旧船如果继续经营国际（地区间）航行业务，船上的重点物品可留船使用；若调拨给其他国际（地区间）航行船舶或经营境内航行业务时，海关按调拨物品的规定办理。

检查完毕，各单位分别缮写检查记录一式三份，写明边防、海关没收物品的品名、数量（书刊、画报等除外），由边防、海关和接船单位的代表签字，分别由三方存查。

购进的新、旧船舶均应按一般进口货物办理报关纳税手续，对船上的燃料、物料若不另行计价的，可不另行计征关税。船舶交接完毕，船员离船时，按一般旅客出入境有关规定办理手续。

### （七）对在我国沿海进行石油勘探的境外船舶的监管

在我国沿海进行石油勘探的境外船舶包括勘探、服务供应、交通运输等船舶。上述船舶的船员和随船的工程技术人员在我沿海作业和进出境的管理，应与境外商船有所区别，既要维护国家主权，又要方便海上工程作业。

船舶进出我国港口或勘探作业区时，由外轮代理公司向海关申报，海关按规定办理进出境手续，并计征船舶吨税。船舶在境内港口航行或从作业区往返港口时，一般不进行检查；对于经常往返作业区和香港的小型供应船和勘探船，可在首次来作业区或港口和最后一次开往香港或境外港口时，视情况需要决定是否检查。平时船舶动态由当地石油主管

机关掌握，海关一般不派员监管。

船员、技术人员名单在船舶第一次来港时申报，以后船舶进出若无船员或技术人员的增减，则无须每次填报，但当人员有变动时，应补报变动人员名单。工作人员进、出境携带的行李物品，按海关对短期旅客的规定办理。船上勘探设备，仪器，器材，船用燃料、物料(包括食品)，只准在船上和作业区使用。若需临时卸地备存或调拨、转售给境内有关单位或境内船舶使用的，需经海关核准，并按正常进口货物规定办理报关纳税手续。境外公司租用我国为石油勘探服务的船舶进出境，按国轮(地区轮)进行管理。

#### (八)对旅游船舶的监管

海关对外国籍旅游船舶的监管与其他国际(地区间)航行船舶的监管一样。根据旅游船停港时间较短、上下旅客频繁、旅客一般都是旅游观光的等特点，海关在办理进出境手续时应尽量从简。一般只收取必要的单证，不对船舶进行检查。船舶上的小卖部的商品，境内任何单位和个人不得上船购买。停港期间海关可派员巡视，发现问题及时处理。在节假日期间，尤其需加强对旅游船舶的安全管理。如烟台市安监、交通部门在国庆期间对旅游船舶实施现场监管，强化安全航行意识，向重点场所派驻安全监督员，严格执行旅游船不超航区航行、不超员、不超抗风等级营运、旅客上船必须穿着救生衣等规定，同时抓好船舶维修保养和设施的配套完善工作，建立危险化学品专业检查队伍，并严禁违反规定擅自出航。

## 第三节　对进出境列车的监管

### 一、进出境列车的申报

进出境列车到达和驶离的时间，是按照边境站根据双边议定书制定的列车运行图(即时刻表)或双方车站站长商定的日计划和班计划运行的。

对进出境列车的编组情况，海关可通过车站先了解到。出境列车开车前，进境列车到达前，边境车站应事先通知海关。

进境列车到达后，出境列车发车前，列车长或边境车站值班员向海关申报，并需要递交的单证有：进境重车，由列车长向海关交验“货物交接单”；出境重车，由边境车站值班员向海关交验“货物交接单”和“列车编组单”；进境空车，由列车长向海关交验；出境空车，由边境车站值班员向海关交验“列车编组单”；进出境国际旅客列车，由边境车站值班员向海关交验“列车编组单”，列车长书面或口头申报旅客的数量、国(地区)籍和列车乘务人员人数。

## 二、海关对进出境列车的检查和放行

进出境列车必须在边境站停留并接受海关检查。海关检查进出境列车，一般是在边境站到发线进行，或与边防检查站配合检查。海关检查进出境列车是根据列车编组情况，由值班员或列车长陪同检查，并负责开启车门及有关的部位，根据海关要求搬移货物和物品。海关对进出境列车进行检查时，除口岸有关检查、检疫部门和铁路执行职务人员外，其他人员不得上下列车。

海关检查进出境列车的主要任务是检查有无与申报单据不符的车辆和所载的货物；检查有无藏匿走私物品和国家禁止进出境的物品；检查有无夹藏携带内部资料和反动宣传刊物；检查有无其他违章情事。海关查验进出境货物、物品，发现有走私情事或走私嫌疑的，可以书面通知车站将货物、物品卸到海关指定地点或将有关车辆调到指定地点进行处理。

对进境列车检查完毕，可口头通知边境车站值班员，列车可调离、解体；对出境列车检查完毕，海关将签有"放行章"的列车组成单交给车站值班员，作为车站发车凭证。

# 第四节 对进出境民用航空器的监管

## 一、进出境民航机的监管

民用国际（地区间）航空器（国家元首和政府首脑乘坐的专机除外）进出境应向海关申报，办理有关上下旅客，装卸货物、邮件、行李和其他物品等海关监管手续。海关对国际（地区间）民航机的监管，应根据飞机停站时间短、旅客身份复杂、旅客所带物品简单、飞机所载货物体积小、品种繁杂等特点，依法进行，简化手续，加速验放。

海关对国际（地区间）民航机监管要点首先是准确掌握飞机起落时间。对正常的班机海关按民航时刻表规定的起落时间进行监管。由于气候或机械故障等原因造成飞机误点等情况发生时，在飞机起落前或对其他各类飞机需预报的，国际（地区间）航空站应于民航机降落或起飞前两小时，通知海关有关飞机的基本情况。其次是严密进出境和转港手续。国际（地区间）民航机降落后或起飞前及转港前，应由机长或其代理人向海关如实申报，海关按规定办理进出境手续或转港手续。

## 二、海关监管实务

### （一）出入境飞机的申报

国际（地区间）民航机入境停降后，或出境起飞前，机长或其代理人应当及时向海关申报，并递交以下有关单证：货物和其他物品舱单及有关货物的运单副本；旅客及行李舱单；机组人员及其自用物品、货币、金银清单；邮件舱单。海关对上述单证进行全面审核，并核对报关单证所列内容与实物的一致性。

### （二）海关对国际民航机检查

由于国际（地区间）民航机本身具有的结构精密、机体较小、停港时间短暂等特点，在正常情况下，一般可不予检查，或只是对客舱、货舱进行一般性巡视。如果监管工作需要进行检查时，应按下列程序进行：检查必须经海关领导批准；要有机长或其指定的人员陪同检查；对于飞机上某些部位需开拆时，机长应指派专门技术人员按海关要求进行；检查完毕要编写检查记录，根据检查结果，必要时应由机长在检查记录上签字确认。

### （三）准予起飞

国际（地区间）民航机经海关检查完毕，海关在出口舱单上签署“结关”字样并加盖放行章，即表示海关一切手续均已办妥，准予起飞。结关前，海关内部各环节要互通信息，确认情况正常后方能结关。转港飞机在我国领土内各个航空站降落或起飞时均应向经停港海关办理有关手续，交验申报单证。机长或其指定的代理人应当负责将海关关封完整无损地移交下一航空港的海关。

### （四）飞机在停站期间海关监管的主要任务

监管旅客和机组人员上下飞机，检查携带物品；监管货物、邮件、行李物品的装卸；监管机用燃料、油料、零备件、供应品及金银、货币等。

机组人员（包括驾驶人员和乘务员）携带进出境物品，应当向海关如实申报，并接受检查。对中国民航机组人员进出境实行登记证制度。机组人员进出境时必须持凭运输工具服务人员出入境携带物品登记证，并将本航次携带的物品、货币等在登记证上登记并向海关如实申报，接受检查。机用燃料、油料、零部件、正常设备、供应品及金银、货币若均为境外使用物品，飞机在停站期间，未经海关允许，不准将上述物品出售、转让或移作他用。飞机在停站期间，若需添装燃料、油料、零备件、正常设备和供应品等时，应向海关申报。卸下飞机的供民航企业所属飞机使用的上述物品应填制报关单向海关申报，经海关检查后，存放在经海关批准的仓库场所使用或复运出境的，海关予以核销。

# 第五节　对进出境汽车的监管

## 一、对进出境汽车的监管程序

按国家对进出境汽车的管理规定，进出境汽车必须通过设立海关的地点进出，并按规定挂我国牌照或经我交通主管部门认可批准,方能进出境。对于来往于港澳地区的车辆,还需经海关注册并签发《手册》后方能进出。

进出境汽车经两国或地区交通主管部门批准后,凭批件、营业执照、行车执照、驾驶员执照等证件,向主管海关办理注册登记备案手续,未经交通主管部门批准及海关登记备案者,不准进出境。

汽车进出境时,汽车驾驶员应按规定如实向海关申报,并接受海关检查。海关对境外汽车或承载海关监管货物的境内汽车实施后续管理。这些汽车在承载海关监管货物的过程中,应符合海关的监管要求,即按海关规定路线行驶,在规定的时间期限内复出境或到达指运地。

## 二、进出境汽车的监管

进出境汽车的登记备案分为来往港、澳汽车的登记备案和内地载运海关监管货物车辆的登记备案两种情况。

来往港、澳地区的进出境车辆必须向进出境地海关申请登记备案。运输企业在向海关办理登记备案手续时,需交验政府主管部门准其进出境的批准文件及行驶证件;工商行政管理部门签发的经营客、货运输车辆所属企业营业执照;经海关认可的境内单位出具的保证函或保证金。

内地从事来往于进出境口岸运载对外加工装配、保税货物的运输企业,凭下列证件向企业所在地海关办理有关车辆及驾驶人员的注册登记手续:有工商行政管理部门签发的企业营业执照;交通主管部门签发的车辆牌照、驾驶员执照;经海关认可的境内单位的保证函或保证金。经海关审核有关批件后,海关还应对有关登记的运输车辆进行检查。

进出境汽车和境内承载海关监管货物的汽车,均必须符合海关监管要求。运载进出境货物的货运车辆应具有海关认可的加封设备,技术条件指与车驾固定一体的全部或局部应密封,构成永久性的密封体,其密封部位应具有坚固性和可靠性;与车驾固定一体的厢体没有隐蔽空隙。可以装卸货物的一切空间,均应该便于海关检查。

以上车辆经海关检查后,若符合海关监管要求,对来往港、澳地区的车辆签发《来往香港、澳门汽车进出境登记簿》(以下简称《登记簿》),进出境时由海关批注;对内地承运海关监管货物的车辆,由车辆所在地海关或主管海关签发准载证后方能承载海关监管货物。海关按登记备案内容分类归档。对进出周边国家(地区)的汽车,海关不进行注册,经两国(地区)交通部门批准和认可,车辆挂两国(地区)认可的牌照,进出境时海关予以登记或核销。

汽车进出境时间,除经海关特准外,应在日出后和日落前进出境,汽车应在进出境地海关办理进出境手续。进出境汽车有关承运人员应向进境地海关或出境地海关递交《载货清单》《进出口货物报关单》。来往港、澳的汽车驾驶人员还应按规定填写《登记簿》以及其他单证,向进出境地海关办理申报手续。

海关在全面审核《登记簿》和《载货清单》等有关单据后,对进出境汽车进行检查。海关检查车辆时，汽车驾驶员应当在场，并按海关检查要求开拆车辆有关部位和搬移货物。进出境车辆及所载运的货物经海关审核、检查、查验均属正常的，由海关在《登记簿》《进口货物报关单》或《出口货物报关单》《汽车装载清单》等单证上签章放行。

进出境汽车及其所载货物和物品的转关运输是指由进出境汽车载运货物和物品，经边境口岸进出，办理转关运输手续后，再通过境内公路运输，直接在境内装卸。转关运输，可由境外在我国海关注册登记的进出境汽车承运，经边境口岸进入直接驶往内地装卸；也可以先由境外的进出境汽车运至边境口岸海关监管场所，再换装境内承运进出口转关运输货物的车辆，继续运至内地装卸。转关运输的监管由进出境地和境内海关共同实施。

直通汽车是指具有境外交通牌照与境内交通牌照，办理进出境有关手续后，既可承运直接进出境客、货运输，又可承运转关客、货运输的车辆。海关对直通汽车转关运输的申报，除要求与正常进出境车辆一样必须在进出境口岸海关办理登记备案外，还应按《登记簿》要求向进出境口岸海关填报前往地点、境内收发货单位、到达期限等项目。其中进境车辆还需向口岸海关填报《中华人民共和国海关转关运输准单》《汽车装载清单》，凭此办理进境转关运输手续；出境车辆由发货人向起运地海关填报《出口货物报关单》《汽车装载清单》，凭此办理出境转关运输手续。广东省各海关计算机已联网，其省内的转关运输免交《转关运输准单》。进境地海关按照《汽车装载清单》将有关转关运输数据输入计算机，并将其中一份《汽车装载清单》批准后交汽车驾驶员带交到达地海关；出境转关运输，由货物起运地海关对发货人递交的《出口货物报关单》和《汽车装载清单》批注后，由汽车驾驶员带交出境地海关。各海关通过计算机随时查阅转关运输的情况。珠海拱北口岸客车通道还建立了"一站式"电子验放系统。海关工作人员依据来自通道的图像信息，对停在卡口的直通客车车辆和司机身份进行验核，确认无误后，可直接在监控室电脑上下达放行指令，并由卡口前的液晶显示屏和横栏给出放行信号。与以往相比，车辆在通关时减少了一次停车的时间，而且不用下车递交"来往香港、澳门汽车进出境签证簿"，减少了通关环节，实现了便捷通关。

境内汽车是指具有境内交通牌照、办理了转关运输申请手续，来往进出境口岸与内地之间，进行接载、卸转海关监管货物的汽车。境内汽车运输企业应事先凭有关证件向运输企业所在地海关或主管海关办理有关汽车及驾驶人员的注册登记手续。境内汽车应具有海关认可的加封设备。申请登记的汽车，经海关审核批准，发给《准载证书》和《载货登记簿》。企业及驾驶人员凭《准载证书》和《载货登记簿》从事来往进出境口岸接载、卸转海关监管货物的业务。

上述汽车转关运输应当符合海关监管要求，在运输期间要保持海关封志的完好。进境地海关和起运地海关制作的关封，由驾驶人员完好地带交指运地或出境地海关，指运地或出境地海关将货物放行后，应根据单据内签注的意见，及时将回执寄交原办海关核销；转关运输回执或《出口货物报关单》返寄回来后，原海关按编号予以核销。

# 第六节　对进出口集装箱和所装货物的监管

## 一、进出口集装箱概述

### （一）集装箱概述

集装箱指以轻金属制造、有一定规格的，把货物集中装在其中内，作为一个运送单元进行运输的设备。作为货物运输辅助设备的集装箱，可以长期反复使用，是货物安全运输和快速装卸的保障。按照国际标准化组织下属专管集装箱运输的技术委员会所下的定义，集装箱是具备下列条件的运输容器：全部或局部封闭，构成一个装货用的仓；具有持久性，有足够强度，可供一用再用；具有特别设计，便于使用一种或一种以上运输方式载运货物，而无须中途重装；能快速装卸，途中转运可不动容器内货物整体装卸；易于装满和卸空货物；内部容积为1立方米或1立方米以上。

为了使各种不同的货物均能使用集装箱运输，集装箱的种类和规格也呈现多样性。从目前国际（地区间）投入运输的集装箱情况看，集装箱主要分为专用集装箱和普通多用集装箱两种。常见的具体种类有：用于装载各种干杂货的集装箱，如装载日用百货、干食品、机械、仪器、医药及各种贵重物品等。这种集装箱使用范围极广，其结构通常是封闭式的，一般在一端或侧面设有箱门；带有冷冻机或能够与船上冷冻机连接的冷藏集装箱，这是专为运输要求保持一定温度的冷冻货或低温货而设计的集装箱，适用装载肉类、水果等货物；在箱子端壁上设有通风窗口的通风集装箱，主要用于运载需通风的水果、蔬菜、活家禽、牲畜等货物，如将通风孔关闭，可作为杂货集装箱使用；箱子框架内设有圆形罐的液体集装箱（罐式集装箱），用以运载散装食油、酒类及液状化工品等。装货时货物由罐顶部装货孔进入，卸货时，则由排货孔流出或从顶部装货孔吸出；箱顶处开口并可倾斜打开装置的散装集装箱，这是一种没有刚性箱顶的集装箱，可供运输各类面粉、种子等粉粒状货物使用；其他还有汽车专用集装箱，其结构特点是，无侧壁，仅设有框架和箱底，可分为上、下两层专门供运输汽车时用。另外，按照装箱方式可分为整箱装运和拼箱装运。整箱装运（FCL）是指货主向承运人或租赁公司租用一定的集装箱，空箱运到工厂仓库后在海关人员监管下，货主把货装入箱内，加锁铅封后，交承运人并取得站场收据，最后凭收据换取提单或运单。拼箱装运（LCL）是指承运人接受货主托运的数量不足整箱的小票货运后，根据货类性质和目的地进行分类整理，把去同一目的地的货，集中到一定数量，拼装入箱。

### （二）集装箱运输的出口程序

1. 订舱

2. 确认订舱

船公司确认订舱后，签发装货单，分送集装箱堆场和集装箱货运站，据以安排空箱及办理货运交接。

3. 发送空箱

整箱货运所需的空箱，由船公司送交或发货人领取。拼箱货运所需的空箱，一般由货运站领取。

4. 拼箱货装箱

发货人收到空箱后，自行装箱并按时运至集装箱堆场。集装箱堆场根据订舱单装箱单验收并签发场站货物收据，然后在站内装箱。

5. 整箱货装箱

集装箱货运站根据订舱单核收托运货物并签发堆场货物收据，经分类整理，然后在站内装箱。

6. 集装箱货运交接

上述第 4 条和第 5 条签发的堆场收据是发货人交货和船公司收货的凭证。

7. 提单

发货人凭堆场收据向船公司换取提单，然后向银行结汇。如果信用证规定需要装船提单，则应在集装箱装船后，才能换取装船提单。

8. 装船

集装箱堆场根据船舶积载计划，进行装船。

### （三）集装箱运输的进口程序

1. 货运单证

凭出口港寄来的有关货运单证着手安排工作。

2. 分发单证

将单证分别送代理集装箱货运站和集装箱堆场。

3. 到货通知

通知收货人有关船舶到港时间，便于准备接货，并于船舶到港以后，发出到货通知。

4. 提单

收货人按到货通知持正本提单向船公司换取提货单。

5. 提货单

船公司核对正本提单无讹后，即签发提货单。

6. 提货

收货人凭提货单连同进口许可证至集装箱堆场办理提箱或提货手续。

7. 整箱交

集装箱堆场根据提货单交收货人集装箱并与货方代表办理设备交接单手续。

8. 拼箱交

集装箱货运站凭提单交货。

### （四）集装箱码头的空箱操作

1.空箱概述

由于集装箱放在堆场或码头会产生很大一笔堆存费，因此货运不平衡产生的空箱在一定的时间内必须调运出去，而缺箱区又必须租赁或调运空箱，所以提高空箱调运效率在集装箱运输中是非常重要的一环。如扬州润扬物流装备有限公司将其堆场的一部分作为“集装箱中转中心”，以此虚拟为上海的堆场，这样，在这个中心里的集装箱可视为上海堆场的箱子。今后，若长江各码头需要箱子，就可直接从“集装箱中转中心”调用，24 小时内将箱子送到周边的南京、镇江、泰州、常州、南通等地，极大地提高了流通速度。

2.空箱操作方式

集装箱码头的空箱操作主要分空箱进、出场操作和空箱管理两部分。

(1)空箱进、出场操作

①空箱进场操作

码头空箱进场有两种方式，空箱卸船进场和空箱通过检查口进场。空箱卸船进场前，码头堆场计划员必须安排空箱堆存计划。该计划安排的原则为空箱根据尺码、箱型的不同，按不同的持箱人分开堆存，码头与船方必须在卸箱时办理设备交接单手续。通过检查口进场的空箱主要有两种：一种为船公司指定的用于出口装船的空箱；一种为进口载员重箱拆箱后返回码头。如为船公司指定用箱，则根据堆场计划员所作堆存计划与不同的尺码、不同的箱型，按出口船名、航次堆放；如为进口箱拆箱后返回码头堆场，则根据堆场计划员所作堆存计划与持箱人的不同，分开堆放。空箱进检查口时，码头检查口与承运人必须办理交单手续。

②空箱出场操作

码头空箱出场主要有两种方式：空箱装船出场和空箱通过检查口出场。装船出场的空箱主要有两种：一种为船公司指定用于出口装船的空箱，另一种为装驳船的空箱。码头箱务管理员应根据船舶代理出具的工作联系单、空箱装船清单或船公司提供的“出口装船用箱指令”，安排装船用箱计划。码头配载计划员根据箱务管理员的用箱计划以及代理提供的“场站收据”，结合船名、航次的配载情况，选择全部计划空箱或部分计划空箱配船。凡该船航次未能装船的空箱，箱务管理员应做好记录，以备下一航次装船之用。

空箱主要有下述三种方式通过检查口出场：第一，门到门提空箱，主要是出口载货用空箱的提运。该空箱提运至集装箱点进行装箱后，重箱即回运原码头准备装船出口。空箱门/门提离港区，货主或内陆承运人应向集装箱代理人提出书面申请。集装箱代理人根据“出口集装箱预配清单”向货主或内陆承运人签发“出场集装箱设备交接单”和“进场集装箱设备交接单”。货主或内陆承运人凭出场集装箱设备交接单向码头堆场提取空箱；第二，单提空箱，是指将空箱提运至码头外的集装箱堆场，如船公司提空箱至港外堆场，提退租箱等。码头箱务管理员应根据船公司或其代理的“空箱提运联系单”发箱，联系单上一般应写明持箱人、承运车队、流向堆场等，并注明费用的结算方法；第三，因检验、修理、清洗、熏蒸、转运等原因需向码头提空箱。货代或内陆承运人应向集装箱代理人提出书面申请，集装箱代理人根据委托关系或有关协议向货方或内陆承运人签发“出场集装箱设备交接单”和“进场集装箱设备交接单”。货方或内陆承运人凭“出场集装箱设备交接单”向码头堆场提取空箱，码头凭集装箱代理人的工作联系单发箱。空箱出场时，码头应与船方或承运人做好集装箱设备交接单和交接手续。

码头堆场存放空箱的基本堆放原则，是按持箱人和空箱尺寸的不同分开堆放。码头设有专用的空箱堆存箱区，一般可堆放 4～5 层空箱。当码头内发生拆箱作业后，拆空的箱应及时归并，并按堆垛要求堆放。

由于集装箱运输的特点，在出入关时海关对集装箱出入境、箱体的新旧技术要求及集装箱箱体的周转、留存的处理规定了特别办法。1986 年我国正式加入《1972 年集装箱关务公约》，要求装运进、出口货物的集装箱应有加封装置，并符合海关的监管要求。我国规定承载进、出口集装箱货物的运输工具负责人或者其代理人，应向海关申报，并在交验的进、出口载货清单(舱单)或者装载清单、交接单及运单上列明所载集装箱的件数、箱号、尺码，货物的品名、数(重)量、收、发货人、提单或者装货单号等有关内容，并附交每个集装箱的装货清单。

未办理海关手续的进口集装箱货物和已办理海关手续的出口集装箱货物，应存放在经海关同意的仓库场所。保管集装箱货物的单位，应负责保护集装箱封志的完整，未经海关同意，不得擅自开启封志、装入或者取出货物，不得将集装箱的货物移离海关监管的仓库场所。

## 二、对集装箱货物的监管

出口集装箱货物的收、发货人或者其代理人，应在进、出境地向海关办理报关手续，并按规定递交进、出口货物和物品的申报单证和其他有关单证。如果要求在到达地或者起运地海关办理报关手续，必须报经进境地或者起运地海关同意，并按“海关监管货物”要求办理手续。海关认为必要时，可对有关集装箱施加海关封志。

海关对集装箱货物进行查验时，收、发货人，集装箱经理人或其代理人应当到场，并且按照海关要求负责开箱、拆包、搬运等事项。进、出口集装箱货物，经海关放行后方准提取、装运或者继续发运。海关认为必要时，可以复查经海关放行的进、出口集装箱货物，或者调阅有关交接、验收等单证和账册。

收、发货人或其代理人，因故要求海关派员到非设关地点或者海关监管区域以外办理验放手续时，应报请进境地或者就近地海关核准(对进口集装箱货物，就近地海关核准后，应将核准情况通知进境地海关)，并按规定缴纳规费，免费提供往返交通工具和安排住宿。经有关单位申请并经海关同意，在集装箱中转站和拆、装箱点设置海关机构或者派驻人员时，有关单位应免费提供必要的办公和住宿场所。

## 三、对集装箱箱体的监管

集装箱箱体作为进境运输装备，分暂时进口、租借进口和境内投入国际(地区间)营运三种类型。

从境外购买和售给境外的集装箱进、出口时，作为购进或售出的货物，应按货物办理海关通关手续。不论装货与否，均应由集装箱的收、发货人或者其代理人单独填写报关单向进、出境地海关办理报关纳税手续。

集装箱所有人应向海关办理注册、登记手续。境内制造和维修用于运输的，应向主管海关申请办理海关登记手续，经海关审查批准后发给登记证书。海关根据国家船检机构的检验证明，对技术性能达到要求者核发牌照。经海关批准投入国际（地区间）营运的境内集装箱按规定在进出境时可免予办理手续。海关受理申报后，应注意查明空箱或装卸后集装箱是否存放在批准场所，核对箱体的件数、箱号、标码和装箱牌照号，对室、箱还应检查有无装货、夹藏等。集装箱申请人在取得核发的批准证书后，应在经批准的每个国际（地区间）集装箱上按《1972 年集装箱关务公约》的有关规定安装海关批准牌照，海关批准牌照由集装箱申请人自行制作。

投入国际（地区间）运输的集装箱，进境后还必须在限期内复运出境。暂时进口的境外集装箱（包括租借的），不论装货与否，进口和复运出口时，均应由进口经营单位或者其代理人单独填写进、出口货物报关单向海关申报，并具函保证于 3 个月内复运出口。若因特殊情况不能按期复运出口的，可提出申请，经海关核准予以适当延长。对超过规定期限仍未复出口或异地复出口未办理核销手续的，应向海关补办进口纳税手续。对向海关办理注册登记手续的集装箱，由海关在集装箱适当部位刷贴"中国海关"标志。再次进出口时，可凭之免办有关手续。经海关批准的国际（地区间）集装箱的主要特征若已经改变，对这一集装箱的批准即告失效；若该箱继续用于海关加封货物，应重新办理批准手续。目前，中国海关积极探索新型海关监管手段，建立卡口管理模式。一方面采用智能化卡口管理，运用集装箱箱号自动识别系统、IC 卡身份认证、电子地磅等先进技术手段，在确保严密监管的同时，减少人工干预，提高卡口的验放效率；另一方面，通过整合资源，加大投资力度，建立集中式监控中心，利用视频监控系统、实时视频通信指挥系统、综合监控系统对进出口货物过驳、查验、堆存等多个环节实施全过程视频监控，实现了海关对物流过程的全方位有效监管。另外，中国许多海关采用了 FS3000（集装箱/车辆快速检查）系统，该系统基于 X 射线辐射成像技术，采用高能驻波电子直线加速器及最新研制的高性能探测器。海关查验关员在不打开集装箱的情况下，能更清晰更准确地了解箱内货物情况。同时，FS3000 系统采用不停车自动扫描模式，检查过程中，被检车辆司机不用停车下车，直接驶过检查通道即可。系统可在车辆行驶过程中形成集装箱的全车体图像，并具备先进的车头避让技术，自动识别车头及货物。采用 FS3000 系统后，正常情况下，一个 40 英尺的集装箱通过检查通道仅需 18 秒，在严密监管的同时大大提高了通关速度。

## 四、其他规定

对违反本办法的情事，由海关按《中华人民共和国海关法》的有关规定进行处理。对利用集装箱货物进行走私违法活动和伪造"中国海关"标志的，应当从严处理。对进出境的集装箱汽车（即货柜车）所装货物的监管，比照本办法办理。

# 第七章 关 税

## 学习目标

了解关税的起源以及各国(地区)海关关税的种类及征收;掌握差价税和滑准税的具体征收方式以及中国的关税政策。

## 海关案例

2002年7月,A公司向其隶属海关申报进口线性低密度聚乙烯315吨,申报货物的原产地均为韩国。该隶属海关根据2002年《中华人民共和国海关进出口税则》做出征税决定,按14.2%的最惠国税率计征进口货物的税款。

A对该隶属海关征税适用的税率不服,先后向其上级海关申请行政复议,请求对进口货物按其原产国韩国应享受的《曼谷协定》关税税率13%征收关税,并将多征税款退还该公司。同时,A向海关出具的说明称:"由于韩国仁川港至中国黄埔港无固定班轮航线,因此,所有由韩国到中国黄埔港的货物均需由中国香港中转,但在中国香港中转期间不开箱也不换箱。"申请人向复议机关提交了进口货物的合同、发票、装箱单、银行付汇材料、进口货物自韩国启运且目的港为中国黄埔港的头程提单、由中国香港运抵中国黄埔港的二程提单,并提供了韩国公司就进口货物开具的原产地证明。在审理过程中,复议机关根据申请人、被申请人提交的证据材料查明,申请人进口的线性低密度聚乙烯确系其与韩国的石化公司签订合同进口的,所提交的进口货物的原产地证书亦为有效的证书。进口货物系由韩国仁川港启运,其头程提单及二程提单显示货物目的港为中国黄埔港,但货物在运输进境途中曾由中国香港过境转船后运抵中国黄埔港。进口货物在韩国仁川港装运时,载货的集装箱上已加施商业封志,封志号码在头程提单中已于相应的集装箱柜号后标注。货物运抵中国黄埔港后,被申请人的查验关员也在报关单柜号栏中对进口货柜相应的封志号码做了核对,批注与原标注相符,证明载货集装箱在整个运输过程中没有启封。最终上级海关变更了该隶属海关做出的原征税决定,决定对申请人进口的线性低密度聚乙烯按原产国韩国应享受的《曼谷协定》税率13%征收关税,并将多征的税款退还申请人。

# 第一节 关税起源

关税(英语有三个表达单词:customs,duties,tariff),是国家根据经济与政治的需要,用法律的手段确定,由海关对进出国境或关境的货物和物品所征收的一种税赋。关税的征收对象是进出口商品和进出境物品,纳税人是指进口货物的收货人、出口货物的发货人、进出境物品的所有人。

关税是一种古老的捐税,它随着商品交换的发展和国家的形成逐步发展起来。早在中国的西周时期,就有“关市之赋以待王之膳服”的记载,其中“关”即指关税。当时的关税是指封建割据统治者在其统治的境域内设立关卡,对来自境外地区的商品所征收的税赋。自秦统一以后,历朝各代均在境内设关立卡以征收关税,并以此作为国家财政收入的来源之一。

关税在西方的历史也很悠久。早在欧洲古希腊雅典时期就有征收关税的记录。当时的希腊在爱琴海、黑海两岸一带有许多属地,对来往于这些属地的进出口货物按货值征收1%~5%的税。在古罗马时代也对通过其海港、桥梁等的货物征收货值2.5%的税,后来税率提高到12.5%。这些税收是在货物通过特定地区时征收的,带有关税的性质。

封建社会时期,商品生产和商品流通因为受到封建制度的束缚而发展缓慢,内地关税在一定程度上抑制了商品流通,限制了对外贸易的发展。到封建社会末期,资本主义生产方式发展,一些国家的资产阶级在夺取政权后,开始取消内地关税,建立统一的关税制度,即对进出口货物统一在一国(地区)边境上一次征收关税,而在同一国(地区)境内不再重复征收。英国很早就有一种“例行的通行税”(customs tolls),意指商人在进入市场时缴纳给当地领主的入市税,后来把这种税称为关税(customs)并沿用至今。英国于1640年正式建立了关税制度。在欧洲大陆,法国在经历了100多年与封建割据势力的斗争后,于1791年完成关税制度的改革,其他资本主义国家也相继建立关税制度。

关税作为国家(地区)税收形式之一同样具有强制性、无偿性和固定性等财政属性。强制性是指国家(地区)凭借法律的形式强迫执行关税的缴纳;无偿性是指进出口商所缴纳的关税作为财政收入为国家(地区)无偿占有;固定性是指关税的征收比率依照预先制定的关税税则,而关税税则作为海关法的一部分是相对固定的。关税又是一种间接税,正常情况下,关税的税赋由进出口商在商品销售时转嫁给消费者。

关税与其他税种相比具有三个明显的特点:一是关税特有的课税对象。关税的定义清楚地表明,关税特有的课税对象是进出关境的货物和物品,而其他税种的课税对象均不是进出关境的货物和物品。进口货物征收关税后,在理论上应视为国(地区)内产品,即与国(地区)内产品享受同样的待遇。海关代征的国(地区)内税,虽然与关税一样均在货物和物品出入境时征收,但不是关税。二是实行复式税则制。进出口税则对同一进出口货物设两种或两种以上的税率,对产于不同国家(地区)的进口货物适用不同的税率,这是关税与国(地区)内税区分的重要标志。三是关税具有明显的涉外性。关税的制定一方面受到国际(地区间)组织和与境外政府之间协议、公约等因素的影响,另一方面,关税税率的高低又直接影响着国际(地区间)的经济利益与经济发展,有时关税也是国际(地区间)双边或多边报复与制裁的重要手段。

## 第二节 各国(地区)海关关税的种类及征收

关税作为一种收税的形式,可以分为正常关税、进口附加税和优惠关税。

### 一、正常关税

正常关税通常也被称为基本关税或一般关税,主要包括以下几类。

#### (一)进口税

进口税(import duties)是一国(地区)海关对进入其国(地区)境或关境商品所征收的关税。进口税是关税中最重要也是最主要的一种形式,很多情况下人们所说的关税即指进口税。通过对进口的商品征收进口税,可以增加进口商品的成本,削弱其市场竞争力,因此,高额进口税是各国(地区)保护境内市场的重要措施。人们通常所指的关税壁垒,就是指高额进口税。进口国(地区)并不是对所有的进口商品一律征收高关税,一般说来,大多数国家(地区)对工业制成品的进口关税税率较高,对半制成品的进口税率次之,而对原料的进口税率最低甚至免税。

发达国家(地区)不仅利用进口税作为限制进口的手段,而且把它作为贸易谈判中逼迫对方让步的手段。第二次世界大战后,许多发展中国家(地区)加强了关税的保护作用,利用高额进口关税作为保护本地经济的重要手段。

#### (二)出口税

出口税(export duties)是一国(地区)海关对流出其国(地区)境或关境的商品所征收的关税。由于征收出口税会削弱本国(地区)产品的出口竞争力,所以世界上绝大多数国家(地区)都不对出口商品征收出口税。但是,一些国家(地区)由于某些特殊原因需要征收出口税,但税率一般不高。如以保护本国(地区)有限的自然资源为目的的出口税,通常对出口的原料征税,其目的在于保障境内生产的需要和提高利用本国(地区)资源进行生产的境外产品的生产成本,以增强本国(地区)产品的竞争力。例如,日本、挪威对于木材出口征税,以保护其纸浆及造纸工业。又如以保障境内市场的供应为目的的出口税,除了对某些出口原料征税外,还对某些本国(地区)生产不足而需求量又较大的生活必需品征税,以抑制价格上涨。

目前,我国对煤炭、原油、石料等能源或资源类产品征收出口税,以限制高耗能、高污染、资源性商品出口。2005年，为建立纺织品贸易新秩序，缓解贸易摩擦，我国曾对部分纺织品征收出口税，征税范围涉及外衣、裙子、裤子、非针织衬衫、针织衬衫、睡衣内衣等六类纺织品，纺织品出口税已从2006年1月1日起停止征收。2006年，我国为转变对外贸易增长方式，对氧化铝等高污染加工贸易产品开征出口税。

（三）过境税

过境税(transit duties)是一国（地区）海关对经过本国（地区）国（地区）境或关境而运往第三国（地区）的商品所征收的关税。在资本主义生产方式建立初期，这种税制就开始产生，随后普遍流行于欧洲各国，其目的是增加国家（地区）的财政收入。但是过境税不利于商品的自由流通，阻碍国际（地区间）贸易发展，而且征收过境税有可能减少该国在运输和其他服务方面的收入，所以在1850年以后，许多国家（地区）间签订的贸易条约中都明确规定当缔约一方的货物通过缔约方境内时，一律免征过境税。1921年，在巴塞罗那签订的《1921年过境自由公约与规约》中明确废除一切过境税的条款。第二次世界大战后，大多数国家（地区）都不征收过境税。《1947年关税与贸易总协定》文本第5条第3款规定，缔约成员对通过其境内的过境运输免征过境税。由过境产生的一些行政或服务的成本和费用，则通过印花费、登记费、准许费和统计费证收。

## 二、进口附加税

进口附加税(import surtaxes)又称特别关税，是指在商品进口时除了征收正常的关税，又额外征收的一种临时性关税。征收进口附加税通常是一种特定的临时性措施。进口附加税的征收可以是面向所有进口商品，也可以专门针对某类商品或某国（地区）商品。征收进口附加税主要是为了弥补正常征税对财政收入和保护境内市场作用的不足。由于进口附加税比正常关税所受国际社会约束要少，使用灵活，因而常常被用做限制进口和贸易斗争的武器。进口附加税主要有以下几种。

（一）反补贴税

反补贴税(anti subsidy duty)是指对于接受补贴的境外商品进口所征收的一种进口附加税。凡是进口商品在生产、制造、加工、买卖、输出过程中直接或间接接受的任何奖励或补贴都构成征收反补贴税的条件，而不论给予这种奖励或补贴是来自出口地政府，还是来自垄断组织或同业工会。

反补贴税的税额一般按该商品所得的“补贴数额”征收，其目的是增加进口商品成本，抵消其享受的补贴，削弱其竞争力，使它不能在进口地市场上同该国的同类商品进行低价竞争，维护进口地的生产和市场秩序。所以，反补贴税不是为了报复，而是为了抵消补贴者对其产品所提供的不公平竞争优势。这里需要指出的是，目前许多国家（地区）采取对出口产品退还境内税的办法来鼓励出口，一般不把退还境内税（间接税）的出口产品作为接受补贴产品来看待。因为退税产品属于境内税种调整范畴，与他国（地区）没有直接利益关系，况且各国（地方）国（地方）内税种设置的情况十分复杂，相互之间难以在税种设置方面求得完全统一。另一个重要原因是出口产品的价值是在进口境实现的，出口境对出口产品退税，进口境是可以理解和接受的。

反补贴税始于1897年，当时英国由于其殖民地各国(地区)盛产蔗糖而成为欧洲砂糖制造中心。欧洲其他国家(地区)为了保护本国(地区)甜菜及砂糖生产，便给砂糖出口予以高额补贴，使英国砂糖市场受到冲击。为此，英国首先提出征收与出口补贴相当的附加税以威胁其他欧洲国家。1902年布鲁塞尔万国砂糖会议后，欧洲其他国家(地区)不得不取消对砂糖的出口补贴。英国对砂糖征收的反补贴税也即停止。第二次世界大战以后，西方各国(地区)仍有许多征收反补贴税的规定，征收反补贴税的案件时有发生。例如，1975年美国垄断企业根据《1974年贸易法》，要求美国政府对欧洲共同市场和日本等国接受出口补贴的商品征收反补贴税。

发达国家(地区)之间常在补贴与反补贴问题上发生贸易摩擦。目前世界贸易组织已确立了完善的补贴与反补贴措施的约束机制，即WTO协议附件1A货物贸易多边协议中的《补贴与反补贴措施协议》。

1.《补贴与反补贴措施协议》的产生

补贴是各国普遍采用的公共经济政策之一。为了扩大出口，世界各国(地区)纷纷对出口实行补贴。但在出口贸易中，补贴措施会对进口方或第三方的相关产业或其他合法利益造成损害，导致不公平竞争，扭曲贸易，影响资源配置。进口国家(地区)为了保护本国(地区)市场和产业的发展，往往会采取各种形式的反补贴措施，由此常常引发贸易摩擦及贸易争端。国际(地区间)贸易中的补贴与反补贴措施已严重影响了国际(地区间)贸易的健康发展。

第二次世界大战后，补贴与反补贴措施的实施范围不断扩大，相关措施和形式不断增加，对国际(地区间)贸易的消极影响日益显著，已经成为国际贸易中非关税壁垒的一种主要形式。1947年10月30日签署的《1947年关税与贸易总协定》文本中，在第6条、第16条和第23条中曾对这一问题作了一些原则性规定，但规定过于简单，在实践中不可能有效地管理补贴与反补贴。

1955年举行的关贸总协定第9次缔约大会对《1947年关税与贸易总协定》文本作了修改，作出了对补贴的有关规定，但未要求各缔约方禁止使用补贴，只要求各缔约方“力求避免”，并要求缔约方将补贴的性质、范围和有关情况通知缔约大会。若一缔约方的补贴对另一缔约方造成严重损害，该缔约方也只承担协商的义务。可见，这些规定也不能有效地制约补贴与反补贴措施的滥用。

1973—1979年的“东京回合”多边贸易谈判终于把补贴与反补贴措施列为重点议题之一，并最终达成了一项较为详细的协议，即《关于解释和适用关税与贸易总协定第6条、第16条和第23条的协议》，亦称《补贴与反补贴守则》。但由于该守则结构上还不够严密，文字上也存在许多不确切的地方，且协议只有20多个缔约方接受，对日趋复杂的补贴与反补贴措施仍不能有效地予以制约，故仍需进一步修正与充实。

1986年9月启动的关税与贸易总协定第八轮多边贸易谈判(亦称“乌拉圭回合”谈判)，又一次把制定补贴和反补贴规则纳入重要议题，经过艰苦的谈判，达成了较前述《补贴与反补贴守则》更为明确、更易操作的WTO协议附件1A货物贸易多边协议中的《补贴与反补贴措施协议》，并对补贴的定义、结构、范围、征收程序以及过渡期发展中国家（地区）的特殊优惠政策等作出了较为详细的规定，从而在世界贸易体系中确立了完善的补贴与反补贴措施的约束机制。

2.《补贴与反补贴措施协议》的主要内容

《补贴与反补贴措施协议》由 11 个部分（含 32 个条款）和 7 个附件组成。主要内容如下。

(1)补贴成立的条件

《补贴与反补贴措施协议》从主体、形式和效果三个方面对补贴进行了界定，即补贴只有在满足下列三个条件时才成立：第一，补贴由政府或公共机构提供；第二，政府提供了财政资助或任何形式的收入或价格支持，包括政府直接提供资金、债务的直接转移、政府应征税收的减免、政府提供除一般基础设施之外的货物或服务及政府通过法律限定某一种产品的最低价格等；第三，补贴使产业或企业得到了利益，这种利益是指政府的资助、收入或价格支持使有关产业或企业获得在正常商业条件下无法获得的条件或优惠。

《补贴与反补贴措施协议》只约束具有专向性的补贴，并规定了 4 种类型的专向性补贴：企业专向性补贴，即政府对部分特定企业进行补贴；产业专向性补贴，即政府对部分特定产业进行补贴；地区专向性补贴，即政府对其领土内特定地区的某些企业进行补贴；禁止性补贴，即与出口实绩或使用进口替代有联系的补贴。

(2)禁止性补贴

禁止性补贴措施，又称“红灯补贴”，指直接扭曲进出口贸易的补贴措施，是各成员方既不能授予也不能维持的补贴。《补贴与反补贴措施协议》明确地将出口补贴和进口替代补贴规定为禁止性补贴，任何成员不得实施或维持此类补贴。

出口补贴即在法律上或事实上以出口实绩为条件而给予的补贴。《补贴与反补贴措施协议》附件一列出了出口补贴例示清单，列举了 12 种可归于出口补贴的典型的情况，如政府视出口实绩对产业或企业提供的直接补贴、以出口额或出口创汇额为基数给予一定比例的奖励、涉及出口奖励的外汇留成方案或任何类似做法等。出口补贴会刺激出口的增长，使其他未受补贴的同类产品在竞争中处于不利境地，并可能对进口方或第三方相关产业造成实质损害或实质损害威胁。

进口替代补贴指以使用国（地区）产货物为条件而给予的补贴。与出口补贴给予出口产品的生产者或出口商不同，进口替代补贴给予的对象是境内产品的生产者、使用者或消费者。这种补贴会使进口产品在与受补贴的境内产品的竞争中处于劣势，从而抑制相关产品的进口。进口替代补贴可以是给予进口替代优惠贷款，或为此类企业提供比其他企业更优惠的货物或服务，或在外汇使用方面提供更多的便利条件，或减免此类企业所得税等直接税，或通过允许加速折旧等方式减小所得税计税基础等。

针对被禁止使用的补贴措施，《补贴与反补贴措施协议》确定了采取补救即反补贴措施的程序。

(3)可申诉补贴

可申诉补贴，又称“黄灯补贴”，指不是一律被禁止，但又不能自动免于质疑的一类补贴，往往要根据其客观效果判定——在一定范围内允许实施，但如果在实施过程中对其他成员的经济利益造成不利影响时，则可对其采取补救措施或反补贴措施。

不利影响包括三种情况：一是对另一成员方的境内产业造成实质损害；二是使其他成员方丧失或减损根据乌拉圭回合谈判所获得的利益（如市场准入机会减少）；三是严重妨碍另一成员方获得利益（如使得另一成员方的出口被取代）。

（4）不可申诉补贴

不可申诉补贴，又称"绿灯补贴"，是指各成员方在实施这类补贴措施的过程中一般不受其他成员方的反对或因此而采取反补贴措施。采取不可申诉的补贴一般对国际（地区间）贸易的影响不大，通常不会直接扭曲国际（地区间）贸易秩序，不会对其他成员方的经贸发展构成损害。《补贴与反补贴措施协议》规定了两大类不可由诉补贴：一类是不具有专向性的补贴，另一类是符合特定要求的专向性补贴。

非专向性的补贴，即可普遍获得，不针对特定企业、特定产业和特定地区的补贴，一般适用于所有产业。如使所有企业都能同等受惠的能源补贴和运输补贴或对小型产业的普遍性补贴等，一般是不可诉的，不会引起任何反补贴措施。

符合特定要求的专向性补贴，虽然是专向性补贴，但仍属于不可申诉的补贴，包括研究和开发补贴、贫困地区补贴、环保补贴。研究和开发补贴是指对公司进行研究和开发活动的援助，或对高等教育机构、研究机构与公司签约进行研究和开发活动的援助；贫困地区补贴指按照一项总体地区发展规划给予贫困地区的援助；环保补贴指为促进现有设施适应法律、法规规定的新的环保要求而提供的援助。

对不可申诉补贴的补救措施，实行此类补贴的成员方在实施之前，要向补贴和反补贴措施委员会通报；每年还应提供最新的即期报告，以供其他成员方了解和评价。但如果一个成员方认为它对其境内产业产生了严重消极作用，如造成难以补救的损害，该成员方便可要求实施补贴的成员方进行磋商。实施该补贴的成员方应尽快地参加磋商，并达成均能接受的解决办法。

（5）反补贴措施

反补贴措施指进口方主管机构应境内相关产业的申请，对受补贴的进口产品进行反补贴调查，并采取征收反补贴税或价格承诺等方式，抵消进口产品所享受的补贴，恢复公平竞争，保护受到损害的境内产业。

《补贴与反补贴措施协议》规定了使用反补贴措施的规则。该协议规定，如果禁止使用的补贴与可申诉补贴对进口成员方工业造成损害，该进口成员方可采取反补贴措施；而对于不可申诉的补贴，则不能采用反补贴措施。《补贴与反补贴措施协议》规定了反补贴措施的程序。

①立案调查

立案调查可由境内有关产业的代表提出，也可由进口方主管机构自行立案调查。如果主管机构认为补贴和损害的证据不足，调查即应终止；若补贴额很小，低于价格的1%（发展中成员为2%），或者进口量或损害微不足道，则可忽略不计，调查也应终止。调查应在1年内结束，最长不超过18个月。

②调查取证

在立案调查过程中，进口方主管机构可要求所有利害关系当事方及时提供证据，也可自行到出口方境内进行调查取证。出口方若不予以配合，进口方主管机构仅凭手头证据也可作出裁决。在作出最终裁决以前，主管机构应就形成决定的重要事实通报利益成员方和所有利益方，以使利益各方有足够时间维护其利益。

③磋商

在反补贴指控提出后、调查程序发起前，或在调查程序发起之后，出口方有权要求通过磋商尽快解决问题。若磋商达成了各方都感到满意的协议，则不需要启动进一步的反补贴措施程序。

④损害的确定

反补贴调查的目的是确认相同产品的产业是否因补贴受到损害。损害的依据包括受补贴产品的进口量及补贴产品对国内相同产品的价格影响，受补贴产品进口对国内同类产品的生产者的后续冲击。受补贴的进口产品造成的损害和实质性损害威胁被认定后，可作出采取反补贴措施的申请。

⑤反补贴措施

进口方主管机构经过立案、调查、取证，裁定补贴的存在与境内产业损害的发生确有因果关系后，进口方主管机构就可以采取反补贴措施。反补贴措施有如下几种。

第一，临时反补贴税。如果反补贴调查主管机构初步肯定存在补贴，且对进口成员方国内产业已造成实质性损害或严重威胁，为防止在调查期间继续造成损害，可采用临时反补贴税的形式，临时反补贴税从开始调查之日起 60 日后适用，期限最长不得超过 4 个月。

第二，补救承诺。如果在反补贴调查期间，出口方政府同意取消或限制补贴或采取其他能消除补贴影响的措施，或者出口商同意修改价格以消除补贴的有害影响，使主管机构满意地认为补贴所造成的损害性影响已消失，则即已达成补救承诺，反补贴调查可停止或中止。

第三，反补贴税。如果反补贴调查最终裁定存在补贴和产业损害，进口方主管机构便可决定对受补贴进口产品征收反补贴税，反补贴税不得超过经确认而存在的补贴额，且应无歧视地征收。反补贴税的执行期限只能以抵消补贴造成的损害所必需的时间为准，执行期限不得超过 5 年。若主管机构通过调查确认有“充分理由”继续执行，可适当延长期限。

### （二）反倾销税

倾销是指在正常的贸易过程中，一项产品以低于其正常价值的价格出口到另一个国家或地区，从而给进口国（地区）国（地区）内相关产业造成实质损害。反倾销税（anti dumping duty）是对于实行倾销的进口商品所征收的一种进口附加税。征收反倾销税的目的在于抵制境外商品低价倾销，保护境内产业和市场。

产品倾销在国际（地区间）贸易中由来已久，最早可追溯到 20 世纪初。倾销行为一出现，就被一些国家认为是不公平的贸易做法，并通过立法采取反倾销措施予以抵制，以保护国内相关产业。1901年，澳大利亚的《工业保护法》正式以境内立法形式来反对境外的出口倾销。加拿大1904年《海关关税法》，在世界上首次系统地规定了反倾销措施。此后，新西兰、荷兰、南非、美国等国家（地区）相继通过法律，抵制境外产品倾销。1948年之前，反倾销立法基本限于境内法的范畴，缺乏统一、完善的国际（地区间）规则。为了将反倾销措施限制在合理的范围和程度之内，协调国（地区）与国（地区）之间的立法冲突，减少和消除贸易壁垒，推动国际（地区间）贸易自由化，各国开始谋求将反倾销措施纳入多边贸易体制。在这种情况下，1948年1月1日生效的《关税与贸易总协定》中专设第6条"反倾销与反补贴税"，第一次将反倾销纳入多边贸易规则的范围。该条款明确了倾销的基本定义，对倾销予以谴责，允许各国对倾销进行抵制，但只是一些原则性规定，缺乏可操作性。之后，1967年日内瓦会议和1973年开始，1979年结束的东京回合谈判以及1986年开始，1994年结束的乌拉圭回合谈判对《反倾销守则》进行了修改，就倾销和损害的认定、调查程序及证据原则等作了较为详细的规定。1994年马拉喀什部长级会议通过了《关于实施〈1994年关税与贸易总协定〉第6条的协议》，即《反倾销协议》，约束各成员的反倾销行为，以保证采取反倾销措施的规范性，确立了世界贸易体系完善的倾销与反倾销措施的约束机制。

1.倾销的确定

《反倾销协议》第2条明确界定了倾销的含义。如果一项产品的出口价格在正常的贸易过程中低于其正常价值，则该产品将被认为是倾销。进口国（地区）为了抵消或防止倾销，可以对倾销的进口产品征收反倾销税，但其数额不得超过最终裁定的倾销幅度。

倾销幅度＝[（正常价值－出口价格）/出口价格]×100％。

因此，确定倾销行为的核心是确定产品的正常价值。《反倾销协议》规定，产品正常价值的确定有三种方法：一是按正常贸易过程中出口国（地区）国（地区）内销售价格；二是按出口国（地区）在与第三国（地区）正常贸易中的出口价格；三是按结构价格，即同类产品在原产国（地区）的生产成本加上合理的管理费、销售费、一般费用和利润。一般情况下，应优先采用第一种方法。只有在不能采用第一种方法时，才能采用第二或第三种方法。

2.损害的确定

《反倾销协议》中所指损害分三种情况：一是对进口方境内生产同类产品的产业造成实质性的重大损害；二是进口方生产同类产品的产业受到实质损害威胁，指进口方的有关产业虽尚未受到实质损害，但可以明显预见倾销将对相关产业造成实质性损害，且这种情形非常迫近；三是进口方建立生产同类产品的产业受到实质阻碍，指进口产品的倾销阻碍了新产业的实际建立过程，而不是阻碍建立一个新产业的设想或计划。

综上所述，征收反倾销税必须具备两个条件：一是出口价格低于正常价值向进口国（地区）销售；二是这种低价出售的产品对进口国（地区）相关产业造成实质损害或实质损害威胁或对相关产业造成了实质阻碍并且二者存在因果关系。

3.反倾销机构

为保障《反倾销协议》的实施，世界贸易组织专门设立了反倾销措施委员会。该委员会由各成员方代表组成，委员会主席经选举产生，可以酌情设立附属机构。该委员会每年至少召开两次会议，也可以应任何成员方要求召开会议。委员会履行反倾销协议或成员方授予的职责，组织成员方之间的磋商。各成员方应将负责调查反倾销的境内机构、立案和调查的程序通知反倾销措施委员会，并应尽快向委员会报告其采取的临时反倾销措施和最终反倾销措施。

4. 争议解决

《反倾销协议》规定，除该协议另有规定外，世界贸易组织（WTO）的争端解决机制同样适用于反倾销。成员方之间涉及倾销与反倾销而产生的争议，可提交世界贸易组织争端解决机制处理。任何成员方采取反倾销措施，影响了其他成员方的利益，可以通过反倾销的磋商和争端解决途径寻求解决。成员方认为进口成员方实施反倾销措施影响其直接或间接利益、认为进口成员方的反倾销措施妨碍了世界贸易组织反倾销协议目标的实施并且经协商未达成满意的结果，也可以将之提交争端解决机制处理。

5. 我国的对外反倾销

反倾销是世界贸易组织所允许采用的抵制外来不公平竞争的手段之一，目前已经成为世界各国（地区）贸易政策的一个重要组成部分。我国在出口产品屡屡遭受歧视性反倾销调查的同时，境内市场却频频受到境外倾销商品的冲击，我国企业及相关政府机构也应充分利用世界贸易组织反倾销机制维护我国的利益。目前，我国对进口产品反倾销调查行动的法规是依据 2002 年 1 月 1 日起实施的《中华人民共和国反倾销条例》。我国反倾销法的制定借鉴了 1967 年 7 月 1 日成立，是欧盟的前身和美国的比较成熟的反倾销立法，其基本机制和核心内容与世界贸易组织《反倾销协议》是相吻合的。按照该条例的规定，并结合我国加入世界贸易组织后反倾销第一案——我国进口铜版纸反倾销案，分析我国反倾销的各主要环节和要素，与世界贸易组织《反倾销协议》的反倾销调查程序也是一致的。

（1）申请人的资格

一般情况下，反倾销调查应基于申请人的申请而开始。按照《中华人民共和国反倾销条例》的规定，凡中国境内生产与倾销进口产品同类产品的国内产业或者代表国内产业的自然人、法人或者有关组织，均可以向中国政府主管机构提出反倾销调查的书面申请。即提出反倾销申诉的申请人是否符合法定资格的标准是考察其是否为国内产业或者可以代表国内产业。根据我国《反倾销条例》规定，所谓国内产业指中华人民共和国国内同类产品的全部生产者，或总产量占国内同类产品全部总产量的主要部分的生产者，我国反倾销法律的规定为总产量要达到或超过全国总产量的 50％。

我国关于申请人的主体资格的确定，主要有以下两种情况：当申请人为我国国内同类产品的全部生产者或者其生产的与倾销进口产品同类的产品的产量占到国内同类产品总产量的 50％以上时，则申请人作为“国内产业”，符合申请反倾销调查的主体资格；在申请人的产量占国内同类产品总产量不足 50％时，如果表示支持申请的国内生产者中，占支持者和反对者的总产量的 50％以上且不低于国内同类产品总产量 25％的，则该申请应被视为“代表”国内产业提出，符合申请反倾销调查的主体资格。否则不得启动反倾销调查。在特殊情形下，反倾销主管机构没有收到国内产业反倾销调查的书面申请，但有充分证据认为存在倾销和损害以及二者之间有因果关系的，可以决定立案调查，但反倾销主管机构自行发起反倾销调查的情况较为少见。

(2)反倾销申请

反倾销申请必须以书面形式提出,内容应包括倾销、损害及因果关系的有关材料,缺乏证据的简单判断不能满足立案的要求。具体而言,反倾销申请的内容应包括:具有代表性的国内生产商声称存在倾销的事实,具体描述被控倾销产品及其进口数量,该产品在原产地国(地区)或出口国(地区)国(地区)内市场上出售时的价格资料、出口价格资料及估算的被控倾销产品的倾销幅度;说明进口产品数量发展变化的资料,进口产品对国内市场相同产品价格影响以及对国内有关产业造成后续冲击程度的资料,表明国内产业受损害的类型和情况;还应提供证据表明倾销和损害之间的因果关系。

(3)立案审查和公告

反倾销主管机构收到国内产业反倾销申请后,应审查申请书的准确性和充分性。如果确定有足够的证据发起反倾销调查,反倾销主管机构应予以公告,公告出口国名称和涉及的产品、开始调查的日期、申请书声称倾销的证据、导致产生声称损害存在因素的概要说明、允许有利害关系的当事人公开陈述其观点的时间限制等。

(4)反倾销调查

反倾销案立案之后,就进入调查阶段。我国《反倾销条例》规定,主管机构可以采用问卷、抽样、听证会、现场核查等方式向利害关系方了解情况,进行调查。主管机构进行调查时,利害关系方应当如实反映情况,提供有关资料。利害关系方不如实反映情况、提供有关资料的,或者没有在合理时间内提供必要信息的,或者以其他方式严重妨碍调查的,主管机构可以根据已经获得的事实和可获得的最佳信息做出裁定。

我国《反倾销条例》规定,反倾销调查应当自立案调查决定公告之日起 12 个月内结束;特殊情况下可以延长,但延长期不得超过 6 个月。商务部根据调查结果,就倾销、损害和二者之间的因果关系是否成立做出初裁决定,并予以公告。初裁决定确定倾销、损害以及二者之间的因果关系成立的,商务部应当对倾销及倾销幅度、损害及损害程度继续进行调查,并根据调查结果做出终裁决定,予以公告。

(5)临时反倾销措施

我国《反倾销条例》规定,初裁决定确定倾销成立,并由此对国内产业造成损害的,可征收临时反倾销税或要求提供保证金、保函及其他形式的担保,以防止在调查期间国内产业继续受到损害。征收临时反倾销税,由商务部提出建议,国务院关税税则委员会根据商务部的建议做出决定,由商务部予以公告。如果确定的最终反倾销税低于临时反倾销税的,多征的部分应当予以退还;如果确定的最终反倾销税高于临时反倾销税的,少征的部分不再补征,即遵守"多退少不补"的原则。要求提供保证金、保函或者其他形式的担保,由商务部做出决定并予以公告,要求进口商自裁决之日起,提供与临时反倾销税数额相等的现金保证金或保函。海关自公告规定实施之日起执行。临时反倾销措施实施的期限,自临时反倾销措施决定公告规定实施之日起,不超过 4 个月;在特殊情形下,可以延长至 9 个月。自反倾销立案调查决定公告之日起 60 天内,不得采取临时反倾销措施。

我国《反倾销条例》规定,被控倾销产品的生产商和出口商以价格承诺方式主动承诺修改其价格,或停止以倾销价格出口,从而能有效消除倾销的产业损害影响时,反倾销调查程序可以暂时停止或终止。

(6)征收反倾销税

我国《反倾销条例》规定，在全部调查结束后，如果有充分的证据证明被调查的产品存在倾销，国内生产同类产品的产业受到损害，且倾销与损害之间有因果关系，则可以采取最终反倾销措施。最终反倾销措施采取征收反倾销税的形式，反倾销税应当根据不同出口经营者的倾销幅度，分别确定。征收反倾销税，由商务部提出建议，国务院关税税则委员会根据商务部的建议做出决定，由商务部予以公告。根据倾销的幅度和影响，公布各涉讼出口商、生产商出口产品应征收的反倾销税额或税率。海关自公告规定实施之日起执行。反倾销税的纳税人为倾销进口产品的进口经营者，出口商不得直接或间接替进口商承担反倾销税。反倾销税的征收期限和价格承诺的履行期限不超过5年。但是，经复审确定终止征收反倾销税有可能导致倾销和损害继续或者再度发生的，反倾销税的征收期限可以适当延长。

(7)复审

反倾销最终裁定生效后，商务部可以在有正当理由的情况下，决定对继续征收反倾销税的必要性进行复审；也可以在经过一段合理时间，应利害关系方的请求并对利害关系方提供的相应证据进行审查后，决定对继续征收反倾销税的必要性进行复审。根据复审结果，由商务部提出保留、修改或者取消反倾销裁定的建议，国务院关税税则委员会根据商务部的建议做出决定，由商务部予以公告；或者由商务部依照本条例的规定，做出保留、修改或者取消达成的价格承诺的决定并予以公告。复审期限自决定复审开始之日起，不超过12个月。在复审期间，复审程序不妨碍反倾销措施的实施。

我国自1997年对新闻纸实施第一起反倾销调查，截至2008年6月，共发起反倾销调查50起。在反倾销案件立案及裁决后，反倾销措施的实施取得了良好的效果，涉案产品价格回升，涉案国家和地区的产品进口数量明显下降，所占市场份额明显减少；为受损害产业的恢复和发展创造了良好的环境，促进了产业结构调整和产业升级；提高了企业提起反倾销诉讼的积极性，客观上维护了国内产业安全。

### (三)差价税

差价税(variable levy)是指某商品国(地区)内价格高于进口价格时，为了抵消进口商品的优势而按两个价格之间的差价所征收的一种关税。由于差价税是随着价格差额的变动而变动的，因此它是一种滑动关税(sliding duty)。对于差价税，有的规定按价格差额征收，有的规定在征收一般关税以外另行征收，这时差价税实际上属于进口附加税。例如，欧盟对冻牛肉进口首先征收20%的一般进口税，然后根据每周进口价格与欧盟的内部价格之间差额变动情况征收变动不定的差价税。欧盟为了实现共同农业政策，建立农畜产品统一市场、统一价格，对进口的谷物、猪肉、食品、家禽、乳制品等农畜产品征收差价税。欧盟征收的差价税标准有两种：一种是对非成员征收的；一种是对成员征收的。对欧盟以外的非成员征收差价税，目的在于防止非成员国的农产品流入欧盟市场；成员相互之间征收差价税，目的是为了维持欧盟内部市场统一价格。

欧盟征收差价税的办法比较复杂。例如，确定进口谷物的差价税分为以下三个步骤：第一，由欧洲联盟委员会对有关谷物按季节分别制定统一的“指标价格”(target price)。

“指标价格”是欧盟市场内部以生产效率最低而价格最高的内地中心市场的价格为基准制定的价格。这种价格一般比市场的价格高。为了维持这种价格水平，还确定了干预价格，一旦中心市场的实际市场价格下跌到了干预价格水平，有关机构便从市场上购进谷物，以防止价格继续下跌。第二，确定门槛价格(threshold price)。即从“指标价格”中扣除把有关谷物从进口港运到内地中心市场所付一切开支的金额。这种价格是差价税估价的基础。第三，确定差价税额。它是由有关产品的进口价格与“门槛价格”的差额所决定的，其差额的大小决定差价税的高低。

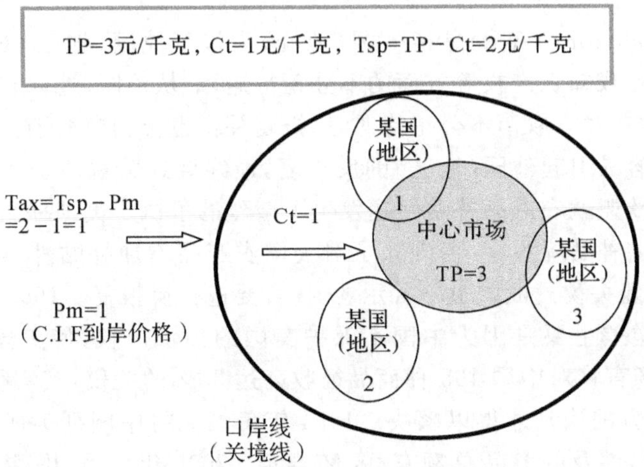


图 7－1 欧盟征收差价税的方法(Target Price)

注：TP 为指标价格，Ct 为进口港到内地中心市场的运费等一切费用，Tsp 为门槛价格，Pm 为进口价格

### (四)紧急关税

紧急关税(emergency tariff)是为消除境外商品在短期内大量进口，对境内同类产品生产造成的重大损害或产生的重大威胁而征收的一种进口附加税。当短期内境外商品大量涌入时，一般正常关税已难以起到有效保护作用，因此需要借助税率较高的特别关税来限制进口，保护境内生产。例如，1972 年 5 月，澳大利亚受到境外涤纶和锦纶进口的冲击，为保护境内生产，澳大利亚决定征收紧急关税，在每磅 20 澳分的正常征税外另征每磅 48 澳分的进口附加税。由于紧急关税是在紧急情况下征收的，是一种临时性关税，因此，当紧急情况缓解后，紧急关税必须撤除，否则会受到别国(地区)的关税报复。世界贸易组织的紧急措施规则，对此进行了初步规范。

### (五)惩罚关税

惩罚关税(penalty tariff)是指出口国(地区)因某商品违反了与进口国(地区)之间的协议，或者未按进口国(地区)海关规定办理手续时，由进口国(地区)海关向该进口商征收的一种临时性的进口附加税。这种特别关税具有惩罚性质。例如，1988 年日本半导体元件出口商违反了与美国达成的自动出口限制协定，被美国征收了 100%的惩罚关税。又如，若某进口商虚报成交价格，以低价假报进口手续，一经发现，进口国（地区）海关将对该进口商征收特别关税作为惩罚。

另外，惩罚关税有时还被用做贸易谈判的手段。例如，美国在与他国（地区）进行贸易谈判时就经常扬言，若谈判破裂就要向对方课征高额惩罚关税，以此逼迫对方让步。这一手段在美国经济、政治实力鼎盛时期是非常有效的，然而，随着世界经济多元化、一体化等趋势的加强，这一手段显得日渐乏力，且越来越容易招致他国（地区）的报复。

（六）报复关税

报复关税（retaliatory tariff）是指一国（地区）为报复他国（地区）对本国（地区）在商品、船舶、企业、投资或知识产权等方面的不公正待遇，对从该国（地区）进口的商品课征的进口附加税。通常在对方取消不公正待遇时，报复关税也会相应取消。然而，报复关税也像惩罚关税一样，容易引起他国（地区）的反报复，最终导致关税战。比如，在乌拉圭回合谈判期间，美国和欧盟就农产品补贴问题发生了激烈的争执。美国提出一个“零点方案”，要求欧盟10年内将补贴降为零，否则除了对美国农产品增加补贴外，还要对欧盟进口商品加收200％的报复关税。欧盟也不甘示弱，扬言要进行反报复。1991年，美国政府认为中美之间的贸易逆差主要是因为中国不保护美国的知识产权，使美国每年的损失达到100亿美元，因此扬言将对中国105种商品征收高达30％的关税，其实行贸易报复总额达15亿美元，通过双方的谈判才得以解决。1994年美国又将中国列为所谓的重点国家，开出更大的报复清单，涉及的商品总额有28亿美元。2006年2月，欧盟贸易专员表示，已有充分数据证明中国和越南出口到欧盟国家的鞋类产品价格明显低于市场价。因此，欧盟准备对从中国和越南进口的鞋类产品加征近20％的反倾销税。中国政府立即明确表态，认为欧盟在鞋类产品上的做法有缺陷，并将向世界贸易组织寻求仲裁。中国政府还表示，如果欧盟真的对中国鞋类产品征收反倾销税，那么，中国也将对从欧盟进口的一些高附加值产品加征报复关税。

## 三、优惠类关税

（一）普惠税

普惠税（duty of generalized system of preference）是指普遍优惠制（简称普惠制）下的优惠关税。普惠制是发达国家（地区）承诺对从发展中国家或地区输入的商品特别是制成品和半制成品，给予普遍的、非歧视的和非互惠的关税优惠待遇。普惠制的主要原则是普遍的、非歧视的、非互惠的。所谓普遍的，是指发达国家（地区）应对发展中国家或地区出口的制成品和半制成品给予普遍的优惠待遇。所谓非歧视的，是指应使所有发展中国家或地区都不受歧视，无例外地享受普惠制的待遇。所谓非互惠的，是指发达国家应单方面给予发展中国家或地区的关税优惠，而不要求发展中国家或地区提供反向优惠。普惠制的目的是增加发展中国家或地区的外汇收入，促进发展中国家或地区工业化，加速发展中国家或地区的经济增长。

普惠制于1970年由联合国贸易开发会议第四届优惠特别委员会推行实施。目前，世界上有32个普惠制给惠成员，它们是欧盟14个经济体（法国、爱尔兰、德国、丹麦、意大利、比利时、荷兰、卢森堡、希腊、西班牙、葡萄牙、奥地利、瑞典、芬兰）、英国、瑞士、挪威、土耳其、日本、加拿大、澳大利亚、新西兰、俄罗斯、乌克兰、白俄罗斯、哈萨克斯坦、捷克、斯洛伐克、波兰、匈牙利、保加利亚和美国。除匈牙利、保加利亚和美国外，其他国家均给予中国普惠制待遇。根据大多数给惠国的规定，享受普惠制必须持凭受惠国政府指定的机构签署的普惠制原产地证书。接受普惠制关税优惠的发展中国家或地区达到170多个。在执行过程中，各国（地区）所提供的优惠范围及内容并不完全相同，存在种种限制，主要是对受惠国家或地区以及对受惠商品的范围和受惠商品的进口配额等加以某种限制。

普惠制的给惠成员提供普惠税待遇，是通过普惠制方案（GSP scheme）来执行的。这些方案是由给惠成员单独制定和公布的。在现有的16个方案中，内容各有特点，不尽相同。但在方案组成中，主要包括了这样一些规定：一是对受惠国或地区的规定。原则上普惠制应对所有的发展中国家或地区都无歧视、无例外地提供优惠待遇，但各给惠成员往往从自身的经济利益出发，列出了受惠国或地区的名单，把某些发展中国家或地区排除在受惠国或地区名单之外。例如，在美国公布的受惠国名单中，就不包括发展中的社会主义国家、石油输出组织成员等。二是对受惠产品范围的规定。给惠方案都列有自己的给惠产品清单与排除产品清单。普惠制原则应当对受惠国或地区的制成品和半制成品普遍实行关税减免，而实际上许多给惠成员都没有这样做，往往随着给惠成员的经济贸易政策的需要而有所增减。一般在公布的给惠商品清单中，农产品的品种较少，工业品的品种较多。自1988年起，给惠成员大都采用《商品名称及编码协调制度》（简称《协调制度》）列出清单。三是对受惠产品减税幅度的规定。减税幅度又称普惠制优惠幅度。为了削弱某些受惠产品的竞争能力，有些给惠国按受惠产品类别分别规定不同的减税幅度。例如，欧盟对特别敏感产品如棉、麻、丝纺织品等的减税幅度为15%；对敏感产品如化工、鞋、电器等的减税幅度为30%；对半敏感产品如塑料制品、毛皮革制品、陶瓷和玻璃制品等的减免税幅度为65%；对非敏感产品免征关税；对部分工业品，比如石油制品不予关税减让，仍按最惠（地区）待遇征收关税。四是对给惠成员的保护措施的规定。各给惠成员一般都在其方案中规定保护措施，以保护本国（地区）某些产品的生产和销售。保护措施主要有免责条款（escape clause）、预定限额（prior limitation）、竞争需要标准（competitive need criteria）、毕业条款（graduation clause）等。五是对原产地的规定。它是衡量受惠成员出口产品是否取得原产地资格、能否享受优惠的标准，其目的是确保发展中国家或地区的产品可以利用普惠制扩大出口，防止非受惠成员的产品利用普惠制的优惠扰乱普惠制的贸易秩序。各给惠成员的普惠制方案中的原产地规则一般包括原产地标准、直接运输规则和产地证明文件三部分。

### （二）特惠税

特惠税（preferential duties）是指对从某个国家或地区进口的全部商品或部分商品给予特别优惠的低关税或免税待遇，但它不适用于从非优惠国家或地区进口的商品。特惠税有的是互惠的，有的是非互惠的。历史上最著名的特惠税是英联邦特惠税，即英国向其英联邦成员提供商品进口的免税待遇。后因英国加入欧共体实行共同关税而取消。目前尚存的特惠税有《洛美协定》(Lome Convention)规定的国家(地区)之间的特惠税,它是欧盟向参加协定的非洲、加勒比海和太平洋地区的发展中国家单方面提供的特惠税。

《洛美协定》关于特惠税方面的规定主要有以下三点:一是西欧共同市场国家将在免税、不限量的条件下,接受这些发展中国家全部工业品和96%的农产品进入西欧共同市场,而不要求这些国家给予"反向优惠"(reverse preference),那些没有享有免税待遇的农产品,是西欧共同市场农业政策所包括的农畜产品以及西欧共同市场能够生产的一些温带园艺品。二是西欧共同市场对从这些国家(地区)进口的牛肉、甜酒和香蕉等商品作了特殊的安排。对这些商品的进口每年给予一定数量的免税进口配额,超过配额的进口要征收关税。三是在原产地规定中,确定了"充分累积"(full accumulation)制度,即来源于这些发展中国家或西欧共同市场国家(地区)的产品,若该项产品在任何其他国家(地区)内进一步制作或加工,将被视作原产国(地区)的产品。这项规定使这些国家(地区)以这种方式制作与加工的产品仍享有特惠税的待遇。但是,该协定规定,如果是大量进口,西欧共同市场将保留采取保护措施的权利。

## 四、关税的征收标准

关税的征收标准主要有从量税和从价税两种。后来,在这两种主要征收标准的基础上又产生了混合税、选择税。目前各国(地区)主要按从价标准计征关税,辅之以从量税、混合税、选择税。

### (一)从量计税

从量计税(specific duties)是以商品的重量、数量、体积、长度和面积等计量单位为标准计征关税。征收时只要查明计量单位数,然后乘以单位从量税即可算出应纳的税额。例如,美国对薄荷脑的进口征收从量税,普通税率每磅征50美分,最惠国(地区)税率每磅征17美分。从量税额的计算公式如下:从量税额=商品数量×单位从量税各国(地区)征收从量税,大部分以商品的重量为单位来征收,但对应纳税的商品重量计算的方法有所不同,一般有三种:一是毛重法(gross weight),又称总重量法,即以连同商品内外包装在内的总量计征税额。二是半毛重法(semi gross weight),又称半重量法,即按商品总重量中扣除外包装后的重量计征其税额。这种办法又可分为两种:一种是法定半毛重法,即从商品总毛重中扣除外包装的法定重量后,再计征其税额;一种是实际半毛重法,即从商品总毛重中扣除外包装的实际重量后计算其税额。三是净重法(net weight),又称纯重量法,即在商品总重量中扣除内外包装的重量后再计算其税额。

一般来说,以从量税的方式征税手续简便,进口货物可以迅速通关,并且对质优价高的商品抑制性小,对质次价低的商品抑制性大,因而在一定程度上可以防止境外商品倾销,从而具有一定的保护作用。但由于从量税与商品价格不发生联系,对同一税目的货物不论质量好坏、价格高低均按同一税率计征,存在税负不合理的现象,而且由于关税收入不能随价格变动而增减,致使关税收入不确定:当物价上涨、贸易数量减少时,关税收入减少;当物价下跌、贸易数量增加时,关税收入增加。

第二次世界大战前,西方国家普遍采用从量计税。战后,由于各国普遍存在通货膨胀问题,从量计税不能起到增加财政收入和保护市场的作用,同时由于价值高和价值低的商品都以量计征关税存在着不合理性,因此,大多数西方国家已逐步采用从价计税。1951 年,我国税则曾采用过从量税。从 1985 年至 1997 年 10 月 1 日,我国全部采用从价税。自 1997 年 10 月 1 日起,我国对 35 个税号采用了从量税、复合税和滑准税。从 2001 年起,有 52 个税目实行从量税、复合税、滑准税。我国目前对原油、啤酒和胶卷等进口商品征收从量税。

### (二)从价计税

从价计税(ad value duties)是以进口商品的价格为标准征收关税。从价税是一种最常用的关税计税标准。它是以货物的价格为征税标准,以应征税额占货物价格的百分比为税率,价格越高,税额越高。货物进口时,以此税率和海关审定的实际进口货物完税价格相乘计算应征税额。

与从量计税相比,从价计税有以下几个方面的特点:一是计税手续繁杂,通关较慢。二是对质优价高的商品抑制性大,对质次价低的商品抑制性小,对保护高精尖产业有一定意义。三是税负较为合理,价高多纳税,价低少纳税,税额随价格变动,体现了税负公平的原则。四是税收收入取决于价格和数量的变动,相对进口商品价格的高低,其税额也相应高低。一般来说,进口商品价格低,但由于数量多,关税收入不会减少;进口商品价格高,数量较少,也不会使税收减少。五是从价税按百分比表示,便于国际(地区间)关税比较及关税减让谈判。六是从价计税的价格计算基础比较复杂。但是,从价税也存在着一些不足,如不同品种、规格、质量的同一货物价格有很大差异,海关估价有一定的难度,因此,计征关税的手续也较繁杂。目前,我国海关计征关税标准主要是从价税。

目前,西方国家采用的完税价格不尽一致,大体上分为三种:一是以 CIF 价格(成本、保险加运费)为征税标准(西欧各国);二是以 FOB 价格(船上交货价格)为征税标准(美国和加拿大);三是以法定价格为征税标准。显然,按 CIF 价征收关税的关税保护程度要比按 FOB 价的高。海关估价的规范,各国(地区)也不一致。为此,1947 年《关税与贸易总协定》第 7 条作了具体规定:“海关对进口商品或相同商品的实际价格,不得以国内产品的价格或者以武断的或虚构的价格,作为计征的依据。”根据这个原则,在“东京回合”谈判中又对估价方法作了统一规定,“乌拉圭回合谈判”通过了《关于实施 1994 年〈关税与贸易总协定〉第 7 条的协议》,又称《海关估价协议》。这个协议规定了几种依次序使用的海关估价方法。以成交价格(发票价格)作为计算关税的依据。在不能确定成交价格时可采用下列办法:参照同类国家(地区)在同期内同类商品的出口价格;同类商品在国(地区)内的销售价减去有关税收和费用;原产国(地区)的生产成本加合理的摊销费用和以利润为基础的估算价格。

### (三)混合计税

混合税又称复合税,即订立从价、从量两种税率,随着完税价格和进口数量而变化,征收时两种税率合并计征。它是对某种进口货物混合使用从价税和从量税的一种关税计征标准。

混合计税(mixed or compound duties)是指在税则的同一税目中对某项商品既征收从量税又征收从价税。其计算公式如下:混合税额=从量税额+从价税额。混合计税可分为两种:一种是以从价税为主再征收从量税。例如,日本对手表(每只价格在6000日元以下)的进口,从价税为15%,再加征150日元的从量税。另一种是以从量税为主再征收从价税。例如,美国对男式开司米羊绒衫(每磅价格在18美元以上者)征从量税每磅为37.5美分,再加征从价税15.5%。

混合计税手续较为复杂,但在物价波动时既可以减少对征税国(地区)财政收入的影响,又可以对征税国(地区)国(地区)内产业起到一定的保护作用。混合税既有从量税抑制低价进口货物的特点,又有从价税税负合理、稳定的特点。我国目前仅对录像机、放像机、摄像机、数字照相机和摄录一体机等进口商品征收混合税。

### (四)选择计税

选择计税(alternative duties)是指对同一种货物在税则中规定从价税和从量税两种税率,在征税时海关选择其中一种计征。在征税时一般选择税额较高的一种计征,但有时为了鼓励某种商品进口,也可选择税额较低者征收。例如,日本对坯布的进口征收的协定税率为10%,或从价税率为7.5%再加上2.6日元/平方米的从量税,在征税时,按其中税额较高者征收。我国对进口天然橡胶实行选择税,即在20%从价税和2600元/吨从量税中,从低计征关税。

### (五)滑准税

滑准税(skating duties)亦称滑动税,是对同一种商品根据其市场价格标准分别制定不同价格档次的税率而征收的一类特殊的从价关税。它是一种关税税率随进口货物价格由高至低而由低至高设置计征关税的方法。其高档商品价格的税率低或不征税,低档商品价格的税率高。通俗地讲,就是进口货物的价格越高,其进口关税税率越低,进口商品的价格越低,其进口关税税率越高。滑准税的特点是可保持实行滑准税商品的国内市场价格的相对稳定,而不受国际(地区间)市场价格波动的影响。征收这种关税的目的是使该种进口商品,不论其进口价格高低,其税后价格保持在一个预定的价格标准上,以稳定进口国(地区)国(地区)内该种商品的市场价格。我国曾对进口新闻纸征收过滑准税。自2005年起对进口棉实行滑准税,按照滑准税政策,不论进口棉花价格高低,其税后价格都将保持在一个预定的价格标准上。《2015年关税实施方案》已经国务院关税税则委员会第五次全体会议审议通过,并报国务院批准,自2015年1月1日起实施。根据实施方案,2015年棉花进口滑准税公式如下:对配额外进口的一定数量棉花,适用滑准税形式暂定关税,具体方式如下。

(1)当进口棉花完税价格高于或等于15.000元/千克时,暂定从量税率为0.570元/千克。

(2)当进口棉花完税价格低于15.000元/千克时,暂定从价税率按下式计算:

$ri=9.337/pi+2.77\%\times pi-1$(其中:ri为暂定从价税率,对上式计算结果小数点后第4位四舍五入保留前3位，高于40%时取40%；pi为关税完税价格，单位为元/千克。此政策将通过关税调整进口棉花品质，使进口棉消费向高等级棉倾斜，从而提升纺织品的品质和档次。）

## 第三节 海关税则与协调制度

海关税则(customs tariff)，又称关税税则，是一个国家关税征收的重要组成部分，它是一国(地区)根据其关税政策，通过立法制定的对进出口商品计征关税的规章和对进出口的应税与免税商品加以系统分类的一览表，海关凭此征收关税。它是关税政策的具体体现。

海关税则一般包括两部分：一部分是海关课征关税的规章细则；另一部分是关税税率表。其中，关税税率表主要包括三个部分：税则号列(tariff No. 或 heading No. 或 tariff item)，简称税号，即商品分类的编号，它分为顺序性编号和结构性编号两种，目前各国(地区)大都采用结构性编号；商品分类目录(description of goods)，又称税目，一般按商品的自然属性和商品的加工程度排列；税率(rate of duty)，税率的高低取决于各国(地区)的政治、经济状况和对外贸易政策，一般发达国家(地区)的税率较低，发展中国家(地区)的税率较高。

随着国际(地区间)贸易的发展，新贸易保护主义的实施，海关税则出现了两种趋势：一是税则中规定征税的商品愈来愈多，商品的分类愈来愈细，税则的变动愈来愈频繁；二是由单式税则向复式税则发展，对同一种商品规定不同的税率，商品来自不同国家(地区)适用不同税率，各国(地区)利用海关税则更有针对性地限制有关商品进口和更有效地进行贸易谈判，以便实行关税歧视待遇。

### 一、海关税则的种类

#### (一)海关税则按同一税目下税率种类的多少，可以分为单式税则和复式税则

目前绝大多数国家(地区)采用复式税则。现分述如下。

1.单式税则(single tariff)，又称一栏税则。即一个税目只有一个税率，适用于来自任何国家的商品，没有差别待遇。在资本主义自由竞争时期，各国都实行单式税则。到垄断资本主义时期，发达国家为了在关税上搞差别与歧视待遇，或争取关税上的互惠，都放弃单式税则而改行复式税则。现在只有少数发展中国家，如委内瑞拉、巴拿马、冈比亚等国仍实行单式税则。

2.复式税则(complex tariff)，又称多栏税则

即一个税目有两个或两个以上的税率。对来自不同国家的进口商品适用不同的税

率。发达国家规定差别税率的目的在于实行差别待遇和贸易歧视政策。为了反对发达国家的歧视待遇，维护本国的经济利益，许多发展中国家也实行复式税则。复式税则除二栏税率外，还有三栏、四栏、五栏税率等。

在单式税则或复式税则中，依据进出口商品流向的不同，可分为进口货物税则和出口货物税则。有的国家将进出口货物的税率合在同一税则中，分列进口税率栏和出口税率栏。我国现行的进出口税则就属于这种税则制。

### （二）依据制定税则的权限，海关税则又可分为自主税则和协定税则

1. 自主税则(autonomous tariff)

又称国定税则，是指一国(地区)立法机关根据关税自主原则单独制定而不受对外签订的贸易条约或协定约束的一种制定关税税率行为原则。自主税则可分为自主单式税则和自主复式税则。前者为一国(地区)对一种商品自主地制定一个税率，这个税率适用于来自任何国家或地区的同一种商品；后者为一国(地区)对一种商品自主地制定两个或两个以上的税率，分别适用于来自不同国家或地区的同一种商品。自主复式税则又可分为最高税则和最低税则。前者适用于来自未与该国(地区)签订贸易条约或协定的国家或地区的商品；后者适用于来自与该国(地区)签订了贸易条约或协定的国家或地区的商品。

2. 协定税则(conventional tariff)

是指一国与其他国家或地区通过贸易与关税谈判，以贸易条约或协定的方式确定该国关税税率的行为原则。这种税则是在本国(地区)自主税则以外另行规定一种税率，它是通过关税减让谈判的结果，因此要比自主税率低。协定税则不仅适用于该条约或协定的签字国，而且某些协定税也适用于享有最惠国(地区)待遇的国家(地区)。对于没有减让关税的商品或不能享受最惠国(地区)待遇的国家(地区)的商品，仍采用自主税则，这样形成的复式税则，叫作自主协定税则。

## 二、协调制度

### （一）海关合作理事会商品分类目录

商品分类目录是按照一定的原则将商品分门别类按序排列和编号，并逐号列出商品名称一览表。由于商品分类错综复杂，各国划分标准不尽一致，为了统一商品分类标准，促进国际(地区间)贸易的发展，1913 年布鲁塞尔召开的第二届国际统计会议首先提出了统一商品分类问题。当时有几十个国家(地区)参与，并在 1927 年提出了世界上第一个共同海关税则目录。经多次讨论后于 1937 年定稿称为《日内瓦目录》。但是该目录始终没有使用，直到 1947 年欧洲国家在布鲁塞尔成立了一个欧洲关税同盟研究小组，该小组制定了一个含有税号和税目的税则商品分类目录，后经修订纳入 1950 年 12 月 15 日制定的《布鲁塞尔公约》，即《海关税则商品分类目录公约》，又称《布鲁塞尔税则目录》(Brussels Tariff Nomenclature，BTN)。1972 年改名为《海关合作理事会税则目录》(Customs Cooperation Council Nomenclature，CCCN)。

当时，除了美国、加拿大等少数国家(地区)外，绝大多数国家(地区)都按照《海关合作理事会税则目录》对商品进行分类。CCCN 把全部商品共分为 21 类(section)、99 章(chapter)、1011 个税目(heading No.)。凡是采用 CCCN 作为本国(地区)税则分类目录的，除有 2 个可供选择的税目外，其余都必须采用 CCCN 的税目。CCCN 基本上是按照动物、植物、矿物的先后次序和先农业产品后工业产品、先原料后成品、先简单加工后复杂加工、先具体后一般的顺序排列的。CCCN 中的第 1～24 章(前 4 类)为农畜产品，第 25～99 章为工业制成品。

CCCN 由归类总规则，类、章注释，税号和税目四个部分组成。归类总规则是总的归类原则，共 4 条，具有法律效力；类、章注释是指 CCCN 在 6 个大类和 88 章的标题下的一段文字说明，与税目一样具有法律效力，其作用是对有关税目的商品范围做出界定；税号在 CCCN 中采用结构性号列，每一税目都用 4 位数的编号表示，中间用下圆点隔开，前两位数表示商品所属章次的顺序号，后两位数表示该章下的某种商品的税目位置，例如 73.03 表示第 73 章第 3 个税目；税目是具体的商品名称，即课税对象。CCCN 的列目原则主要是以某项商品在国际(地区间)贸易实践中能否达到一定的金额为准。

### (二)商品名称及编码协调制度

《商品名称及编码协调制度》(Harmonized Commodity Description and Coding System，HS)是目前各国(地区)海关及国际(地区间)贸易各个领域统一使用的一种商品分类目录。

尽管 CCCN 在世界各国海关税则中得到了普遍使用，但由于 CCCN 的设计只为征收关税服务，不能满足统计、贸易、运输、生产等方面的需要，商品分类结构和税目的设置已不能满足科学技术发展的需要。与此同时，出于贸易统计和研究的需要，联合国经济及社会理事会下设的统计委员会于 1950 年编制并公布了《国际贸易标准分类目录》(Standard International Trade Classification，SITC)，以满足国际贸易各方在商品分类方面的需要。两种分类目录在国际(地区间)并存，虽然制定了相互对照表，但仍给工作带来不便，非常有必要协调统一。

为了更进一步协调和统一这两种国际(地区间)贸易分类体系，1970 年，海关合作理事会决定成立协调制度委员会，和各国(地区)代表团组成的工作团研究讨论能否制定一个同时能满足海关税则，进出口统计、运输和生产等各部门需要的商品列名和编码的协调制度目录。60 个国家(地区)和 20 多个国际(地区间)组织，包括关贸总协定(世界贸易组织前身)、联合国贸易与发展会议、国际标准化组织、国际商会、国际航运协会、国际航空协会、铁路国际运输组织等参加了研究工作。经过 10 多年的努力，终于制定了一套新型的、系统的、多用途的国际贸易商品分类体系——《商品名称及编码协调制度》(Harmonized Commodity Description and Coding System)，简称《协调制度》(Harmonized System，HS)，并于 1988 年 1 月 1 日起正式实施。《协调制度》是目前国际(地区间)将应用最为广泛的国际(地区间)贸易商品分类目录。关贸总协定“乌拉圭回合”谈判也将《协调制度》目录统计的数据作为关税减让谈判的基础。我国自 1992 年 1 月 1 日起正式实施了以《协调制度》为基础编制的新的《海关进出口税则》和《海关统计商品目录》。目前，世界上有 204 个国家和地区正式采用了《协调制度》，占国际贸易总量 98%以上的贸易是在《协调制度》的框架下完成的。

《协调制度》基本上按商品的生产部类、自然属性、成分、用途、加工程度、制造阶段等进行编制。《中华人民共和国海关进出口税则》按《协调制度》商品分类目录共设 21 类、97 章，其中第 1～24 章为农副产品，第 25～97 章为加工制成品。其中第 77 章为空缺保留，是为新型材料的出现而留空的。在章下设有用 4 位数编码的项目(heading)，也称品目，其中，前 2 位数表示商品所在的章，后 2 位数表示该商品在章中所处的位置。项目第 5 位数为一级子目(one dash subheading)，第 6 位数为二级子目(two dash subheading)。中国《协调制度》的基础目都用 8 位数编码，前 4 位与后 4 位之间用下圆点隔开。各国可以在子目之下增设分目(additional subheading)。例如，我国的海关税则《协调制度》目录在以 8 位数编码的基础上，从 2003 年起又加列 129 个 8 位数子目，共有 7445 个 8 位数税目，并根据工作需要对部分税号分出第 9、第 10 位数编码。此外，为了使《协调制度》执行起来清楚、明确，《协调制度》有类、章的注释及项目和子目的注释，并在目录之首列有 6 条归类总规则，作为商品归类的指导(见表 7-1)。

**表 7-1 《中华人民共和国海关进出口税则》(节选)**

| 商品编码 | 附加编号 | 商品名称 | 进口税率 | | 出口税率 | 增值税 | 消费税 | 计量单位 | 监督条件 |
|---|---|---|---|---|---|---|---|---|---|
| | | | 优惠 | 普通 | | | | | |
| 03011000 | 10 | 观赏用鲸鲨、噬人鲨、姥鲨 | 17.5 | 80.0 | 0.0 | 13.0 | 0.0 | 元/条 | abfe |
| 03011000 | 20 | 观赏用红龙鱼 | 17.5 | 80.0 | 0.0 | 13.0 | 0.0 | 元/条 | abfe |
| 03011000 | 30 | 观赏用胭脂鱼 | 17.5 | 80.0 | 0.0 | 13.0 | 0.0 | 元/条 | abfe |
| 03011000 | 40 | 观赏用海马 | 17.5 | 80.0 | 0.0 | 13.0 | 0.0 | 元/条 | abfe |
| 03011000 | 50 | 观赏用巨骨舌鱼 | 17.5 | 80.0 | 0.0 | 13.0 | 0.0 | 元/条 | abfe |
| 03011000 | 60 | 观赏用其他濒危鱼 | 17.5 | 80.0 | 0.0 | 13.0 | 0.0 | 元/条 | abfe |
| 03011000 | 90 | 其他观赏鱼 | 17.5 | 80.0 | 0.0 | 13.0 | 0.0 | 元/条 | ab |
| 03019110 | | 鳟鱼苗 | 0.0 | 0.0 | 0.0 | 13.0 | 0.0 | 元/千克 | ab |
| 03019190 | | 其他活鳟鱼 | 10.5 | 40.0 | 0.0 | 13.0 | 0.0 | 元/千克 | ab |
| 03019210 | 10 | 花鳗鲡鱼苗 | 0.0 | 0.0 | 20.0 | 13.0 | 0.0 | 元/千克 | abe |
| 03019210 | 90 | 其他鳗鱼苗 | 0.0 | 0.0 | 20.0 | 13.0 | 0.0 | 元/千克 | ab |
| 03019290 | 10 | 花鳗鲡 | 10.0 | 40.0 | 0.0 | 13.0 | 0.0 | 元/千克 | abe |
| 03019290 | 90 | 其他活鳗鱼 | 10.0 | 40.0 | 0.0 | 13.0 | 0.0 | 元/千克 | ab |
| 03019310 | 10 | 濒危鲤鱼苗 | 0.0 | 0.0 | 0.0 | 13.0 | 0.0 | 元/千克 | abfe |
| 03019310 | 90 | 其他鲤鱼苗 | 0.0 | 0.0 | 0.0 | 13.0 | 0.0 | 元/千克 | ab |
| 03019390 | 10 | 活濒危鲤鱼 | 10.5 | 40.0 | 0.0 | 13.0 | 0.0 | 元/千克 | abfe |

续表

| 商品编码 | 附加编号 | 商品名称 | 进口税率 | | 出口税率 | 增值税 | 消费税 | 计量单位 | 监督条件 |
|---|---|---|---|---|---|---|---|---|---|
| | | | 优惠 | 普通 | | | | | |
| 03019390 | 90 | 其他活鲤鱼 | 10.5 | 40.0 | 0.0 | 13.0 | 0.0 | 元/千克 | ab |
| 03019911 | | 鲈鱼种苗 | 0.0 | 0.0 | 0.0 | 13.0 | 0.0 | 元/千克 | ab |
| 03019912 | | 鲟鱼种苗 | 0.0 | 0.0 | 0.0 | 13.0 | 0.0 | 元/千克 | abfe |
| 03019919 | 10 | 其他濒危鱼苗 | 0.0 | 0.0 | 0.0 | 13.0 | 0.0 | 元/千克 | abfe |
| 03019919 | 90 | 其他鱼苗 | 0.0 | 0.0 | 0.0 | 13.0 | 0.0 | 元/千克 | ab |
| 03019991 | | 活罗非鱼 | 10.5 | 40.0 | 0.0 | 13.0 | 0.0 | 元/千克 | ab |
| 03019992 | | 活鲀? | 10.5 | 40.0 | 0.0 | 13.0 | 0.0 | 元/千克 | ab |
| 0301999 | 10 | 其他濒危活鱼 | 10.5 | 40.0 | 0.0 | 13.0 | 0.0 | 元/千克 | abfe |

为适应国际贸易及商品的发展，世界海关组织（WCO）每4～6年对《协调制度》进行一次较大范围的修订。2014年6月WCO正式发布了2017年版《协调制度》，于2017年1月1日起正式实施。2017年版《协调制度》在2012年版的基础上进行了233组修订（见表7-2）。修订后的2017年版《协调制度》共有21类、97章（其中第77章为空章）、4位数品目1222个、6位数子目5387个（其中20个为后续修订，全部涉及木材及其制品）。

本次《协调制度》修订主要呈现以下特点：首先，环保仍是关注的焦点。这是进入21世纪后，WCO积极参与国际（地区间）事务的一大特点。自2002年版《协调制度》以来，WCO加强与联合国环境规划署（UNEP）等国际组织的合作，把已纳入《联合国禁毒公约》（易制毒化学品）、《蒙特利尔公约》（保护臭氧层）、《巴塞尔公约》（危险废物）、《鹿特丹公约》（危化品和农药）、《斯德哥尔摩公约》（有机污染物）等国际（地区间）公约环保清单的产品在《协调制度》中单独列目，以便于国际（地区间）贸易监控和共同治理。其次，生态保护持续发力。生态保护与国际（地区间）贸易也是近10多年来国际（地区间）社会高度关注的领域之一。一直以来，WCO与联合国粮食及农业组织（FAO）、国际竹藤组织（INBAR）等国际（地区间）组织保持密切联系，在《协调制度》修订维护中对生态保护相关产品增列子目方面持续发力。

根据《协调制度》的修改变化，结合我国生产和贸易实际，对我国税则税目进行相应转换，并根据境内需要对部分税则税目进行调整。截至目前，我国海关先后组织开展了1992年版、1996年版、2002年版、2007年版、2012年版《协调制度》修订翻译和我国《进出口税则》转换。如果不及时了解掌握上述税则变化，在2017年报关时会发生无法申报原归类税号或找不到应归税号等情况，对通关速度将产生直接影响。

我国实施新税则，既是履行国际（地区间）公约的义务，也为我国企业参与国际（地区间）竞争，实施贸易便利化提供便利。实施新税则不仅能有效配合和落实国家宏观调控措施，还可以为有效落实国家（地区）进出口关税政策及贸易管制措施提供支持和保障。

表 7-2 《商品名称及编码协调制度》2017 年修订目录

| 2012 年版 | | 2017 年版 | |
|---|---|---|---|
| HS 编码 | 商品名称 | HS 编码 | 商品名称 |
| 第三章注释一(三) | (三)因品种或鲜度不适合供人食用的死鱼(包括鱼肝及鱼卵)、死甲壳动物、死软体动物及其他死水生无脊椎动物(第五章);不适合供人食用的鱼、甲壳动物、软体动物、其他水生无脊椎动物的粉、粒(品目23.01);或 | 第三章注释一(三)脊 | (三)因品种或鲜度不适合供人食用的死鱼(包括鱼肝、鱼卵及鱼精等)、死甲壳动物、死软体动物及其他死水生无脊椎动物(第五章);不适合供人食用的鱼、甲壳动物、软体动物、其他水生无脊椎动物的粉、粒(品目 23.01);或 |
| 03.01 | 活鱼: | 03.01 | 活鱼: |
| | —观赏鱼 | | —观赏鱼: |
| 0301.11 | ——淡水鱼 | 0301.11 | ——淡水鱼 |
| 0301.19 | ——其他 | 0301.19 | ——其他 |
| | —其他活鱼: | | —其他活鱼: |
| 0301.91 | ——鳟鱼(河鳟、虹鳟、克拉克大麻哈鱼、阿瓜大麻哈鱼、吉雨大麻哈鱼、亚利桑那大麻哈鱼、金腹大麻哈鱼) | 0301.91 | ——鳟鱼(河鳟、虹鳟、克拉克大麻哈鱼、阿瓜大麻哈鱼、吉雨大麻哈鱼、亚利桑那大麻哈鱼、金腹大麻哈鱼) |
| 0301.92 | ——鳗鱼(鳗鲡属) | 0301.92 | ——鳗鱼(鳗鲡属) |
| 0301.93 | ——鲤科鱼(西鲤、黑鲫、草鱼、鲢属、鲮属、青鱼) | 0301.93 | ——鲤科鱼(鲤属、鲫属、草鱼、鲢属、鲮属、青鱼、卡特拉鲃、野鲮属、哈氏纹唇鱼、何氏细须鲃、鲂属) |
| 0301.94 | ——大西洋及太平洋蓝鳍金枪鱼 | 0301.94 | ——大西洋及太平洋蓝鳍金枪鱼 |
| 0301.95 | ——南方蓝鳍金枪鱼 | 0301.95 | ——南方蓝鳍金枪鱼 |
| 0301.99 | ——其他 | 0301.99 | ——其他 |
| 03.02 | 鲜、冷鱼,但品目 03.04 的鱼片及其他鱼肉除外: | 03.02 | 鲜、冷鱼,但品目 03.04 的鱼片及其他鱼肉除外: |
| | —鲑科鱼,但鱼肝及鱼卵除外: | | —鲑科鱼,但子目 0302.91 至 0302.99 的可食用鱼杂碎除外: |
| 0302.11 | ——鳟鱼(河鳟、虹鳟、克拉克大麻哈鱼、阿瓜大麻哈鱼、吉雨大麻哈鱼、亚利桑那大麻哈鱼、金腹大麻哈鱼) | 0302.11 | ——鳟鱼(河鳟、虹鳟、克拉克大麻哈鱼、阿瓜大麻哈鱼、吉雨大麻哈鱼、亚利桑那大麻哈鱼、金腹大麻哈鱼) |

# 第四节　中国关税政策

关税政策是一国政府通过征收关税达到其特定经济、政治、社会目的而采取的行为措施，是国家经济、政治、社会政策在对外贸易活动中的具体体现。

关税政策按征税目的不同可分为关税的财政政策、关税的保护政策和关税的自由政策。不同经济发展时期和不同发展水平的国家所采取的关税政策也有所区别。发达国家（地区）的国际（地区间）贸易政策总体倾向于国际（地区间）贸易自由化，作为自由贸易政策的重要组成部分，关税政策也逐渐摆脱了传统的保护关税政策，出现了关税政策自由化趋势，主要表现在大幅度削减关税或撤销非关税壁垒上，不仅强调自由关税政策，提倡公平关税政策，而且鼓励出口关税政策。发展中国家在第二次世界大战以后，长期占支配地位的对外贸易政策是保护性的进口替代政策和出口导向政策，与此相对应的是保护性高关税政策和结构性关税政策。20 世纪 80 年代，在世界银行和国际货币基金组织的帮助下，发展中国家（地区）积极进行关税改革，调整关税结构，降低关税水平，逐步转向自由化关税政策和一体化关税政策。

1949 年中华人民共和国成立以来，关税政策的发展在我国大致经历了三个历史阶段：一是中华人民共和国成立初期建立的内向型保护性关税政策；二是在改革开放中实现了由内向型保护性关税政策向开放型保护性关税政策的转变；三是市场经济体制下开始进入开放型自由化关税政策的新时期。

## 一、内向型保护性关税政策

中华人民共和国成立初期的关税政策是内向型保护性关税政策，是中国对外贸易统制的重要组成部分。它具有两个基本特征：一是内向型。中国执行的是国家管理的内向型的保护贸易政策，不参与世界性的经济贸易组织，实行政府间的双边贸易。二是高关税。凡国内能大量生产或者暂时还不能大量生产但将来有发展可能的工业品及半制成品，在进口这些商品时，海关税率则高于该项商品的成本与中国同类货物的成本之间的差额，以保护国家民族工业。从中华人民共和国成立到改革开放前近 30 年的时间内，一直实行着这项保护性关税政策。

这一政策的实施与当时国际、国内的客观历史条件相联系，与当时中国经济发展战略和对外贸易政策的特征相适应。一是中华人民共和国成立时，以美国为首的资本主义国家对中国实行了政治上敌视、经济上封锁的政策，中国实行独立自主的保护关税政策是对当时不利的国际环境的反应。二是国内经济落后，产品缺乏竞争能力，也需要政府采取必要的保护措施，以抵抗国外同类产业的强有力竞争，从而保护国内民族工业的发展。三是在“独立自主、自力更生”原则下发展起来的中国工业，其发展的动力、投入资源要素和产品市场主要来自国内，是一种内循环为主的发展模式，对外经济贸易往来、参与国际（地区间)分工只起辅助作用,对国际贸易依赖程度较轻。

内向型保护性关税政策既促进了内向型经济的发展,同时也限制了经济发展,产生正、负两方面的作用。其积极作用主要表现在:通过运用普通税率和最低税率,既抵御了外国对中国产品的关税歧视,又能够在平等的基础上发展贸易关系,取得国家(地区)间关税对等互惠,维护了国家主权;通过调节进出口贸易,实施"奖出限入"的关税政策,保护国内民族工业,促进中国工业化的实现;国家通过课征关税,增加财政收入,为经济建设筹集了资金。其消极作用的主要表现是:降低了中国的生产效率;在贸易保护、高关税的条件下,不仅难以充分利用国际(地区间)生产要素来发展中国经济,而且国内产业的要素不能与外界进行交换,无法实现资源最优配置。因此,在高关税的长期保护下,中国虽然建立了部门齐全的工业体系,但是各个产业几乎仅仅是量的扩张,产业结构在质的方面问题较多,从而导致了生产长期低效率运行。

## 二、开放型保护性关税政策

中国的内向型保护性关税政策是在改革开放不断深入的进程中实现向开放型保护性关税政策转变的。1982 年中国对关税税率进行了调整,提出了制定税率的原则:"根据中国调整经济结构和发展生产的要求,在保护中国生产的前提下,根据奖出限入的方针,合理调整明显偏高或偏低的税率,以利于争取国内短缺的原材料和资源性产品的进口,有利于轻纺工业和其他国民经济薄弱部门搞上去,有利于一些迫切需要保护的机械工业得到发展。"这一关税政策体现了两个特征:一是开放性。关税政策在指导思想上以促进国内工业和对外经济贸易发展为主导,鼓励积极参与国际(地区间)分工和国际(地区间)交换,鼓励扩大必需品进口。二是保护性。在政策目标上寻求促进对外开放与保护民族工业之间的平衡。既要保护本国产业,又不能闭关锁国;既要对外开放,又不能让外国资本、外国商品冲垮国内的幼稚产业。关税政策开始从高关税保护原则转向适度保护原则,不仅关税有所降低,而且被保护的范围逐渐缩小,在进出口贸易调节目标上从限制进口逐渐转向鼓励适当进口,以适应党的十一届三中全会提出的"对外开放、对内搞活"的重大政策调整。

通过降低关税税率,减少关税保护,同时进行关税结构性调整,适当开放市场,引进适度竞争,促进了国内工业的发展,尤其是中国关税政策的调整推动了中国对外贸易的迅速发展,出口竞争力不断增强。据统计,1979—1991 年,中国出口总额平均每年增长 15.1%,中国进出口总额在世界主要国家和地区的排名由 1978 年的第 32 位上升到 1991 年的第 11 位。但随着对外开放的进一步发展,开放型保护关税政策也日益暴露出一些严重的缺陷,制约了中国对外开放的进一步发展。20 世纪 80 年代,中国对一些新兴产业(如轿车、电视机等)实行关税壁垒与非关税壁垒的双重保护,使这些产业免受外国同类商品的冲击,发展迅速。但同时也导致了这些产业出现重复建设、效益低下、技术更新换代缓慢、产品质次价高等问题,高保护关税政策导致了高保护产业的低效率运行。此外,内外有别的差异性关税政策与制度也造成了内资企业与外资企业之间税负的不平衡,制约了国内企业竞争力的提高以及民族经济的发展。比如当时对外资企业投资设备进口全部免税,并允许其在合理的数量范围内免税进口车辆、办公用品等,而国内企业进口上述设备和物品时则要纳税。

## 三、开放型自由化关税政策

1992 年中国实行市场经济后,在市场经济体制改革和发展的要求下,中国关税政策经过重大调整,实现了由开放型保护性关税政策向开放型自由化关税政策的转变。在多元化、全方位、高层次开放的基础上,建立低税率、高透明度、规范性的自由关税政策。首先,体现在对境外商品输入限制逐步放开上,在拆除关税壁垒与非关税壁垒、降低对境外商品进口的限制的同时,依据中国产业发展状况,在符合国际(地区间)规则的前提下,通过合理的关税结构以及采取必要的非关税手段,对境外商品的进口实行分阶段、分类型的扩大开放。其次,体现在降低关税税率上,向国际(地区间)平均税率水平靠拢,并相应改革关税制度,同国际(地区间)标准接轨。改革开放以来,为促进对外开放和国民经济发展以及加入世界贸易组织(WTO)的需要,我国制定了一系列进口税收减免政策,自主将进口关税水平从 1992 年 43%的基础税率降至 2002 年的 12%。按照我国加入 WTO 的关税减让承诺,2005 年 1 月 1 日,我国取消了进口汽车配额许可证制度,对汽车产品实行自动进口许可管理,同时将进口汽车关税水平降到 30%。2006 年 7 月 1 日,我国进口汽车关税完成了加入 WTO 以来的最后一降,税率从 28%降低至 25%,进口汽车零部件的关税税率也降至 10%。至此,我国加入 WTO 时有关汽车及其零部件降税的承诺已经全部兑现。从 2006 年 1 月 1 日起,我国根据加入 WTO 的关税减让承诺,进一步降低 100 多个税目的进口关税。2006 年的关税总水平为 9.9%,其中农产品平均税率为 15.2%,工业品平均税率为 9.0%。从 2007 年 1 月 1 日起,中国对关税进行调整,调整后的关税总水平由 9.9%降低至 9.8%,其中,农产品平均税率为 15.2%,工业品平均税率为 8.95%。

开放型自由化关税政策使中国的关税制度更加适应市场化、开放型、国际(地区间)性经济发展的趋势,让中国的企业融入国际(地区间)竞争环境,充分利用比较优势参与国际(地区间)分工,有效利用国际(地区间)资源,提高国际(地区间)竞争力。虽然以低税率为主要内容的开放型自由化关税政策减少了对中国企业的税收保护,增加了竞争的压力,但是通过企业产权制度改革、产业结构调整、运行机制转换的市场化改革,以及大量在华外资企业参与竞争,中国企业初步具备了参与国际(地区间)竞争的能力,又进一步推进中国开放型自由化关税政策的实施,更加有利于按 WTO 国际(地区间)规则改革中国的关税制度。

# 第五节 中国关税制度

关税制度在我国由来已久。早在周朝就有对通过关卡和上市的商品征收“关市之赋”的制度。它具有内地关税的性质。自唐朝开始,中央政府即设立专门机构——市舶司负责管理进出国境的船舶、商品,并对它们征收关税。但由于当时的对外贸易多数为“朝贡”贸易,且贸易量较小,关税制度并未对国内经济产生很大的影响,只是增加了一些财政收入,并体现了国家主权。

鸦片战争以后,关税制度也因不平等条约的约束而失去了独立自主性。1842 年的中英《南京条约》第 10 条规定,通商各口“应纳进口、出口货税、饷费,均宜秉公议定则例,由部颁发晓示,以便英商按例缴纳”。1844 年的中美《望厦条约》进一步规定:“倘中国日后欲将税例变更,必须与合众国领事等官议允。”特别是从 1854 年帝国主义列强参加上海关税管理委员会开始,中国包括关税制度在内的海关管理权在很大程度上受帝国主义列强的控制。中国的关税成了片面协定关税,关税制度也丧失了保护本国经济发展的作用。那时的中国成为帝国主义列强倾销剩余产品、掠夺重要资源的场所,我国民族工商业的发展受到了严重阻碍。

中华人民共和国成立以后,立即废除了一切不平等条约,取缔了帝国主义列强在关税方面的特权,我国的关税制度恢复了独立自主。但是从中华人民共和国成立至 1979 年,由于种种原因,关税制度并未对经济产生应有的促进作用,关税制度也未被作为调控经济的主要手段。当时就关税的涉外作用而言,仅是象征着国家主权。

1979 年以后,随着我国改革开放的不断深入,以及社会主义市场经济体制的建立,关税政策不仅有了发挥其调节作用的宏观外部条件,而且其必要性和重要性也日益显示出来。为了适应形势的需要,我国关税制度也相应进行了较大幅度的改革与完善,取得了突破性进展。

1982 年,结合经济发展的实际情况,我国对进出口货物的税率作了较大的调整。这次调整的原则是:降低国内不能生产供应的先进设备和供应不足的原材料以及机器、仪器零部件等的税率,提高某些耐用消费品和国内已经能生产供应的机器设备税率。同年,第五届全国人民代表大会五次会议批准的《中华人民共和国国民经济和社会发展第六个五年计划》中规定:“要适时调整关税税率以鼓励或限制某些商品进口,做到既有利于扩大对外经济技术交流,又能保护和促进国内生产和发展。”

1985 年,我国对关税制度进行了一次比较大的改革,这次改革的主要内容是全面修订了进出口关税条例和进出口税则,并出台了一系列关税的减免措施。明确提出制定《中华人民共和国进出口关税条例》及《海关进出口税则》的指导思想是:贯彻国家的对外开放政策;体现鼓励出口和扩大必需品的进口;保护和促进国民经济的发展;保证国家的关税收入。制定进出口税则的具体原则是:对进口国家建设和人民生活所必需的,而且国内不能生产或者供应不足的动植物良种、肥料、饲料、药剂、精密仪器、仪表、关键机械设备和粮食等,予以免税或低税;对原材料的进口税率,一般比半成品、成品的低,特别是受自然条件制约、国内生产短期不能迅速发展的原材料,其税率应更低;对于国内不能生产的机械设备和仪器、仪表的零部件,其税率应比整机低;对国内已能生产的非国计民生必需的物品,应制定较高的税率;对国内已能生产供应、需要保护的商品,应制定更高的税率;为了鼓励出口,对绝大多数出口商品不征出口关税,但对在国际市场上容量有限而又竞争性强的商品,以及需要限制出口的极少数原料、材料和半制成品,必要时可征收适当的出口关税。

这次修订后的《中华人民共和国进出口关税条例》吸收了原《税则暂行实施条例》中的一些行之有效的内容，根据实施对外开放政策以来的新经验，充实了新内容，由原来的暂行实施条例的16条扩大为8章37条。它包括了有关关税制度的一些基本法律规定，如纳税人的义务和权利、完税价格的组成和价格审定、税率的运用、税则的修改、税款缴纳期限、外币汇率的折算、关税的减免与退补、走私逃税的罚则，以及对关税问题的申诉程序等。修订后的《海关进出口税则》，在以下几方面作了较大的修改：一是采用了当时国际上通用的海关合作理事会商品分类目录，以适应改革开放的需要，有利于国际（地区间）贸易业务活动与交流。在该分类目录税目基础和规定范围内，根据中国具体情况加列子目或分目。二是大幅度调整进口税率，降低进口关税水平。三是调整税级结构，贯彻了税率低差幅小、税率高差幅大的原则，以体现合理税负。并且注意到税率结构的平衡，既保持纵向平衡，即原料、半成品、制成品之间的税率平衡，又保持横向平衡，即类似的原料之间以及同类原料之间的平衡。

1987年9月12日，根据《中华人民共和国海关法》，对1985年的《中华人民共和国进出口关税条例》进行了相应修订，并于1987年10月15日起施行。为了使关税制度更符合国际通用的惯例，中国于1991年6月加入《协调制度》，成为该公约的缔约国。由于1992年1月1日起我国海关税则采用《协调制度》以及形势发展的需要，经国务院批准，对《中华人民共和国进出口关税条例》再次进行了修订，并于1992年4月1日起施行。修订后的《中华人民共和国进出口关税条例》共分8章42条，主要内容包括总则、税率的运用、完税价格的审定、税款的缴纳与退补、关税的减免及审批程序、申诉程序、罚则及附则。

1992年1月1日起在中国海关正式采用1992年版的《协调制度》，在《进出口税则》统计目录中采用了全部6位数的《协调制度》目录。为使我国的《进出口税则》统计目录在转换为《协调制度》目录后能保证执行关税政策的一致性、统计数据的连续性，根据中国进出口商品的结构、特点和国际（地区间）贸易格局的变化，为有利于贯彻国家的产业政策、外贸政策，中国海关在1992年版《协调制度》目录5019个商品名目的基础上，增列第7位和第8位子目，使中国税则统计目录的8位税目总数达8827个，比原来使用的CCCN税则目录增加了4048个。为了进一步贯彻贸易管制措施、暂定税率及使用计算机进行通关管理的需要，增列了第9、第10位的分列目录。进出口商品协调制度的系统实施有利于海关对进出口货物进行征税和监督管理，是海关统一执法、严密高效的保障。只有科学、准确的商品归类，才能保证对进出口货物依率计征、依法减免，保证海关估价的合理和统计数据的准确，才能加大对进出口货物的监管力度，有效地打击伪报瞒报品名、价格等不法行为，以维护海关执法的严肃性和公正性。

为了适应中国加入WTO的新形势，推进中国经济国际化进程，2000年第九届全国人民代表大会常务委员会第16次会议通过了新修订的《中华人民共和国海关法》。修订后的《中华人民共和国海关法》共分9章102条，在维护国家的主权和利益、加强海关监督管理、促进对外经济贸易和科技文化交流、保障社会主义现代化建设等方面都发挥了重要作用。

我国现行的关税法律制度，在贯彻对外开放政策和发展社会主义市场经济、促进对外经济贸易和国民经济持续稳定的发展、维护国家的主权利益、扩大国际经济技术合作交流等方面发挥着重要的作用，主要表现在：第一，调节经济的作用。由于调整关税税率的高低以及关税的征免会直接影响进出口货物的成本，进而影响商品的市场价格和销售数量，影响企业的生产和经济效益，所以国家往往通过关税来调节经济、调节市场，从而达到调控国民经济、促进经济健康发展的目的。第二，促进改革和对外贸易的作用。《中华人民共和国海关法》和《中华人民共和国进出口关税条例》的制定，特别是鼓励国家经济建设所需物资和人民生活必需品的进口，鼓励引进外资、引进先进技术等一系列关税优惠措施的出台，促进了改革开放的深入发展，同时也促进了对外贸易的繁荣。第三，贯彻平等互利和对等原则的作用。关税税则对同一种进口商品分别规定普通税率和优惠税率。对购自同我国订有贸易互惠条约的国家（地区）的货物，实行优惠税率；对购自同我国没有互惠条约的国家（地区）的货物，实行普通税率。通过两种税率的运用，既取得了国际（地区间）互惠，又贯彻了平等互利和对等原则。《中华人民共和国进出口关税条例》中的“特别关税条款”也是我国保护合法权利的重要武器。第四，增加国家财政收入的作用。关税作为国家财政的重要来源，为我国的经济建设积累了大量资金。第五，关税具有保护作用。通过对进口货物征收高关税，可以削弱进口货物的竞争力，保护本国同类产品的竞争力。当然，关税的保护作用的发挥，要受到产业政策、WTO 规则等的制约。

# 第八章　中国进出口货物的关税征收

## 学习目标

了解税则归类的原则与方法以及原产地规则对税率的确定作用；重点掌握海关从价计征关税过程中完税价格的确定以及如何准确地计算进出口货物应该缴纳的关税税额。

## 海关案例

2002年7月，某市邮政局（涉案货物的最终用户）计划购买电梯2台，委托招标代理公司进行公开招标。同年8月，通力电梯（中国）有限公司进行投标，投标货物为芬兰产载客电梯两台，投标总价格为232600欧元（折合人民币约182万元）。

根据通力电梯（中国）有限公司的安排，最后由A公司中标，先由A公司与某市邮政局签订一份内贸合同，合同约定设备净价为人民币160万元；再由A公司的代理进口公司——某市润恒进出口贸易公司和通力电梯（中国）有限公司签订涉案电梯的进口合同，成交价格为96280美元/台、98010美元/台（折人民币64万元），并于2003年8月26日，由某市润恒进出口贸易公司以上述价格向某海关申报。口岸海关经审核，认为该申报价格不能确定为该批货物的实际成交价格，遂按照上述投标价格予以估价征税。A公司不服，向深圳海关申请行政复议，称其申报价格是实际成交价格，要求撤销原征税决定，接受其申报价格。

## 第一节　税则归类及标准

商品归类是海关正确执行国家关税政策、贸易管制措施和准确编制海关进出口统计的基础和保障，它与海关估价、原产地规则并称为海关征税的三大要素。因此，正确进行商品归类在进出口货物的通关中具有十分重要的意义。海关对商品归类的特殊标准和方法，习惯上称海关税则归类，或简称税则归类。

## 拓展资料

三大归类形式的区别如表 8-1 所示。

表 8-1 三大归类形式的区别

| | 启动人 | 内容性质 | 决定人 | 适用对象 | 适用范围 |
|---|---|---|---|---|---|
| 预归类 | 管理相对人 | 有明确规定 | 直属海关 | 申请人 | 做出预归类决定的直属海关关区 |
| 归类行政裁定 | 管理相对人 | 无明确规定 | 海关总署或其授权机构 | 所有管理相对人 | 关境内统一适用 |
| 归类决定 | 海关 | 有明确规定/无明确规定 | 海关总署或其授权机构 | 所有管理相对人 | 关境内统一适用 |

《中华人民共和国海关法》规定，进出口货物的商品归类按照国家有关商品归类的规定确定。我国的商品归类以《协调制度》为体系、以海关进出口税则为执法依据。《协调制度》在国际（地区间）影响很大，目前已为 100 多个国家（地区）所采用，它将国际（地区间）贸易中种类繁多的商品，根据其在国际（地区间）贸易中所占的比重和地位分成若干类、章、分章和商品组。同时，为了适应各国（地区）征税、统计等商品分类目录的全面要求和将来技术发展的需要，还在各类、章列有起到“兜底”作用的“其他”项目，使国际（地区间）贸易中的任何商品，包括目前还无法预计到的新产品，都能在目录的体系中归入合适的位置，无论哪种商品都不能被排斥在该目录范围之外。《协调制度》主要是由品目和子目构成，为使人们在对各种商品进行归类时有所遵循，使各类商品均能准确无误地归入《协调制度》的恰当品目号项下，避免发生交叉、重复或归类不一致，《协调制度》在许多类、章下加有类注释、章注释和子目注释，即设在类、章之首，解释品（子）目的文字说明。同时将其商品分类的普遍规律加以归纳总结，作为规则列出，并使之成为《协调制度》的基本组成部分，这就是《协调制度》的归类总规则，所有进出口货物在《协调制度》中的归类必须遵循这些原则。

《协调制度》的归类总规则共有六条，前五条规则涉及 4 位级品目，规则六涉及子目的归类，下面逐一介绍。

1. 规则一

类、章及分章的标题，仅为查找方便而设。具有法律效力的归类，应按品目条文和有关类注或章注确定，若品目、类注或章注无其他规定，则按以下规则确定。规则一有以下三层含义。

首先，它指出“类、章及分章的标题，仅为查找方便而设”。《协调制度》系统地列出了国际（地区间）贸易的货品，将其分为类、章及分章。每类、章及分章都有标题，并尽可能确切地列明所包括货品种类的范围。但是要将数以千万计的商品分别归入目录的几千个子目中实非易事，为了便于寻找适当的品目号，便将一类或一章商品加以概括，列出该类或章的标题。但在许多情况下，归入某类或某章的货品种类繁多，类、章及分章的标题不可能将其一一列出、全部包括进去。因此，类、章及分章的标题，仅为查找方便而设，不是进行归类的法律依据。例如，第 15 类的标题为“贱金属及其制品”，但许多贱金属制品并不归入该类。比如，铜纽扣归入第 20 类杂项制品，机电设备归入第 16 类机器设备。

其次，该规则说明：“具有法律效力的归类，应按品目条文和有关类注或章注确定。”这里有两层意思：第一，只有按品目条文、类注或章注确定的归类，才是具有法律效力的商品归类；第二，许多货品可直接按目录规定进行归类，而类注、章注的作用在于限定类、章和品目的商品范围。在《协调制度》中，常用的限定方法有定义法，即以定义形式的方法来界定类、章或品目的商品范围及对某些商品的定义做出解释。列举法，即用列举出典型例子的方法来说明类、章或品目的商品范围。详列法，是用详列具体商品名称的方法来定义品目的商品范围。如第 30 章章注定义了品目 30.06 的商品由 10 种商品组成。排他法，即用排除条款的方法列举若干不能归入某一类、章或品目的商品。如第 90 章列出了 12 种不能归入该类的商品。

再次，规则一所称“如品目和类、章注释无其他规定”，明确了品目、类注和章注是在确定归类时应首先考虑的规定。例如，第 31 章肥料的注释规定该章某些品目仅仅包括部分货品，因此，这些品目就不能根据规则二扩大为包括该章注释规定不包括的货品，只有在品目和类、章注释无其他规定的条件下，才能依次按规则二、三、四、五的规定归类。

2. 规则二

(1)品目所列货品，应视为包括该项货品的不完整品或未制成品，只要在报验时该项不完整品或未制成品具有完整品或制成品的基本特征；还应视为包括该项货品的完整品或制成品(或按本款可作为完整品或制成品归类的货品)，在报验时的未组装件或拆散件。

(2)品目中所列材料或物质，应视为包括该种材料或物质与其他材料或物质混合或组合的物品。品目所列某种材料或物质构成的货品，应视为包括全部或部分由该种材料或物质构成的货品。由一种以上材料或物质构成的货品，应按规则三归类。

本款规则旨在扩大品目的商品范围。

规则二(1)有两层意思：第一层意思中所谓的“不完整品”是指一个货品的主要部分都有了，但缺少一些非关键部分，如未安装座位的汽车仍按整车归类等；所谓“未制成品”是指一个货品已具有制成品的形状、特征，但还不能直接使用，需要加工后才可使用，如机器零件的毛坯。但是尚未具有制成品基本形状的半制成品，如常见的杆、盘、管等，不应作为“毛坯”对待。

第二层意思是完整品或制成品的未组装件或拆散件应归入已组装物品的同一税号。货品以未组装或拆散形式报验，通常是由于包装、装卸或运输上的需要，或是为了便于包装、装卸或运输。这一规则也适用于以未组装或拆散形式报验的不完整品或未制成品，只要按照本规则第一部分的规定，它们可作为完整品或制成品看待。例如，品目 85.01 所列的电动机，不仅包括部分缺少任何零件的未装配的电动机成套散件，还应包括仅缺少一些非关键零件(如螺母、导线等)的已装配好的电动机或未装配的电动机成套散件。所谓的“报验时的未组装件或拆散件”，是指其零件可通过紧固件(螺钉、螺母、螺栓等)，或通过铆接、焊接等组装方法便可装配起来的物品，组装方法的复杂性可不予考虑，但其零件必须是不需要进一步加工的制成品。鉴于《协调制度》第1类至第6类各品目的商品范围，规则二(1)的规定一般不适用于这6类所包括的货品。

规则二(2)是关于混合及组合的材料或物质，以及由两种或多种材料或物质构成的货品的归类。本款规则将任何列出某种材料或物质的品目扩大为包括该种材料或物质与其他材料或物质的混合品或组合品，同时还将任何列出某种材料或物质构成的货品的品目扩大为包括部分由该种材料或物质构成的货品。但其适用条件是加入的物质或组合起来的东西不能改变原商品的特征或性质。比如加糖牛奶，其基本特征还是牛奶，所以仍按牛奶归类。与此同时还应注意到，仅在品目条文和类、章注释无其他规定的条件下才能运用本款规则。例如，品目15.03列出“液体猪油，未经混合”，就不能运用本款规则。

规则二决不意味着将税号范围扩大到不按照规则一的规定，将不符合品目条文的货品也包括进来，即由于添加了另外一种材料或物质，使货品丧失了原品目所列货品特征的情况。本规则最后规定，混合及组合的材料或物质，以及由一种以上材料或物质构成的货品，如果看起来可归入两个或两个以上品目的，必须按规则三的原则进行归类。

3. 规则三

当货品按规则二(2)或由于其他原因看起来可归入两个或两个以上品目时，应按以下规则归类。

(1)列名比较具体的品目，优先于列名一般的品目。但是，如果两个或两个以上品目都仅述及混合或组合货品所含的某部分材料或物质，或零售的成套货品中的某些货品，即使其中某个品目对该货品描述得更为全面、详细，这些货品在有关品目的列名也应视为同样具体。

(2)混合物、不同材料构成或不同部件组成的组合物以及零售的成套货品，如果不能按照规则三(1)归类时，在本款可适用的条件下，应按构成货品基本特征的材料或部件归类。

(3)货品不能按照规则三(1)或(2)归类时，应按号列顺序归入其可归入的最末一个品目。

对于根据规则二(2)或其他原因看起来可归入两个或两个以上品目的货品，本规则规定了3条归类办法。这3条办法应按照其在本规则的先后次序加以运用。因此，它们优先权的次序为：①具体列名；②基本特征；③从后归类。但只有在品目条文和类、章注释无其他规定的条件下才能运用本规则。例如，第97章注释四(2)规定，根据品目条文既可归入品目97.01～97.05中的一个品目，又可归入品目97.06的货品事实上，应归入品目97.06以前的有关品目，即货品应按第97章注释四(2)的规定而不能根据本规则进行归类。

规则三(1)是指在一种商品似乎涉及两个或更多的品目的情况下，应比较哪个品目的描述更为详细、具体，更为接近要归类的商品，即列名比较具体的品目应优先于列名比较一般的品目。要想通过制定几条规则来确定哪个品目列名更为具体是行不通的，但作为一般原则可以这样理解：一是同类商品名称的比较，列出品名比列出类名更为具体。例如，紧身胸衣有两个品目可归，一个是68.02女内衣，一个是62.12妇女紧身胸衣。前者是类名称，后者是具体商品名，因此应归入后一品目。二是不同类商品名称的比较，如果某一品目所列名称更为明确地包括某一货品，则该品目要比所列名称不明确包括该货品的其他品目更为具体。如用于小汽车的簇绒地毯，不应作为小汽车附件归入品目 87.08“机动车辆的零件、附件”，而应归入品目 57.03“簇绒地毯”，因该品目所列地毯更为具体。

但是，如果两个或两个以上品目都仅述及混合或组合货品所含的某部分材料或物质，或零售成套货品中的某些货品，即使其中某个品目比其他品目对该货品描述得更为全面、详细，这些货品在有关品目的列名应视为同样具体。在这种情况下，货品应按规则三(2)或(3)的规定进行归类。

规则三(2)讲的是不能按照以上规则归类的混合物、不同材料或不同部件的组合货品以及零售的成套货品，如能确定构成其主要特征的材料或部件，则应按照这种材料或部件归类。但不同的货品，确定其基本特征的因素会有所不同，需要具体情况具体分析，例如，可根据其所含材料或部件的性质、体积、数量、重量或价值来确定货品的基本特征，也可根据所含材料对货品用途的作用来确定货品的基本特征。本款规则所称“不同部件组成的组合物”，不仅包括部件相互固定组合在一起，构成了实际不可分离整体的货品，还包括其部件可相互分离的货品，但这些部件必须是相互补足，配合使用，构成一体并且通常不单独销售的。例如，由一个带活动烟灰盘的架子构成的烟灰盅，此类组合货品的各件一般都装于同一包装内。而所谓的“零售的成套货品”，是指同时符合以下 3 个条件的货品：一是由至少两种看起来可归入不同品目的不同物品构成的，例如，6 把乳酪叉不能作为本款规则所称的成套货品；二是为了迎合某项需求或开展某项专门活动而将几件产品或物品包装在一起的；三是其包装形式适于直接销售给用户而货物无须重新包装的，例如，装于盒、箱内或固定于板上的货品。

规则三(2)的应用往往带有主观意向，不同人从不同角度出发，对混合物、组合物以及成套货品的主要特征有不同的结论。如果发生这种情况，各国通常由其海关最高当局予以统一。此外，若类或章注释有特别规定或某品目已有具体列名，则不应引用此规则。

例如，品目 96.05 已对个人梳妆，清洁鞋、衣成套用具的旅行包具体列名，该货品即可直接归入 96.05，不需引用规则三(2)。但本款规则不适用于组件为分别包装的货品，不论其是否装入一个共同包装内，比如为促销而包装在一起的品目 22.08 的烈性酒和品目 22.04 的葡萄酒。

规则三(3)是一条“从后归类”原则，货品如果不能按照规则三(1)或(2)归类时，应按号列顺序归入其可归入的最后一个品目。例如，带计算器的手表，难以确定其主要特征，似乎可归入 84.70 的计算器，又可归入 91.02 的钟表，根据从后归类的原则，该货品应归入 91.02。

4. 规则四

根据上述规则无法归类的货品，应归入与其最相类似的货品的品目。

为适应现代科技的高速发展和新产品的层出不穷，《协调制度》规定了本规则来收容《协调制度》制定时未曾预见到的商品。它规定，不能按照规则一至规则三归类的货品，应归入与其最相类似的货品的品目中。当然，所谓“类似”要看许多因素，例如，货品名称、特征、用途，因此，规则四实际使用率相当低。如果不得不使用本规则时，其归类方法是先列出最相类似的货品的品目，然后从中选择一个最为合适的品目。

5. 规则五

除上述规则外，本规则适用于下列货品的归类。

(1)制成特殊形状仅适用于盛装某个或某套物品并适合长期使用的照相机套、乐器盒、枪套、绘图仪器盒、项链盒及类似容器，如果与所装物品同时报验，并通常与所装物品一同出售的，应与所装物品一并归类。但本款不适用于本身构成整个货品基本特征的容器。

(2)除规则五(1)规定的以外，与所装货品同时报验的包装材料或包装容器，如果通常是用来包装这类货品的，应与所装货品一并归类。但明显可重复使用的包装材料和包装容器可不受本款限制。

规则五是一条关于包装物品归类的专门条款。

规则五(1)仅适用于同时符合以下各条规定的容器。

①制成特定形状或形式，专门盛装某一物品或某套物品的，即专门按所要盛装的物品进行设计的，一些容器还制成所装物品的特殊形状。

②适合长期使用的，即容器的使用期限与所盛装的物品相比是相称的；在物品不使用期间(例如，运输或储藏期间)，这些容器还起保护物品的作用。

③与所装物品一同报验的，不论其是否为了运输方便而与所装物品分开包装；单独进出口的容器应归入其所应归入的品目。

④通常与所装物品一同出售的。

⑤本身并不构成整个货品基本特征的，即包装物本身无独立使用价值。

但规则五(1)不适用于本身构成了物品基本特征的某些容器，例如，装有茶叶的银质茶叶罐，银罐本身价值昂贵，已经构成了整个货品的基本特征，因此要按银制品归入品目 71.14。

规则五(2)实际上是对规则五(1)的补充，规则五(1)优先于规则五(2)。当包装材料及包装容器不符合规则五(1)的规定时，如果通常是用来包装某类货品的，则应当与所装货品一同归类。它适用于明显不可以重复使用的包装材料或包装容器，例如，某些金属桶及装压缩或液化气体的钢铁容器，应当按照钢铁制品归类。

6. 规则六

货品在某一品目项下各子目的法定归类，应按子目条文或有关的子目注释以及以上各条规则来确定，但子目的比较只能在同一数级上进行。除条文另有规定的以外，有关的类注、章注也适用于本规则。

规则六是专门为商品在《协调制度》中第 5、第 6 位数级子目的归类规则而制定的。它有以下含义。

首先，以上规则一至规则五在必要的地方加以修改后，可适用于同一品目项下的各级子目。

其次，规则六所称的“同一数级”子目，是指第 5 位数级子目(一级子目)或第 6 位数级子目(二级子目)。据此，当按照规则三(1)规定考虑某一物品在同一品目(4 位)项下的两个或两个以上第 5 位数级子目的归类时，只能依据有关的第 5 位数级子目条文来确定哪个第 5 位数级子目所列名称更为具体或更为类似。只有确定了哪个第 5 位数级子目列名更为具体，而且该子目项下又再细分了第6位数级子目时，才能根据有关的第6位数级子目条文考虑物品应归入这些第6位数级子目中的哪个子目。举例来说，每平方米重180克的全棉染色平纹布，首先确定它的4位数品目为5208，然后比较其所属的第5位数级子目所列名称哪个更为具体，应归入52083，最后再比较其所属的第6位数级子目的条文，从而确定本货品归入5208.32。本规则所称的“除条文另有规定的以外”，是指类、章注释与子目条文或子目注释不相一致的情况。例如，第71章注释四(2)所规定“铂”的范围就比子目注释二所规定“铂”的范围大，因此，在解释子目号7110.11及7110.19范围时，应采用子目注释二，而不应考虑该章注释四(2)。

最后，第6位数级子目的范围不得超出其所属的第5位数级子目的范围；同样，第5位数级子目的范围也不得超出其所属的品目范围。因此，只有在货品归入适当的4位数级品目后，才能考虑将其归入合适的第5或第6位数级子目，并且不论在任何情况下，都应当优先考虑第5位数级，再考虑第6位数级子目的范围或注释。

## 第二节 进口货物完税价格的确定及海关估价

目前，我国海关对绝大多数进出口货物和物品征收的关税都是以价格为计税依据的从价税。审定作为计税依据的完税价格是贯彻关税政策的重要环节，也是海关依法行政的重要体现。我国加入WTO后，进出口货物完税价格的审定工作必须遵循国际通行做法，将WTO《海关估价协议》的主要内容在估价法律法规中完整、准确地体现出来。海关总署曾于2001年12月31日发布了《中华人民共和国海关审定进出口货物完税价格办法》(以下简称《审价办法》)，于2003年5月30日发布了《中华人民共和国海关关于进口货物特许权使用费估价办法》(以下简称《特许权使用费估价办法》)。根据国务院392号令，2004年1月1起我国开始实施新的《中华人民共和国进出口关税条例》，为了正确审查确定进出口货物的完税价格，根据《中华人民共和国海关法》和新的《中华人民共和国进出口关税条例》，海关总署对《中华人民共和国海关审定进出口货物完税价格办法》进行了修订，新的《审价办法》于2006年3月8日经审议通过，自2006年5月1日起施行。同时废止了上述的两项办法，即2001年12月发布的《审价办法》和2003年5月发布的《特许权使用费估价办法》。

2006年5月1日实施的新的《审价办法》包括：总则；进口货物的完税价格；特殊进口货物的完税价格；进口货物完税价格中的运输及其相关费用、保险费的计算；出口货物的完税价格；完税价格的审查确定。《中华人民共和国海关法》第55条规定：“进出口货物的完税价格，由海关以该货物的成交价格为基础审查确定。成交价格不能确定时，完税价格由海关估定。进口货物的完税价格包括货物的货价、货物运抵中华人民共和国境内输入地点起卸前的运输及其相关费用、保险费。”新的《审价办法》也做出了同样的规定，第5条规定：“进口货物的完税价格，由海关以该货物的成交价格为基础审查确定，并应当包括货物运抵中华人民共和国境内输入地点起卸前的运输及其相关费用、保险费。”第6条则规定了在成交价格不能确定完税价格,海关经了解有关情况,并与纳税义务人进行价格磋商的情形下,海关可以依次采纳的 5 种审查确定该货物的完税价格的方法。因此说,完税价格首先应以该货物的"成交价格"为基础;其次,当成交价格不能确定时,海关有权根据统一的价格准则审查确定货物的价格,即进行海关估价。

## 一、成交价格的确定

### (一)成交价格形成原理

首先,我们应当区分成交价格、CIF 价格、到岸价格、完税价格几个不同概念。

成交价格,《审价办法》第 7 条规定:进口货物的成交价格,是指卖方向中华人民共和国境内销售该货物时买方为进口该货物向卖方实付、应付的,并且按照本办法的规定调整后的价款总额,包括直接支付的价款和间接支付的价款。

CIF 价格,为明确买卖双方在货物交接方面的权利和义务而划分其价格构成,国际商会《国际贸易术语解释通则 2000》(INCOTERMS 2000)中规定了 13 种简明的语言或缩写字母代号构成的价格术语,其中 CIF 在我国使用率最高,也是国际上较有代表性的常用术语。CIF(Cost,Insurance and Freight):成本、保险加运费,也称保险、运费在内价。CIF 条件是指卖方不仅负责租船定舱,按期在装运港将合同规定的货物装上运往约定目的港的船上,还要办理保险手续,并负责支付运费和保险费。买卖双方承担风险的划分点与 FOB(船上交货价格,Free On Board),CFR(成本加运费(指定目的港),Cost and Freight (named port of destination))一样,也是装运港船舷。CIF 与 FOB 以及 CFR 之间的换算公式是:CIF=FOB+远洋运费+保险费=CFR+保险费。有的国家(地区)对进口货物征收从价关税是以 FOB 价格为征税基础,有的国家(地区)是以 CIF 价格为基础。从我国海关法的上述规定中可以看出,我国对进口货物征收关税的价格基础是 CIF 价格,即保险、运费在内价。因此,虽然在不同的进口贸易中采用不同的价格术语,但最后都要根据上述计算公式换算出进口货物的 CIF 价格。

到岸价格,是包括货物价格,货物运抵我关境内输入地点起卸前的买方实际支出,包括所支付的货物包装费、运费、保险费以及其他劳务开支。

完税价格,是由海关审定的、以成交价格为基础的、一般贸易进口货物的到岸价格。

《中华人民共和国海关法》第 55 条规定:"进出口货物的完税价格,由海关以该货物的成交价格为基础审查确定。成交价格不能确定时,完税价格由海关估定。进口货物的完税价格包括货物的货价、货物运抵中华人民共和国境内输入地点起卸前的运输及其相关费用、保险费。"其含义是,首先,完税价格应以该货物的"成交价格"为基础;其次,当成交价格不能确定时,海关有权根据统一的价格准则审查确定货物的价格,即进行海关估价。

### (二)成交价格应当符合的条件

按照《审价办法》的规定,进口货物的成交价格需要符合以下四项要求。

第一，对买方处置或者使用进口货物不予限制，但是法律、行政法规规定实施的限制、对货物销售地域的限制和对货物价格无实质性影响的限制除外。其含义是，如果对买方在处置或使用进口货物上设置了某些限制，那么建立在这种限制基础上的交易是不公平的，相应的价格也会受到影响。有下列情形之一的，视为对买方处置或者使用进口货物进行了限制：①规定进口货物只能用于展示或者免费赠送的；②规定进口货物只能销售给指定第三方的；③规定进口货物加工为成品后只能销售给卖方或者指定第三方的；④其他经海关审查，认定买方对进口货物的处置或者使用受到限制的。

第二，进口货物的价格不得受到使该货物成交价格无法确定的条件或者因素的影响。比如，某些情况下，进口货物价格的确定是以买方向卖方购买一定数量的其他货物为条件(类似于搭售的情形)；或者进口货物的价格取决于买方向卖方销售的其他货物的价格(类似于通常的互售交易)，则进口价格是建立在出口货物价格基础上的。这两种情形都难以反映货物的真实价格。此外，经海关审查，认定货物的价格受到使该货物成交价格无法确定的条件或者因素影响的。

第三，卖方不得直接或者间接获得因买方销售、处置或者使用进口货物而产生的任何收益，或者虽然有收益但是能够按照《审价办法》第 11 条第 4 款的规定做出调整。即当买方除了支付货价外，又返还一部分进口货物的销售、处置或使用形成的利润时，如果没有客观量化的数据资料作为调整依据，该价格也不符合成交价格要求。

第四，买卖双方之间没有特殊关系，或者虽然有特殊关系但是按照《审价办法》第 17 条的规定未对成交价格产生影响。

对于特殊关系的范围，《审价办法》第 16 条详细规定了 8 种情况：①买卖双方为同一家族成员；②买卖双方互为商业上的高级职员或董事；③一方直接或间接地受另一方控制；④买卖双方都直接或间接地受第三方控制；⑤买卖双方共同直接或间接地控制第三方；⑥一方直接或者间接地拥有、控制或者持有对方 5%以上(含 5%)公开发行的有表决权的股票或者股份的；⑦一方是另一方的雇员、高级职员或董事；⑧买卖双方是合伙人。此外，买卖双方在经营上相互联系，一方是另一方的独家代理、独家经销或独家受让人，如果符合上述规定的，也应当视为有特殊关系。

根据《审价办法》第 17 条的规定，即使买卖双方之间存在特殊关系，也不能成为海关拒绝成交价格的理由。只要纳税义务人能证明其成交价格与同时或者大约同时发生的下列任何一款价格相近的，应当视为特殊关系未对进口货物的成交价格产生影响：其一，是向境内无特殊关系的买方出售的相同或者类似进口货物的成交价格；其二和其三，是按照《审价办法》第 22 条的规定(倒扣价格法)和第 24 条的规定(计算价格法)所确定的相同或者类似进口货物的完税价格。这两种方法后文将作介绍。海关在使用上述价格进行比较时，应当考虑商业水平和进口数量的不同，以及买卖双方有无特殊关系造成的费用差异。

### (三)成交价格的调整项目

从《审价办法》对进口货物成交价格的规定可以分解出成交价格的三个核心要素：实付或应付价格、购买因素、价格调整因素。《审价办法》附则对实付或应付价格进行了解释，它指买方为购买进口货物直接或间接支付的价款总额，即作为卖方销售进口货物的条件，由买方向卖方或为履行卖方义务向第三方已经支付或将要支付的全部款项。购买，是指进口货物交易双方必须是买卖关系，否则就不存在成交价格。第三个要素是调整因素，在《审价办法》第 2 章第 3 节、第 11～15 条中有具体规定。

1. 调整因素的加项

第 11 条主要规定了调整因素的加项，即符合一定条件的因素必须计入进口货物的完税价格。第(1)项是由买方负担的以下费用：除购货佣金以外的佣金和经纪费、与该货物视为一体的容器费用以及包装材料和包装劳务费用。所谓“购货佣金”，是指买方为购买进口货物向自己的采购代理人支付的劳务费用。而“经纪费”，则是指买方为购买进口货物向代表买卖双方利益的经纪人支付的劳务费用。

第(2)项是可以按照适当比例分摊的、由买方免费提供或以低于成本的方式提供给卖方或有关方的下列货物或服务的价值，包括该进口货物包含的材料、部件、零件和类似货物；在生产该货物过程中使用的工具、模具和类似货物；在生产该货物过程中消耗的材料；在境外进行的为生产该货物所需要的工程设计、技术研发、工艺及制图等相关服务。

确定应当计入进口货物完税价格的货物价值时，有关费用的计算方法，《审价办法》第 12 条作了详细的规定：①由买方从与其无特殊关系的第三方购买的，应当计入的价值为购入价格；②由买方自行生产或者从有特殊关系的第三方获得的，应当计入的价值为生产成本；③由买方租赁获得的，应当计入的价值为买方承担的租赁成本；④生产进口货物过程中使用的工具、模具和类似货物的价值，应当包括其工程设计、技术研发、工艺及制图等费用。如果货物在被提供给卖方前已经被买方使用过，应当计入的价值为根据境内公认的会计原则对其进行折旧后的价值。

第(3)项是买方需向卖方或者有关方直接或者间接支付的特许权使用费，但是符合下列情形之一的除外：①特许权使用费与该货物无关；②特许权使用费的支付不构成该货物向我境内销售的条件。《审价办法》第 13 条对符合条件的与进口货物有关的特许权使用费作了较为详尽的说明。买方直接或间接支付的特许权使用费，即买方未获得与进口货物相关的专利权或专有技术使用权、商标权、著作权以及分销权、销售权或者其他类似权利而支付的费用。

《审价办法》第 14 条规定：买方不支付特许权使用费则不能购得进口货物，或者买方不支付特许权使用费则该货物不能以合同议定的条件成交的，应当视为特许权使用费的支付构成进口货物我境内销售的条件。

第(4)项是卖方直接或间接从买方对该货物进口后销售、处置或使用所得中获得的收益。

上述四项的费用或价值，按照《审价办法》的规定应当由进口货物的纳税义务人向海关提供客观量化的数据资料；否则，海关可以不接受成交价格，而是依次按照其他估价方法估定完税价格。

2. 调整项目的减项

第 15 条主要规定了调整因素中的减项：第(1)项是厂房、机械、设备等货物进口后的建设、安装、装配、维修或者技术援助费用，但是保修费用除外；这实际上是一种对劳务的支付,而不是对进口货物本身的支付。第(2)项是进口货物运抵我境内输入地点起卸后发生的运输及其相关费用、保险费。这源于我国是以CIF价格为完税价格计算基础,若发票或合同价格中包括这部分费用,当然也应该扣除。第(3)项是进口关税、进口环节海关代征税及其他境内税。基于同样道理,若不扣除就会造成重复征税。第(4)项是境内外技术培训及境外考察费用。第(5)项是为在境内复制进口货物而支付的费用。值得注意的是,这五项扣除必须是和进口货物的实付或应付价格相区分,也就是说,这些费用应当在发票或合同中单独列明,没有单独列明的不予扣除。

同时符合下列条件的利息费用不计入完税价格:①利息费用是买方为购买进口货物而融资所产生的;②有书面的融资协议的;③利息费用单独列明的;④纳税义务人可以证明有关利率不高于在融资当时当地此类交易通常应当具有的利率水平,且没有融资安排的相同或者类似进口货物的价格与进口货物的实付、应付价格非常接近的。

以上就是以成交价格为基础确定完税价格的方法。

## 二、除成交价格估价方法以外的其他估价方法

当进口货物的完税价格不能按照成交价格来确定时,根据《审价办法》的规定,海关应当遵循客观、公平、统一的估价原则,依次使用相同货物成交价格方法、类似货物成交价格方法、倒扣价格方法、计算价格方法以及合理方法来估定完税价格。这5种估价方法必须是依次使用的,即只有在前一种估价方法不能适用时,才能顺延使用其他估价方法,除非在进口货物的收货人提出要求并提供相关资料的前提下,经海关同意,可以颠倒一下倒扣法和计算法的适用次序。

### (一)相同货物成交价格法与类似货物成交价格法

《审价办法》第18条和第19条分别给出了相同货物成交价格估价方法和类似货物成交价格估价方法的含义。即用被估货物的相同或类似货物的成交价格作为被估货物完税价格的价格依据。其中,“相同货物”指的是与进口货物在同一国家或地区生产的,在物理性质、质量和信誉等各方面都相同的货物,但表面的微小差异允许存在。比如,一辆金黄色的本田雅阁2.0轿车和一辆白色的本田雅阁2.0轿车,均为日产轿车,在物理性质、质量和信誉方面完全相同,只是颜色上有差异,因此它们是相同货物。“类似货物”是指与进口货物在同一国家或地区内生产的,虽然不是在所有方面都相同,但却具有相似的特征、相似的组成材料、相同的功能,并且在商业中可以互换的货物,例如海信和海尔两家公司生产的具有同种功能的电视机或电冰箱等家电,它们具有相似的特征和组成材料,应属于类似货物。

海关在使用相同或类似货物成交价格方法时,应当具备以下几个要素:一个是该相同或类似货物应与被估的进口货物同时或大约同时进口,此处的“大约同时”指海关接受货物申报之日前后45天内;其次必须是相同商业水平且基本一致的进口数量,若不具有该条件,也可以使用不同商业水平或不同进口数量的相同或类似货物,但应当以客观量化的数据资料对因商业水平、进口数量、运输距离和运输方式不同而在价格、成本和其他费用

方面产生的差异做出调整；再者，应当首先使用同一生产商生产的相同或类似货物的成交价格，只有在没有同一生产商生产的相同或类似货物的成交价格的情况下，才可以使用同一生产国或地区生产的相同或类似货物的成交价格；最后，当存在多个相同或类似货物的成交价格时，应当以最低者为基础来估定完税价格。

### （二）倒扣价格法

《审价办法》第22条指出，倒扣价格估价方法是指海关以进口货物、相同或者类似进口货物在境内的销售价格为基础，扣除境内发生的有关费用后，审查确定进口货物完税价格的估价方法。该销售价格应当同时符合下列条件：海关在使用倒扣价格方法时，应当以被估的进口货物、相同或类似进口货物在境内销售的价格为基础估定完税价格，按该价格销售的货物应当同时符合5项条件：①在该货物进口的同时或者大约同时，该货物、相同或者类似进口货物在境内销售的价格；②按照进口时的状态销售；③在境内第一环节销售；④向境内无特殊关系方的销售；⑤合计的货物销售总量最大。

第23条规定按照倒扣价格方法估定进口货物的完税价格时，下列各项应当扣除：一是同等级或者同种类货物在境内第一销售环节销售时，通常的利润和一般费用（包括直接费用和间接费用）以及通常支付的佣金；二是货物运抵境内输入地点起卸后的运输及其相关费用、保险费；三是进口关税、进口环节税和其他与进口或销售上述货物有关的国内税。

按照倒扣价格方法的规定估定进口货物的完税价格时，如果进口货物、相同或者类似货物没有在海关接受进口货物申报之日前后45天内在境内销售，可以将在境内销售的时间延长至接受货物申报之日前后90天内。

如果该货物、相同或者类似货物没有按照进口时的状态在境内销售，应纳税义务人要求，可以在符合规定的其他条件下，使用经进一步加工后的货物的销售价格审查确定完税价格，但是应当同时扣除加工增值额。“加工增值额”应当依据与加工成本有关的客观量化数据资料、该行业公认的标准、计算方法及其他的行业惯例计算。“利润和一般费用”应当根据进口货物的收货人提供的资料来确定。如果进口货物的收货人的利润和一般费用与在境内销售的同等级或同种类货物的利润和一般费用不一致的，应当根据在境内销售的同等级或同种类货物的利润和一般费用来确定。此外，确定扣除的项目时，应当使用与国内公认的会计原则相一致的原则和方法。

根据以上规定，我们可以得出使用该方法计算关税完税价格的公式。根据境内市场上出售的进口货物的相同或类似货物在进口时是否需要缴纳进口环节增值税、消费税，分为以下两种情况。

(1)不需要缴纳进口环节增值税、消费税的计算公式：完税价格＝国内市场批发价格/(1＋进口关税税率＋进口费用利润比例)。

(2)需要缴纳进口环节增值税、消费税的计算公式：完税价格＝国内市场批发价格/[1＋进口关税税率＋(1＋进口关税税率)×(增值税税率＋消费税税率)/(1－消费税税率)＋进口费用利润比例]简化后为：完税价格＝国内市场批发价格/{(1＋进口关税税率)[(1＋增值税税率＋消费税税率)/(1－消费税税率)]＋进口费用利润比例}。

### （三）计算价格法

《审价办法》第24条指出，计算价格估价方法是指海关以下列各项的总和为基础，审查确定进口货物完税价格的估价方法：生产该货物所使用的料件成本和加工费用；向境内销售同等级或者同种类货物通常的利润和一般费用（包括直接费用和间接费用）；货物运抵境内输入地点起卸前的运输及相关费用、保险费。按照计算价格法确定进口货物的完税价格时，海关在征得境外生产商同意并提前通知有关国家或地区政府后，可以在境外核实该企业提供的有关资料，并且应当使用与生产地公认的会计原则相一致的原则和方法。

### （四）合理计算法

合理方法是指《审价办法》中规定的最后一种估价方法，它并非特指一个具体的方法，而是规定了使用合理方法的范围和原则。《审价办法》第25条指出，合理方法是指当海关不能根据前述的5种方法确定完税价格时，海关根据该办法第2条规定的客观、公平、统一的原则，以客观量化的数据资料为基础审查确定进口货物完税价格的估价方法。而且海关在采用合理方法确定进口货物的完税价格时，不得使用以下6种价格：第1种是境内生产的货物在境内的销售价格；第2种是可供选择的价格中较高的价格；第3种是货物在出口地市场的销售价格；第4种是以《审价办法》第24条规定之外的价值或者费用计算的相同或者类似货物的价格，也就是只能按第24条列明的3个项目的总和来计算；第5种是出口到第三国或者地区的货物的销售价格；第6种是最低限价或者武断、虚构的价格。这6种价格与《审价办法》和估价协定的基本原则都是相违背的，因此在实际估价工作中应被禁止。

## 第三节　原产地规则及进口货物适用税率

在国际（地区间）贸易中，原产地这个概念是指货物生产的地点，也可以理解为货物的“国籍”。认定货物的原产地主要是为了执行国（地区）别之间差别税率和不同贸易措施的需要。一方面，目前包括我国在内的各国（地区）海关税则大多按进口商品原产国（地区）别的不同而适用不同的税率，因而货物的原产地便与海关估价、商品归类一起构成海关征税的三个基本要件；另一方面，货物原产地作为诸如配额、反倾销、禁止和限制一类货物的管制措施或经济监管制度的适用条件，在贸易政策的执行中具有重要意义。

WTO《原产地规则协议》将原产地规则定义为：一国（地区）为确定货物的原产地而实施的普遍适用的法律、法规和行政决定。显然，原产地规则是执行差别关税和贸易政策措施的产物，是贯彻贸易政策措施的法律工具。从适用目的来看，原产地规则分为两大类：一类为非优惠性原产地规则，是一国（地区）根据实施其海关税则和其他贸易措施的需要，由本国立法自主制定的，因此也称为自主原产地规则，适用于非优惠性贸易政策措施的原产地规则，其实施必须遵守最惠国成员待遇原则。另一类优惠性原产地规则是为了实施国(地区)别优惠政策而制定的，优惠范围以原产地受惠国成员的进口产品为限。它是出于某些优惠措施规定的需要，根据受惠国成员的情况和限定的优惠范围制定的一些特殊原产地认定标准，这些标准是通过双边或多边协定形式制定的，因此也称为协定原产地规则。普惠制下各给惠国成员制定的确定进口是否享受优惠关税待遇的原产地规则，适用于区域贸易安排的原产地规则以及与 CEPA(《关于建立更紧密经贸关系的安排》，Closer Economic Partnership arrangement)有关的原产地规则等都属于优惠性原产地规则。

## 一、非优惠性原产地规则——《中华人民共和国进出口货物原产地条例》

目前，WTO 原产地规则国际(地区间)协调制定工作的技术部分早已于 1999 年 2 月完成，但出于种种原因，至今仍未生效。2004 年 9 月 3 日，国务院颁布了《中华人民共和国进出口货物原产地条例》(以下简称《原产地条例》)，自 2005 年 1 月 1 日起施行。该条例以 WTO 原产地技术委员会制定的“协调非优惠原产地规则”文本为蓝本，是我国加入 WTO 后第一部非优惠性的原产地规则行政法规，适用于实施最惠国(地区)待遇、反倾销和反补贴、保障措施、原产地标记管理、国(地区)别数量限制、关税配额等非优惠性贸易措施以及进行政府采购、贸易统计等活动对进出口货物原产地的确定。新的原产地条例实施后，1992 年 3 月 8 日国务院发布的《中华人民共和国出口货物原产地规则》、1986 年 12 月 6 日海关总署发布的《中华人民共和国海关关于进口货物原产地的暂行规定》同时废止。

### (一)原产地标准

在原产地规则中，原产地标准是原产地规则的核心。所谓原产地标准是指一国(或地区)用来衡量某种产品为本国(地区)生产或制造的标准或尺度，是签发原产地证明的依据。凡符合原产地标准的产品即视为本国(地区)的产品。

由于科技的高速发展，国际(地区间)分工日益复杂，特别是在生产国际化(区域化)加速发展过程中，一种产品的完成可能涉及几个国家(或地区)的多道加工程序，但产品的原产地只能是一个国家(或地区)。只有客观地确定为各国普遍接受的原产地标准，才能够有效地建立和实施原产地规则，并在此基础上统一各国(或地区)有关贸易政策和法律，促进国际(地区间)贸易的发展。可是由于贸易利益相关，各国(地区)在经济利益、贸易政策及国情(地区)上的差异，各国(地区)的原产地标准相距甚远，以至于国际(地区间)关于原产地问题至今并没有一个具体、统一的标准。但是，在长期的国际(地区间)贸易实践中，还是形成了一些原产地标准的基本分类方法，这也是统一和制定 WTO《原产地规则协议》的重要基础。

目前，各国(地区)将货物原产地标准分为完全获得标准(wholly obtained product)和实质性改变标准(substantial transformation)两类。已完成技术工作尚未生效的 WTO《协调非优惠原产地规则》也采用了这样的分类方法。

1.完全获得标准

“完全获得标准”是指对于完全在一个国家（地区）获得的货物，以该国（地区）为原产地。这里的“获得”，是指捕捉、捕捞、搜集、收获、采掘、加工或者生产等。对于“完全在一个国家（地区）获得的货物”，《原产地条例》第4条中列举了12种情形：①在该国（地区）出生并饲养的活的动物。②在该国（地区）野外捕捉、捕捞、搜集的动物。③从该国（地区）的活的动物获得的未经加工的物品。④在该国（地区）收获的植物和植物产品。⑤在该国（地区）采掘的矿物。⑥在该国（地区）获得的除上述1～5项范围之外的其他天然生成的物品。⑦在该国（地区）生产过程中产生的只能弃置或者回收用做材料的废碎料。⑧在该国（地区）收集的不能修复或者修理的物品，或者从该物品中回收的零件或者材料。⑨由合法悬挂该国（地区）旗帜的船舶从其领海以外海域获得的海洋捕捞物和其他物品。⑩在合法悬挂该国（地区）旗帜的加工船上加工第9项所列物品获得的产品。例如，一艘中国远洋渔业公司的捕捞船根据有关政府间的捕捞协议，在也门所属经济专属区海域捕捞墨鱼，在停靠该国亚丁港时在船上将墨鱼加工成鱼片，并通过冷藏集装箱从该港发运回我国。根据整件标准的第9项、第10项，这批墨鱼片的原产地应当是中国。是从该国领海以外享有专有开采权的海床或者海床底土获得的物品。是在该国（地区）完全从上述第1项至第12项所列物品中生产的产品。由于完全获得标准不涉及其他国家（或地区）的产品成分，技术上容易判断和掌握，不存在争议，因此该标准为各国（地区）所接受，已经成为国际（地区间）上通行的做法。

2.实质性改变标准

实质性改变标准是指使用进口的原材料在出口国（地区）内制造、加工的货物，并由于在该出口国（地区）的制造和加工程序，改变了它们原有的特征并达到了实质性的改变。经过多种加工、制造程序，利用进口原材料生产的制成品在性质、特征或用途上已经产生了不同于进口原材料的永久性和实质性变化。如形成了一个新的和完全不同于原材料的产品，并有了一个完全不同的名称、特征或用途。具有这一实质性改变的产品，即可确定为该出口国（地区）制造的产品，换言之，该出口国（地区）可视为该成品的原产地。实践证明，实质性改变标准在运用中不够明确，在解释该标准时各方容易出现分歧。因此，在实践中，还必须辅以更为具体的标准。目前世界上许多国家（地区）通常采用三个不同标准将实质性改变标准具体化，从而使此标准的解释趋于一致，便于实际利用。

（1）税则归类改变

是指在某一国家（地区）对非该国（地区）原产材料进行制造、加工后，所得货物在《中华人民共和国进出口税则》中某一级的税目归类发生了变化。这是确定原产地使用最广泛的标准。根据这一标准，如果某种进口原材料经过制造或加工，在特定的附有清单的商品目录上改变了税目（如进口棉花织成布），即在《中华人民共和国海关进出口税则》中前4位数品目一级的税则归类已经有了改变，则可视为经过“实质性改变”。

（2）从价百分比

也称百分比标准或从价比例，是指在某一国家（地区）对非该国（地区）原产材料进行制造、加工后的增值部分，超过所得货物价值一定的百分比，如加工增值部分所占新产品总值的比例已超过30%及以上。即按照产品的进口成分和国内成分所占的百分比来确定“原产”资格。

(3)制造或者加工工序

是指在某一国家(地区)进行的制造、加工后可得货物基本特征的主要工序。如彩电，欧盟的原产地标准为显像管原产地，而我国为“插件、焊接和装配”工序。

世界贸易组织的《协调非优惠原产地规则》以“完全获得”和“实质性改变”为原产地规则的基本标准，并规定“实质性改变”的判定标准应尽可能以国际通用的《商品名称及编码协调制度》目录中归类改变为基础，必要时采用“从价百分比”标准时，必须列明计算这一百分率的方法;采用制造或加工工序标准时，必须准确地列明能授予有关产品原产地资格的制造或加工工序。

《原产地条例》第 6 条规定:实质性改变的确定标准，以税则归类改变为基本标准;税则归类改变不能反映实质性改变的，以从价百分比、制造或者加工工序等为补充标准。在世界贸易组织《协调非优惠原产地规则》实施前，确定进出口货物原产地实质性改变的具体标准，由海关总署会同商务部、国家质量监督检验检疫总局根据实际情况另行制定。

3.设备、包装及备件等原产地的确定

《原产地条例》还对在生产过程中使用的机器，设备，货物的包装、附件及备件等的原产地作了相应的规定。

《原产地条例》第 7 条规定:货物生产过程中使用的能源、厂房、设备、机器和工具的原产地，以及未构成货物物质成分或者组成部件的材料的原产地，不影响该货物原产地的确定。

《原产地条例》第 8 条规定:随所装货物进出口的包装、包装材料和容器，在《中华人民共和国进出口税则》中与该货物一并归类的，该包装、包装材料和容器的原产地不影响所装货物原产地的确定;对该包装、包装材料和容器的原产地不再单独确定，所装货物的原产地即为该包装、包装材料和容器的原产地。随所装货物进出口的包装、包装材料和容器，在《中华人民共和国进出口税则》中与该货物不一并归类的，依照本条例的规定确定该包装、包装材料和容器的原产地。

《原产地条例》第 9 条规定:按正常配备的种类和数量随货物进出口的附件、备件、工具和介绍说明性资料，在《中华人民共和国进出口税则》中与该货物一并归类的，该附件、备件、工具和介绍说明性资料的原产地不影响该货物原产地的确定，对该附件、备件、工具和介绍说明性资料的原产地不再单独确定，该货物的原产地即为该附件、备件、工具和介绍说明性资料的原产地。随货物进出口的附件、备件、工具和介绍说明性资料在《中华人民共和国进出口税则》中虽与该货物一并归类，但超出正常配备的种类和数量的，以及在《中华人民共和国进出口税则》中与该货物不一并归类的，依照本条例的规定确定该附件、备件、工具和介绍说明性资料的原产地。

《原产地条例》第 10 条规定:对货物进行的任何加工或者处理，是为了规避中华人民共和国关于反倾销、反补贴和保障措施等有关规定的，海关在确定该货物的原产地时可以不考虑这类加工和处理。

### (二)进口货物原产地的确定

《原产地条例》在第11～16条对如何确定进口货物的原产地作了如下规定。

进口货物的收货人按照《中华人民共和国海关法》及有关规定办理进口货物的海关申报手续时,应当依照本条例规定的原产地确定标准如实申报进口货物的原产地;同一批货物的原产地不同的,应当分别申报原产地。

进口货物进口前,进口货物的收货人或者与进口货物直接相关的其他当事人,在有正当理由的情况下,可以书面申请海关对将要进口的货物的原产地做出预确定决定;申请人应当按照规定向海关提供做出原产地预确定决定所需的资料。海关应当在收到原产地预确定书面申请及全部必要资料之日起150天内,依照本条例的规定对该进口货物做出原产地预确定决定,并对外公布。

海关接受申报后,应当按照本条例的规定审核确定进口货物的原产地。已做出原产地预确定决定的货物,自预确定决定做出之日起3年内实际进口时,经海关审核其实际进口的货物与预确定决定所述货物相符,且本条例规定的原产地确定标准未发生变化的,海关不再重新确定该进口货物的原产地;经海关审核其实际进口的货物与预确定决定所述货物不相符的,海关应当按照本条例的规定重新审核确定该进口货物的原产地。

海关在审核确定进口货物原产地时,可以要求进口货物的收货人提交该进口货物的原产地证书,并予以审验;必要时,可以请求该货物出口国(地区)的有关机构对该货物的原产地进行核查。

根据对外贸易经营者提出的书面申请,海关可以依照《中华人民共和国海关法》第43条的规定,对将要进口的货物的原产地预先做出确定原产地的行政裁定,并对外公布。进口相同的货物,应当适用相同的行政裁定。

国家(地区)对原产地标记实施管理。货物或者其包装上标有原产地标记的,其原产地标记所标明的原产地应当与依照本条例所确定的原产地相一致。

## 二、优惠性的原产地规则简介

### (一)我国签署的贸易或关税优惠协定简介

我国在加入世界贸易组织后,也与一些国家和地区积极进行双边和多边自由贸易谈判,达成了一些自由贸易协定。这些自由贸易协定包括以下内容。

1.《亚太贸易协定》

由《亚洲及太平洋经济和社会委员会发展中成员国关于贸易谈判的第一协定》(简称《曼谷协定》)更名而来,自2006年9月1日起正式实施。该协定成员包括中国、韩国、印度、斯里兰卡、孟加拉国和老挝。

2.《中国—东盟自由贸易区协定》

即《中华人民共和国与东南亚国家联盟全面经济合作框架协议》,其成员包括文莱、印度尼西亚、马来西亚、新加坡、泰国、菲律宾、越南、缅甸、老挝和柬埔寨。

3.《中智自贸协定》

即《中华人民共和国与智利共和国政府自由贸易协定》,于 2006 年 10 月 1 日起正式实施。中国从智利进口及中国出口到智利的《中智自贸协定》项下货物,互相享受优惠关税。

4.《中巴自由贸易早期收获协议》

即《中华人民共和国政府与巴基斯坦伊斯兰共和国政府关于自由贸易协定早期收获计划的协议》,于 2005 年 12 月 9 日正式签署,2006 年 1 月 1 日起生效;原《中华人民共和国与巴基斯坦伊斯兰共和国优惠贸易安排》同时废止。

5. CEPA

即《内地与香港关于建立更紧密经贸关系的安排》和《内地与澳门关于建立更紧密经贸关系的安排》的简称。这两个安排于 2004 年 1 月 1 日起生效。其主要内容是内地对原产于香港和澳门的产品,以及香港和澳门对原产于内地的产品互相给予零关税的安排。

### (二)优惠性原产地规则

为实施《中华人民共和国海关进出口税则》及上述贸易或关税优惠协定项下进口货物的优惠税率和特惠税率,正确确定其项下进口货物的原产地,我国海关就上述协定分别制定了相应的原产地规则,它们均属于优惠性原产地规则。这些优惠性原产地规则均使用"完全获得标准"和"非完全获得标准"(实质性改变)两大类标准。以《亚太贸易协定》原产地规则为例,"完全获得"是指以下情况。

(1)在该国的领土、领水或者海床中开采或者提取的原材料或者矿产品。

(2)在该国收获的农产品。

(3)在该国出生并饲养的动物。

(4)在该国从上述第 3 项所指的动物获得的产品。

(5)在该国狩猎或者捕捞所获得的产品。

(6)由该国船只在公海捕捞获得的渔产品和其他海产品。

(7)在该国的加工船上仅由上述第 6 项的产品加工和(或)制造所得的产品。

(8)在该国从既不具有原用途,也不能再使用的旧物品中回收的零件或者原材料。

(9)在该国收集的既不能用于原用途,也不能修复或修理,仅适用于弃置或者回收零件或者原材料的旧物品。

(10)在该国生产制造过程中产生的废碎料。

(11)在该国仅由上述第 1～10 项所列产品加工获得的产品。

其他协定相关原产地规则虽与上述规定不尽相同,但内容基本相似。

### (三)非完全获得标准

非完全在某一受惠国(地区)获得或生产的货物,指在生产过程中所使用的非成员国(地区)原产的或者不明原产地的材料、零件或产物(以下简称材料)的总价值不超过该货物船上交货价格(FOB)的一定的百分比,且最后生产工序在该出口成员境内完成,则进行最后产品加工制造的受惠国(地区)即为该进口货物的原产国(地区)。

$$\frac{\text{进口非原产地材料价值}+\text{不明原产地材料价值}}{\text{船上交货价格(FOB)}}\times 100\%\leqslant x\%。$$

式中，$x$ 表示具体百分比，不同协定下的原产地规则百分比的具体数值规定如下：《亚太贸易协定》为 55%；《中国—东盟自由贸易区协定》《中智自贸协定》《中巴自由贸易早期收获协议》均为 60%。

享受上述贸易或关税优惠税率的进口货物应由受惠国地区直接运输进入我关境。“直接运输”是指下列两种情况：①货物运输未经任何非成员境内。②货物运输经过一个或多个非成员，无论是否在这些国家转换运输工具或作临时储存，如果可以证明过境运输是由于地理原因或仅出于运输需要的考虑；产品未在这些国家(地区)进入贸易或消费领域；除装卸或其他为了保持产品良好状态的处理外，产品在这些国家(地区)未经其他任何加工。

此外，享受关税减让优惠的货物应当提交出口国(地区)政府指定机构签发的原产地证明书。

## 三、进口货物适用的关税税率的确定

为与 2001 年 1 月 1 日开始实施的新的《中华人民共和国海关法》相适应，并反映出我国加入 WTO 后在关税征管中出现的新情况，海关总署对《中华人民共和国进出口关税条例》进行了重新修订。根据 2004 年 1 月 1 日起实施的《中华人民共和国进出口关税条例》的规定，进口关税设置最惠国(地区)税率、协定税率、特惠税率、普通税率、关税配额税率等税率，对进口货物在一定期限内可以实行暂定税率。

最惠国(地区)税率适用于原产于共同适用最惠国(地区)待遇条款的成员国(地区)的进口货物，原产于与中华人民共和国签订含有相互给予最惠国(地区)待遇条款的双边贸易协定的国家或者地区的进口货物，以及原产于中华人民共和国境内的进口货物。

协定税率适用于原产于与中华人民共和国签订含有关税优惠条款的区域性贸易协定的国家或者地区的进口货物，如《亚太贸易协定》、《中国—东盟自由贸易区协定》、《中智自贸协定》、《中巴自由贸易早期收获协议》、CEPA 的成员国。以 CEPA 为例，根据 CEPA 及其补充协议，我国制定了《享受货物贸易优惠措施的香港货物原产地标准表》(简称《香港标准表》)和《享受货物贸易优惠措施的澳门货物原产地标准表》(简称《澳门标准表》)，而且自安排实施后每年都有所调整。

《亚太贸易协定》原产地证书如表 8-2 所示。

**表 8-2 《亚太贸易协定》原产地证书(申报和证书合一)**

<table>
<tr><td colspan="3">1.货物运自(出口人名称、地址、国家/地区)：</td><td colspan="3">编号：<br>…………………………签发<br>(国家/地区)</td></tr>
<tr><td colspan="3">2.货物运至(收货人名称、地址、国家/地区)：</td><td colspan="3">3.官方使用</td></tr>
<tr><td colspan="3">4.运输工具及路线</td><td colspan="3"></td></tr>
<tr><td>5.税则号列</td><td>6.包装唛头及编号</td><td>7.包装件数及种类;货物名称</td><td>8.原产地标准(见背页说明)</td><td>9.毛重或者其他数量</td><td>10.发票编号及日期</td></tr>
<tr><td colspan="3">11.出口人声明<br>下列签字人证明上述资料及申明正确无讹,所有货物产自<br>………………………………<br>(国家/地区)<br>且符合《亚太贸易协定》原产地规则的相关规定,该货物出口至<br>………………………………<br>(进口国/地区)<br>……………………………<br>申报地点、日期及授权签字人的签字</td><td colspan="3">12.证明<br>根据所实施的监管,兹证明上述出口商的申报正确<br>………………………………………<br>地点和日期,签字和签证机构印章</td></tr>
</table>

注:该证书中文文本仅供参考

特惠税率适用原产于与中华人民共和国签订含有特殊关税优惠条款的贸易协定的国家或者地区的进口货物。修改后的《中华人民共和国海关最不发达国家特别优惠关税待遇进口货物原产地管理办法》自 2013 年 7 月 1 日起施行。我国目前对原产于安哥拉、贝宁、布隆迪、佛得角、中非、科摩罗、刚果(金)、吉布提、厄立特里亚、埃塞俄比亚、几内亚、几内亚比绍、莱索托、利比里亚、马达加斯加、马里、毛里塔尼亚、莫桑比克、尼日尔、卢旺达、塞内加尔、塞拉里昂、苏丹、坦桑尼亚、多哥、乌干达、赞比亚和赤道几内亚等 28 个非洲最不发达国家(地区)的部分商品实施特惠税率;对原产于也门、马尔代夫、萨摩亚、瓦努阿图、阿富汗等 5 个最不发达国家(地区)的部分商品也实施特惠税率。除《与我国建交的最不发达国家产品特定原产地规则》另有规定外,在受惠国(地区)境内,部分或者完全使用非受惠国(地区)原产材料生产的货物,其增值部分不低于所得货物船上交货价格(FOB)

40%的，应当视为原产于该受惠国(地区)的货物。该原产地不明材料由货物生产商在受惠国(地区)境内获得时，从供应商仓库运抵生产商所在地的运费、保费、包装费及任何其他费用均不计入非原产材料价格。

普通税率适用于原产于上述国家或地区以外的国家或地区的进口货物，以及原产地不明的国家或地区的进口货物。

暂定税率是对特定进出口货物实施的，实施暂定税率的货物，税率和期限由国务院关税税则委员会决定，海关总署公布施行。暂定税率的商品可分为两类：一类无技术规格，海关只需审核品名和税号无误后，即可执行；另一类附有技术规格，海关除审核品名和税号外，还需对其技术规格进行专业认定。如经国务院批准，海关总署自2006年11月1日起调整了部分商品的进口暂定税率。对计算机直接制版机器、纺织机械零部件、具有变流功能的半导体模块等7项设备或零部件实施0～3%的进口暂定税率；对煤炭、成品油、氧化铝等26项资源类产品实施0～3%的进口暂定税率；对肥料用硝酸钾、重过磷酸钙等16项化肥类产品实施1%的进口暂定税率，对尿素等3项化肥类产品的关税配额内税率暂定为1%；对蓝湿牛皮、蓝湿马皮等6项蓝湿皮革类产品实施5%～12%的进口暂定税率。以上四类商品共58个税目，其中6个税目只涉及该税目中的部分商品。2007年国家对300多种商品实行进口暂定税率，主要包括煤炭、石料等资源和能源产品，光导纤维涂料，银电极浆料等重要原材料和关键零部件及设备。

新的《进出口关税条例》对上述关税税率的适用作了以下规定：适用最惠国(地区)税率的进口货物有暂定税率的，应当适用暂定税率；适用协定税率、特惠税率的进口货物有暂定税率的，应当从低适用税率；适用普通税率的进口货物，不适用暂定税率。

关税配额制度是国际(地区间)通行的惯例，这是一种在一定数量内进口实行低关税、超过规定数量实行高关税的办法。我国于2007年对小麦等八大类共45个税目的商品实施关税配额管理。按照国家规定实行关税配额管理的进口货物，关税配额内的，适用关税配额税率；关税配额外的，其税率的适用按照《进出口关税条例》的上述规定执行。

特别关税包括反倾销税、反补贴税、保障性关税和报复性关税。按照有关法律、行政法规的规定对进口货物采取反倾销、反补贴、保障措施的，其税率的适用按照《中华人民共和国反倾销条例》《中华人民共和国反补贴条例》和《中华人民共和国保障措施条例》的有关规定执行。

任何国家或者地区违反与中华人民共和国签订或者共同参加的贸易协定及相关协定，对中华人民共和国在贸易方面采取禁止、限制、加征关税或者其他影响正常贸易的措施的，对原产于该国家或者地区的进口货物可以征收报复性关税，适用报复性关税税率。征收报复性关税的货物、适用国(地区)别、税率、期限和征收办法，由国务院关税税则委员会决定并公布。

信息技术产品(Information Technology Associates)税率，简称ITA税率。在WTO成立以后，在以美国为首的WTO成员之间又达成了一项旨在使发展中国家的关税水平进一步降低的《信息技术协议》(ITA)。它的主要内容是将占全世界电子信息技术产品份额80%以上的该类产品关税在2000年以前降为零。《信息技术协议》不是一揽子协议，世贸组织各成员方自愿选择加入。据世贸组织统计，有关产品全球贸易额超过1.3万亿美元，约占全球货物贸易总额的10%。中国是全球信息技术产品第一大生产国（地区）和出口国（地区），第二大进口国（地区），是信息技术产品全球价值链的重要参与方。我国于2003年4月加入该协议，因此也必须承担对信息技术产品进口关税的减让义务。2016年9月3日十二届全国人民代表大会常委会第二十二次会议决定批准《中华人民共和国加入世界贸易组织关税减让表修正案》。自2016年9月15日起，中方已对《中华人民共和国加入世界贸易组织关税减让表修正案》附表所列的201项信息技术产品的最惠国（地区）税率实施了首次降税。这些产品对应我国税则中480多个税号，包括新一代多元件集成电路、触摸屏等，其中大多数产品的进口关税将在未来3年或5年降为零，少量产品的关税将在未来7年降为零。同时，为进一步简化通关流程，进口货物的收货人无须再提交《进口部分适用ITA税率的商品用途申报表》，海关不再出具《进口部分适用ITA税率的商品用途认定证明》。

# 第四节　出口关税征收

出口关税即海关对出口货物和物品征收的关税，主要目的是限制、调控某些商品的出口，特别是防止境内重要的自然资源外流。出口时需征关税的货物主要有以下几类：盈利比较好且比较稳定的大宗出口商品；在国际（地区间）市场上我国出口已占有相当比重的商品；国际（地区间）市场容量有限，盲目出口容易在境外形成削价竞销的商品；境内紧俏、需要大量进口的商品；国家控制出口的其他商品。

## 一、征收出口关税的商品

根据《2016年关税实施方案》的规定，2016年征收出口关税的产品共363项，钕铁硼合金速凝永磁片是以钕等稀土金属、纯铁、硼铁等初级产品为原料，经真空高温熔融，通过喷口喷射到旋转的低温铜质辊子上，迅速凝结成带状或片状而得到的产品。该产品再经研磨成粉状，加工成型后充磁制成永磁体。主要应用于计算机、通信产品、电子设备等高科技领域。为进一步完善出口稀土管理，对钕铁硼合金速凝永磁片征收20%的出口暂定税率。为加强对鳗鱼苗的出口调控，确保国内养殖需要，取消鳗鱼苗10%的出口暂定税率，恢复征收20%的税则税率。在出口关税等措施的调控下，2011年以来，我国尿素、磷酸铵等主要化肥产品出口量稳中有降，国内化肥货源充足，价格也维持在较低水平，市场运行比较平稳。但与此同时，部分小品种化肥出口出现了较大波动。为避免这些小品种化肥出口继续增长造成国内化肥市场波动，增强调控的针对性，保障国内农业生产用肥，自2008年4月20日至9月30日，对所有贸易形式、地区、企业出口的化肥类产品及部分原料，在现有出口关税税率的基础上，加征特别出口关税，税率为100%。加征特别出口关税后，出口关税的计算公式为：应纳税款＝完税价格×（出口关税税率＋特别出口关税税率）。经国务院批准，自2010年12月1日起至12月31日止，对部分化肥产品出口关税进行调整。对尿素、磷酸氢二铵、磷酸二氢铵及磷酸二氢铵与磷酸氢二铵的混合物(税则号列:31021000、31053000、31054000)按35%的暂定税率征收出口关税,并征收75%的特别出口关税。2015年12月,财政部公布了《2016年关税调整方案》。该方案规定,2016年除磷矿石、磷酸、氨和氨水等化肥上游原料出口税率有所调整外,化肥出口关税依然执行与2015年相同的政策。尿素80元/吨、磷铵100元/吨、钾肥600元/吨,二元复合肥和三元复合肥分别执行5%和30%的出口税率。与此同时,与化肥关联的相关原料出口出现了较大程度的松绑。2015年磷酸、氨和氨水的出口税率依次为300元/吨、180元/吨和60元/吨,2016年一律实行零关税。此外,磷矿石出口税率也由2015年的35%下调到2016年的20%。

海关总署2004年第46号公告明确对未锻轧铝(税号76010000)征收出口关税。第一,对一般贸易、加工贸易、边境小额贸易等监管方式项下出口的未锻轧铝均征收出口关税(监管方式见附件)。第二,加工贸易项下出口的未锻轧铝,不适用总署2003年第23号公告以及相关通知的征税规定。第三,出口未锻轧铝的完税价格应根据《中华人民共和国海关审定进出口货物完税价格办法》第四章的有关规定确定。第四,保税区、出口加工区与境内境外之间进出的未锻轧铝,除本公告规定以外,仍按《保税区海关监管办法》(国函〔1997〕48号)和《中华人民共和国海关对出口加工区监管的暂行办法》(国务院令第389号)的规定办理。

部分出口商品税率如表8-3所示。

**表8-3　部分出口商品税率**

| 序号 | EX[①] | 税则号列 | 商品名称(简称) | 出口税率(%) | 2016年暂定税率(%) |
|---|---|---|---|---|---|
| 228 | | 76061191 | 非合金铝与塑料复合的矩形的其他板、片及带 | 20 | 0 |
| 229 | | 76061199 | 非合金铝制矩形的其他板、片及带 | 20 | 0 |
| 230 | | 76061220 | 厚度小于0.28毫米的铝合金制矩形铝板片带 | 20 | 0 |
| 231 | | 76061230 | 厚度在0.28毫米及以上,但不超过0.35毫米的铝合金制矩形铝板片带 | 20 | 0 |
| 232 | | 76061251 | 厚度在0.35毫米以上,但不超过4毫米的铝合金与塑料复合的矩形铝板片带 | 20 | 0 |
| 233 | | 76061259 | 厚度在0.35毫米以上,但不超过4毫米的其他铝合金制矩形铝板片带 | 20 | 0 |
| 234 | | 76061290 | 厚度在4毫米以上的铝合金制矩形板片带 | 20 | 0 |

续表

| 序号 | EX[①] | 税则号列 | 商品名称(简称) | 出口税率(%) | 2016年暂定税率(%) |
|---|---|---|---|---|---|
| 235 | | 76069100 | 非合金铝制非矩形的板、片及带 | 20 | 0 |
| 236 | | 76069200 | 铝合金制非矩形的板、片及带 | 20 | 0 |
| 237 | | 78011000 | 未锻轧精炼铅 | | 10 |
| 238 | | 78020000 | 铅废碎料 | | 10 |
| 239 | | 79011110 | 按重量计含锌量在99.995%及以上的未锻轧锌 | 20 | 0 |
| 240 | | 79011190 | 按重量计含锌量在99.99%及以上,但不超过99.995% | 20 | 0 |
| 241 | | 79011200 | 含锌量在99.99%以下的未锻轧锌 | 20 | 15 |
| 242 | | 79012000 | 未锻轧锌合金 | 20 | 0 |
| 243 | | 80011000 | 非合金锡 | 0 | 10 |
| 244 | | 80020000 | 锡废碎料 | 0 | 10 |
| 245 | | 81033000 | 锡废碎料 | 0 | 10 |
| 246 | | 81101010 | 未锻轧锑 | 20 | 5 |
| 247 | | 81101020 | 锑粉末 | 20 | 0 |
| 248 | | 81102000 | 锑废碎料 | 20 | 0 |
| 249 | | 81122100 | 未锻轧铬、铬粉末 | 0 | 15 |
| 250 | | 81122200 | 铬废碎料 | 0 | 15 |

注:①“EX”,表示实施暂定税率的商品应在该税号范围内,以具体商品描述为准。

## 二、出口货物完税价格的确定

对于出口货物同样存在完税价格的审定问题。由于世界各国对出口一般都不征税或者很少征税,因此对出口商品的估价方法都比较简单。《审价办法》和《进出口关税条例》对如何确定出口货物完税价格做出了基本一致的规定:出口货物的完税价格由海关以该货物的成交价格为基础审查确定,并应当包括货物运至中华人民共和国境内输出地点装载前的运输及其相关费用、保险费。出口货物的成交价格,是指该货物出口销售时,卖方为出口该货物应当向买方直接收取和间接收取的价款总额。

下列税收、费用不计入出口货物的完税价格:①出口关税;②在货物价款中单独列明的货物运至中华人民共和国境内输出地点装载后的运输及其相关费用、保险费;③在货物价款中单独列明由卖方承担的佣金。由此,可以得到出口货物完税价格的计算公式为:出口货物完税价格＝FOB价格－出口税＝FOB价格/(1＋出口关税税率)出口商向海关申报的出口价格必须是买卖双方的成交价格,否则海关不予承认。

当出口货物的成交价格不能确定时,完税价格由海关依次使用下列方法估定:①同时或大约同时向同一国家或地区出口的相同货物的成交价格;②同时或大约同时向同一国家或地区出口的类似货物的成交价格;③根据境内生产相同或者类似货物的成本、利润和一般费用(包括直接费用和间接费用)、境内发生的运输及其相关费用、保险费计算所得的价格;④按照合理方法估定的价格。

### 三、出口货物原产地的确定

在新的《原产地条例》出台以前,对于出口货物的原产地的确定,一直沿用我国1992年颁布的《中华人民共和国出口货物原产地规则》。该出口原产地规则由当时对外经济贸易部制定,规定了我国部分出口货物原产地的认定标准和出口货物原产地证书的签发管理制度。该规则主要借鉴了香港的有关做法,确定了以加工工序为主,辅以增值百分比的标准(增值25%及以上)作为制定出口原产地规则的基础。2004年9月3日,国务院颁布的《中华人民共和国进出口货物原产地条例》对进口货物原产地和出口货物原产地的确定统一了认识,因此,上一节中关于进口货物原产地的确定原则和标准同样适用于我国出口货物原产地的确定。此外,对可以按照优惠贸易协定在进口国或地区享受优惠税率的产品,我国有关机构则按照给惠国(地区)的原产地规则或给惠方案签发原产地证书。

在出口贸易中,出口货物发货人应要求须出具出口货物原产地证时,可以向国家质量监督检验检疫总局所属的各地出入境检验检疫机构、中国国际贸易促进委员会及其地方分会(以下简称签证机构)申请领取出口货物原产地证书。

出口货物发货人申请领取出口货物原产地证书,应当在签证机构办理注册登记手续,按照规定如实申报出口货物的原产地,并向签证机构提供签发出口货物原产地证书所需的资料。签证机构接受出口货物发货人的申请后,应当按照规定审查确定出口货物的原产地,签发出口货物原产地证书;对不属于原产于中华人民共和国境内的出口货物,应当拒绝签发出口货物原产地证书。

出口货物原产地证书签发管理的具体办法,由国家质量监督检验检疫总局会同国务院其他有关部门、机构另行制定。应出口货物进口国(地区)有关机构的请求,海关、签证机构可以对出口货物的原产地情况进行核查,并及时将核查情况反馈进口国(地区)有关机构。

## 第五节 关税税款的计算和缴纳

通过依法归类、审价、确定原产地、正确运用征税税率以及准确的计算,才能得出正确无误的关税税额。我国自2005年3月1日起施行新的《中华人民共和国海关进出口货物征税管理办法》，同时废止了1986年9月30日发布的《中华人民共和国海关征税管理办法》。根据新的《海关进出口货物征税管理办法》的规定：进出口货物的价格及有关费用以外币计价的，海关按照该货物适用税率之日所适用的计征汇率折合为人民币计算完税价格。完税价格采用四舍五入法计算至分，税款的起征点为人民币50元。

目前，我国对进口关税采用的计征标准有从价关税、从量关税、选择关税、复合关税和滑准关税5种。虽然计征标准、计算公式不同，但基本的计算程序却大体一致：①按照归类规则进行税则归类，将应税货物归入合适的税号；②根据原产地规则确定应税货物所适用的税率；③根据完税价格审定办法及有关规定，确定应税货物的完税价格；④根据汇率使用有关规定，将外币折算成人民币；⑤按照计算公式正确计算应征税款。不过，对于从量关税、选择关税和复合关税来说，还应增加一个步骤，即确定实际进口数量。下面将根据实例具体加以介绍。

## 一、进口关税税款的计算

### （一）从价关税

从价关税是以进口货物的完税价格作为计税依据，以应征税额占货物完税价格的百分比作为税率，货物进口时以此税率和实际完税价格相乘计算应征税额。

计算公式为：

关税税额＝进口货物完税价格×适用的进口关税税率

完税价格＝CIF

＝(FOB价＋运费)/(1－保险费率)

＝CFR价/(1－保险费率)。

例如，国内某公司从德国进口一批轿车，总的FOB汉堡价格为70万美元，实际支付运费25000美元、保费4000美元。该车规格为4个座位，汽缸容量为2L，外汇折算率1美元＝7.825元人民币。要计算进口关税，首先根据轿车规格将其正确归类，再根据其税则号确定原产国日本适用最惠国税率为25%。则：

完税价格＝(700000＋25000＋4000)＝729000美元，折算成人民币为5704425元。

按正常征收的进口关税税额的计算公式，即可得到该批轿车的进口关税税额为人民币1426106.25元。

### （二）从量关税

从量关税以进口货物的数量、体积、重量等计算单位计征关税，它以应税货物的计算单位乘以每单位应纳税金额来得到该货物关税税额。我国目前对冻鸡、啤酒、原油和感光材料等产品实行从量关税。

其计算公式为：进口关税税额＝商品进口数量×从量关税税率例如，青岛某公司进口1000箱啤酒，每箱24听，每听净重335毫升，CIF价格为10000美元，100美元兑换人民币 784 元。关税普通税率为 3.5 元/升。

则进口啤酒数量:335×1000×24÷1000＝8040 升;

关税税额:3.5 元×8040＝28140 元。

（三）选择关税

选择关税是指对一种进口商品同时订有从价税和从量税两种税率,且一般规定选择其税额较高的一种征收;也有个别商品按较低的税额征收。如 2007 年我国对进口天然橡胶(包括烟片胶和标准胶)实行选择税,即在 20％从价税和 2600 元/吨从量税两者中,从低计征关税。

（四）复合关税

复合关税是对某种进口商品混合使用从价税和从量税计征关税的方法。我国目前对录(放)相机和摄像机征收复合关税。其计算公式为如下。

进口关税税额＝从价部分关税＋从量部分关税

＝商品进口数量×从量关税税率＋完税价格×关税税率。

例如,国内某公司从日本购进摄像机 20 台,其中 10 台的成交价格为 CIF5000 美元/台,其余为 CIF10000 美元/台,外币折算率为 1 美元＝7.83 元人民币。首先将摄像机进行商品税则归类,原产国日本适用最惠国税率,然后查出 CIF5000 美元/台的关税税率为单一从价税 35％,CIF10000 美元/台的关税税率为人民币 13280 元,再加 3％的从价税;审定完税价格分别为 50000 美元和 100000 美元,折算成人民币分别为 391500 元和 783000 元。从价进口关税税额＝391500×35％＝137025 元;复合进口关税税额＝10×13280＋783000×3％＝156290 元;合计进口关税税额即为两者相加,可得到该批摄像机的进口关税税额为人民币 293315 元。

我国 2007 年对冻鸡、啤酒等 55 种商品继续实行从量税或复合税。

（五）滑准关税

滑准关税是指税率随着进口商品价格由高至低而由低至高设置计征关税的方法。换言之,就是进口商品的价格越高,其进口关税税率越低,反之,进口商品的价格越低,其进口关税税率越高。目前我国对关税配额外棉花进口配额征收滑准税,此前曾对进口新闻纸征收过滑准税。

## 二、出口关税的计算

出口关税税款的计算与进口基本相同,其计税公式为:出口关税税额＝[FOB 价格/(1＋出口关税税率)]×出口关税税率。例如:国内某企业从青岛出口新加坡的一批铜矿砂,申报出口数量为 86 吨,每吨 FOB 青岛的价格为 1720 美元,外汇折算率为 1 美元＝7.84 元人民币。首先,铜矿砂应归入税号 2603.0000,税率 10％;审定离岸价格为 147920 美元,将外币总价格折算成人民币为 1159692.8 元。代入公式得出口关税税额＝105426.62 元。

## 三、关税的缴纳和减免

### （一）关税的征缴

在确定了关税税额之后，就进入到关税缴纳环节。《中华人民共和国海关法》和《中华人民共和国进出口关税条例》明确了纳税义务人的范畴：进口货物的收货人、出口货物的发货人以及进出境物品的所有人，均是关税的纳税义务人。报关企业接受纳税义务人的委托，以纳税义务人的名义办理报关纳税手续的，委托人为纳税义务人，但因报关企业违反规定而造成海关少征、漏征税款的，报关企业对少征或者漏征的税款、滞纳金与纳税义务人承担纳税的连带责任。报关企业接受纳税义务人的委托，以报关企业的名义办理报关纳税手续的，报关企业与纳税义务人承担纳税的连带责任。除不可抗力外，在保管海关监管货物期间，海关监管货物损毁或者灭失的，对海关监管货物负有保管义务的人应当承担相应的纳税责任。

除另有规定外，海关应当在货物实际进境，并完成海关现场接单审核工作之后及时填发税款缴款书（见图 8－1）。需要通过对货物进行查验确定商品归类、完税价格、原产地的，应当在查验核实之后填发或者更改税款缴款书。纳税义务人收到税款缴款书后应当办理签收手续。海关税款缴款书一式六联，第一联（收据）由银行收款签章后交缴款单位或者纳税义务人；第二联（付款凭证）由缴款单位开户银行作为付出凭证；第三联（收款凭证）由收款国库作为收入凭证；第四联（回执）由国库盖章后退回海关财务部门；第五联（报查）国库收款后，关税专用缴款书退回海关，海关代征税专用缴款书送当地税务机关；第六联（存根）由填发单位存查。

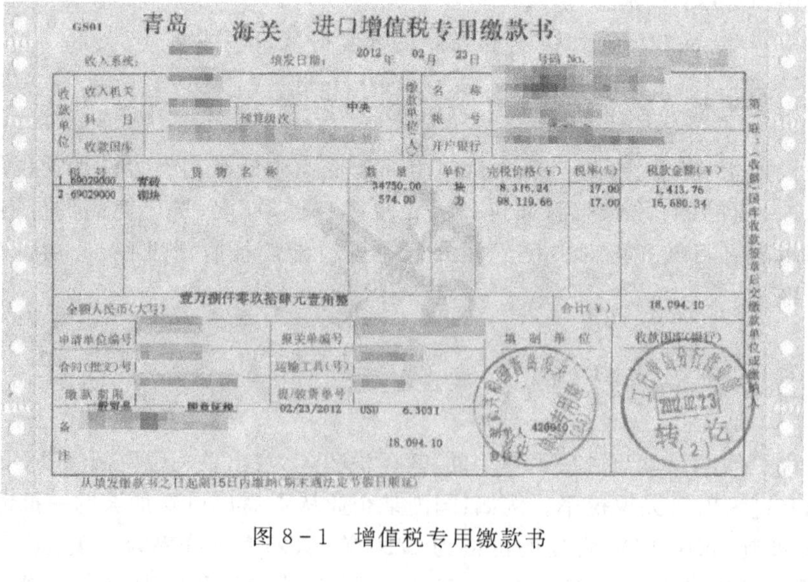
GS01 青岛 海关 进口增值税专用缴款书

填发日期：2012年 02月 23日

| 税号 | 货物名称 | 数量 | 单位 | 完税价格(￥) | 税率(%) | 税款金额(￥) |
|---|---|---|---|---|---|---|
| 1 69029000 | 青砖 | 34750.00 | 块 | 8,316.24 | 17.00 | 1,413.76 |
| 2 69029000 | 砌块 | 574.00 | 方 | 98,119.66 | 17.00 | 16,680.34 |

金额人民币(大写) 壹万捌仟零玖拾肆元壹角整 合计(￥) 18,094.10

02/23/2012 USD 6.3031

18,094.10

从填发缴款书之日起限15日内缴纳（期末遇法定节假日顺延）

图 8－1 增值税专用缴款书

海关每月使用的计征汇率为上一个月第三个星期三(第三个星期三为法定节假日的，顺延采用第四个星期三)中国人民银行公布的外币对人民币的基准汇率；以基准汇率币种以外的外币计价的，采用同一时间中国银行公布的现汇买入价和现汇卖出价的中间值(人民币元后采用四舍五入法保留 4 位小数)。如果上述汇率发生重大波动，海关总署认为必要时，可另行规定计征汇率，并对外公布。“法定节假日”是指《全国年节及纪念日放假办法》第二条规定的“全体公民放假的节日”，具体包括(不含调休日)：①元旦(1 月 1 日)；②春节(农历正月初一、初二、初三)；③清明节(农历清明当日)；④劳动节(5 月 1 日)；⑤端午节(农历端午当日)；⑥中秋节(农历中秋当日)；⑦国庆节(10 月 1 日、2 日、3 日)。

### (二)税收保全

进出口货物的纳税义务人在规定的纳税期限内有明显的转移、藏匿其应税货物以及其他财产迹象的，海关可以责令纳税义务人提供担保；纳税义务人不能提供担保的，海关可以按照《中华人民共和国海关法》第 61 条的规定采取税收保全措施。如：书面通知纳税人开户银行或其他金融机构暂停支付纳税人的金额相当于应纳税款的存款；或扣押、查封纳税人的价值相当于应纳税款的商品、货物或其他财产。

在采取税收保全措施之后，纳税义务人在规定的纳税期限内缴纳税款的，海关必须立即解除税收保全措施。而纳税义务人在规定的纳税期限届满仍未缴纳税款的，经直属海关关长或者其授权的隶属海关关长批准，海关可以书面通知纳税义务人开户银行或者其他金融机构从其暂停支付的存款中扣缴税款，或者依法变卖所扣留的货物或者其他财产，以变卖所得抵缴税款。

对纳税义务人采取税收保全措施应当依法进行，涉及纳税义务人的合法权益也应当依法保护。如果采取税收保全措施有不当的情况，或者纳税义务人在规定期限内已缴纳税款，海关未立即解除税收保全措施，致使纳税义务人的合法权益受到损失的，海关应当依法承担赔偿责任。

### (三)关税的减免

下列进出口货物，免征关税：关税税额在人民币 50 元以下的一票货物；无商业价值的广告品和货样；境外政府、国际(地区间)组织无偿赠送的物资；在海关放行前损失的货物；进出境运输工具装载的途中必需的燃料、物料和饮食用品。在海关放行前遭受损坏的货物，可以根据海关认定的受损程度减征关税。法律规定的其他免征或者减征关税的货物，海关根据规定予以免征或者减征。特定地区、特定企业或者有特定用途的进出口货物减征或者免征关税，以及临时减征或者免征关税，按照国务院的有关规定执行。

进口货物减征或者免征进口环节海关代征税，按照有关法律、行政法规的规定执行。纳税义务人进出口货物的减免税，除另有规定外，应当在进出口该货物之前，按照规定持有关文件向海关办理减免税审批手续。经海关审查符合规定的，予以减征或者免征关税。需由海关监管使用的减免税进口货物，在监管年限内转让或者移作他用需要补税的，海关应当根据该货物的进口时间折旧估价，补征进口关税。特定减免税进口货物的监管年限由海关总署规定。

## 四、关税的补征、追征和退还

这是在关税征收过程中出现的三种情况，在《中华人民共和国海关法》第 62 条、第 63 条中分别做出了规定。

### （一）补征

指在进出口货物、进出境物品放行后，海关发现少征或者漏征税款，应当自缴纳税款或者货物、物品放行之日起 1 年内，向纳税义务人补征。

### （二）追征

指因纳税义务人违反规定而造成的少征或者漏征税款，海关可以在 3 年内进行追征，征回这部分税款。

### （三）多征退还

指海关多征了税款，如果海关发现后则应当立即退还原纳税人；纳税义务人如果知道有多征情况的，则从缴纳税款之日起 1 年内，可以要求海关退还多征的税款。

## 五、关于滞纳金和延期缴纳的规定

### （一）滞纳金和强制扣缴

纳税义务人应当自海关填发税款缴款书之日起 15 日内向指定银行缴纳税款。逾期缴纳税款的，由海关自缴款期限届满之日起至缴清税款之日止，按日加收滞纳税款 0.05％的滞纳金。滞纳金缴款书的格式与税款缴款书相同。缴款期限届满日如遇星期六、星期日等休息日或者法定节假日的，应当顺延至休息日或者法定节假日之后的第一个工作日。国务院临时调整休息日与工作日的，海关应当按照调整后的情况计算缴款期限。

关税、进口环节海关代征税、滞纳金等，应当按人民币计征，采用四舍五入法计算至分。滞纳金的起征点为 50 元。

纳税义务人、担保人自缴纳税款期限届满之日起超过 3 个月仍未缴纳税款的，经直属海关关长或其授权隶属海关关长批准，海关可以《中华人民共和国海关法》第 60 条的规定采取强制扣缴和变价抵缴关税权措施：书面通知其开户银行或其他金融机构从其存款内扣缴税款；将应税货物依法变卖，以变卖所得抵缴税款；扣留并依法变卖其价值相当于应纳税款的货物或其他财产，以变卖所得抵缴税款。

滞纳金和滞报金（见第九章第三节）的期限区别如图 8－2 所示。

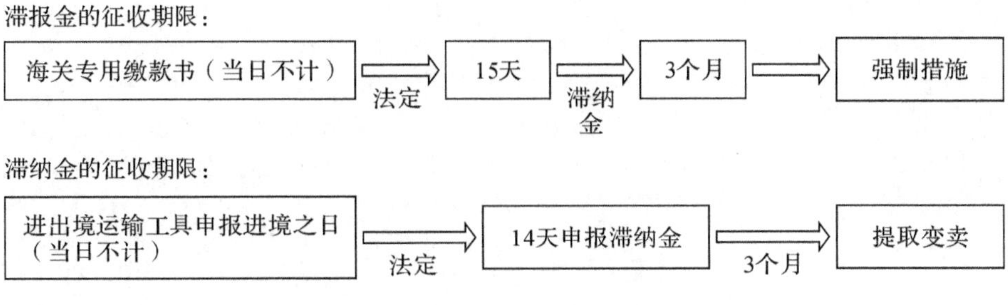


图 8-2　滞纳金和滞报金期限区别

### （二）关于延期缴纳的规定

纳税义务人因不可抗力或者国家税收政策调整不能按期缴纳税款的，应当在货物进出口前向办理进出口申报纳税手续的海关所在的直属海关提出延期缴纳税款的书面申请并随附相关材料，同时应当提供缴税计划。货物实际进出口时，纳税义务人要求海关先放行货物的，应当向海关提供税款担保。

直属海关应当自接到纳税义务人延期缴纳税款的申请之日起 10 日内审核情况是否属实。若情况属实的，应当立即将有关申请材料报送海关总署。海关总署接到申请材料后，应当在 20 日内做出是否同意延期缴纳税款的决定以及延期缴纳税款的期限，并通知报送申请材料的直属海关。因特殊情况在 20 日内不能做出决定的，可以延长 10 日。

延期缴纳税款的期限，自货物放行之日起最长不超过 6 个月。纳税义务人在批准的延期缴纳税款期限内缴纳税款的，不征收滞纳金；逾期缴纳税款的，自延期缴纳税款期限届满之日起至缴清税款之日止按日加收滞纳税款万分之五的滞纳金。

经海关总署审核未批准延期缴纳税款的，直属海关应当自接到海关总署未批准延期缴纳税款的决定之日起 3 个工作日内通知纳税义务人，并填发税款缴款书。纳税义务人应当自海关填发税款缴款书之日起 15 日内向指定银行缴纳税款。逾期缴纳税款的，海关应当自缴纳税款期限届满之日起至缴清税款之日止，按日加收滞纳税款万分之五的滞纳金。

## 六、纳税争议的解决

在关税的征收和缴纳过程中，纳税义务人同海关发生纳税争议时，《中华人民共和国海关法》第 64 条的精神：应当先行缴纳税款，并可以依法申请行政复议。税务当事人对复议决定仍不服的，可以依法向人民法院提起诉讼。这项法律规定中所明确的行政复议，是一种海关行政复议。具体是指纳税义务人对海关的具体行政行为提出复查的申请，要求复议机关对其合法性和适当性进行审查并做出裁决。如果对这个复议决定不服的，纳税义务人有权提起诉讼。有关这方面的法律根据，主要为《中华人民共和国行政诉讼法》《中华人民共和国行政复议法》，以及有关的行政复议的实施办法。在有关关税征收管理的行政复议、行政诉讼中，应坚持的原则是依法征收关税，制止和纠正征收管理中的违法行为、不当行为，维护纳税义务人的合法权益，维护国家的利益。

# 第九章　海关其他税费

## 学习目标

了解海关代征税费的种类、非贸易品的进口关税以及海关监管手续费；重点掌握消费税和增值税的计算和进口货物滞报金的征收。

## 海关案例

海关总署公告2010年第46号(关于成品油进口环节消费税计征问题)自2009年1月1日起，国家调整了成品油的进口环节消费税。海关总署陆续发布了2008年第99号公告、2009年第15号公告，对有关问题进行明确。为方便企业通关，确保政策实施的公平、统一和规范，经研究，现就有关事项再次明确如下。

第一，对于进口“其他柴油及其他燃料油(税号:27101929)”、“润滑脂(税号:27101992)”、“润滑油基础油(税号:27101993)”和“其他重油及重油制品(税号:27101999)”项下的成品油，第二法定计量单位(升)统一按附件中给定公式由第一法定计量单位(千克)换算后向海关申报并计征进口环节消费税。

第二，当纳税义务人进口成品油的重量和体积的换算与给定公式不相同时，应按给定公式将重量换算为体积后向海关申报并缴纳进口环节消费税。

第三，按照商业惯例成品油通常会含有一定数量的水分，申报重量时不应扣除含水量。

第四，本公告内容自7月26日起执行，海关总署公告2009年第15号同时废止。

特此公告。

## 第一节　海关代征税费

为了节省征税人力，简化征税手续，我国海关在对进口货物和物品征收关税的同时，还负责代其他机构征收若干种类的税费。随着国内税收体制的改革，海关代征的税费种类也有相应的变化。目前，根据不同的征税对象，海关代征税费主要有消费税和增值税两种。

## 一、消费税

消费税是对从事生产、委托加工和进口应税消费品的单位和个人，就其销售额或销售数量在特定环节征收的一种税，是对特定消费品和消费行为征收的税。目前，我国主要针对特殊消费品、奢侈品、高能耗消费品、不可再生资源消费品等征收消费税。从理论上讲，消费税只是针对生产制造环节，对进口应税消费品，虽然不在国内生产制造，但是若在我国境内销售或消费，为了平衡进口商品与本国生产同类商品的税收负担，就要计征消费税。

我国目前列入征收消费税的商品范围共11类，有烟、酒及酒精、化妆品、护肤护发品、贵重首饰及珠宝玉石、鞭炮焰火、汽油、柴油、汽车轮胎、摩托车、小汽车。如果进口商品属这11类，在进口时需要征收消费税。

消费税的征收采用两种形式：按比例征税和按定额征税，实际工作中要根据课税对象的具体情况确定。目前消费税税率共18档，其中，比例税率10档，3%～45%不等；定额税率8档，最低每单位0.1元，最高每单位250元。从2006年4月1日起，我国对消费税的税目、税率及相关政策进行了调整，新增了成品油、一次性筷子、实木地板、游艇、高尔夫球及球具、高档手表等6个税目，取消了护肤护发品这个税目，对小汽车、摩托车、酒及酒精、汽车轮胎等税目的税率作了调整。

消费税应纳税额的计算公式为：进口商品应纳消费税额＝应税商品销售额×比例税率＝应税商品销售量×定额税率。

上述消费税计算公式说明，计算应税商品销售额，应当包括进口货物的价格、各种价外费用、缴纳的关税，但不包括该商品进口时收取的增值税。所谓价外费用是指进口方在进口时除货物价款以外，为该货物进口支付的其他实际费用，如返还利润、手续费、储运费、违约金等。有些价外费用已经按照规定计入关税完税价格，但有些情况关税完税价格没有计算的，在征收消费税时，应该计入应税商品销售额中。其计算公式为：应税商品销售额＝(关税完税价格＋关税)÷(1－消费税税率)。例如，境内某公司从香港进口日产皇冠轿车10辆，成交价格共12万美元，实际支付运费5000美元、保费800美元。该车规格为4座位，汽缸容量为2升，外汇折算率为1美元＝8.2元人民币。计算进口关税，根据轿车规格将其归入税号8703.2314，确定原产国日本适用最惠国税率为43.8%。则：

完税价格＝(120000＋5000＋800)＝125800美元，折算成人民币为1031560元。

按正常征收的进口关税税额计算公式，即可得到该批轿车的进口关税税额为人民币451823.28元。根据进口商品消费税的计算公式，该批汽车的应税商品销售额为：

(1031560＋451823.28)÷(1－5%)＝1561456元；

应纳消费税额为：1561456×5%＝78072.8元。

进口货物消费税的纳税人，应当自海关填发关税款缴纳证的次日起7日内缴纳进口货物消费税。业务实践中，通常由进口人或其代理人在向报关地海关缴纳关税的同时由报关地海关代扣代缴进口货物消费税。保税进口货物则不属于征税范围。

## 二、增值税

增值税是以从事销售货物或者提供加工、修理、修配劳务以及从事进口货物的单位和个人取得的增值额为课税对象征收的一种税。增值税是以法定增值额为计税依据征收的一种税。从理论上讲，增值税的扣缴义务人是境外的生产者、销售者。我国税法规定，对报关进口货物以进口货物的收货人或办理报关手续的单位和个人为增值税的纳税人。对代理进口货物的单位，以海关开具的完税凭证上的纳税人（委托方或代理方）为增值税纳税人。

增值额是指企业或个人在生产经营过程中新创造的那部分价值。理论上凡是属于生产资料转移价值的因素，都应该作为扣除项目从商品价值中扣除。但是，各国（地区）税法上规定的扣除项目不同，计税依据的增值额内容也不同。

目前国际（地区间）上增值税的计税依据的价值构成主要有以下三种。

（1）计税依据的价值构成中包括的固定资产，称为生产型增值税。

（2）计税依据的价值构成中所包括的固定资产部分随折旧逐步排除，称为收入型增值税。

（3）计税依据的价值构成中所包括的固定资产部分一次排除，称为消费型增值税。

与之相对应，在按购进扣税法计算应纳税额时，生产型增值税不得扣除固定资产的进项税额；收入型增值税允许按固定资产折旧额扣除进项税额；消费型增值税允许一次扣除固定资产全部价值的进项税额。我国现行的增值税属生产型增值税。

我国规定进口货物应纳增值税不能抵扣任何税额，其计税价格和应纳税额的计算公式为：

计税价格＝关税完税价格＋关税额＋消费税额；

应纳税额＝计税价格×增值税率。

上述增值税计算公式说明，增值税计税价格中还应当包括进口货物缴纳的关税和消费税。我国增值税率从价计算，目前只对少数进口货物按 13％的税率征税，其余进口货物均按 17％的税率征税。

进口货物增值税的纳税人，应当自海关填发关税款缴纳证的次日起 7 日内缴纳进口货物增值税。业务实践中通常由进口人或其代理人向报关地海关缴纳关税的同时，由报关地海关代扣代缴进口货物增值税。进口货物申报进入我国海关境内的货物是指已办理了报关进口手续的货物。对保税进口货物，不属于征税范围。

【例】某公司从马来西亚进口新的充气机动小客车用橡胶轮胎（税则号 40111000），申报总价格为 200 万元人民币，马来西亚进口原产地适用协定关税税率 17％，小客车用橡胶轮胎另征收增值税 17％，消费税 10％，计算该批商品应该缴纳的税收额是多少？

解答如下：

CIF 完税价格＝200 万元；

应缴纳的关税额＝200×17％＝34 万元；

应缴纳的消费税额＝（200＋34）÷（1－10％）×10％＝26 万元；

应缴纳的增值税额＝（200＋34＋26）×17％＝44.2 万元；

应缴纳的总税额=关税额+消费税额+增值税额=34+26+44.2=104.2万元。

业务实践中,上述计算采用计税常数来计算。

包括增值税的计税常数计算公式:常数=进口关税税率+增值税率+进口关税税率×增值税率。

包括消费税、增值税的计税常数计算公式:常数=(进口关税税率+消费税率+增值税率+进口关税税率×增值税率)/(1-消费税率)。

根据例题,我们计算出常数:

常数=(17%+10%+17%+17%×17%)/(1-10%)=0.521;

应缴纳的总税额=完税价格×常数=200×0.521=104.2万元。

计税常数也可以用速查表的方法获得(见表9-1)。

**表9-1 计税常数表**

| 关税% | 消费税税率% | | | | | | | | | |
|---|---|---|---|---|---|---|---|---|---|---|
| | 3 | 5 | 8 | 10 | 15 | 17 | 25 | 30 | 40 | 45 |
| 6 | 0.2786 | 0.3055 | 0.3480 | 0.3780 | 0.4591 | 0.4942 | 0.6536 | 0.7717 | 1.0670 | 1.2549 |
| 9 | 0.3147 | 0.3424 | 0.3862 | 0.4170 | 0.5004 | 0.5365 | 0.7004 | 0.8219 | 1.1255 | 1.3187 |
| 14 | 0.3751 | 0.4040 | 0.4498 | 0.4820 | 0.5692 | 0.6070 | 0.7784 | 0.9054 | 1.2230 | 1.4251 |
| 20 | 0.4474 | 0.4779 | 0.5261 | 0.5600 | 0.6518 | 0.6916 | 0.8720 | 1.0057 | 1.3400 | 1.5527 |
| 30 | 0.5680 | 0.6011 | 0.6533 | 0.6900 | 0.7894 | 0.8325 | 1.0280 | 1.1729 | 1.5350 | 1.7655 |
| 35 | 0.6284 | 0.6626 | 0.7168 | 0.7550 | 0.8582 | 0.9030 | 1.1060 | 1.2564 | 1.6325 | 1.8718 |
| 40 | 0.6887 | 0.7242 | 0.7804 | 0.8200 | 0.9271 | 0.9735 | 1.1840 | 1.3400 | 1.7300 | 1.9782 |
| 50 | 0.8093 | 0.8474 | 0.9076 | 0.9500 | 1.0647 | 1.1145 | 1.3400 | 1.5071 | 1.9250 | 2.1909 |
| 55 | 0.8696 | 0.9089 | 0.9712 | 1.1050 | 1.1335 | 1.1849 | 1.4180 | 1.5907 | 2.0225 | 2.2973 |
| 60 | 0.9299 | 0.9705 | 1.0348 | 1.0800 | 1.2024 | 1.2554 | 1.4960 | 1.6743 | 2.1200 | 2.4036 |
| 70 | 1.0505 | 1.0937 | 1.1620 | 1.2100 | 1.3400 | 1.3964 | 1.6520 | 1.8414 | 2.3150 | 2.6164 |
| 75 | 1.1108 | 1.1553 | 1.2255 | 1.2750 | 1.4088 | 1.4669 | 1.7300 | 1.9250 | 2.4125 | 2.7227 |
| 80 | 1.1711 | 1.2168 | 1.2891 | 1.3400 | 1.4776 | 1.5373 | 1.8080 | 2.0086 | 2.5100 | 2.8291 |
| 100 | 1.4124 | 1.4632 | 1.5435 | 1.6000 | 1.7529 | 1.8193 | 2.1200 | 2.3429 | 2.9000 | 3.2545 |
| 110 | 1.5330 | 1.5863 | 1.6707 | 1.7300 | 1.8906 | 1.9602 | 2.2760 | 2.5100 | 3.0950 | 3.4673 |
| 120 | 1.6536 | 1.7095 | 1.7978 | 1.8600 | 2.0282 | 2.1012 | 2.4320 | 2.6771 | 3.2900 | 3.6800 |
| 130 | 1.7742 | 1.8326 | 1.9250 | 1.9900 | 2.1659 | 2.2422 | 2.5880 | 2.8443 | 3.4850 | 3.8927 |
| 140 | 1.8948 | 1.9558 | 2.0522 | 2.1200 | 2.3035 | 2.3831 | 2.7440 | 3.0114 | 3.6800 | 4.1055 |
| 150 | 2.0155 | 2.0789 | 2.1793 | 2.2500 | 2.4412 | 2.5241 | 2.9000 | 1.1786 | 3.8750 | 4.3182 |
| 180 | 2.3773 | 2.4484 | 2.5609 | 2.6400 | 2.8541 | 2.9470 | 3.3680 | 3.6800 | 4.4600 | 4.9564 |
| 230 | 2.9804 | 3.0642 | 3.1967 | 3.2900 | 3.5424 | 3.6518 | 4.1480 | 4.5157 | 5.4350 | 6.0200 |
| 270 | 3.4629 | 3.5568 | 3.7054 | 3.8100 | 4.0929 | 4.2157 | 4.7720 | 5.1843 | 6.2150 | 6.8709 |

续表

| 关税% | 增值税科率% | | 关税% | 增值税科率% | | 关税% | 增值税税率% | |
|---|---|---|---|---|---|---|---|---|
| | 13 | 17 | | 13 | 17 | | 13 | 17 |
| 0 | 0.1300 | 0.1700 | 19 | 0.3447 | 0.3923 | 51 | 0.7063 | 0.7667 |
| 1.5 | 0.1470 | 0.1876 | 20 | 0.3560 | 0.4040 | 52 | 0.7176 | 0.7784 |
| 2 | 0.1526 | 0.1934 | 21 | 0.3673 | 0.4157 | 55 | 0.7515 | 0.8135 |
| 3 | 0.1639 | 0.2051 | 22 | 0.3786 | 0.4274 | 60 | 0.8080 | 0.8720 |
| 5 | 0.1865 | 0.2285 | 23 | 0.3899 | 0.4391 | 65 | 0.8645 | 0.9305 |
| 5.5 | 0.1922 | 0.2344 | 24 | 0.4012 | 0.4508 | 68 | 0.8984 | 0.9656 |
| 5.8 | 0.1955 | 0.2379 | 25 | 0.4125 | 0.4625 | 70 | 0.9210 | 0.9890 |
| 6 | 0.1978 | 0.2402 | 26 | 0.4238 | 0.4742 | 75 | 0.9775 | 1.0475 |
| 7 | 0.2091 | 0.2519 | 28 | 0.4464 | 0.4976 | 78 | 1.0114 | 1.0826 |
| 7.5 | 0.2148 | 0.2578 | 30 | 0.4690 | 0.5210 | 80 | 1.0340 | 1.1060 |
| 8 | 0.2204 | 0.2636 | 33 | 0.5029 | 0.5561 | 85 | 1.0905 | 1.1645 |
| 9 | 0.2317 | 0.2753 | 34 | 0.5142 | 0.5678 | 90 | 1.1470 | 1.2230 |
| 9.7 | 0.2396 | 0.2835 | 35 | 0.5255 | 0.5795 | 100 | 1.2600 | 1.3400 |
| 10 | 0.2430 | 0.2870 | 38 | 0.5594 | 0.6164 | 110 | 1.3730 | 1.4570 |
| 11 | 0.2543 | 0.2987 | 39 | 0.5707 | 0.6263 | 120 | 1.4860 | 1.5740 |
| 12 | 0.2656 | 0.3104 | 40 | 0.5820 | 0.6380 | 130 | 1.5990 | 1.6910 |
| 13 | 0.2769 | 0.3221 | 42 | 0.6046 | 0.6614 | 140 | 1.7120 | 1.8080 |
| 14 | 0.2882 | 0.3338 | 43 | 0.6159 | 0.6731 | 150 | 1.8250 | 1.9250 |
| 15 | 0.2995 | 0.3455 | 45 | 0.6385 | 0.6965 | 180 | 2.1640 | 2.2760 |
| 17 | 0.3221 | 0.3689 | 48 | 0.6724 | 0.7316 | 230 | 2.7290 | 2.8610 |
| 18 | 0.3334 | 0.3806 | 50 | 0.6950 | 0.7550 | 270 | 3.1810 | |

## 第二节　非贸易物品进口税

非贸易物品是与贸易物品相对而言的，其包括的范围较广，除旅客行李物品、邮递物品、运输工具服务人员自用物品外，礼品、货样、广告品、展览品等也属于非贸易物品。但是后者所列物品在海关业务分工上一般均由货运部门管理。因此，本节所述非贸易物品专指入境旅客、运输工具服务人员携带的行李物品和个人邮递的进口物品。

非贸易物品具有数量零星、品种繁杂、涉及面广、政策性强等特点。通过征税，既能有效地发挥关税的杠杆作用，正确体现国家一系列内外政策，又能为国家建设积累资金。目前，我国对入境人员准许携带的物品和个人邮递物品仅限于自用、家用和合理数量，还有一些境内外差价较大的重点商品予以限量或限值管理。如果不运用关税这一辅助手段加以调节，则境内外差价大的商品有可能以化整为零等方式大量涌进，从而给境内市场和工业生产带来不利的影响。对于非贸易出口物品，海关不征收出口关税。

非贸易物品征税办法：为了照顾个人进口自用物品的合理需要，简化计税手续，根据《中华人民共和国海关法》和《中华人民共和国进出口关税条例》的有关规定，特制定《中华人民共和国海关关于入境旅客行李物品和个人邮递物品征收进口税办法》（以下简称《办法》）。准许应税进口的旅客行李物品、个人邮递物品以及其他个人自用物品（以下简称应税个人自用物品），除另有规定的以外，均由海关按照《中华人民共和国海关关于入境旅客行李物品和个人邮递物品进口税税率表》（以下简称《税率表》）征收进口税。《办法》中所称的进口税，包括关税和增值税、消费税。《办法》中所称的应税个人自用物品不包括汽车、摩托车及其配件、附件。对进口应税个人自用汽车、摩托车及其配件、附件，应按《中华人民共和国海关进出口税则》和其他有关税法、规定征收进口税。海关颁布的《税率表》是本办法的组成部分。《税率表》中税率的调整，由国务院关税税则委员会审定后，交由海关总署对外公布实施。为适应市场发展需要，根据《国务院关税税则委员会关于调整进境物品进口税有关问题的通知》（税委会〔2016〕2 号），海关总署决定对 2012 年第 15 号公告公布的《中华人民共和国进境物品归类表》（见表 9－2）及《中华人民共和国进境物品完税价格表》（见表 9－3）的归类和税率进行相应调整，归类原则和完税价格确定原则不变，现予以公布，自 2016 年 4 月 8 日起执行。

非贸易物品进口税的纳税义务人有：携有应税个人自用物品的入境旅客及运输工具服务人员，进口邮递物品的收件人，以及以其他方式进口应税个人自用物品的收件人。纳税义务人既可以自行办理纳税手续，也可以委托他人办理纳税手续。接受委托办理纳税手续的代理人，应当遵守本《办法》对其委托人的各项规定。海关总署依据《税率表》制定《中华人民共和国海关关于入境旅客行李物品和个人邮递物品税则归类表》（以下简称《税则归类表》）。

**表 9－2　中华人民共和国进境物品归类表（节选）**

| 税号 | 物品类别 | 范围 | 税率 |
|---|---|---|---|
| 01000000 | 食品、饮料 | 食品：包括乳制品、糖制品、调味品，冬虫夏草、高丽参、红参、西洋参、人参、鹿茸、阿胶、奶粉及其他保健品、补品等<br>饮料：包括矿泉水、汽水、咖啡、茶、其他无酒精饮料 | 15% |
| 02000000 | 酒 | 包括啤酒、葡萄酒（香槟酒）、黄酒、果酒、清酒、米酒、白兰地、威士忌、伏特加、朗姆酒、金酒、白酒、药酒、保健酒、鸡尾酒、利口酒、龙舌兰、柯迪尔酒、梅子酒等用粮食、水果等含淀粉或糖的物质发酵或配制而制成的含乙醇的酒精饮料 | 60% |

续表

| 税号 | 物品类别 | 范围 | 税率 |
|---|---|---|---|
| 03000000 | 烟 | 包括卷烟、雪茄烟、再造烟草、均化烟草、其他烟草及烟草代用品的制品，烟丝、斗烟、水烟、烟末等 | 60% |
| 04000000 | 纺织品及其制成品 | 衣着：包括外衣、外裤、内衣裤、衬衫、T恤衫、其他衣着等<br>配饰：包括帽子、丝巾、头巾、围巾、领带、腰带、手套、袜子、手帕等<br>家纺用品：包括毛毯、被子、枕头、床罩、睡袋、幔帐等<br>其他：包括毛巾、浴巾、桌布、窗帘、地毯等 | 30% |
| 05000000 | 皮革服装及配饰 | 包括各式皮革服装及皮质配饰 | 30% |
| 06000000 | 箱包及鞋靴 | 箱：包括各种材质的箱子<br>挎包、背包、提包：包括各种材质的挎包、背包、提包<br>钱包、钥匙包、卡片包：包括各种材质的钱包、钥匙包、卡片包<br>其他：包括化妆包、包装袋(盒、箱)等 | 30% |
| | | 鞋靴：包括皮鞋、皮靴、运动鞋、其他鞋靴等 | |
| 07000000 | 表、钟及其配件、附件 | 高档手表：完税价格在人民币10000元及以上的手表 | 60% |
| | | 表：包括高档手表外其他各种表<br>钟：包括座钟、挂钟、台钟、落地钟等<br>配件、附件：包括各种表、钟的配件、附件 | 30% |

资料来源：中华人民共和国海关总署网站：www.customs.gov.cn

海关对应税中个人自用物品按《税则归类表》进行归类并确定适用的税率。进境物品依次遵循以下原则归类：《归类表》已列名的物品，归入其列名类别；《归类表》未列名的物品，按其主要功能(或用途)归入相应类别；不能按照上述原则归入相应类别的物品，归入"其他物品"类别。非贸易物品进口税从价计征。应税个人自用物品由海关按照填发税款缴纳证当日有效的税率和完税价格计征进口税。另外，海关对部分商品按固定金额征税。进口税税额＝完税价格×进口税税率。纳税义务人应当在海关放行应税个人自用物品之前缴纳税款。进境物品完税价格遵循以下原则确定：①《完税价格表》已列明完税价格的物品，按照《完税价格表》确定；②《完税价格表》未列明完税价格的物品，按照相同物品相同来源地最近时间的主要市场零售价格确定其完税价格；③实际购买价格是《完税价格表》列明完税价格的两倍及以上，或是《完税价格表》列明完税价格的1/2及以下的物品，进境物品所有人应向海关提供销售方依法开具的真实交易的购物发票或收据，并承担相关责任。海关可以根据物品所有人提供的上述相关凭证，依法确定应税物品完税价格(边疆地区民族特需商品的完税价格按照海关总署另行审定的完税价格表执行)。

表 9-3 中华人民共和国进境食品完税价格(节选)

| 税号 | 品名及规格 | 单位 | 完税价格 | 税率 |
|---|---|---|---|---|
| 01000000 | 食品、饮料 | | | |
| 01010000 | —食品 | | | |
| 01010100 | ——水产品 | | | |
| 01010130 | ——干海参 | 元/千克 | 1500 | 15% |
| 01010700 | ——奶粉 | 元/千克 | 200 | 15% |
| 02000000 | 酒 | | | |
| 02010000 | —啤酒 | | | |
| 02010100 | ——12 度以下(不含 12 度) | 元/瓶(不超过 750 毫升) | 5 | 60% |
| 02010200 | ——12 度至 22 度(不含 22 度) | 元/瓶(不超过 750 毫升) | 10 | 60% |
| 02020000 | —葡萄酒 | | | |
| 02020100 | ——12 度以下(不含 12 度) | 元/瓶(不超过 750 毫升) | 100 | 60% |
| 02020200 | ——12 度至 22 度(含 22 度) | 元/瓶(不超过 750 毫升) | 200 | 60% |
| …… | …… | …… | …… | …… |
| 04000000 | 纺织品及其制成品 | | | |
| 04010000 | —衣着 | | | |
| 04010100 | ——外衣 | 元/件 | 300 | 30% |
| 04010200 | ——外裤 | 元/条 | 200 | 30% |

资料来源:中华人民共和国海关总署网站:www. customs. gov. cn

应税个人自用物品放行后,海关发现少征税款,应当自开出税款缴纳证之日起 1 年内,向纳税义务人补征;海关发现漏征税款,应当自物品放行之日起 1 年内向纳税义务人补征。因纳税义务人违反规定而造成的少征或者漏征,海关可自违反规定行为发生之日起 3 年内向纳税义务人追征。海关发现或确认多征的税款,应当立即退还纳税义务人,纳税义务人也可自缴纳税款之日起 1 年内,要求海关退还。

当纳税义务人同海关发生纳税争议时,应当先按海关核定的税额缴纳税款,然后自海关填发税款缴纳证之日起 30 日内向海关书面申请复议。逾期申请的,海关不予受理。海关应自收到复议申请之日起 15 日内做出复议决定,并通知纳税义务人。纳税义务人对复议决定不服的,可以自接到海关通知之日起 15 日内向海关总署申请复议,海关总署在接到复议申请后,应当在 30 日内做出复议决定,并通知纳税义务人。纳税义务人对海关总署的复议决定仍然不服的,可以自收到复议决定书之日起 15 日内向人民法院起诉。

## 第三节 海关进口货物滞报金征收

为加强海关对进口货物的通关管理，加快口岸货物运输，促使进口货物收货人（包括其代理人）按照规定的时限申报，根据《中华人民共和国海关法》第24条规定，海关总署于2005年3月公布了征收进口货物滞报金办法。进口货物收货人未在货物进境后规定时限内向海关申报的，海关按本办法的规定征收滞报金。滞报金应当由进口货物收货人于当次申报时缴清。进口货物收货人要求在缴清滞报金前先放行货物的，海关可以在其提供与应缴纳滞报金等额的保证金后放行。

进口货物必须按如下规定的时限申报：邮运进口货物为邮局送达领取通知单之日起14日内（若第14日遇法定节假日的，则顺延至其后第1个工作日）；转关运输货物在进境地及指运地分别为自载运进口货物运输工具申报进境之日起14日内和货物运抵指运地有关单位签收之日起14日内；其他运输方式的货物均为自载运进口货物运输工具申报进境之日起14日内。

滞报金按日计征，其起征日为规定的申报时限的次日，截止日为收货人向海关申报后，海关接受申报的日期。滞报金起征日和截止日均计入滞报期间，起征日如遇法定节假日，则顺延至其后第一个工作日，滞报金的日征收金额为进口货物完税价格的0.05%，以人民币“元”为计征单位，不足人民币1元的部分免予计收。滞报金的起征点为人民币50元（注：因完税价格调整等原因需补征滞报金的，滞报金金额应当按照调整后的完税价格重新计算，补征金额不足人民币50元的，免予征收）。

海关征收进口货物滞报金时，应向收货人签发滞报金缴款凭证，收货人持滞报金缴款凭证到海关指定的部门或指定的银行办理缴款手续。进口货物收货人缴纳滞报金后，应将盖有“收讫”章的滞报金缴款凭证交给现场海关，现场海关凭以核销。转关运输货物若在进境地产生滞报，由进境地海关征收滞报金；若在指运地产生滞报，则由指运地海关征收滞报金。

进口货物因收货人在运输工具申报进境之日起超过3个月未向海关申报，被海关依法提取变卖处理后，符合条件的收货人申请发还余款，应当补办报关手续，并计征滞报金（计征截止日为上述3个月期限的最后1日）。滞报金从海关变卖货物的余款中扣除。

下面五种情况进口货物收货人可以向海关申请减免滞报金：第一，政府主管部门有关贸易管理规定变更，要求收货人补充办理有关手续或者政府主管部门延迟签发许可证件，导致进口货物产生滞报的；第二，产生滞报的进口货物属于政府间或国际组织用于救灾、社会公益福利等方面的无偿援助和捐赠的进口物资或其他特殊货物的；第三，因不可抗力导致收货人无法在规定期限内申报，从而产生滞报的；第四，因海关及相关执法部门工作原因致使收货人无法在规定期限内申报，从而产生滞报的；第五，其他特殊情况经海关批准的。

下面五种情况下海关不予征收滞报金：第一，收货人在运输工具申报进境之日起超过三个月未向海关申报，进口货物被依法变卖处理，余款按《中华人民共和国海关法》第 30 条规定上缴国库的；第二，进口货物收货人在申报期限内，根据《中华人民共和国海关法》有关规定向海关提供担保，并在担保期限内办理有关进口手续的；第三，进口货物收货人申报并经海关依法审核，必须撤销原电子数据报关单重新申报，因删单重报产生滞报的；第四，进口货物经海关批准直接退运的；第五，进口货物应征收滞报金金额不满人民币 50 元的。

# 第十章　关税减免与退补

## 学习目标

了解法定减免和临时减免的相关规定；重点掌握特定减免的范围以及加工贸易缓税利息的计算。

## 海关案例

2004 年 10 月，某海关辖区内的 A 公司例行稽查。在分析该公司企业档案及进出口资料时，海关关员注意到，该公司 2002 年减免税进口了一套价值 1700 万美元的生产设备，并且该公司下属有几家具有独立法人资格的子公司，其中之一为 B 精细化工股份有限公司。海关在实地检查该套设备时，发现实际使用地点为 B 公司。经进一步核实，该设备是由 A 公司租赁给 B 公司使用的，后者还提供了双方的租赁协议。随即某海关对 A 公司擅自租赁减免税设备的行为正式立案调查。2005 年 9 月该案移交某海关缉私局处理。根据某海关缉私局走访调查，认为 A 公司未经海关许可，擅自将减免税设备租赁给具有法人资格的其他公司使用，已构成违反海关监管规定的行为，并根据《行政处罚法》和《海关行政处罚实施条例》相关规定，对 A 公司做出了处罚。2005 年 12 月 15 日，A 公司向某海关交纳了减免税设备移作他用期间的税款 108 万元、税款滞纳金 3 万元以及罚金 11.5 万元。

为了鼓励和发展对外经济贸易交流，我国政府早在中华人民共和国成立初期颁布的《暂行海关法》中就明确规定了关税的减免政策，同时规定关税的减免必须经海关总署审核决定。1980 年我国海关恢复单独征税时，国务院在《国务院关于改革海关管理体制的决定》中再次强调，关税减免的报批手续由海关总署统一办理。在 2000 年新修订的《中华人民共和国海关法》第 5 章中又重申了这一原则。据此，只有经过国务院或其授权的主管部门——海关总署批准，才能减免关税，任何其他部门、地方和个人都无权减免关税。

根据《中华人民共和国海关法》第 56 条、第 57 条及第 58 条的规定，关税的减免共分成三大类，即法定减免税、特定减免税和临时减免税。这里值得注意的是，人们往往把税则中规定的免税视为是一种减免税，所谓减免税是指在正常的情况下要依照税则规定的税率征税，但由于某种特殊原因，国家批准按低于这些税率的比例征税，甚至完全不征税。

因此，减免税应以在正常情况下征税为前提条件，而国家在税则中规定了税率为免税的那些进出口商品，它们进出口时海关是不征收关税的，也就是说，国家没有要求它们负有缴纳关税的义务。既然货物本来就不要缴纳关税，也就不存在是否需要减免税的问题。我们把这些税率为零的货物称为无税货物。此外，无论减免税或无税进口商品，相关货物是否减免增值税和消费税，一律按国家相关规定执行。进出口税费减免是指海关按照我国《中华人民共和国海关法》《中华人民共和国进出口关税条例》和其他有关法律、行政法规的规定，对进出口货物的税费给予减征和免征。在对外经济贸易交往中，由于受境内市场价格、境内经济政策、汇率变化和国家(地区)间政治关系等各种因素的影响，难免会出现一些特殊情况，需要国家(地区)在关税上给予特别的扶持和照顾，才能更充分地发挥关税调节进出口的作用，有效解决普遍性和特殊性、原则性和灵活性之间的矛盾。

## 第一节　法定减免税

法定减免税是指《中华人民共和国海关法》《中华人民共和国进出口关税条例》和其他法律、行政法规等可以享受减免关税优惠的规定给予的减免税。凡是完全符合上述法律规定可予减免税的进出口货物，进出口人或其代理人无须事先向海关提出申请，海关征税人员可按规定给予减免税。海关对法定减免税货物一般不进行后续管理，也不作减免税统计。《中华人民共和国进出口关税条例》按照《中华人民共和国海关法》的规定，明确下列货物和物品予以减免关税。

第一，关税税额在人民币50元以下的一票货物。

第二，无商业价值的广告品和货样，如单只鞋、袜或不成材的布料、纸张以及境外商人署名且无实用价值的广告宣传品；分析、试验过程中消耗掉的数量合理的货样，如试用的药剂、新成药、化学试剂、化工原料、染料、农药、化肥等；属于来样或去样加工的货物(包括来料加工、进料加工)及一般贸易项下数量零星、每次总价值在人民币400元及以下的货物。对超出上述范围和国家限制进口的物品，不论是按价购买还是赠送，应照章征收关税。

第三，为了发展我国和国际(地区间)组织、境外政府之间的经济技术合作关系，经国务院批准同意，对我国接受联合国等国际组织机构、境外政府和政府组织无偿援助的及用援助款购买的物资、设备，可免征进口税。但家用机电产品、办公用品，不属于上述小型仪器设备范围的，应照章征税。属于对口管理的联合国组织援助项目，接受单位在物品进口时，应向进口地海关交验归口部门外事局或省、自治区、直辖市归口厅(局)出具的报关证明和联合国专门机构驻华代表处通知到货的有关文件，办理免税手续。属对口管理的其他援助项目，可免交联合国专门机构驻华代表处的文件。属联合国系统多边经济技术合作活动的援助项目，接受单位在物品进口时，应向进口地海关交验中国国际经济技术交流中心出具的报关证明和联合国专门机构驻华代表处通知到货的有关文件办理免税手续。

第四，在海关放行前遭受损坏或损失的货物。

第五，进出境运输工具装载的途中必需的燃料、物料和饮食用品。

第六，中华人民共和国缔结或者参加的国际（地区间）条约规定减征、免征关税的货物和物品。

第七，法律规定减征、免征关税的其他货物和物品。

## 第二节 特定减免税

特定减免税是指依照国务院规定对特定地区、特定企业、特定用途的进出口货物所实行的减免税，特定减税或者免税的范围和办法由国务院规定，海关根据国务院的规定单独或会同国务院其他主管部门制定具体实施办法并加以贯彻执行。

为了适应对外开放、对内搞活经济政策的需要，近年来，国家制定的特定减免税办法比较多，在此仅将现行的主要特定减免税办法给以简单介绍。

### 一、外商投资企业进口物资

我国已取消大部分境外投资企业关税优惠政策，目前，仅对少数属于国家鼓励发展产业的境外投资项目，在投资额内进口的自用设备，除《外商投资项目不予免税的进口商品目录》所列商品外，可以免征进口关税和进口环节增值税；按照合同随设备进口的技术及配套件、备件，免征进口关税和进口环节增值税。

属于国家鼓励发展产业的境外投资企业、境外研究开发中心，先进技术型、产品出口型的境外投资企业，在企业投资额以外的自有资金（指企业储备基金、发展基金、折旧、税后利润）内，对原有设备更新（不包括成套设备和生产线）和维修进口国（地区）内不能生产或性能不能满足需要的设备，以及与上述设备配套的技术、配件、备件（除《国内投资项目不予免税的进口商品目录》所列商品外），可以免征进口关税和进口环节增值税。

### 二、科教用品和科技开发用品

#### （一）科教用品

为了促进我国的科研、教育事业发展，国务院制定了《科学研究和教学用品免征进口税收暂行规定》，自 2007 年 2 月 1 日起施行，原来的 1997 年的暂行规定同时废止。规定对专门从事科学研究开发的机构和国家教委承认学历的全日制大专院校，在合理数量范围内不以赢利为目的进口国（地区）内不能生产的科学研究和教学用品，且直接用于科学研究或者教学的，免征进口关税和进口环节增值税、消费税。免税进口科学研究和教学用品清单如下。

(1)科学研究、科学试验和教学用的分析、测量、检查、计量、观测、发生信号的仪器、仪表及其附件。

(2)为科学研究和教学提供必要条件的实验室设备(不包括中试设备)。

(3)计算机工作站,中型、大型计算机。

(4)在海关监管期内用于维修依照本规定已免税进口的仪器、仪表和设备或者用于改进、扩充该仪器、仪表和设备的功能而单独进口的专用零部件及配件。

(5)各种载体形式的图书、报刊、讲稿、计算机软件。

(6)标本、模型。

(7)教学用幻灯片。

(8)实验用材料。

(9)实验用动物。

(10)科学研究、科学试验和教学用的医疗检测、分析仪器及其附件(限于医药类院校、专业和医药类科学研究机构。经海关核准,上述进口单位以科学研究或教学为目的,在每5年每种1台的范围内,可将免税医疗检测、分析仪器用于其附属医院的临床活动)。

(11)优良品种植物及种子(限于农林类科学研究机构和农林类院校、专业)。

(12)专业级乐器和音像资料(限于艺术类科学研究机构和艺术类院校、专业)。

(13)特殊需要的体育器材(限于体育类科学研究机构和体育类院校、专业)。

(14)教练飞机(限于飞行类院校)。

(15)教学实验船舶所用关键设备(限于航运类院校)。

(16)科学研究用的非汽油、柴油动力样车(限于汽车类院校、专业)。

所列免税物品仅限于直接用于科学研究和教学活动。进口后直接投入生产或作其他用途的物品(包括样机),不属于免税范围。依照本规定免税进口的科学研究和教学用品,应当直接用于本单位的科学研究和教学,不得擅自转让、移作他用或者进行其他处置。经海关核准的单位,其免税进口的科学研究和教学用品可用于其他单位的科学研究和教学活动。违反规定,将免税进口的科学研究和教学用品擅自转让、移作他用或者进行其他处置的,按照有关规定处罚。有关单位在1年内不得享受本税收优惠政策;依法被追究刑事责任的,有关单位在3年内不得享受本税收优惠政策。

### (二)科技开发用品

为了鼓励科学研究和技术开发,促进科技进步,规范科技开发用品的免税进口行为,根据国务院《关于同意对科教用品进口实行税收优惠政策的决定》,制定《科技开发用品免征进口税收暂行规定》,该规定自2007年2月1日起施行。

1.享受免征进口税和进口环节增值税、消费税的科学研究、技术开发机构

下列科学研究、技术开发机构,在2010年12月31日前,在合理数量范围内进口国(地区)内不能生产或者性能不能满足需要的科技开发用品,免征进口关税和进口环节增值税、消费税。

(1)科技部会同财政部、海关总署和国家税务总局核定的科技体制改革过程中转制为企业和进入企业的主要从事科学研究和技术开发工作的机构。

(2)国家发展和改革委员会会同财政部、海关总署和国家税务总局核定的国家工程研

究中心。

(3)国家发展和改革委员会会同财政部、海关总署、国家税务总局和科技部核定的企业技术中心。

(4)科技部会同财政部、海关总署和国家税务总局核定的国家重点实验室和国家工程技术研究中心。

(5)财政部会同国务院有关部门核定的其他科学研究、技术开发机构。

2.免税进口科技开发用品清单

(1)研究开发、科学试验用的分析、测量、检查、计量、观测、发生信号的仪器、仪表及其附件。

(2)为科学研究、技术开发提供必要条件的实验室设备(不包括中试设备)。

(3)计算机工作站,中型、大型计算机。

(4)在海关监管期内用于维修依照本规定已免税进口的仪器、仪表和设备或者用于改进、扩充该仪器、仪表和设备的功能而单独进口的专用零部件及配件。

(5)各种载体形式的图书、报刊、讲稿、计算机软件。

(6)标本、模型。

(7)实验用材料。

(8)实验用动物。

(9)研究开发、科学试验和教学用的医疗检测、分析仪器及其附件(限于医药类科学研究、技术开发机构)。

(10)优良品种植物及种子(限于农林类科学研究、技术开发机构)。

(11)专业级乐器和音像资料(限于艺术类科学研究、技术开发机构)。

(12)特殊需要的体育器材(限于体育类科学研究、技术开发机构)。

(13)研究开发用的非汽油、柴油动力样车(限于汽车类研究开发机构)。

依照本规定免税进口的科技开发用品,应当直接用于本单位的科学研究和技术开发,不得擅自转让、移作他用或者进行其他处置。经海关核准的单位,其免税进口的科技开发用品可以用于其他单位的科学研究和技术开发活动。违反规定将免税进口的科技开发用品擅自转让、移作他用或者进行其他处置的,按照有关规定处罚,该单位在1年内不得享受本税收优惠政策;依法被追究刑事责任的,该单位在3年内不得享受本税收优惠政策。

## 三、残疾人专用品

为支持残疾人的康复工作,国务院制定了《残疾人专用品免征进口税收暂行规定》。对民政部直属企事业单位和省、自治区、直辖市民政部门所属福利机构等特定单位,中国残联和省、自治区、直辖市残联所属福利机构和康复机构进口的残疾人专用物品,免征进口关税和进口环节增值税、消费税。个人进口残疾人个人用专用品的,在自用合理数量范围内,由纳税人直接在进口地海关办理免税进口手续。康复、福利机构、假肢厂和荣誉军人康复和福利医院进口国内不能生产的残疾人专用品的,由民政部或中国残联批准并经海关总署审核后，通知康复、福利机构、假肢厂和荣誉军人康复和福利医院所在地海关办理免税手续。

## 四、特定区域物资

对于保税区、出口加工区等特定区域进口的区内生产性基础设施项目所需的机器、设备和基建物资，可以免税；区内企业和进口企业自用的生产、管理设备和自用合理数量的办公用品及其所需的维修零配件，生产用燃料，建设生产厂房、仓储设施所需的物资、设备，可以免税；行政管理机构自用合理数量的管理设备和办公用品及其所需的维修零配件，可以免税。

## 五、贷款项目进口物资

外国政府贷款和国际金融组织贷款项目进口的自用设备，除《外商投资项目不予免税的进口商品目录》所列商品外，可以免征进口关税和进口环节增值税；按照合同随设备进口的技术及配套件、备件，免征进口关税和进口环节增值税。

## 六、境内投资项目进口设备

属国家重点鼓励发展产业的国内投资项目，在投资总额内进口的自用设备，除《国内投资项目不予免税的进口商品目录》所列商品外，可以免征进口关税和进口环节增值税；按照合同随设备进口的技术及配套件、备件，免征进口关税和进口环节增值税。

## 七、救灾捐赠物资

对境外民间团体、企业、友好人士、华侨、中国港澳居民和中国台湾同胞无偿向我境内受灾地区（限于新华社对外发布和民政部《中国灾情信息》公布的受灾地区）捐赠的直接用于救灾的物资，在合理数量范围内，免征关税和进口环节增值税、消费税。

## 八、扶贫慈善捐赠物资

为促进公益事业的健康发展，经国务院批准下发了《扶贫、慈善性捐赠物资免征进口税收的暂行办法》，自 2002 年 1 月 1 日起施行。对境外捐赠人（指中华人民共和国境外的自然人、法人或者其他组织）无偿向受赠人捐赠的直接用于扶贫、慈善事业（指非营利的扶贫济困、慈善救助等社会慈善和福利事业）的物资，免征进口关税和进口环节增值税。

特定减免税货物通常是免税不免证，海关对其实行时效监管，具体的监管期限如表 10－1所示。

表 10-1　特定减免税货物海关监管期限

| 特定减免税货物种类 | 海关监管期限 |
| --- | --- |
| 船舶、飞机 | 8 |
| 机动车辆 | 6 |
| 其他货物 | 5 |

到期自动解除监管，如果在监管期内内销、转让或超出特定范围使用的话要补征关税。征税的完税价格按下面公式确定，完税价格＝原进口价格×$\left(\frac{1-\text{申请补税时实际已进口时间}}{\text{监管年限}\times 12}\right)$。申请特定减免税的单位或企业，应在货物进口前向主管海关提出申请，凭海关签发的减免税证明及有关报关单证向进口地海关办理减免税货物进口报关手续。受惠单位或企业已经向海关申请办理减免税审批手续，在主管海关按规定受理期间（包括经批准延长的期限）货物到达进口口岸的，受惠单位或企业也可以向主管海关申请凭担保办理货物先行验放手续。进口单位需要办理担保手续的，应当在货物申报进口前向主管海关提出申请，主管海关审核后出具同意按减免税货物办理担保手续的证明，进口地海关审核符合担保条件的，凭担保证明按规定办理货物的担保和验放手续。货物征税放行后，进口单位申请补办减免税审批手续的，海关不再受理，已征税款不予退还。

## 拓展资料

### 申领进出口货物征免税证明的流程

减免税证明实行“一批一证”原则，有效期为 6 个月，特殊情况下可以延期 6 个月。主要流程如下。

第一，向主管地海关减免税审批窗口领取并填写进口货物征免税证明申请表，若所进口货物已拆散装箱或有随机附件、配套件，须在商品名称后加上“（详见清单）”字样，其他请填表 10-2，经核对无误并加盖企业公章后，交预录入公司打单，请认真校对所有栏目数据，核对无误后，请预录入公司向海关申报，并按电脑打印申请表、手填申请表、合同、发票、清单、批文、企业报告、说明书的顺序装订后交接单窗口办理。

第二，海关将在规定的时限内完成审批工作，企事业单位凭回执领取进出口货物征免税证明时（领取第二联、第三联，有详见清单的还须领取加盖骑缝章的清单，未用完的已在海关备案非一次一批的设备清单务必一并领取，第一联为海关留存联），须确认身份，同时在第一联签上领取人姓名和领取日期，并且在业务大厅财务窗口交纳工本费。

第三，进出口货物征免税证明领取后，若与实际进口情况不符，请书面报告说明相关情况并向主管地海关申请予以更改或重办，到货口岸、合同号、有效期可直接在原证明表上予以修改，其他只能作废原证明表，重新申请。

**表 10－2　进出口货物征免税证明(样张)**

编号：

| | | |
|---|---|---|
| 申请单位： | 征免性质/代码 | 审批依据： |
| 发证日期：　年　月　日 | 有效期：　至　年　月　日止 | |
| 到货口岸 | 合同号： | |

| 序号 | 货名 | 规格 | 税号 | 数量 | 单位 | 金额 | 币制 | 主管海关审批征免意见 | | |
|---|---|---|---|---|---|---|---|---|---|---|
| | | | | | | | | 关税 | 增值税 | 其他 |
| 1 | | | | | | | | | | |
| 2 | | | | | | | | | | |
| 3 | | | | | | | | | | |
| 4 | | | | | | | | | | |
| 5 | | | | | | | | | | |
| 备注 | | | | | | | | | | |

| 审批海关签章： | 核放海关批注： | 注意事项： |
|---|---|---|
| 负责人：<br>年　月　日 | 负责人：<br>年　月　日 | 1.本表使用一次有效。如同一合同货物分口岸进口,应分别填写。一份合同内货物分批到货的,应向审批海关申明,并按到货期分填此表。<br>2.表中“征免性质/代码”栏应按海关H883/H2000规范要求正确填写。<br>3.“审批依据”栏应由主管海关减免税审批部门填明批准减免所依据的文件号。<br>4.货物进口时应向海关交验本表,复印件无效。<br>5.本表自签发之日起半年内有效,逾期应向原审批海关申请展期或退单。如遇政策调整,有效期应服从有关规定。<br>6.经批准进口的货物如拟移作他用、转让或出售,原申请单位应事先报请原批准海关核准,并应依法补税,否则,海关将依法处理。 |

注:进出口货物征免税证明一式三联,其中:第一联由主管海关留存;第二联送交进口地海关凭以减免税;第三联由申请单位留存

## 第三节　临时减免税

临时减免税是指法定减免税和特定减免税以外的其他减免税，即由海关总署单独或会同财政部，按照国务院的规定，根据某个单位、某类商品、某个时期、某批进出口货物的特殊情况，给予特别的照顾，一案一批，专文下达，通知口岸海关办理的减免税。

临时减免税具有集权性、临时性、局限性和特殊性。临时减免税审批的层次较前两类减免税要高，它必须通过海关总署“一支笔”审批，而不允许由中央或地方的其他部门自行审批。临时减免税一般时效较短，在所批准的减免关税执行完毕后即告结束。临时减免税只能一案一批，并且具有单位、品种、期限、金额、数量等限制，不允许自行援引比照。

临时减免税的申请必须在特殊情况下提出，而这些特殊情况必须有较为充足的理由需要国家在财政上给予特别的照顾。这些特殊情况通常有以下几种。

(1)由于国(地区)别政策或经济体制的变化等政策方面的原因，造成经营上亏损或税负过重的。如因贸易报复或反报复而受影响的进出口企业。

(2)进口用于救灾的。

(3)税则、税率明显不合理但一时又难以调整，造成税负过重的。

(4)因特殊原因，国家(地区)需要给予专门照顾或扶持的。

进出口货物的收、发货人或者他们的代理人，由于特殊原因要求临时减免税时，应当在货物进出口前书面写明理由，随附必要的资料及证明向所在地海关提出申请，经海关审查所述情况属实后，转报海关总署审批。所述理由不足、不实或所附资料不全的，海关可直接答复申请人照章征税。

对于临时减免税的进口货物，除海关总署批复有用途限制要加以后续管理外，其余的货物，海关一般不需要进行后续管理，但要进行减免税统计。

## 第四节　关税的退补

关税的退补是由多种原因造成的。外部原因有进出口人的申报不清、不实，征税并补办减免税手续后将原进口减免税货物移作他用甚至转让等；内部原因有工作上的差错，规定本身的不明确等，从而造成税款的溢征、短征和漏征，因而需要予以退税或补税。海关在实际退补税工作中，首先查阅有关单证，核实情况，核算差额，并由主管领导审核后办理。

## 一、退税的范围

1.退税的范围

以下情况经海关核准可予以办理退税手续。

(1)已缴纳进口关税和进口环节税税款的进口货物,因品质或者规格原因原状退货复运出境的。

(2)已缴纳出口关税的出口货物,因品质或者规格原因原状退货复运进境,并已重新缴纳因出口而退还的境内环节有关税收的。

(3)已缴纳出口关税的货物,因故未装运出口申报退关的。

(4)散装进出口货物发生短卸、短装并已征税放行的,如果该货物的发货人、承运人或者保险公司已对短卸、短装部分退还或者赔偿相应货款的,纳税义务人可以向海关申请退还进口或者出口短卸、短装部分的相应税款。

(5)进出口货物因残损、品质不良、规格不符的原因,由进出口货物的发货人、承运人或者保险公司赔偿相应货款的,纳税义务人可以向海关申请退还赔偿货款部分的相应税款。

(6)因海关误征,致使纳税义务人多缴税款的。

2.注意事项

关税实际退税时还应当注意以下问题。

(1)因原来税则归类没有明确规定应归税号,海关已确定税则归类,事后海关总署所发有关文件中新的归类规定与海关原确定的不一致且税率不同时,若已征税入库的,对所征税款不予调整;若只开出税款缴款书但税款尚未入库的,则按新的归类规定加以调整。

(2)对于税目下设的子目,由于包括的货品范围有调整以至于影响归类的,应自收到有关规定文件之日起调整归类,在此前已征税入库的不予退税;若只开出税款缴款书而税款尚未入库的,税款可予调整。

(3)在海关确定进出口货物应归税号后,货物收、发货人或其代理人提出申诉,经复议后决定改变应归税号以至影响已征税额的,可准予退税。

## 二、退税的期限及要求

海关发现多征税款的,应当立即通知纳税义务人办理退还手续。

纳税义务人发现多缴税款的,自缴纳税款之日起 1 年内,可以以书面形式要求海关退还多缴的税款并加算银行同期活期存款利息。所退利息按照海关填发收入退还书之日由中国人民银行规定的活期储蓄存款利息计算,计算所退利息的期限自纳税义务人缴纳税款之日起至海关填发收入退还书之日止。

进口环节增值税已予抵缴的除国家另有规定外不予退还,已征收的滞纳金不予退还。

海关应当自受理退税申请之日起 30 日内查实并通知纳税义务人办理退还手续。纳税义务人应当自收到通知之日起 3 个月内办理有关退税手续。

退税必须在原征税海关办理。办理退税时,纳税义务人应填写“退税申请表”并持原进口或出口报关单、原盖有银行收款章的税款缴纳收据正本及其他必要单证(如合同、发票、协议、商检机构证明等)送海关审核,海关同意后,应按原征税或者补税之日所实施的税率计算退税额。

## 三、退税凭证

海关退还已征收的关税和进口环节税时,应填发"收入退还书"(海关专用),同时通知原纳税义务人或其代理人,海关将"收入退还书"(海关专用)送交指定银行划拨款。

## 四、税款追征和补征

### (一)追征和补征税款的范围

追征和补征税款的范围如下。

(1)进出口货物放行后,海关发现少征或者漏征税款的。

(2)因纳税义务人违反规定造成少征或者漏征税款的。

(3)海关监管货物在海关监管期内因故改变用途按照规定需要补征税款的。

### 拓展资料

内销选择性征收关税政策,是指对海关特殊监管区域内企业生产、加工并经"二线"内销的货物,根据企业申请,按其对应进口料件或按实际报验状态征收关税,进口环节增值税、消费税照章征收。企业选择按进口料件征收关税时,应一并补征关税税款缓税利息。自2016年9月1日起,内销选择性征收关税政策试点扩大到福建、广东、天津、上海四个自贸试验区所在省(市)的其他海关特殊监管区域(保税区、保税物流园区除外),以及河南新郑综合保税区、湖北武汉出口加工区、重庆西永综合保税区、四川成都高新综合保税区和陕西西安出口加工区5个海关特殊监管区域,试点覆盖面占全国海关特殊监管区域的30.47%。此次扩大试点范围,除广东横琴新区、福建平潭综合实验区外,覆盖面从原先16个海关特殊监管区域拓展到39个海关特殊监管区域,占全国128个海关特殊监管区域的30.47%,是对海关特殊监管区域内保税加工企业的又一重大利好,有利于增强海关特殊监管区域招商引资的竞争力,加速产业聚集,推进海关特殊监管区域的快速发展和整合优化。

利用该项政策,企业可以自主合理降低税负、降低成本,更有利于海关特殊监管区域内企业灵活面对境内境外两个市场,在市场竞争中占据主动地位。例如,某海关特殊监管区域内加工贸易企业有一批原定计划出口境外的产品,因国际(地区间)市场形势变化无法出口境外,则按照现行规定,该企业可选择申请内销到境内市场,但需要按照最终产品缴纳关税、进口环节增值税和消费税。如属于试点企业,则该企业在申请内销境内市场时,可以选择按照最终产品申报或按照当初加工贸易进口的料件原材料进行申报,通过综合测算申报价格和对应税率,最终选择以缴纳税款较少的方式进行申报缴税,从而有效降低企业实际税负。

### （二）追征、补征税款的期限和要求

追征、补征税款的期限和要求如下。

(1)进出口货物放行后，海关发现少征或者漏征税款的，应当自缴纳税款或者货物放行之日起1年内，向纳税义务人补征税款。

(2)因纳税义务人违反规定造成少征或者漏征税款的，海关可以自缴纳税款或者货物放行之日起3年内追征税款，并从缴纳税款或者货物放行之日起至海关发现违规行为之日止按日加收少征或者漏征税款0.05%的滞纳金。

(3)海关发现海关监管货物因纳税义务人违反规定造成少征或者漏征税款的，应当自纳税义务人应缴纳税款之日起3年内追征，并从应缴纳税款之日起至海关发现违规行为之日止按日加收少征或者漏征税款0.05%的滞纳金。

因纳税义务人违反规定需在征收税款的同时加收滞纳金的，如果纳税义务人未在规定的15天缴款期限内缴纳税款，另行加收自缴款期限届满之日起至缴清税款之日止滞纳税款0.05%的滞纳金。

### （三）追征、补征税款的凭证

海关追征或补征进出口货物关税和进口环节税时，应当向纳税义务人填发“海关专用缴款书”（含关税、进口环节税）。纳税义务人持凭“海关专用缴款书”向指定银行或开户银行缴纳税款。进口货物收货人或其代理人缴纳税款后，应将盖有“收讫”章的“海关专用缴款书”第一联送签发海关验核，海关凭予办理有关手续。

**表10－3　海关补征税款告知书(样张)**

编号：

（纳税义务人）：

经审核，你单位于　　年　　月　　日审报 进(出) 口的＿＿＿＿货物(报关单编号：＿＿＿＿)，因 (原因) ，少(漏)缴关税　　元、增值税　　元、消费税　　元、其他税　　元。根据《中华人民共和国进出口关税条例》第五十一条的规定，现决定对上述税款予以补征。请自收到本告知书之日起15日内来我关办理有关补缴税款的手续。

由于少(漏)征税款是因你单位违反　　　　规定所致，根据《中华人民共和国进出口关税条例》第五十一条规定，你单位补缴税款时，还应同时补缴自缴纳税款(货物放行、应缴纳税款)之日起至海关发现违规行为之日止的滞纳金。

如你单位未在上述规定期限内办理补税手续，我关将于规定限期届满之日填发税款缴款书。如你单位未按期自海关填发税款缴款书之日起15日内补缴税款，由此产生的税款滞纳金由你单位一并缴纳。

＿＿＿＿海关(章)

年　　月　　日

注：①海关补征税款告知书一式二份，一份送达纳税义务人，一份海关留存。

②带下划线的内容应根据具体情况选择填写。其中，少(漏)缴税款中的“其他税”是指反倾销税、反寂贴税、保障措施关税、报复性关税等。

## 五、延期纳税

纳税义务人因不可抗力或者国家税收政策调整不能按期缴纳税款的，应当在货物进出口前向办理进出口申报纳税手续所在地直属海关提出延期缴纳税款的书面申请并随附相关材料，同时应当提供缴税计划。

货物实际进出口时，纳税义务人要求海关先放行货物的，应当向海关提供税款担保。延期缴纳税款的期限，自货物放行之日起最长不超过6个月。纳税义务人在批准的延期缴纳税款期限内缴纳税款的，不征收滞纳金；纳税义务人在批准延期期限内仍未缴纳税款的，自延期缴纳税款期限届满之日起至缴清税款之日止按日加收滞纳税款0.05%的滞纳金。

## 六、加工贸易缓税利息

企业开展加工贸易业务因故无法向海关缴纳税款保证金的，可凭中国银行出具的以海关为受益人的税款保付保函办理海关备案手续。全额征收税款保证金的进口料件，加工企业在规定的期限内加工产品出口并办理核销手续后，中国银行凭海关开具的台账核销联系单办理保证金退还手续，并按活期存款利率计付利息。

### （一）规定

加工贸易保税货物在规定的有效期限内（包括经海关批准延长的期限，下同）已经完成出口的，由海关通知中国银行将保证金及其利息全部退还。

加工贸易保税货物在规定的有效期限内未能出口或经批准内销，除依法补征税款外，还征收缓缴关税利息。加工贸易保税料件或制成品等违规内销的，除依法补征税款和征缓缴关税利息外，还加征滞纳金。缓税利息缴纳方式、缴纳凭证、缴纳规定等与税款缴纳相同。

### （二）计息期限

计息期限包括以下内容。

（1）加工贸易保税料件或制成品经批准内销的，缓税利息计息期限为内销料件或制成品所对应的加工贸易合同项下首批料件进口之日至海关填发税款缴款书之日。

（2）加工贸易电子账册项下的料件或制成品内销时，起始日期为内销料件或制成品所对应电子账册的最近一次核销日期的次日（若核销日期为空，则为电子账册的首批料件进口日）。

（3）加工贸易保税料件或制成品未经批准擅自内销，违反海关监管规定的，缓税利息计息期限为内销料件或制成品所对应的加工贸易合同项下首批料件进口之日至保税料件或制成品内销之日，内销之日无法确定的按海关发现之日算。

### （三）计算公式

缓税利息的计算公式如下：

缓税利息＝补征税款×计息期限×活期存款储蓄年利息率/360。

# 参考文献


1. 陈晖，邵铁民. 案例海关法教程[M]. 上海：立信会计出版社，2007.

2. 洪雷. 进出口商品检验检疫[M]. 上海：上海人民出版社，2007.

3. 胡波. 海关报关实训[M]. 2 版. 北京：对外经济贸易大学出版社，2009.

4. 李齐. 现代关税实务[M]. 北京：中国海关出版社，2009.

5. 梅丹. 关税筹划与海关稽查[M]. 北京：中国海关出版社，2007.

6. 倪淑如. 进出口报关实务[M]. 北京：电子工业出版社，2011.

7. 唐超平. 进出境货物报关实务[M]. 北京：对外经济贸易大学出版社，2011.

8. 托马斯. 莱昂斯著. 中国海关与贸易统计[M]. 杭州：浙江大学出版社，2009.

9. 王意家. 海关概论[M]. 2 版. 北京：中国海关出版社，2011.

10. 魏彩慧，陈丕西. 报关实务[M]. 北京：首都经济贸易大学出版社，2012.

11. 张桂梅. 国际贸易[M]. 长春：吉林人民出版社，2012.

12. 张立英. 国际贸易通关实务[M]. 北京：科学出版社，2009.

13. 周斌著. 海关风险管理研究[M]. 北京：中国海关出版社，2008.

14. 周铁. 报关实务[M]. 湖南：湖南师范大学出版社，2013.

15. 朱新瑞，王春泽，刘迅，陈永芳. 中国海关监管与征税[M]. 2 版. 青岛：中国海洋大学出版社，2007.

16. 朱占峰. 报关实务[M]. 北京. 人民邮电出版社，2012.

17. 宗会民. 海关商品归类学[M]. 北京：中国海关出版社，2009.

18. 全关通. http://www.qgtong.com/ztdt/.

19. 中国海关律师网. http://www.customslawyer.cn/.

20. 中国海关总署网. http://www.customs.gov.cn/publish/portal0/.